司法行政系统政法干警招录
培养体制改革试点专业教材

狱 政 管 理 (第二版)

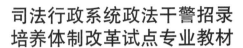

全国高职高专教育法律类专业教学指导委员会　编审

主　编◎万安中　李忠源

副主编◎洪　泓　刘　洪

撰稿人◎（以撰写单元先后为序）

万安中　刘　洪　汤　龙

唐新礼　李筱智　华　桦

王　梅　高江川　洪　泓

孙宏艳　李忠源

中国政法大学出版社

2011·北京

出 版 说 明

　　为培养政治业务素质高，实战能力强的应用型、复合型政法人才，根据中央司法体制改革总体部署，中央政法委员会等11部委办于2008年6月联合印发了《2008年政法院校招录培养体制改革试点工作实施方案》，开启了政法干警招录培养体制改革试点工作。2009年7月，中央政法委员会等15部委办又联合印发了《2009年政法干警招录培养体制改革试点工作实施方案》，司法行政系统20所院校承担了培养任务，相应开设了监狱管理、劳教管理、法律事务和司法警务等专科专业和监狱学、教育学（矫正教育方向）、法学（司法行政方向）等本科专业，主要为中西部地区和其他经济欠发达地区县（市）级司法行政机关定向培养监狱劳教和基层司法行政机关应用型人才。

　　为规范司法行政系统院校的试点培养工作，促进试点专业教学改革，保证人才培养质量，司法部和全国高职高专教育法律类专业教学指导委员会组织有关专家制定并颁布了司法行政系统政法干警招录培养体制改革试点各专业指导性培养方案，同时组织司法行政系统有关院校专业教师和相关行业专家共同编写了试点专业系列教材。该系列教材按照应用型、实战型人才培养的改革要求，根据基层司法行政工作岗位职位能力需要和职业特点，着力培养基层司法行政业务工作人员综合素质，以政法职业精神、基本技能和创新任职能力教育培养为核心，紧密结合司法行政系统业务工作岗位的实际，充分吸收基层政法机关工作实践的新经验和政法职业教育教学改革的新成果，力求达到内容实、体例新、水平高的编写要求。

　　该系列教材的编写得到了相关院校及司法行政系统基层单位的大力支持，全国高职高专教育法律类专业教学指导委员会秘书处、教材编写组成员及有关教育专家为教材的组织编写做了大量的工作。每一本教材的出版都凝聚了参编专家及出版社编辑人员的辛勤劳动和付出。在此，表示衷心的感谢！

这套试点专业教材在编写过程中，由于时间紧、任务重，尚存在不少有待改进之处，希望各院校在使用过程中及时反馈意见和建议，以便进一步修改和完善。

全国高职高专教育法律类

专业教学指导委员会

2010 年 6 月 18 日

编 写 说 明

　　《狱政管理》是全国政法干警招录培养体制改革试点专业"监狱管理专业"的核心课程。该教材编写组依据监狱管理专业人才培养目标和课程标准，遵循高职高专教育规律，紧密联系狱政管理工作实践，以狱政管理岗位（群）的关键工作过程和工作任务分析为基础，以培养职业能力为主线，从监区警察的预设职业岗位（群）所应完成的主要工作任务出发，选取和序化教材内容，设计学习单元，突出教材内容的职业性、教学活动的实践性和教学效果的针对性。使学生通过学习、掌握狱政管理基础知识和应用技能，培养业务能力，使其能够胜任监狱现场管理一线的工作岗位。

　　本教材内容包括基础理论和实务两部分。基础理论部分简要介绍狱政管理的性质、任务、理念、原则等基本原理；实务部分以狱政管理工作任务为载体，围绕狱政管理工作的实务及技巧，提炼典型学习情境，明确具体内容的处理方法和步骤，训练相应的狱政管理岗位能力，真正体现本课程学习的理论必需性、职业针对性，实现培养学生狱政管理实际能力的目标。本教材中所涉及到的学习单元 8 个，学习情境 24 个，范例分析 53 个，情境训练 53 个。本教材也适用于高职高专法律类相关专业选用，同时还适用于监狱警察在职业务培训。

　　本教材由主编万安中、李忠源拟定编写提纲和编写计划，主编万安中、李忠源，副主编刘洪进行统稿并修改，最后由主编万安中统一修改、定稿。

　　本书编写人员撰写分工如下（按编写单元次序）：

　　万安中（广东司法警官职业学院教授）：学习单元 1、2、3；

刘　洪（广东司法警官职业学院讲师）：学习单元 4、学习单元 6 之学习情境 8、9、10；

汤　龙（广东省四会监狱副科长）：学习单元 5 之学习情境 1、4、7；

唐新礼（新疆生产建设兵团警官高等专科学校高级讲师）：学习单元 5 之学习情境 2、3；

李筱智（福建警官职业学院讲师）：学习单元 5 之学习情境 5、学习单元 6 之学习情境 11；

华　桦（广东省监狱管理局副处长）：学习单元 5 之学习情境 6、学习单元 8 之学习情境 24；

王　梅（安徽警官职业学院讲师）：学习单元 6 之学习情境 12、13；

高江川（山西警官职业学院讲师）：学习单元 6 之学习情境 14、学习单元 7 之学习情境 17；

洪　泓（黑龙江司法警官职业学院副教授）：学习单元 7 之学习情境 15、16、20；

孙宏艳（河南司法警官职业学院副教授）：学习单元 7 之学习情境 18、19；

李忠源（广东司法警官职业学院副教授）：学习单元 8 之学习情境 21、22、23。

本书在编写过程中参考和借鉴了大量的教材、学术著作和网络媒体资讯，并吸收和借鉴了学者、专家的研究成果，对此谨向原作者致以衷心的感谢。鉴于本书由各地多所警官院校的多名老师合作编创，写作风格上不尽一致在所难免，同时，限于编写者的理论水平和司法实践经验，书中出现疏漏甚至错误在所难免，敬请读者谅解和指正。

编　者

2010 年 6 月

目录CONTENTS

第一部分　狱政管理基础知识

学习单元 1 | **狱政管理的概念、性质与任务** ▶ 3
【学习任务1】　掌握狱政管理的概念与特征　/ 3
【学习任务2】　理解狱政管理的性质　/ 6
【学习任务3】　明确狱政管理的任务　/ 7

学习单元 2 | **狱政管理的功能与手段** ▶ 10
【学习任务1】　理解狱政管理的功能　/ 10
【学习任务2】　掌握狱政管理的手段　/ 11

学习单元 3 | **狱政管理的理念与原则** ▶ 16
【学习任务1】　领会狱政管理的理念　/ 16
【学习任务2】　掌握狱政管理的原则　/ 19

学习单元 4 | **狱政管理的组织机构** ▶ 23
【学习任务1】　明确狱政管理组织机构的设置原则　/ 23
【学习任务2】　掌握狱政管理组织机构的基本体系　/ 25

第二部分　狱政管理实务

学习单元 5 | 行刑事务管理 ▶ 35

【学习情境1】　收监　/ 35

【学习情境2】　罪犯控申　/ 46

【学习情境3】　罪犯提审和提解　/ 53

【学习情境4】　罪犯调配　/ 60

【学习情境5】　罪犯漏罪和又犯罪　/ 69

【学习情境6】　罪犯死亡　/ 75

【学习情境7】　释放　/ 80

学习单元6　监管事务管理　▶ 88

【学习情境8】　分类关押　/ 88

【学习情境9】　分类管束　/ 98

【学习情境10】　安全管理　/ 116

【学习情境11】　激励管理　/ 159

【学习情境12】　设施管理　/ 176

【学习情境13】　装备管理　/ 188

【学习情境14】　信息管理　/ 198

学习单元7　处遇事务管理　▶ 217

【学习情境15】　分级处遇　/ 217

【学习情境16】　生活管理　/ 226

【学习情境17】　卫生管理　/ 242

【学习情境18】　会见管理　/ 254

【学习情境19】　通讯管理　/ 270

【学习情境20】　邮汇管理　/ 280

学习单元8　现场管理　▶ 285

【学习情境21】　生活现场管理　/ 285

【学习情境22】　劳动现场管理　/ 294

【学习情境23】　学习现场管理　/ 305

【学习情境24】　应急处置　/ 313

参考书目　▶ 332

第一部分
狱政管理基础知识

学习单元 1　狱政管理的概念、性质与任务

学习单元 2　狱政管理的功能与手段

学习单元 3　狱政管理的理念与原则

学习单元 4　狱政管理的组织机构

学习单元1 狱政管理的概念、性质与任务

学习目标

● 通过本单元学习，能够：
1. 掌握狱政管理的概念和特征。
2. 理解狱政管理的性质。
3. 明确狱政管理的任务。

【学习任务1】 掌握狱政管理的概念与特征

一、狱政管理的概念

管理活动自古以来就存在，自有人群出现便有之。对管理概念的定义，可谓众说纷纭。科学管理之父弗雷德里克·温斯洛·泰勒认为：管理即"确切知道别人去干什么，并注意他们用最好最经济的方法去干"。管理理论之父法约尔在《工业管理和一般管理》中指出："管理是所有的人类组织（不论是家庭、企业或政府）都有的一种活动，这种活动由五项要素组成：计划、组织、指挥、协调和控制。管理就是实行计划、组织、指挥、协调和控制。"现代管理学之父彼得·德鲁克认为："归根到底，管理是一种实践，其本质不在于'知'而在于'行'，其验证不在于逻辑，而在于成果；其唯一权威就是成就。"经济组织决策管理大师赫伯特·西蒙认为，"管理就是决策"。

由于时代不同，研究管理时出发点不同，以及不同学派研究角度相异，从而对管理概念的解释存在着一定的差异。但无论怎样理解，管理活动都必须由四个基本要素构成，即管理主体，回答由谁管理的问题；管理客体，回答管什么的问题；组织目的，回答为何管的问题；组织环境或条件，回答在什么情况下管的问题。

根据上述管理要素在实际活动中的作用、地位以及它们之间的内在逻辑

联系，一般意义上可概括为：管理，是指组织中的管理者，通过实施计划、组织、人员配备、领导、控制等职能来协调他人的活动，使他人同自己一起实现既定目标的活动过程。

管理分为很多种类，如行政管理、社会管理、工商企业管理、人力资源管理等。

管理具有重要的职能。职能是指"活动"、"行为"，也就是各种基本活动及其功能。总的来看，管理的职能有：计划、组织、指挥、协调、控制、激励、人事、调集资源、沟通、决策、创新等方面。

总之，管理是一种协调活动，又与人类的组织活动有关，是人类社会生活的必然要求。应该看到，在社会生活的各个领域，无论是经济、科技，还是文化、教育、政治领域，以及社会生活的各个层面，小至个人、家庭、团体，大至国家、社会、国际，无不与管理活动相伴随。而且，由于现代社会生产发展的进一步社会化，人们活动的高度组织化，管理现代化已日益成为社会快速发展的普遍趋势。

狱政管理从字面上理解是指作为国家刑罚执行机关的监狱，对罪犯实施惩罚、改造过程中的行政管理工作。

狱政管理工作由于它同刑罚执行机关的强制性联系在一起，并具有特定的目标、对象和任务，因而具有特定的性质，其内容可概括为：狱政管理，是指我国监狱在刑罚执行过程中，为了实现惩罚与改造目标，直接对罪犯实施的刑事执法活动。根据《监狱法》的规定，狱政管理的内容包括分押分管、武装警戒、戒具和武器的使用、通信会见、生活卫生、考核奖惩等业务。实践中，狱政管理的内容可概括为行刑事务管理、处遇事务管理和监管事务管理三个方面。狱政管理贯穿于监狱惩罚与改造罪犯的全过程，通过严格的管理制度，科学文明的管理方法，严格的组织形式，对罪犯实施监督、控制和矫正，为正确执行刑罚、有效改造罪犯提供前提和保障作用。

二、狱政管理的基本特征

（一）狱政管理主体的专门性

监狱是国家的法定刑罚执行机关，狱政管理是监狱行刑工作的重要组成部分，因此监狱必然是狱政管理的法定主体，只有监狱依法对罪犯实施的隔离、监督、惩戒、生活保障等活动，才是狱政管理活动。实践中，狱政管理权只能由监狱及监狱警察行使，其他任何机关、企业、事业单位、社会团体及公民个人都不是狱政管理的主体，不能行使狱政管理权。

（二）狱政管理对象的法定性

狱政管理的内容十分广泛，因此管理对象也是多方面的，包括人、物、时空、制度和信息等，但是作为监狱刑罚执行法律关系主体的罪犯是狱政管理的最主要的对象。对判处死刑缓期二年执行、无期徒刑和有期徒刑的罪犯执行刑罚是监狱的法定职能，但是监狱的执法活动必须依据法定条件和法定程序进行，狱政管理也不例外。被人民法院判处刑罚的罪犯，只有经过监狱的收监程序，纳入监狱刑罚执行法律关系后，才能成为狱政管理的具体对象，因此所采取的各种管理活动和措施才具有合法性和有效性。

（三）狱政管理目标的明确性

一切管理活动都有预期的目标，狱政管理活动作为以管理方式实施的刑事执法活动，更是如此。由于狱政管理是一个多层次、多环节的系统工作，各层次都有各自的具体目标，如安全目标、控制目标、现场管理目标等，但目标管理的基本价值指向是通过有效协作和有效管理，切实提高刑罚的效益，在确保顺利完成惩罚罪犯任务的基础上，有效完成把罪犯改造成守法公民的任务，这是我国对罪犯实施刑罚的目的，也是狱政管理的总体目标。

（四）狱政管理方式的直接性

直接管理是我国狱政管理在管理方式上的重要特征。一方面，狱政管理权作为监狱行刑权的重要组成部分，是国家赋予监狱和监狱警察的专门权力，不得随意放弃或转交他人行使，以确保对罪犯的刑罚准确有效地执行；另一方面，监狱警察只有在罪犯的生活、劳动、学习三大现场上直接管理罪犯，才能及时掌握狱政信息，面对面地对罪犯进行管理和教育，提高改造的实效性和针对性。所以，直接管理是我国狱政管理与其他国家、地区狱政管理的一个重大区别，也是我国监狱保持良好行刑效益的基本经验。

（五）狱政管理内容的确定性

监狱对罪犯的狱政管理，主要内容表现在三个方面：①行刑事务管理，即通过监禁和监管的方式，剥夺罪犯的人身自由，限制罪犯的权利，完成刑事判决由宣告状态向实施状态的转变；②处遇事务的管理，即依法保障罪犯的各种合法权益，为罪犯顺利度过刑期提供必要的物质保障；③监管事务的管理，即对罪犯的日常行为实施监督和管制，充分发挥监管的改造功能，为教育改造和劳动改造提供前提和保障。

（六）狱政管理性质的特定性

监狱是国家的刑罚执行机关，担负着刑事执法的任务，而这一任务的主要承担者，就是狱政管理及其职能活动。与其他刑事执法活动相比，狱政管理有着特定的工作对象和独特的运行方式，由此推论，狱政管理是国家的刑事执法活动。

【学习任务2】 理解狱政管理的性质

狱政管理，与监狱其他工作以及其他管理工作有着根本的区别，这是狱政管理本质属性的体现。明确狱政管理的性质，是学习、研究狱政管理全部问题的一个基本出发点。

关于狱政管理的性质，有三种代表性的观点。一种观点认为，狱政管理是监狱内部对服刑人员实施的行政管理工作。这种观点是从国家行政机关的行政管理角度对狱政管理作出的推导，忽视了狱政管理的特殊性，将狱政管理和一般的行政管理活动混淆起来。另一种观点认为，狱政管理是刑事行政管理活动，即特殊的行政管理活动。强调狱政管理活动具有刑事和行政双重属性，但实际上事物的本质属性应当是唯一的。还有一种观点认为，狱政管理具有刑事法律性质，狱政管理的全部活动都属于刑罚执行的范畴。这种观点是从监狱的性质、刑罚执行的内涵和狱政管理的依据等方面推导出的结论。本书倾向于第三种观点，认为狱政管理是我国监狱对罪犯执行刑罚过程中的一种具有改造功能的刑事执法活动。

一、狱政管理活动基于刑罚执行而产生

监狱是国家的行政机关，在刑事诉讼过程中承担着执行刑罚的重要任务。我国《监狱法》第2条第1款规定："监狱是国家的刑罚执行机关。"可见刑罚执行是监狱的中心工作。随着现代自由刑从单纯惩罚型向惩罚与改造结合型过渡，自由刑不仅包含剥夺自由、严格惩戒的惩罚性内容，而且包涵了科学管理、文化教育、劳动矫正等内容，因此，监狱开展的狱政管理活动就是在执行刑罚。离开了刑罚执行，狱政管理就成了无源之水、无本之木。我国监狱的性质和自由刑的内涵直接制约着狱政管理的性质。

二、狱政管理的过程是通过管理方式实现刑罚的过程

我国《刑事诉讼法》第213条规定，"对于被判处死刑缓期二年执行、无期徒刑、有期徒刑的罪犯，由公安机关依法将该罪犯送交监狱执行刑罚"。执行刑罚意味着刑事判决从宣告状态转变为实施状态，这就涉及到一系列的法定程序的发动和相关刑务的处置。通过狱政管理工作的计划、组织、执行、

协调、监督等职能活动，落实分押分管、监督管制、考核奖惩等一系列管理制度，剥夺罪犯的人身自由，限制罪犯的权利，严格规范罪犯的行为，及时打击破坏刑罚执行的各种活动，使对罪犯的刑罚执行成为惩罚与改造罪犯的积极主动的管理过程。可以说，狱政管理反映了刑罚执行的具体要求，充分发挥了我国刑罚的效应。

三、狱政管理是改造罪犯的手段之一

在监狱工作中，狱政管理既是实现惩罚目的的直接手段，同时又具有明显的行为矫正功能。剥夺自由、限制权利，可以使罪犯产生利益损失和痛苦体验，促使其认罪服法。进而直接剥夺罪犯继续犯罪的能力，隔绝犯罪刺激，为控制犯罪和罪犯行为矫正创造条件。尤其通过直接管理、组织调控、环境熏陶、奖惩激励等监督控制手段，可以对罪犯产生目标引导和动力驱动作用，强化罪犯在个体意识和日常行为方面的改造成果，从而为劳动改造和教育改造的顺利进行提供秩序保障。

四、狱政管理不同于一般的行政管理

罪犯从被依法收监之日起，就与监狱建立了一种刑罚执行法律关系，这种法律关系主体间的权利义务关系以刑罚为核心，是由刑事法律所规定的，因此是一种纯粹的刑事法律关系，而非行政法律关系。狱政管理就是围绕这种刑事法律关系所产生的不同层次的行刑事务开展工作的，因此狱政管理工作在刑罚执行中处置的是行刑事务，而非行政事务，它是一种以管理形式进行的执法行为，因此与一般的行政管理有着本质的区别。

【学习任务3】　**明确狱政管理的任务**

一、确保刑罚依法、准确、有效地执行

监狱是对判处死刑缓期二年执行、无期徒刑、有期徒刑的罪犯执行刑罚的法定场所，执行刑罚是监狱的专门工作，是进一步改造罪犯的前提。狱政管理是监狱的刑事执法活动，所以保证人民法院的刑事判决和裁定所确定的内容付诸实施，就成为狱政管理工作的首要任务。

依法执行刑罚，就是要求狱政管理活动在实现刑罚内涵的过程中做到程序化、规范化，严格按照《刑法》、《刑事诉讼法》、《监狱法》等法律的规定执行，杜绝工作方式、工作方法的随意性和不确定性，严禁有法不依或徇私

枉法。

准确执行刑罚，就是要求监狱警察应熟练掌握法律知识，树立正确的罪犯观和执法观。正确理解罪犯的法律地位，明确罪犯的法定权利和法定义务，在此基础上正确处理刑罚执行中的法律事务，杜绝和纠正工作中出现的偏差和错误。

有效执行刑罚，就是要求监狱应坚持以预防犯罪、改造罪犯为出发点和归宿，充分发挥刑罚执行中各项制度惩恶扬善、激励自新的功能，变刑期为学期，使刑罚执行过程成为积极、能动的改造罪犯的过程。

二、严格监管，确保监狱场所的安全和秩序

监狱场所的安全和秩序，是监狱顺利完成刑罚执行任务的重要前提条件。实践中，监狱场所的安全威胁来自内、外两个方面。因此，对内，监狱应认真落实各项监管制度，建立"人防、物防、技防"合一的防控体系，推行异常犯情排查机制和预警机制，严防狱内的脱逃、行凶、自杀等各种破坏活动的发生，努力将各种违法犯罪活动控制在预谋阶段，维护监狱的正常改造秩序。对外，监狱应与驻监武警部队、社区联防组织密切配合，积极开展"共管、共建、共保安全"活动，协同作战，严密措施，预防社会不法分子对监狱场所的侵袭。

三、实施科学文明管理，为罪犯改造创造良好的环境

文明的改造环境，良好的改造秩序，健康的改造氛围是保证刑罚执行顺利实施的重要条件。为此，必须通过严格的监规纪律和严密的监管制度，将罪犯纳入紧张有序的集体生活轨道，做到严而不苛，活而不纵；根据科学文明的要求，创建安全优美的生产生活环境，营造健康向上的监区文化氛围，使罪犯在良好的环境中陶冶性情，在潜移默化中矫正恶习。与此同时，做好生活卫生管理工作，为罪犯改造提供必要的物质保证。

四、充分发挥改造功能，培养罪犯的良好行为习惯

监狱对罪犯的改造，除了从根本上消除犯罪思想，还要有效矫正罪犯的不良习惯和犯罪习癖，这些不良习惯和犯罪习癖不会因入监服刑而自动消失，甚至不会因为教育和劳动而根除，这就要求狱政管理发挥改造功能，通过环境、制度和交往等方面的约束来实现矫正恶习的目的。通过狱政管理的职能活动，一方面，改变罪犯的生存环境，将罪犯与社会环境隔离开来，切断不良刺激，限制犯罪机遇，为行为矫正奠定基础；另一方面，改变罪犯的交往环境，严格限制罪犯狱内的交往对象和交往方式，有效抑制新的犯罪动机的形成。与此同时，科学设定罪犯的行为模式，对罪犯的日常行为严格约束、训练和考核，打破罪犯原有的动力定型，逐步培养遵章守纪的习惯。

 思考与练习题

　　1. 如何理解狱政管理的性质？

　　2. 作为监狱工作的重要组成部分，狱政管理具有哪些基本特征？

　　3. 狱政管理的任务是什么？

拓展阅读

　　1. ［美］丹尼尔·A. 雷恩：《管理思想的演变》，李柱流等译，中国社会科学出版社 1997 年版。

　　2. 孙笑侠："司法权的本质是判断权——司法权和行政权的十大区别"，载《法学》，1998 年第 8 期。

学习单元2 狱政管理的功能与手段

学习目标

- 通过本单元学习，能够：
1. 理解狱政管理的功能。
2. 掌握狱政管理的基本手段和具体手段。

【学习任务1】 理解狱政管理的功能

一、惩戒威慑功能

监狱对罪犯通过实行严密的警戒、监督、控制来剥夺其人身自由，限制其活动范围，强制罪犯与社会隔离，要求有劳动能力的罪犯必须参加劳动，从而使罪犯产生痛苦体验和利益上的损失，发挥监狱固有的威慑功能，体现刑罚的惩罚性。同时，通过严格的管理，强迫罪犯接受惩罚，接受改造，逐步进入服从监管、自觉接受改造阶段。在改造过程中，对于那些不服从监管，屡屡抗拒改造的罪犯，依法予以制裁，以维护法律的严肃性，发挥刑罚的惩戒功能。

二、行为矫正功能

监狱一方面通过监规纪律、监管制度和《监狱服刑人员行为规范》等规章，强制对罪犯的一言一行、一举一动加以规范和界定，使罪犯知道在服刑期间应当遵守的纪律和要求，允许做什么、禁止做什么；另一方面，通过组织罪犯进行队列训练、内务管理训练、行为举止训练等，使罪犯养成良好的行为习惯。罪犯在服刑期间，通过周而复始、循环往复的行为训练，最终使其矫正恶习，改变行为习惯，成为守法公民。

三、组织调控功能

监狱通过分别关押、分类编队，可以将复杂的罪犯群体类型化、单一化；通过分类管理、分级外遇，可以有效地控制罪犯之间的交叉感染；通过监区、分监区等机构的设置，可以有效地解决罪犯整体与局部，集体与集体之间的协作、协调关系。狱政管理是通过监狱和监狱人民警察科学而合理的计划、组织、协调、监督等一系列活动，使监狱工作和罪犯的行为井然有序、有条不紊。

四、激励鞭策功能

激励与鞭策功能是狱政管理的重要职能。监狱通过对罪犯改造表现的考核，依法实施奖励和惩戒。对改造表现好的罪犯可给予奖励，通过奖励，激励罪犯向更高的目标奋斗，以调动罪犯改造的积极性。对改造表现差的罪犯，依法实施惩罚，抑制罪犯的不良欲望，从而使罪犯改变不良行为习惯。监狱通过对罪犯实施奖惩，使罪犯明白监狱对罪犯改造中所作出的肯定和否定的内容，在利益的驱动下产生自新的欲望，从而发挥狱政管理的奖惩激励功能。

【学习任务2】 掌握狱政管理的手段

一、狱政管理的基本手段

（一）监狱警察的直接管理与罪犯的自主管理

管理是管理者对被管理者施加影响，以实现预期目标的过程。因此在管理活动中，无论作为管理者的人，还是作为被管理者的人，都直接关系着管理活动的成败。尽管随着管理科学和管理技术的发展，管理手段不断增加，但是人的因素总是最活跃、最具创造性的因素和手段。

1. 监狱警察的直接管理，即发挥监狱警察的职权以及示范、表率作用实施管理的手段。①监狱警察在罪犯心目中，不仅是执法者、教育者和管理者，还是国家意志的体现、正义的象征；②在监狱特定环境中，罪犯与监狱警察的接触，时间上仅次于同监服刑的罪犯，在影响上占主导地位；③心理学研究表明，低层次的人往往以高层次的人作为认同和模仿的对象。所以监狱警察的直接管理，对于管理和改造罪犯意义十分重大。

监狱警察的直接管理，其成效取决于是否依法行使职权，取决于自身的形象和影响力。为此，监狱警察：①应成为学法、守法、执法、护法的表率，尤其要秉公执法、依法办事，自觉接受监督；②要坚持文明管理，尊重罪犯人格，时时处处体现社会主义精神文明之风；③恪守《监狱法》九项禁止性的规定，清正廉洁，处事公道；④明辨是非，坚持真理，发现工作失误，立即纠正，对罪犯心理施加积极影响。

2. 罪犯群体的自主管理，即发挥罪犯群体间的相互监督、相互帮助和自律作用实施管理的手段。罪犯群体的成员之间共处时间长，空间距离小，同处服刑改造地位，容易产生心理共鸣。因此，实践中监狱多通过设立"改造积极分子委员会"和"事务犯"的方式，调动罪犯自我管理的积极性，在一定范围内实施罪犯的自主管理。

罪犯群体的自主管理效能取决于以下四个方面：①要慎重审查、选配并经常考核事务犯和罪犯群体的负责人，使他们在监狱警察的直接管理下参与自主管理；②根据罪犯个人情况和管理、生产、教育的实际要求，合理搭配，优化组合罪犯群体；③在罪犯中经常性地开展互帮、互学、相互监督的活动，调动积极改造罪犯的积极性，监督、帮助消极改造罪犯，去除消极改造心理；④正确引导罪犯间的交往和言论，防止非正式群体和错误言论的产生。

（二）物质环境与文化环境

辩证唯物主义认为存在决定意识，人的主观世界是对客观世界的反映，人是环境的产物。在狱政管理实践中，管理者应善于利用环境对人的思想和行为潜移默化的影响，促进罪犯的管理和改造。

1. 物质环境。即由监狱的典型建筑和生产、生活设施组成的有形环境，又称"硬环境"。监狱的典型建筑指围墙、监门、岗楼、禁闭室、会见室等，以及附设在其中的狱政设施。生产设施指车间、仓库、工具间等。生活设施指监房、教室、医院、超市、体育场（馆）、图书馆、俱乐部等，以及草坪、树木、花圃、假山、温泉、雕塑、亭台、纪念碑等美化物态。这些监狱根据行刑与改造的预期目标精心设计的物质环境，构成了具有威慑、防护和保障作用的特殊执法环境，同时透露出浓烈的文化气息和生机活力，深刻影响着罪犯的价值取向、兴趣爱好、文化修养以及生活行为方式的选择。

2. 文化环境。是指由体现监狱主流文化的认识、情意、价值、理想、风气和传统等成分构成的一种精神氛围。文化环境具有极强的渗透性，可以使罪犯的主观世界在不知不觉中得到感染、熏陶和净化。

发挥文化环境的陶冶作用，①要注意"三性"，即文化环境应有明确的方向性、陶冶性和养成性；②应注意做到"三个结合"，即维护执法场所的严肃性与创造愉悦的氛围相结合，统一规范与发挥罪犯的主观能动性相结合，正面提倡、引导与约束、抵制不良因素相结合。

（三）制度手段

制度一般指群体成员共同遵守的办事规程或行动准则，具有导向、整合和控制等功能。在监狱工作中，将法律、法规对罪犯行刑与改造的一般要求分解成具体明确的行为准则和纪律，就是监管制度。运用监管制度实施管理，是狱政管理的常用方法。由于作用不同，监管制度通常分为组织管理制度和监督控制制度两种。

1. 组织管理制度。是监狱为了维护改造秩序，利用罪犯和罪犯组织实施管理的制度，包括选用罪犯小组长制度、选用事务犯制度、改造积极分子委员会制度等内容。该制度对于提高罪犯的自律意识，发挥狱政管理的组织调控功能，调动罪犯群体的改造积极性，具有推动作用。

2. 监督控制制度。是监狱为了对罪犯实施有效的监管，防止违纪违法行为而制定的一系列制度的统称，包括清点制度、包夹制度、四固定制度、互监组制度、禁闭制度等内容。通过该制度的实施，一方面将罪犯纳入制度约束之中，避免脱管、失控引发违纪违法行为；一方面可以使监狱警察及时发现异常犯情，防止危害发生。

二、狱政管理的具体手段

（一）强制手段

强制手段是监狱为了有效制止罪犯的不良企图和不法行为，维护监管秩序而采取的一种严厉的管理措施。实践中，通常包括使用警戒具和关押禁闭两种形式。

使用警戒具是监狱警察执法时实现国家强制力的必备工具，是对具有现实危险性的罪犯所使用的一种临时性、预防性的强制措施。根据法律规定，警戒具包括警棍、警绳、警笛、手铐、脚镣等。关押禁闭是对具有现实危险性，加戴戒具仍不能消除其危险的罪犯所采取的一种强制防范措施。使用警戒具和关押禁闭，是狱政管理工作中最严厉的强制手段和处罚措施，因此要严格遵照法定的条件和程序，慎重地使用。实践中，强制手段多在紧急情况下使用，虽能有效控制罪犯的行为，但会使罪犯产生抵触心理，因此应与其他手段配合起来使用。

（二）激励手段

激励手段，是指监狱采取适合罪犯心理要求和行为规律的各种措施，刺激、激发、调动和推动罪犯树立正确的改造动机的管理方法。运用激励手段，从罪犯服刑生活最需要、最敏感的部位下手，促使其内心产生内驱力，自觉改进和改变原有的不良动机和消极情绪，激励罪犯奋发向上，在希望中积极改造。实践中，激励罪犯改造的途径主要有：目标激励、考核激励、奖罚激励、处遇激励、竞争评比激励、榜样激励等。激励手段是狱政管理的常用方法，对于调动多数罪犯的积极改造行为极为有效。但部分罪犯受不良观念诱导，产生功利思想，严重削弱了激励的正效应，因此应与其他手段配合起来使用。

（三）训练手段

训练手段，是指监狱根据行为强化理论，对罪犯进行有目的、有计划地反复训练，促进罪犯的行为矫正和习惯养成的一种管理方法。具体做法和要求，①明确训练要求，即行动军事化、劳动集体化、言行规范化、学习系统化、生活规律化、文体活动多样化、卫生制度化；②训练要戒之以规，从制度约束入手，导之以行，加强教育巩固成果；③训练的目标要适度，兼顾罪犯的个体差异，循序渐进。

（四）技术手段

技术手段，泛指监狱在狱政管理中所引入的，以采用先进管理设备、管理技术为特征的现代管理方法。由于技术手段集成了大量的常规技术和电子技术，因此极大地拓展和延伸了管理者的能力，将管理者从繁重的、危险的操作中解脱出来，提高了管理的质量和成效，改变了我国监狱长期以来依赖人力实施管理的模式。技术手段的广泛使用，对于监狱警察的优化配置，推进现代化文明监狱的建设具有重要的作用。但是技术手段也具有难以克服的条件性，有时受环境和资金的制约。如果管理者对技术手段产生了依赖心理，有时反而降低了管理的主动性和创造性，这些不足也要引起足够的重视。

（五）教育手段

教育手段，是通过学习、培训、奖励和思想政治工作等手段影响、引导罪犯，使其按预定目标努力完成任务的管理方法。教育手段是现代管理实践中较为崇尚的一种管理方法，也是我国狱政管理常用的基本方法之一。通常，教育手段是通过增加人们的知识，改变人的思想、观念，纠正不良的倾向等，达到启发和提高被管理者的觉悟，促使其奋发向上的目的。其实质是调动人的积极性和创造性，发挥人的潜能。教育手段重点是使人们明白为什么要干，应该怎样干，并在此基础上，逐步树立正确的世界观和方法论，掌握认识和解决问题的立场、观点和方法。因此能持久地影响、支配人们的行动。同时，教育手段以其独特的方式支配人们的行为，可以消除强制手段带来的副作用，防止激励手段使用不当带来的负效应。因此，教育手段是其他手段的必要补充。当然，教育手段对狱政管理的作用是间接的，对于少数拒绝教育或者自控能力差的罪犯则显得软弱无力，因此应与其他手段配合起来使用。

 思考与练习题

　　1. 如何做好狱政管理工作，最大限度地发挥狱政管理工作的功能？
　　2. 试述狱政管理的基本手段和具体手段的优劣？

拓展阅读

　　搜集监狱改造罪犯的成功案例，分析其中运用管理手段和实现管理功能的经验和教训。

学习单元 3   狱政管理的理念与原则

学习目标

● 通过本单元学习,能够:
1. 领会狱政管理的理念。
2. 掌握狱政管理的原则和实施要求。

【学习任务 1】 领会狱政管理的理念

理念,是指有特定目标的原理、信念或价值观,是制度构建中的指导思想和哲学基础。制度是理念的表现方式,而理念则在制度的产生、发展和运作中贯穿始终,并在实践中不断得到验证和完善,理念的合理性必须与具体的制度及其运作环境相结合才具有真实的意义。

狱政管理的理念,是在现代监狱狱政管理实践中形成的一系列科学观念,是支配人们管理思维和管理行动的意识形态与精神指导,是实现依法治监必须确立的重要理念。狱政管理理念是先进法律文化的积累,是现代管理活动客观规律的集中反映。它虽然不包含具体的管理制度,但支配着人们建立制度、运用制度、改造制度的一切行动。近年来,在狱政管理实践中逐渐确立了社会主义法治理念、人本理念、效益理念、现代理念等管理理念,而社会主义法治理念则是其中的核心内容。

一、社会主义法治理念

法治是指以民主为前提和基础,以严格依法办事为核心,以制约权力为关键的社会管理机制、社会活动方式和社会秩序状态。社会主义法治理念,是马克思列宁主义关于国家与法的理论同中国国情和现代化建设实际相结合的产物,是中国社会主义民主与法治实践经验的总结。其内容可以概括为五个方面:

（一）依法治国的理念

这是社会主义法治的核心内容。要求政法机关和政法干警必须不断提高法律素养，切实增强法制观念，坚持严格执法，模范遵守法律，自觉接受监督，时时处处注意维护法律的权威和尊严。

（二）执法为民的理念

这是社会主义法治的本质要求。要以社会主义核心价值观为指导，把实现好、维护好、发展好最广大人民的根本利益，作为政法工作的根本出发点和落脚点，在各项政法工作中真正做到以人为本、执法为民，切实保障人民群众的合法权益。

（三）公平正义的理念

这是社会主义法治理念的价值追求。公平正义是政法工作的生命线，是和谐社会的首要任务，是社会主义法治的首要目标。要求政法干警必须秉公执法、维护公益、摒弃邪恶、弘扬正气、克服己欲、排除私利，坚持合法合理原则、平等对待原则、及时高效原则、程序公正原则，维护社会的公平正义。

（四）服务大局的理念

这是社会主义法治的重要使命。要求各级政法机关和政法干警，必须紧紧围绕党和国家大局开展工作，立足本职，全面正确履行职责，致力于推进全面建设小康社会进程，努力创造和谐稳定的社会环境和公正高效的法治环境。

（五）党的领导的理念

这是社会主义法治的根本保证。要自觉地把坚持党的领导、巩固党的执政地位和维护社会主义法治统一起来，把贯彻落实党的路线方针政策和严格执法统一起来，把加强和改进党对政法工作的领导与保障司法机关依法独立行使职权统一起来，始终坚持正确的政治立场，忠实履行党和人民赋予的神圣使命。

二、人本理念

人本理念，就是以"尊重人、依靠人、发展人、为了人"为基本内容的管理思想。人本理念强调人在管理中的核心地位与作用，把人的因素放在首位，要求管理者在一切管理活动中重视处理人与人之间的关系，充分调动人的主动性和创造性，把做好人的工作作为管理的根本，使管理对象明确组织的整体目标和自己所负担的责任，自觉主动地为实现整体目标努力工作。

人是有思想、有情感、有主动性和创造力的有机复合体，是管理系统内最活跃的因素。现代管理的核心，就是做好人的管理，使人的素质得到最完善的发展。所以管理者在理解人本理念，实现有效管理的过程中，应注意以

下三个方面：①要关注被管理者的个人需要；②要尊重被管理者的个人价值；③要促进被管理者的个人发展。

三、效益理念

效益是管理的永恒主题，任何组织的管理都是为了获得某种效益，效益的高低直接影响着组织的生存与发展。效益作为一种有益的结果，通常可划分为经济效益和社会效益。效益的优劣取决于投入和产出的比例，取决于经济效益和社会效益的统一和实现程度。

一切管理都以提高效益为目的，但不是一切管理都有效益。从主观上讲，一切管理都朝着提高效益的方向努力，但客观上的结果会有很大的不同。为了避免这种主观与客观分离的局面，管理者在管理实践中应把握好以下几点。

（一）树立正确的效益观

树立正确的效益理念，主要是正确理解两种关系。①效果和效益的关系。效果是一项活动的成效与结果，效益是一种有益的结果。效果和效益不是一一对应的，只有那些为社会所接受的效果，才是有效益的，反之就是无效益的。②经济效益和社会效益的关系。现代管理强调统筹兼顾，最大限度地追求经济效益和社会效益的统一。当两者发生矛盾时，应从全局出发协调两者的关系，但基本的原则是经济效益服从社会效益。

（二）加强科学管理

加强科学管理，具体而言就是积极运用已有的各种科技成果，来解决管理实践中的问题，如运筹学、系统论、控制论、计算机技术等先进的理论研究成果和科学技术，这些理论和方法为管理实践提供了许多有效的方法和工具。

（三）坚持效益评价

效益评价是对管理工作的反馈性考察，通过效益评价，可以了解管理工作是否以效益为目标，所采取的提高效益的方式是否正确，以及为今后确立进一步提高效益的方向。效益评价是把坚持效益理念落到实处的关键，没有效益评价，坚持效益理念就变成了一句空话。

四、现代理念

现代理念，是在对传统狱政管理理念继承的基础上，与现代社会、现代思想、现代刑罚演变相协调，适应现代化文明监狱的管理理念。现代理念指明了狱政管理的科学化和现代化发展方向，预示着狱政管理将从传统走向现代，从简单走向科学，从封闭走向开放，愈加追求管理观念、管理方法、设施装备的科学化和现代化。

（一）管理观念现代化

管理观念现代化，就是要求监狱警察打破因循守旧、墨守成规的思维惯性，主动适应现代科技知识的发展，自觉运用辩证思维、发散思维、逆向思维、动态思维等科学方法，正确认识和处理管理罪犯中的问题，促使管理行为科学化。

（二）管理方法现代化

狱政管理的方法，是监狱在刑罚执行过程中处置刑务时所采取的具体方式、措施和手段。狱政管理的方法是多样的，既有传统方法，也有现代管理方法和技术手段。目前，管理方法的科学化主要是集中在监狱对罪犯的分类与考核方面，即创新罪犯分类技术和罪犯改造评估体系，提高罪犯分类与考核的科学性。

（三）设施装备现代化

设施装备现代化，是物质文明在监狱管理中的反映，是监狱维护监管安全，预防突发事件，开展现代监狱行刑与改造活动的需要。设施装备现代化包括监狱建筑及监管设施的现代化、生活卫生设施的现代化以及监狱警察装备的现代化等。

【学习任务2】 掌握狱政管理的原则

狱政管理的原则是指监狱对罪犯实施狱政管理活动必须遵循的基本准则。它贯穿于狱政管理过程的始终，是狱政管理的政策、法律、理念和经验的高度概括和科学总结。依据我国《监狱法》和有关法规的规定，狱政管理应坚持依法管理原则、严格管理原则、科学管理原则和直接管理原则。

一、依法管理原则

（一）依法管理原则的含义

依法管理原则，是指在狱政管理活动中，监狱警察必须按照法律的规定办事，努力做到"有法必依、执法必严、违法必究"的管理准则。随着社会主义法制建设的不断加快，我国制定了一系列有关狱政管理的法律、法规和规章，狱政管理工作逐步走上了法制化、规范化的发展轨道。坚持依法管理是依法治监在狱政管理中的体现，是狱政管理的首要原则。

（二）依法管理原则的要求

在狱政管理工作中坚持依法管理原则，要求做到：

（1）监狱警察要认真学习法律、法规，深刻理解和全面领会法律法规的立法精神和内在含义，牢固树立法制观念，坚持依法办事。具体在管理工作中，应当从收押、申诉、控告、通信、会见、考核、奖惩、刑满释放等各个环节，严格遵守法律规定；不得滥用职权，徇私枉法，任意超越法律所规定的范围行事；应当做到秉公执法，维护法律的严肃性。

（2）按照法律规定，采取各种措施和方法，切实保障罪犯的合法权利，并依法监督罪犯履行其法定义务，培养罪犯的守法意识。罪犯由于触犯刑律，被处以刑罚，人身自由被剥夺，但他仍然享有法律规定的权利，同时，也必须履行特定的义务。监狱警察在管理罪犯的过程中，应当保障罪犯合法权利的实现，尊重罪犯的人格，不得侮辱罪犯的人格，不得体罚、虐待罪犯。

（3）自觉接受有关部门的检查、监督，保证狱政管理工作依法有效地进行。监狱应当自觉接受人民检察院、国家行政监察机关、人大、政协以及社会团体、人民群众的监督，提高执法工作透明度，保证执法工作依法进行。

二、严格管理原则

（一）严格管理原则的含义

严格管理原则，是指监狱对罪犯的管理活动必须通过制定并实行严格的监管法规和制度，建立严密的组织形式，采取严细的防范措施，提出严肃的具体要求和实行严明的考核奖惩去实施管理，从而实现使罪犯行动规范化、生活制度化、劳动集体化的管理目标的管理准则。对罪犯实行严格管理，是由监狱工作的性质和任务决定的，它不仅是有效地惩罚罪犯的必要前提，而且是矫治罪犯恶习，把罪犯改造成为守法公民的有效途径，还是创造监狱良好环境的重要措施。

（二）严格管理原则的要求

（1）建立健全各项监管制度，用制度来约束罪犯的行为，使其规范化，在井然有序的环境中积极改造。完善狱内各项防范措施，落实安全防范制度，落实安全检查制度，完善各项监控、警戒设施，堵塞管理的漏洞，确保监狱的安全，防止罪犯狱内又犯罪活动。

（2）建立严密的犯群组织。在监狱警察的亲自指挥下，通过一定的程序和方法，将罪犯组织成制度严密、纪律严明、监督有力的改造群体，使罪犯在监内的生活始终处于集体监督和相互监督之中。同时，要采取有效措施，努力分化瓦解狱内不良的小群体，特别是要重点打击反改造的危险团伙和帮派活动。

（3）提出明确的行为要求，制定严格的、切实可行的纪律标准，使罪犯的一切行动都在规定的行为模式内进行，逐步养成良好的行为习惯。

（4）实行严明的考核奖惩制度，采取有效的考核方法，将罪犯在服刑期间的各种改造表现纳入考核的范畴。根据考核的结果确定奖惩。奖惩工作进行的及时、准确，就能极大地调动罪犯改造的积极性，产生良好的监管改造效应。

三、科学管理原则

（一）科学管理原则的含义

科学管理原则，是指监狱对罪犯的管理活动必须在科学管理理论的指导下，遵循罪犯改造的客观规律，采取先进的方法和现代化的技术手段、设施，运用文明而又人道的管理方式来实施管理的管理准则。

对罪犯实施科学管理是现代社会监狱管理的基本特征，是人类社会文明进步的象征，是我国刑罚执行人道化、进步化的具体体现，它对于贯彻落实监狱工作的方针、原则，促进罪犯的转化，调动罪犯改造的积极性，保证监管改造任务的完成具有十分重要的意义。贯彻科学管理原则，不仅是社会主义人道主义原则的需要，而且是现代化文明监狱的重要内容之一。

（二）科学管理原则的要求

（1）监狱人民警察应当认真学习先进的科学管理知识，掌握其基本的管理方法，应用于对罪犯的管理工作，使狱政管理工作由经验型、粗放型向科学型、标准型转变，提高狱政管理工作的水平。

（2）建立科学的管理制度，将现代科学技术手段运用到监狱工作中，逐步提高狱政管理工作的效率。例如，监狱通过实行分别关押、分类管理、分级处遇制度，提高了管理的针对性，有效地避免了罪犯之间的交叉感染，极大地调动了罪犯改造的积极性。通过使用计算机技术和网络技术，全面及时地掌控罪犯的基本信息，为狱政管理的科学决策和高效运行提供了客观的依据。现代科技手段的广泛运用，实现了监狱监控、警戒、通讯、档案管理的现代化，提高了工作效率。

（3）创建文明的改造环境，提高罪犯的文明意识。在对罪犯的改造工作中，①要创造一个文明的改造环境和改造氛围；②要尊重罪犯的人格，把罪犯当人看，切实保障罪犯的合法权利；③要做好对罪犯的生活、卫生、医疗工作，保障罪犯的身体健康，稳定罪犯的改造情绪，化消极因素为积极因素，促进罪犯的改造。

四、直接管理原则

（一）直接管理原则的含义

直接管理的原则，就是指监狱警察必须深入罪犯生活、学习、劳动现场，亲自组织、指挥、监督和控制罪犯的活动，不允许利用罪犯管理罪犯的管理准则。对罪犯实施直接管理，是我国法律赋予监狱人民警察的一项职权，任何其他机关、组织、公民个人均无权替代监狱人民警察行使这一权利。《监狱法》第 14 条第 1 款第 8 项明确规定，监狱人民警察不得将监管罪犯的权利交与他人行使。否则，将视情节给予行政处分或追究刑事责任。

（二）直接管理原则的要求

（1）建立健全监狱人民警察岗位责任制，明确规定每一位监狱警察的职责权限、工作内容、工作程序，使每一位监狱警察明确自己的工作职责。同时，应当健全对监狱警察的考评、奖罚制度。对办事公正、不徇私情、兢兢业业的监狱警察，要及时给予肯定的评价和奖励；对工作责任心不强、办事依赖"拐棍"，给改造工作带来不利影响的监狱警察要及时给予批评和必要的处分。

（2）加强现场管理，使罪犯的各种活动都必须在监狱警察的亲自组织、指挥、监督下进行，保证罪犯 24 小时不脱管。罪犯中出现的各种重大问题都必须由监狱警察亲自处理。对于罪犯小组长、罪犯值星员、罪犯教员、罪犯卫生员以及改造积极分子委员会的成员等事务犯，必须有限度的选择使用，并在监狱警察的直接管理下参与自主管理活动。一旦发现这些罪犯不符合要求，要及时予以更换。

思考与练习题

1. 依法管理原则的内容和要求是什么？
2. 严格管理原则的内容和要求是什么？
3. 科学管理原则的内容和要求是什么？
4. 有监狱警察认为，为了全面落实直接管理原则，应取消包括罪犯小组长在内的事务犯。你对此如何认识？为什么？

拓展阅读

学习司法部《关于进一步推进监狱工作法制化、科学化、社会化的指导意见》（讨论稿），领会监狱"三化"建设的重要意义。

学习单元4 狱政管理的组织机构

【学习任务1】 明确狱政管理组织机构的设置原则

一、狱政管理组织机构的含义

狱政管理的组织机构就是指监狱管理机关为了实现狱政管理工作内容的宗旨和目标，而将监狱的狱政管理工作按照一定的要求分设为不同的管理层次和管理机构，并明确各自的职责和权限，形成分工协作的专门工作系统。

狱政管理是监狱工作中一项最基本、最经常的活动，内容丰富，层面广泛，贯穿于监狱对罪犯依法执行刑罚和教育改造的全过程，是监狱对罪犯实施惩罚和改造的基础。为了保障监狱对罪犯顺利、准确有效地执行刑罚，保障惩罚和改造罪犯目标的顺利实现，做好罪犯在服刑过程中的管理工作，监狱系统应当设立不同层次的、负责不同内容的专门的狱政管理工作机构，对有关的狱政管理内容进行领导、组织和具体实施，以保障狱政管理工作的顺畅运作。由于这些机构是以实现狱政管理工作内容为专门职责的，所以就形成为狱政管理工作的组织机构。它是监狱管理机关为了实现狱政管理工作内容的宗旨和目标，而将监狱的狱政管理工作按照一定要求分设为不同的管理层次和管理机构，并明确各自的职责和权限，形成分工协作的专门工作系统。它们在狱政管理工作中分别承担了不同的职责和形成了不同的工作关系。与监狱的统一领导、分级管理的管理体制相适应，我国狱政管理的组织机构的关系也体现出纵向和横向两种关系。

二、狱政管理组织机构设置的原则

狱政管理组织机构是为了保障监狱顺利落实执行刑罚、改造罪犯而设立的，狱政管理组织机构对于惩罚和改造罪犯目标的实现具有重要意义。因此，狱政管理机构的设置要遵循以下几个基本原则，才能使狱政管理工作发挥最大能量，提高罪犯管理的工作效益。

（一）依法设置原则

狱政管理的组织机构的设置必须以法律为依据，不能随便增设或撤销。狱政管理组织机构承担的任务繁杂，涉及方方面面的工作，但不能为了实现惩罚和改造罪犯的目标而随意设置狱政管理组织机构，机构的设置必须严格按照国家组织法的规定并经过正式手续报上级批准，才能有合法的地位，才能受法律保护和社会的承认。

（二）工作目标原则

狱政管理组织机构的调整、增加与合并，都应以是否对其实现狱政管理目标有利为衡量标准。狱政管理组织机构的设置必须围绕本组织的总目标来进行，并以是否能有效地为总目标服务为标准。因此，必须处理好狱政管理总目标和分目标的关系。狱政管理各机构的分目标必须为总目标服务，不能偏离总目标。在设立、调整狱政管理组织机构时，①要明确狱政管理的总目标是什么，每个具体组织和分支机构的分目标是什么，甚至每个监狱警察的工作目标是什么；②要使各个分目标相互吻合、相互配套，从而构成一个完整的目标体系。

（三）分工协作原则

为了提高狱政管理的专业化程度和工作效率，在设置狱政管理组织机构时，既要分工明确、责任到人，又要相互沟通、相互合作、相互协调，使整个组织机构形成有机联系的整体，达成共同的目标。

（四）精简原则

狱政管理组织机构的任何一个下属机构都要因事设置，因需而设，要确实从完成任务的需要出发来确定机构的层次和划分部门。避免狱政管理组织机构设置重叠，职能交叉，职责不清，人浮于事，协调能力和宏观管理能力严重缺乏，办事效率低下。

根据我国监狱管理的体制和狱政管理的设置原则，按狱政管理组织机构设置的层次不同，可以分为中央领导机构、地方领导机构、基层领导机构和具体执行机构。

【学习任务2】 掌握狱政管理组织机构的基本体系

一、狱政管理的中央领导机构

根据《监狱法》第10条的规定，国务院司法行政部门主管全国的监狱工作。国务院司法行政部门是指中华人民共和国司法部，司法部是我国监狱工作的最高主管机关，主管我国的监狱和未成年犯管教所的工作，也是全国狱政管理工作的最高主管机关。但这种主管关系是间接管理关系，行使直接管理权的是在司法部设立的负责全国监狱工作的专门机构，即司法部监狱管理局，由司法部监狱管理局直接行使管理监狱和未成年犯管教所工作的权力，负责全国的监狱工作。可以说它是全国狱政管理工作最高的直接领导机构，它主要是在宏观上制定适用于全国范围内的狱政管理的制度、办法、标准、规划、方法和要求等，对狱政管理工作进行宏观组织、指导、监督和调控。

司法部监狱管理局是从宏观上对监狱进行管理，对狱政管理进行指导、组织和监督，对司法部直属监狱行使直接的管理权。因此，司法部监狱管理局在内部设有专门负责组织实施狱政管理工作的专门部门，即狱政管理处和生活卫生处，由于侧重的内容不一样，它们的职责也不同。狱政管理处主要侧重于安全管理和罪犯行为管理方面的工作，而生活卫生处主要侧重于生活卫生方面的管理工作。此外，司法部监狱管理局刑罚执行处、教育改造处、生产指导处、科技处等职能机构所进行的活动，在一定程度上也要与狱政管理工作密切配合，相辅相成，而不能各自为政。

二、狱政管理的地方领导机构

省级行政区域的监狱工作的主管机关是各省、自治区、直辖市司法厅（局），各省、自治区、直辖市司法厅（局）主管本行政区域内的监狱工作，这种主管也是一种间接的管理关系，直接管理部门是各省、自治区、直辖市司法厅（局）下属的监狱管理局。各省、自治区、直辖市监狱管理局具体管理本行政区域内的监狱工作，主管本行政区域内的监狱和未成年犯管教所，负责对本行政区域内监狱工作的管理和指导，因此，监狱管理局是各省级行政区域狱政管理工作的领导机构。省、自治区、直辖市监狱管理局根据司法部监狱管理局在狱政管理方面的规定和要求，结合本行政区域内的实际情况，制定适合本行政区域的狱政管理规章和制度，领导和组织本行政区域的监狱、未成年犯管教所实施，并对实施情况进行考核和监督。

省、自治区、直辖市监狱管理局是狱政管理工作在各个省、自治区、直辖市的主管机关，对本行政区域内的狱政管理工作进行指导和监督，在省级监狱管理局内部设有专门组织实施狱政管理工作的专门机构，即省级监狱管理局狱政管理处和生活卫生装备处，具体负责本行政区域内的狱政管理工作的组织和实施。

省级监狱管理局狱政管理处主要从事以下方面的狱政管理工作：负责组织和指导监狱、未成年犯管教所的罪犯收押、调遣、日常管理、刑满释放，以及狱内侦查、狱内办理、监管安全、追捕在逃罪犯、监管警械设施的规划、狱内管理和狱内侦查工作基础台账及统计报表等狱政管理工作；负责罪犯管理信息的收集、统计和积累；对决定暂予监外执行的罪犯进行监督考察，指导创建现代化文明监狱工作等。

省级监狱管理局生活卫生装备处主要从事以下方面的狱政管理工作：检查指导监、所罪犯的生活卫生管理，制定罪犯生活卫生标准，指导罪犯的疾病预防、治疗和劳动保护，指导监、所卫生防疫和医院管理工作；负责本系统监管技术装备、警用交通工具、计算机网络等总体规划，监狱警察装备和罪犯被服等供应管理工作。

三、狱政管理的基层领导机构

（一）狱政管理科

根据《监狱法》第2条的规定，监狱是对判处死刑缓期二年执行、无期徒刑、有期徒刑的罪犯执行刑罚的机关，为了完成惩罚和改造罪犯的任务，保障狱内生产、生活、学习三大现场秩序和整个监狱秩序的持续稳定，在监狱机关里面也设有专门负责狱政管理工作组织实施的机构，狱政管理科（处）即是最主要的机构之一，它在本监狱内主要负责依法收押、调配、调遣罪犯和对罪犯日常规范化管理、分级管理及考核、奖惩工作；负责落实监管安全防范措施；负责狱内突发事件的处理；负责与驻监武警部队的日常业务联系；负责创建现代化文明监狱（监区）的达标工作；负责狱政管理工作的统计报表工作。

（二）生活卫生科

按照《监狱法》及有关法规规定，为了做好罪犯的日常生活卫生工作，监狱机关设置生活卫生科。生活卫生科（处）是狱政管理工作的组织实施机构之一，在本监狱内主要负责罪犯的饮食、被服、居住、医疗卫生等方面的管理；负责罪犯的疾病预防、治疗和劳动保护、卫生防疫和监狱医院的管理工作；负责罪犯囚服的供应以及监舍的管理、罪犯物品供应工作。

监狱、未成年犯管教所设专门的狱政管理和生活卫生科，主要是一方面具体执行上级业务部门下达的工作计划和任务；另一方面负责组织、领导、分工、协调本单位的狱政管理、狱内侦查、生活卫生工作，从而起到衔接和协调的作用。

四、狱政管理的具体执行机构

在监狱执行刑罚、惩罚和改造各项活动中，行刑目标的实现，改造任务的完成，都要依托于狱政管理的具体执行机构来开展。按照监狱司法实践，一般而言，狱政管理的具体执行机构包括监狱、监区、分监区三级。根据管理层级、管理对象、管理阶段、管理要求、警戒程度等不同，其内部又分设入监队、出监队、严管队、内看守队、防暴队、禁闭室等具体管理组织。根据狱政管理的不同需要，可以划分不同层次、负责不同工作内容的狱政管理的具体执行机构，从而形成了一个完整的狱政管理工作的运行体系。

（一）以狱政管理层级为标准设置的机构

1. 监狱。我国《监狱法》第 2 条规定："监狱是国家的刑罚执行机关。依照刑法和刑事诉讼法的规定，被判处死刑缓期二年执行、无期徒刑、有期徒刑的罪犯，在监狱内执行刑罚。"因此，监狱是我国依法准确执行刑罚，惩罚和改造罪犯的一级管理机构，直接承担行刑任务。监狱对罪犯实行惩罚和改造相结合、教育和劳动相结合的管理原则，将罪犯改造成为守法公民。监狱对罪犯应当依法监管，根据改造罪犯的需要，组织罪犯从事生产劳动，对罪犯进行思想教育、文化教育、技术教育。监狱人民警察依法管理监狱、执行刑罚、对罪犯进行教育和改造等活动，受法律保护。罪犯必须严格遵守法律、法规和监规纪律，服从管理，接受教育，参加劳动。监狱通过下设的监区、分监区直接对罪犯进行管理。

2. 监区。监区是监狱对罪犯实施惩罚和改造的二级管理机构，是依法对罪犯实行惩罚、教育、改造和组织罪犯学习、劳动生产、完成各项工作任务的基层组织，也是狱政管理的具体组织实施机构。监区一般按照五百名左右罪犯的标准设置，它的主要职能是执行上级的指示，确保政令畅通；依法执行刑罚，落实教育改造及监管制度，确保监管场所的安全稳定；组织开展生产经营工作，完成监狱下达的考核指标，组织开展政务公开和狱务公开工作。

3. 分监区。分监区是对罪犯惩罚和改造的三级管理机构，分监区是依法具体对罪犯实施惩罚和改造的基层单位，是对罪犯实行惩罚、进行监管、实施教育改造和组织生产劳动最直接的组织形式。分监区一般按照 150 名罪犯的标准设置，它的主要职能是执行监区下达的工作指标，开展业务工作；负责对罪犯的日常考核，提请对罪犯的奖惩；掌握罪犯的思想、行为动态，组织罪犯学习，做好教育、转化工作；依法组织罪犯参加劳动，落实生产现场管理；执行直接管理制度，经办相关业务台账。

一般情况下，我国监狱对罪犯的惩罚和改造是通过三级管理来实现的，即由监狱、监区和分监区构成对罪犯的三级管理体制，有层次的对罪犯实施全面管理；也有的是实行监狱和监区二级管理。其中狱政管理部门机关负责对本监狱的狱政管理工作进行领导、组织和实施，监区和分监区是狱政管理的具体执行机关。

（二）以分类管理为目的设置的机构

1. 入监队。入监队是监狱对新收押的罪犯进行集中管理、强化教育与行为训练的专门机构。监狱设立专门的入监监区或分监区，负责对新收押的罪犯进行集中管理、教育和训练，每期两个月，实行半天劳动、半天学习的制度。通过两个月的管理、教育和训练，应使罪犯达到收监服刑的要求。入监教育结束后，监狱（监区）应对新收押罪犯进行考核。对考核合格的，移送相应类别的监狱（监区）服刑改造；对考核不合格的，应当延长入监教育，时限为 1 个月。

2. 出监队。出监队是针对即将刑满释放的罪犯而设立的集中管理教育的专门机构。出监队主要是针对罪犯即将释放回归社会的状态，对罪犯的改造质量进行全面的检查。针对不同罪犯的思想状态，进行查缺补漏，进行出监前认罪、政策、形势、前途等补课教育，解决罪犯的一些实际问题。有条件的还可以创造和社会相近的服刑环境，或者实行社区矫正，让罪犯提前适应社会环境，为其回归社会扫除适应性的障碍。出监队实行 3 个月的集中管理教育，实行半天劳动、半天学习的制度，管理上可以实行从宽管理制度。另外，监狱应当根据罪犯在服刑期间的考核情况、奖惩情况、心理测验情况，对其改造效果进行综合评估，不断提高改造质量。

3. 严管队。严管队是监狱将狱内一贯违反监规纪律、屡教不改的顽固罪犯集中起来进行特别严格管理的专门机构，它是狱政管理工作的一种重要组织形式和方法，也是分类管理的具体表现形态，对维护监管改造秩序具有重要的作用。罪犯在严管队实行从严管理处遇，经过一段时间的考察，对确有悔改表现的，调入分监区或监区进行改造，其处遇随悔改的程度和刑期作出适当调整或者变更。

严管队由监狱机关根据实际情况需要建立，一般以中队为建制，单位小的也可以设立严管组，受监狱机关狱政管理科的直接领导，一般配备具有较高政治水平和业务能力的中青年监狱人民警察。

对罪犯分类管理，是现代监狱对罪犯执行刑罚和监督管理制度发展的基本趋势。我国监狱设立入监队、出监队和严管队，是根据服刑改造阶段和改造表现来进行分类管理的，针对不同的服刑阶段和改造表现采取不同的管理方式。

（三）以监管警戒为目的设置的机构

1. 狱内警卫队。狱内警卫队是监狱在警戒线范围内设立的专门负责监狱场所内部警戒，维护正常改造秩序的看守力量，是狱内警卫队队员在狱内对在押罪犯进行监督检查和警戒的制度。狱内警卫队是贯彻干警直接管理原则的具体体现，是实现 24 小时不脱管，对罪犯实施有效控制的重要措施。内看守业务工作由狱政管理工作部门主管和领导。

2. 防暴队。防暴队是从保证监管场所安全，制止和平息狱内发生严重暴力事件的目的出发，协助有关部门处理监狱各种突发事件而建立的一支专业防暴队伍，其接受监狱狱政管理部门的领导。

3. 禁闭室。禁闭室是监狱对具有现实危险性的罪犯进行强制防范和对罪犯进行禁闭行政惩罚的场所。前一种是防范措施，后一种是行政惩罚。从监管角度出发，这里所讲述的禁闭是防范措施。禁闭作为消除危险、确保安全的防范手段，只有遇到特殊情形时才能适用。

除上述狱政管理的固定组织机构外，监狱机关还可以根据工作需要设立一些临时性的组织机构。

五、狱政管理组织机构的关系

（一）狱政管理中央领导机构和地方领导机构的关系

我国对监狱的管理主要是由省级人民政府直接负责监狱的管理和领导工作，即由司法厅、局的监狱管理局直接负责监狱的领导和管理工作。而司法部监狱管理局作为狱政管理的最高领导机构，它实际上是对全国的狱政管理工作进行宏观的管理、指导和组织，规定一些原则性的管理方法。各省、自治区、直辖市监狱管理局根据司法部监狱管理局的要求，在司法部监狱管理局的统筹指导下，结合各省、自治区、直辖市的实际情况，根据司法部监狱管理局对监狱工作的规定和要求，制定适合本地区情况的具体计划和措施，具体负责本行政区域内的狱政管理的组织实施。这种工作关系是一种指导关系，而各省、自治区、直辖市监狱管理局是各省、自治区、直辖市人民政府的工作部门，接受各省、自治区、人民政府的领导。

（二）司法部监狱管理局和司法部直属监狱在狱政管理工作上的关系是领导和被领导关系

司法部直属监狱又称为中央直属监狱，所谓直属监狱是相对地方监狱而言的。中央直属监狱由司法部监狱管理局直接领导、管理，所以司法部监狱管理局和司法部直属监狱在狱政管理工作上的关系是领导和被领导关系。针对直属监狱的特点，司法部监狱管理局负责对直属监狱的狱政管理工作进行组织、领导、协调和监督，制定适合直属监狱特点的具体计划和措施，组织直属监狱实施，并进行协调和监督。直属监狱在司法部监狱管理局的领导下，具体组织狱政管理的实施，接受司法部监狱管理局的监督。

（三）狱政管理地方领导机构之间的关系

省、自治区、直辖市监狱管理局是本行政区域内的狱政管理工作的主管机关，根据本地区的实际情况，制定适合本地区情况的具体计划和措施，组织省直属监狱实施，并进行协调、监督和考核。从当前我国的监狱管理体制来看，由省级人民政府领导和管理监狱是当前最主要的管理体制，即由省级人民政府的监狱管理局来进行领导和管理，所以称为省直属监狱。省直属监狱根据省、自治区、直辖市监狱管理局在狱政管理工作上的要求，在其领导下，具体组织实施狱政管理工作，并接受省、自治区、直辖市的协调、监督和考核。省、自治区、直辖市监狱管理局和省直属监狱在狱政管理工作上的关系是领导关系。

（四）省、自治区、直辖市监狱管理局和市属监狱在狱政管理工作上的关系是指导关系

20世纪80年代以来，随着国家政治、经济和社会治安形势的发展，全国监狱的发展格局发生了较大变化。一些省份将原来由省监狱管理局直接管理的监狱，以及一些新建的监狱下放到地级市人民政府进行管理，由地方司法局具体行使管理职权，所以称为市属监狱。这类监狱在业务上接受省监狱管理局的指导，然后结合本市的具体情况，制订适合自身的计划和措施，组织实施狱政管理工作。

（五）狱政管理具体组织机构的关系

狱政管理的具体组织机构存在两种关系。监区内设分监区的，监区和分监区之间是上下级的领导关系，监区负责组织分监区实施狱政管理工作，分监区接受监区的领导；除了监区和分监区上下级领导关系之外，其他狱政管理具体组织机构之间是平行并列的关系，它们之间没有级别高低之分，不存在领导和指导关系，只是分工上的不同，都是在监狱狱政管理领导机构的组织下，按照分工的不同，具体实施狱政管理工作。各具体组织机构彼此之间相互联系、相互协调、相互配合，共同完成狱政管理工作，为完成对罪犯的惩罚和改造，保障监狱的工作秩序和安全稳定提供坚实的后盾。

 思考与练习题

1. 狱政管理组织机构的设置要求是什么？
2. 狱政管理组织机构的分类标准有哪些？
3. 狱政管理各组织机构的职能是什么？
4. 如何理解狱政管理组织机构之间的关系？

拓展阅读

范方平主编：《监狱劳教所机构设置研究》，法律出版社1999年版。

第二部分

狱政管理实务

学习单元 5　行刑事务管理

学习单元 6　监管事务管理

学习单元 7　处遇事务管理

学习单元 8　现场管理

学习单元5　行刑事务管理

学习目标

● 通过本单元学习，能够：

1. 掌握普通收监和特殊收监的操作要领。
2. 掌握罪犯申诉、控告、检举的处置方法。
3. 熟悉罪犯提审和提解的管理要领。
4. 掌握罪犯又犯罪、漏罪的处置方法。
5. 掌握罪犯死亡和释放的处置方法。

 【学习情境1】 收监

学习情境1.1　普通收监

 知识储备

一、收监的含义

收监，是指监狱将人民法院交付执行的符合法定条件和法律手续完备的罪犯收入监狱开始执行刑罚的活动。收监标志着监狱对罪犯执行刑罚的开始，意味着罪犯开始对自己的犯罪行为接受刑罚的惩罚，承担刑事责任。除法定的监管场所外，其他任何机关、团体、组织和个人都无权以收监的名义对他人实施非法关押，剥夺他人人身自由。为便于区分收监的普通情形与特殊情形，将生效判决的罪犯直接由看守所投送到监狱服刑，即通常称之为新犯收监；将保外就医期间、假释考验期内因触犯相关法规，或以非法手段骗取保

外就医、假释，以及脱逃捕回等罪犯的收押，统称为特殊收监。

二、收监的对象

依据《监狱法》第15条第1款对监狱收监的规定和《刑事诉讼法》关于刑罚执行的规定，交付监狱执行刑罚的对象是指依法被判处有期徒刑、无期徒刑和死刑缓期二年执行三种刑罚的罪犯。被判处管制、拘役和死刑立即执行的服刑人员分别由公安机关和人民法院负责执行。也就是说，从被判处的主刑来看，监狱的收监对象只有有期徒刑、无期徒刑和死刑缓期二年执行这三种，其他刑种的服刑人员都不属于监狱的收监对象。

例外的是，根据《刑事诉讼法》第213条和《监狱法》第15条第2款的规定，对于被判处有期徒刑的罪犯，在被交付执行刑罚前，剩余刑期在1年以下的，由看守所代为执行，所以这种情形不属于监狱的收监范围。

三、判决和裁定生效

人民法院交付监狱执行的判决，必须是已经发生法律效力的、依法应由监狱执行的刑事判决，不符合这个条件的，不能收监。根据《刑事诉讼法》第208条的规定，下列判决和裁定是发生法律效力的判决和裁定：①已过法定期限没有上诉、抗诉的判决和裁定；②终审的判决和裁定；③最高人民法院核准的死刑的判决和高级人民法院核准的死刑缓期二年执行的判决。

四、邪教组织

在我国，被定性为冒用宗教名义的邪教组织有21种。由境外传入的邪教组织有8种及派生的7种，包括"基督教统一神灵协会"，简称统一教；"新约教会"（基督灵恩布道团），派生出"耶稣基督血水圣灵全备福音布道团"（圣灵重建教会）；"呼喊派"，派生出5种："常受教"、"能力主"、"实际神"、"中华大陆行政执事站"、"被立王"；"天父的儿女"；"世界以利亚福音宣教总会"；"观音法门"，派生出"圆顿法门"；"灵仙真佛宗"；"达米宣教会"。而境内产生的邪教组织有5种及派生的1种，包括"灵灵教"；"全范围教会"，派生出"华南教会"；"三班仆人派"；"主神教"（由"被立王"派生）；"门徒会"。

【工作要点】

一、收监验证

（一）押解警察证件和罪犯移交花名册的检验

监狱管理机关为搞好罪犯分押管理，根据我国的实际情况，按照辖区内看守所地域分布、平均在押犯量，结合罪犯犯罪性质、刑种、刑期、身体健康状况和各监狱硬件设施等实际情况，制定新犯投送和接收规定，要求看守所和监狱按规定投送和接收罪犯。因此，监狱接收新犯必须严格遵守省（市、区）监狱管理局规定的定点收押单位和收押范围、收押对象。行使收监职权的监狱人民警察要严格检查投送单位、押解警察和罪犯性别、年龄、籍贯、民族、罪名、刑期起止等是否属于本监狱的收押范围，不属于本监狱收押范围的必须有省、自治区、直辖市监狱管理局开具的介绍信或罪犯调入通知单。这样做既从源头上为搞好罪犯的分押工作奠定基础，又杜绝了各监狱随意接收罪犯，确保公正廉洁执法。

（二）法律文件检验

为防止和杜绝无依据收监和错误收监等情况的出现，《监狱法》第15～16条，分别从刑种、剩余刑期、时效，以及法律文件的种类、质量等方面规定了收监的形式条件。法律文件的检验主要是检查刑事判决是否已发生法律效力，法律文件是否齐备、有效，内容记载是否有误，确保依法准确对罪犯收监。

工作实践中，看守所投送罪犯必须同时移交的法律文件有刑事判决书、起诉书副本、执行通知书和结案登记表。其中刑事判决书3份、起诉书副本3份、执行通知书2份、罪犯结案登记表1份、逮捕证副页1份。要检查法律文件的有效性，一审判决的罪犯必须查看是否已经过了上诉期限，经二审裁定的罪犯应增加刑事裁定书3份，死刑缓期二年执行的罪犯应有法律文件宣告或送达证明材料。此外，"法轮功"等邪教类罪犯增加邪教类罪犯情况登记表1份；患有严重疾病的罪犯，增加省级人民政府指定的医院或县级以上人民医院作出的病情鉴定书；港澳台罪犯必须检查身份证、回乡证、港澳居民来往内地通行证等。检查法律文件时除了清点数量是否齐全，还必须认真核对同一罪犯各种法律文件记载的内容是否一致，尤其是姓名、年龄、籍贯等身份信息，以及刑期起止日期和涉及到刑期折抵的羁押日期等刑罚信息。发现法律文件不齐全、不一致或可能有误的，必须与原判机关联系核实，核实不清可能导致错误收监的，不予收监；核实清楚不至于错误收监的，可先收监，要求作出生效判决的人民法院限期补充齐全或者作出更正。

二、收监检查

（一）身体健康检查

为了判断罪犯的身体状况是否适宜在监狱内服刑，为罪犯保外就医提供依据，防控流行性疾病在狱内传播，安排适宜罪犯的劳动，监狱要对交付执行的罪犯进行身体健康检查，并要建立罪犯健康档案，依法保障罪犯的健康权和其他罪犯的合法权益，防止执法纠纷。从 2003 年以来，非典、禽流感（H5N1）、甲流（H1N1）、诺瓦克（诺如病毒）、风疹等传统、非传统的传染性疾病流行，在考验国家公共卫生应急防控体系的同时，对人员密集的监管场所也提出了更加严峻的要求。实践证明，监测体温是防控传染性疾病最为简便有效的方法之一。因此，收监体检必须要逐一测量罪犯体温，同时每批新投犯自收监之日起 7 日内尽可能落实集中隔离医学观察。

对罪犯的身体检查要填写《罪犯健康检查表》，《罪犯健康检查表》必须根据体检实际结果如实填写，医务监区主检医生和业务院长必须严格把关，确保记载真实全面、准确无误。特别要注意罪犯体貌特征的检查，并进行详细记录。"既往病史"栏目，依据罪犯自述、看守所移交的病历或判决书记载来填写。罪犯自述或法律文件记载有癫痫、精神异常、心脑血管、视力障碍和肢体活动受限等病史的，要进一步组织罪犯陈述健康状况，详细记载其被捕前既往病史和治疗情况等内容，并尽可能联系其家属或看守所收集病历资料，作为重要执法凭证存入罪犯健康档案。

（二）人身和物品检查

为了确保监狱安全，防止罪犯携带违禁品入监，妥善保管罪犯携带入监的合法财物，《监狱法》第 18 条规定："罪犯收监，应当严格检查其人身和所携带的物品。非生活必需品，由监狱代为保管或者征得罪犯同意退回其家属，违禁品予以没收。女犯由女性人民警察检查。"看守所将罪犯押送到监狱入监监区，解除押解途中给罪犯戴的戒具后，负责行使收监职权的监狱人民警察按照罪犯移交花名册清点人数，然后对新投犯进行搜身和行李检查。要重点检查罪犯有无夹藏金银首饰、现金、刀具、毒品、通讯工具等危险品和违禁品，同时除内衣、毛衣、袜子外，罪犯的其他便服一律清理，统一更换制式囚服、囚鞋。

罪犯携带的现金由看守所押解警察到监狱财务部门移交，贵重物品、证件等，由负责行使收监职权的监狱人民警察、看守所押解警察及罪犯本人三方，按照看守所提供的《贵重物品移交表》（一式二份）当面清点核对无误后，在移交清单上由双方警察签名和加盖单位公章，然后由罪犯本人签名、捺印指模确认，交接双方各持一份存查。罪犯贵重物品核对清楚后，负责保管物品的监狱人民警察填写《罪犯物品保管收据》（一式三份），一般第一联为存根，由监狱存档；第二联为领取凭证，交罪犯保存；第三联粘贴保管袋口作为封条。

三、收监登记

对符合收监条件的罪犯，监狱应填写《罪犯入监登记表》，并贴附罪犯的一寸近期免冠照片。《罪犯入监登记表》的各项内容要按要求逐项填写，为了避免"三假"罪犯现象的出现，要注意核对罪犯的姓名、年龄、家庭地址、文化程度、主要社会关系等基本内容，要通过找罪犯谈话予以鉴别核实。此外，必要时可以通过信函向有关机关了解罪犯的真实情况。

除填写《罪犯入监登记表》外，监狱还要对罪犯捺印指纹，建立罪犯指纹捺印卡片，随同《罪犯入监登记表》一并存入罪犯服刑档案。

四、入监谈话

为使罪犯在监狱里安心改造，消除恐惧和悲观失望的服刑心理，监狱应对新入监的罪犯进行谈话教育。谈话教育的内容主要在于对罪犯进行服刑指导，学习监规纪律，明确其权利义务。使罪犯在服刑期间对自己的权利义务有明确的认识，从而树立积极改造的信心，度过监狱行刑的适应期。有必要的话要加强新入监罪犯的心理辅导。

五、通知罪犯家属

《监狱法》第20条规定："罪犯收监后，监狱应当通知罪犯家属。通知书应当自收监之日起5日内发出。"根据规定，监狱一般在罪犯入监第二天就要组织填写《罪犯入监登记表》，登记入监通知书投寄地址和联系人。组织填写《罪犯入监登记表》前，要向罪犯宣讲相关政策、法规和填写要求，填写完毕后要组织警察进行认真审核，特别是家庭关系、社会关系主要成员姓名、年龄、职业，以及主联系人电话号码等，要检查填写的内容有无明显错误或逻辑问题，然后由狱政管理科系统操作员将《罪犯入监登记表》和法律文件有关数据录入监管改造信息系统，打印和寄出《罪犯入监通知书》，并告诉有关探视和其他注意事项。监狱要注意收集好《罪犯入监通知书》回执，作为甄别罪犯身份的重要凭证。此外，对于无亲属的罪犯，监狱可以通知其原所在单位、基层社会组织或者原居住地的公安派出所。

【注意事项】

一、要认真甄别收监对象

检查法律文件的同时，行使收监职权的监狱人民警察还必须到负责接收新犯的入监监区现场，清点、辨认被交付执行的罪犯与罪犯移交花名册和法律文件提供的媒体信息是否相一致。这是整个收监验证环节的难点，同时也是当前收监工作普遍存在的盲点。《刑事诉讼法》、《监狱法》都没有明确把罪犯媒体信息规定为收监必备的文件，受习惯思维的影响，交付单位与接收单位相互信任，以及受收监场地、时间、技术条件等客观因素的制约，致使往往容易忽视这一细节。实践中，收监时移交的媒体信息是非常有限的，通常只有看守所在办理罪犯出所制作的掌纹卡和粘贴在掌纹卡上的正面相，接收方无法直观的辨别人、档是否一致。在犯罪智能化和组织化形势下，以及整容技术发达的当今社会，如果程序不严密，就极可能发生错误收监的现象。

二、要把握暂不收监的条件

根据《监狱法》第17条第1款及《刑事诉讼法》第214条第4款的规定，经检查发现被判处有期徒刑的服刑人员有下列情形，不具有社会危险性的，可以暂不收监：①有严重疾病需要保外就医的；②怀孕或正在哺乳自己婴儿的妇女；③生活不能自理，适用暂予监外执行不致再危害社会的。对于决定暂不收监的服刑人员，由公安机关将人带回。如果公安机关对监狱暂不收监的决定有异议的，可以申请省、自治区、直辖市人民政府指定的医院对该服刑人员进行医疗鉴定。鉴定结论符合收监条件的，监狱应当收监。

对符合条件决定暂不收监的服刑人员，应当由交付执行的人民法院决定暂予监外执行，交由服刑人员居住地的公安机关执行刑罚。暂不收监的法定情形消失后，原判刑期尚未执行完毕的服刑人员，由公安机关送交监狱收监执行剩余的刑罚。

【范例分析1】

[范例] 2005年7月份，南方电视台播出一则"明明没犯法，何来入监通知书"的新闻，将电话暗访录音和盖有某监狱公章的《罪犯入监通知书》等图片资料，在电视台和网络上同时播出。新闻称，在广州工作的万某的家人最近收到了一份万某的入监通知书，但明明还在上班的小万怎么会进了监狱呢？万某的妈妈一听到这消息，当时就晕了过去。万某马上让家人把入监通知书寄给自己。几天后，当看到因犯抢劫罪入狱3年的入监通知书时，万某瞠目结舌。

经过万某多次电话申诉联系，监狱终于查明了事情的真相。原来是万某同村的马某冒用了他的名字，因为这名马姓青年已经是重犯了，怕罪加一等，就冒用了万某的名字、家庭住址和社会关系，致使监狱将《罪犯入监通知书》寄给了无辜的万某。新闻声称监狱侵犯了守法公民万某的名誉权，一时间议论纷纷，在社会上造成了很大的负面影响。

[分析] 被告人不讲真实姓名、家庭住址和社会关系，且不说刑事责任年龄和前科劣迹，材料无法核实可能影响准确量刑，在罪犯收监之日起5日内，监狱难以发现法院的生效判决在姓名上是否有误。上述案例，《罪犯入监通知书》的错误送达，监狱虽然程序上没有过错，但是《罪犯入监通知书》是由监狱发出的，实质上却损害了真实姓名公民的名誉权，使得法律权威和司法公正受到质疑。通过这件事情，留给我们的重要启示就是：在对罪犯收监时，必须重视甄别罪犯身份，要把罪犯的身份核对当作一项重要的任务来对待。有必要的时候，要及时请求公安机关协助调查。

 【情境训练1】

[案例] 徐某，男，33周岁，重庆潼南县宝龙镇蚂蝗村一村民，一直在福建石狮开"摩的"。2006年11月24日，一封寄自贵州都匀的信在徐某老家的村庄炸开了锅。信是寄给徐某的父亲的，里面是贵州桐州监狱的《入监通知书》，上面称徐某因犯盗窃罪，被判刑12年。由于徐某的父亲已经在几个月前去世，徐某和妻儿一直住在福建。这封信被村民打开后，徐某"犯罪进了监狱"的消息在蚂蝗村甚至更远的地方迅速传播。之后，这份《入监通知书》被村支书又转寄到福建。收到自己的入狱通知书后，徐某吓懵了：我成了罪犯？我还能出去自由行走吗？我会不会被抓起来？我才33岁……想了很多之后，徐某才缓过神来：我没犯罪呀，是不是搞错了？

为了揭开这个疑问，徐某简单给妻子作了交代，马不停蹄地赶回重庆。一回到潼南，村里人见他就像避瘟神一样。大胆一点的，就很神秘地问他："你是不是从监狱逃出来的？"徐某遭遇到从没有过的悲凉：没人敢和他说话，没人敢邀请他到家里吃顿饭，他看见的只是白眼。他只得不停地解释，说自己根本就没犯罪，但没有人相信他。为了洗清自己的"罪名"，徐某只得到当地派出所去查，看有没有和自己同名同姓的人，但全村就只有他叫这个名字。奔波数天之后，徐某终于弄清楚，自己被"冒名顶替"，原来，同村另一徐姓人在贵州犯罪被关进监狱，一直冒用的是他的身份。

如果你是该监狱负责收监的监狱警察，请对监狱在罪犯收监发放《入监通知书》中存在的问题进行总结。

拓展学习与训练

1. 查阅有关邪教组织的资料，谈谈防范的对策和思路？

2. 某看守所即将送来一批罪犯，监狱领导指定你负责新收犯的收监工作，请你拟定一份收监工作计划。

学习情境 1.2　特殊收监

知识储备

一、假释

假释是指被判处有期徒刑或者无期徒刑的犯罪分子，在执行了一定时间的刑罚之后，如果认真遵守监规，接受教育改造，确有悔改表现，不致再危害社会的，司法机关将其附条件地予以提前释放的一种刑罚执行制度。假释是使犯罪分子提前回到社会上，因此，必须附加一定的条件。根据《刑法》第81～86条的规定，对假释犯的管理应按以下要求进行：

（一）假释的考验期限

有期徒刑的假释考验期限为没有执行完的刑期；无期徒刑的假释考验期限为 10 年。假释犯在假释考验期限内应当遵守下列规定：①遵守法律、行政法规，服从监督；②按照监督机关的规定报告自己的活动情况；③遵守监督机关关于会客的规定；④离开所居住的市、县或者迁居，应当报经监督机关批准。

（二）对假释犯的监督及处理

被假释的犯罪分子，在假释考验期限内，由公安机关予以监督。根据其不同表现作出不同的处理：

（1）如果假释犯在假释考验期限内又犯新罪，无论所犯的新罪是故意犯罪还是过失犯罪，是重罪还是轻罪，都要撤销假释，对新罪作出判决，将新罪所判处的刑罚与前罪没有执行完的刑罚，按照《刑法》第 71 条规定的数罪并罚原则，决定应当执行的刑罚。

（2）在假释考验期限内，如果发现假释犯在原判决前还有没判决的罪，而且没被判决的罪没有超过追诉时效，也应当撤销假释，对没有判决的罪作出判决，将未判之罪所判处的刑罚与前罪判处的刑罚，按照《刑法》第 70 条规定的数罪并罚原则，决定应当执行的刑罚。已经执行的刑罚，应当计算在新判决决定的刑期以内。

（3）在假释考验期限内，假释犯有违反法律、行政法规或者有关假释的监督管理规定的行为，尚未构成新的犯罪的，应当依照法定程序撤销假释，收监执行没有执行完毕的刑罚。

（4）在假释考验期限内，假释犯遵守关于假释的各项规定，没有以上所说的三种情况，假释考验期满，就认为原判刑罚已经执行完毕，并应当公开予以宣告。

二、保外就医

保外就医是暂予监外执行的法律制度，是指在监狱刑罚执行期间，被判处有期徒刑的罪犯，因确有严重疾病经司法机关批准取保，在监狱外临时医治而暂时变更执行场所的一项刑罚执行变更制度。根据《刑事诉讼法》第214条和《监狱法》第25条的规定，被判处有期徒刑的罪犯，如患有严重疾病，可以保外就医。严重疾病的范围，可以参照1990年12月31日司法部、最高人民检察院、公安部联合颁布的《罪犯保外就医执行办法规定》，但对下列情形不准保外就医：判处死刑缓期二年执行和无期徒刑尚未减刑为有期徒刑的；罪行严重、民愤极大、被害人不谅解、群众不同意的；可能有社会危险性的；自伤自残的。

【工作要点】

假释撤销、保外就医撤销、脱逃捕回等罪犯的特殊收监情形，其收监的程序如健康检查、身体检查和行李物品检查等，均按普通收监程序处理，唯一要重点检查的是罪犯的法律文件方面，这与普通收监程序有所区别。

一、假释撤销收监

根据《刑法》第86条和《监狱法》第33条的有关规定，被假释的罪犯在考验期内有违反法律、行政法规和国务院公安部门有关假释的监督管理规定的行为，尚未构成新的犯罪的，公安机关提出撤销假释的建议，经法定程序撤销假释送交监狱收监的，监狱应认真审核公安机关的证明材料和人民法院的撤销假释裁定书；构成重新犯罪的，审核人民法院的有关裁定，按普通收监程序处理。此外，以非法手段骗取假释的，依照《监狱法》第34条的有关规定，审核人民法院的撤销假释裁定通知书。

二、保外就医撤销收监

保外就医的决定有两种情况，一种是原判人民法院决定的；另一种是罪犯服刑监狱的省、自治区、直辖市监狱管理机关决定的。由原人民法院决定暂予监外执行的，由于监外执行条件消失，法院决定收监执行的罪犯，应有人民法院的裁定书三份；由省（市、区）监狱管理机关批准保外就医，经治疗疾病痊愈或病情基本好转，或监狱认为应当收监的其他情形，由刑罚执行部门派人将保外罪犯收监执行。保外就医的罪犯有违法行为，尚未构成新的犯罪的，以及采取非法手段骗取保外就医的，负责执行刑罚的公安机关或监狱及其上级机关提出收监要求，由刑罚执行部门派人将保外罪犯收监执行；构成重新犯罪的，要重点审核人民法院的有关裁定，按普通收监程序处理。

三、脱逃捕回收监

根据《监狱法》第 42 条的有关规定，罪犯脱逃后被即时抓捕，或事后追捕归案，或投案自首、自动回监，而且脱逃期间没有犯新罪的，首先由监狱狱内侦查部门负责审核罪犯身份，填写《罪犯脱逃捕回登记表》，并向上级机关上报《罪犯捕回报告表》，然后再移交给狱政管理部门负责组织罪犯的收监工作。

【注意事项】

一、一般由原羁押单位收监

根据有关规定，从有利于罪犯管理的角度出发，对于脱逃捕回、假释撤销、保外就医撤销的罪犯重新收监的，不管其在脱逃、假释、保外就医期间重新犯罪与否，一般由原羁押单位收押。这样做是为了保持对罪犯改造的延续性。一方面原羁押单位对罪犯的情况比较了解，可以采取有针对性的管理措施；另一方面罪犯在原羁押单位改造过一段时间，有一定的改造基础，比较容易适应监狱环境和把其前期的改造表现有效结合起来。

二、其他羁押单位收监的情形

根据规定，对脱逃捕回、假释撤销、保外就医撤销的罪犯在重新犯罪被提请公诉经人民法院审判后，重新确定的刑种、刑期超出原单位羁押条件的，应把罪犯送往符合收监条件的其他监狱执行刑罚。这种羁押条件包括监狱的硬件设施和监狱的软件设施。罪犯重新犯罪，刑种和刑期比原来加重，说明罪犯的社会危害性更严重，必须要关押条件和罪犯管理改造经验更丰富的羁押单位来负责执行，才能保证罪犯改造工作的顺利进行，保证监狱的安全。

【范例分析2】

[范例] 戴某，男，1990年9月6日因盗窃罪被某市中级人民法院判处死刑，缓期二年执行。戴某被投监后，被送到新疆生产建设兵团某监狱服刑。在服刑期间戴某能做到认罪服法，遵纪守法，积极改造，多次获得减刑，并于2005年11月1日假释。假释考验期自2005年11月1日至2009年2月24日。回到家乡后，自2008年11月以来，戴某伙同他人，向某村脱贫安置工程第三标段工地承包商戴某某等多人以管理费的形式强行索取人民币数万元，遭到拒绝后，戴某为达到目的，趁夜将工地建房定位放样桩破坏，还两次组织数十村民阻挠施工。后被公安机关抓获。当地县人民法院审理查明，戴某在假释考验期内重新犯罪，依法应当撤销假释，将前罪没有执行完的刑罚和后罪所判处的刑罚，实行数罪并罚。鉴于戴某原服刑地离家乡较远，为便于戴某改造，当地县人民法院又决定把戴某安排在本地监狱服刑。

[分析] 县人民法院把戴某安排在本地监狱服刑是不正确的。根据有关规定，为了保持对罪犯改造的延续性，对于脱逃捕回、假释撤销、保外就医撤销的罪犯重新收监的，不管其在脱逃、假释、保外就医期间重新犯罪与否，一般由原羁押单位收押。这样做的好处是原羁押单位对假释或保外就医出去的罪犯的服刑情况比较了解，能采取针对性的措施进行改造。

 【情境训练2】

[案例] 被告人范某，男，于1983年11月4日因犯诈骗罪、盗窃罪被法院判处有期徒刑9年，被送往关押条件比较简陋的某监狱服刑。范某在服刑期间于1985年11月7日因受伤被保外就医。在保外就医期间，被告人范某又犯盗窃罪，法院于1985年11月9日判处其有期徒刑9年。被告人范某在保外就医期间，公安机关未对其进行监督考查。法院将被告人原判未执行完的刑罚与此次被判处的刑罚实行了数罪并罚，合并执行有期徒刑16年。判决宣告后，范某被送往原服刑监狱服刑。

假如你是范某原服刑地监狱的收监警察，请问对范某如何处理？

拓展阅读

1. 学习《刑法》第79、81~86、401条，《刑事诉讼法》第217、221~

222 条，最高人民法院《关于执行〈中华人民共和国刑事诉讼法〉若干问题的解释》第 271～273、356～357、362～365 条。

2. 学习司法部、最高人民检察院、公安部关于印发《罪犯保外就医执行办法》的通知。

【学习情境2】　罪犯控申

学习情境 2.1　　罪犯申诉

知识储备

诉讼上的申诉，是指当事人、被害人及其家属或者知道案件情况的其他公民，认为人民法院已经发生法律效力的判决或裁定有错误，向人民法院或者人民检察院提出重新处理的行为。申诉是宪法赋予公民的一项基本权利。

罪犯申诉是指罪犯对已发生法律效力的判决、裁定不服，依法向人民法院或者人民检察院提出重新处理的请求。罪犯入监后人身自由被剥夺，社会联系受到限制，因此申诉成为罪犯服刑期间保护自身权益不受侵犯的重要途径。根据《刑事诉讼法》第 223 条的规定，以及《监狱法》第 22～24 条的规定，监狱负有保障罪犯依法行使申诉权的责任，实践中不得以任何形式限制罪犯申诉。申诉可以由罪犯本人及其亲属、监护人提出，也可以委托律师提出。

【工作要点】

一、告知申诉权利

罪犯入监时，监狱应告知罪犯享有申诉权，并且告知罪犯正确行使申诉权的程序和要求。

二、提交申诉材料

罪犯根据程序和要求将申诉材料投入申诉箱，或直接交给分监区主管警察。

三、登记申诉材料

分监区主管警察认真登记罪犯的申诉材料，经监区报送监狱的主管部门。

四、转递申诉材料

对收到的申诉材料，监狱的主管部门应及时向人民检察院或人民法院转递，不得扣押。

五、通知申诉结果

人民检察院或人民法院应当自收到罪犯的申诉材料之日起6个月内，将处理结果通知监狱。监狱要及时通知罪犯本人。

【注意事项】

（1）为方便申诉材料的转递，监狱要在监区适当位置设立罪犯申诉箱，指定专人管理。

（2）根据《刑事诉讼法》的规定，罪犯提出申诉的案件，在人民法院未作出改判之前，不能停止原判决的执行。因此，在原判未改判之前，罪犯必须严守监规纪律，服从管教，不得无理取闹。

（3）监狱应正确对待罪犯的申诉，既不能无原则的支持和同情，也不能将罪犯的申诉一概都认为是不认罪服法，进而作为不予减刑的理由。罪犯的申诉被人民法院驳回时，应当允许继续申诉。

（4）对于罪犯的屡次申诉，监狱警察应作具体分析，区别对待。对于那些明知罪有应得却无理取闹，逃避惩罚与改造的罪犯，监狱警察要严肃批评教育，促使其认罪服法。屡教不改的，依法严肃处理。对于那些主要犯罪事实清楚，只是个别次要情节与判决略有出入，不影响原判决定罪和量刑的，监狱警察要说明情况，鼓励其积极改造，争取减刑，而不要纠缠细节影响改造。对于那些法律意识模糊、偏颇的，监狱警察应加强法制教育和思想引导，使其端正态度，积极改造。

 【范例分析3】

[范例]　罪犯刘某，是新疆某监狱有名的抗改分子，几乎每个月提交一份申诉状，人称"申诉专业户"。新来的张警官决定碰碰这个"刺头"。通过查阅档案张警官了解到，刘某生于1969年6月，1983年8月，因抢夺一位女青年的挎包并欲行不轨，被人民法院判处有期徒刑4年。刘某以自己年龄小、犯罪未遂为由提出上诉，二审法院改判刘某有期徒刑12年，押送当地监狱服刑。由于改造表现恶劣，1989年被调往新疆某监狱服刑。看到这些情况后，张警官认为自己已经找到了刘某抗拒改造的原因。

[分析] 从档案材料来看，刘某作案时刚满 14 周岁不久。根据 1979 年《刑法》第 14 条的规定："已满 14 周岁不满 16 周岁的人，犯杀人、重伤、抢劫、放火、惯窃罪或者其他严重破坏社会秩序罪，应当负刑事责任。"从刘某实施的行为来看，应该不在这个范围内。而二审法院在没有发现新的犯罪事实、检察院没有提出抗诉的情况下，改判刘某有期徒刑 12 年，违反了刑事诉讼法"上诉不加刑"原则。因此监狱应及时转交刘某的申诉材料，依法转请人民检察院或原判人民法院处理。

【情境训练 3】

[案例] 某日，值班警察与罪犯李某谈话时，李某说自己因抢劫罪被判处 10 年有期徒刑太冤了，要向法院申诉。李某说那年春节他打麻将输了好多钱，后来发现另外 3 个人是串通好的。恼怒之下，李某把输的钱抢了回来，并把其中一人砍成重伤。他说抢自己的钱怎么能是抢劫呢？因此一定要申诉。假如你是值班警察，你应如何处理？

拓展阅读

学习《刑事诉讼法》第 203 ~ 204、206 ~ 207 条，《人民检察院复查刑事申诉案件规定》第 13 条，《宪法》第 41 条，《监狱法》第 21、23 ~ 24 条关于申诉的规定。

学习情境 2.2　罪犯控告

知识储备

罪犯控告是指罪犯向人民法院、人民检察院或其他有关机关揭发有关人员违法犯罪活动并要求依法处理的行为。罪犯在服刑期间控告的对象通常有三类：①判决前违法办案的司法机关办案人员；②违反监管法规的监狱人民警察；③欺压同犯的"牢头狱霸"。控告是罪犯服刑期间的一项重要的法定权利，监狱应切实保障罪犯行使控告权。

【工作要点】

一、告知控告权利

罪犯入监时，监狱应告知罪犯享有控告权，并且告知罪犯正确行使控告权的程序和要求。

二、设置控告箱

监狱在监区适当的地方设置罪犯控告箱，罪犯控告箱必须由检察院驻监检察人员或监狱的纪委工作人员管理。

三、登记控告材料

主管人员对罪犯的控告材料造册登记；对罪犯的口头控告，由受理的警察记录，经宣读后由罪犯签名确认。

四、转递控告材料

对收到的控告材料，主管部门应按法律规定的管辖范围，及时向公安机关、人民检察院或其他有关部门转递，不得扣押。

五、通知控告结果

对于查证属实的控告，主管部门应将立案查处的情况和查处结果告知控告人，并听取控告人的意见。

【注意事项】

（1）监狱应向罪犯讲解行使控告权的有关法律规定，教育罪犯如实反映情况。

（2）罪犯控告箱必须由专门人员负责，开箱时必须有2人以上的专门人员在场，其他人员不得介入。

（3）主管部门应尽快核实控告材料，并尽快将立案情况和查处结果告知控告人。

（4）主管部门应注意做好保密工作，切实保障罪犯依法行使控告权。

（5）与控告有关的警察应当回避，被控告的单位或个人不得以任何形式、任何理由扣留、阻挠控告材料或者打击报复控告人。

（6）罪犯因对情况不了解或者认识片面，并非有意诬告陷害而属于错告的一般不予追究；如果罪犯故意捏造事实，诬告陷害他人，查证属实的，监狱要严肃处理，构成犯罪的要依法追究刑事责任。

（7）其他人员或部门收到罪犯的检举材料应及时转交有权受理的机关和部门，依法办理。

【范例分析4】

[范例] 监狱警察李某，男，现年55岁，在新疆某监狱担任内看守工作。2006年11月李某即将退休。某日，罪犯齐某控告李某，经常帮他及其他罪犯夹带现金，并从中抽取一定数额的佣金。监狱有关部门在接到控告信后立即组织调查，并向上级机关上报了此事。

通过几天的调查，发现李某确实存在违法行为。经审查，李某在短短的一年时间里，为罪犯私自夹带现金12 000元，从中抽取10%的佣金，犯罪事实清楚，证据确凿。根据李某的交代，因为2007年就要退休，想在最后捞一把，于是就想到了帮助罪犯夹带现金的方法。经人民法院审理，李某被判处有期徒刑4年，并被监狱开除公职。

[分析]

(1) 李某的行为破坏了罪犯的邮汇制度，侵犯了部分罪犯的合法权益。

(2) 若要人不知，除非己莫为。任何人在任何时候利用职务之便进行违法犯罪活动，都将受到法律追究。

(3) 监狱对罪犯齐某的控告处置规范、合法，维护了法律的尊严。监狱应对罪犯齐某的控告行为予以奖励。

【情境训练4】

[案例] 2007年5月16日，某监区的罪犯王某，向监狱纪委举报教育科一名警察，经常利用下分监区检查工作之机，向王某索要香烟、茶叶等物品。罪犯王某在举报材料中，提供了被索要物品的种类、数量和时间。现在，监狱委派你组成专门的调查组调查此事。请问你对罪犯的控告如何处理？

拓展阅读

学习《宪法》第41条，《刑事诉讼法》第224条，《监狱法》第22～23条关于控告的规定。

情境2.3　罪犯检举

知识储备

检举是指罪犯对他人的违法犯罪行为向有关国家机关进行检举揭发的行为，是罪犯在服刑期间的一项重要的法定权利。检举和控告，虽然都是罪犯向司法机关指控他人犯罪事实的行为，但两者具有较大的区别：

（1）检举人一般与指控的违法犯罪事实无直接牵连，而控告人往往是指控的违法犯罪事实的直接受害者或其法定代理人。

（2）控告一般是为了保护自身的利益指控违法犯罪分子，检举不具备这个特征。

【工作要点】

一、告知检举权利

罪犯入监时，监狱应告知罪犯享有检举权，并且告知罪犯正确行使检举权的程序和要求。

二、设置检举箱

监狱在监区适当的地方设置罪犯检举箱，罪犯检举箱必须由检察院驻监检察人员或监狱的纪委工作人员管理。

三、登记检举材料

主管人员对罪犯的检举材料造册登记；对罪犯的口头检举，由受理的警察记录，经宣读后由罪犯签名确认。

四、转递检举材料

对收到的检举材料，主管部门应按法律规定的管辖范围，及时向公安机关、人民检察院或其他有关部门转递，不得扣押。

五、通知检举结果

对于查证属实的检举，主管部门应将立案情况和查处结果告知检举人。

【注意事项】

（1）监狱应鼓励罪犯的检举行为，教育罪犯正确行使检举权。

（2）罪犯检举箱必须由专门人员负责，开箱时必须有2人以上的专门人员在场，其他人员不得介入。

（3）主管部门应尽快核实检举材料，并尽快将立案情况和查处结果告知检举人。

（4）主管部门应注意做好保密工作，切实保障罪犯依法行使检举权。

（5）与检举有关的警察应当回避，被检举的单位或个人不得以任何形式、任何理由扣留、阻挠检举材料或者打击报复检举人。

（6）罪犯检举他人的犯罪行为，提供案件线索，是接受改造的立功表现，经查证属实的，应视情况给予一定的行政或刑事奖励。

（7）其他人员或部门收到罪犯的检举材料应及时转交有权受理的机关和部门，依法办理。

 【范例分析5】

[范例]　1989年8月8日晚，新疆某监狱罪犯钱某向监区值班警察举报：以张某为首的5名罪犯，2个小时后将集体越狱。钱某称：由于监狱的监管条件较差，虽有电网但围墙不高，因此1989年7月间，罪犯张某、刘某某、王某某、陈某某4名罪犯开始预谋脱逃，被钱某意外发现后，4名罪犯就强迫钱某一起脱逃，否则就杀人灭口。

由于立功心切，监区领导没有报告监狱领导，简单核实了线索后，就让钱某回去与其他4名罪犯汇合。然后组织全体警察和武警战士到罪犯的脱逃部位设伏。

到达预定时间后，主犯张某用事先准备好的工具破坏了电网，使线路停电，几名罪犯趁机脱逃。由于我们的警察和武警战士缺乏潜伏的经验，不知哪位潜伏人员在打蚊虫时发出了清脆的响声，主犯张某大喊"趴下"！此时枪声响起，举报人钱某被击伤，后经抢救脱离危险。其他4名罪犯未受伤，被押回监狱。

[分析]

（1）监管条件差，围墙电网不达标，是这起集体脱逃案发生的客观诱因。

（2）监任领导对钱犯的检举处置不规范，发现如此重大的犯情，监区领导不向上级请示就擅自做出处理，违反了起码的工作纪律。由于计划不周详，抓捕时出现意外，举报人被击伤，监区领导负有不可推卸的责任。

（3）由于钱某的及时检举，监狱阻止了4名罪犯的集体脱逃，监狱应给予钱某适度的奖励。

【情境训练5】

[案例] 2008 年 9 月 16 日，某监区罪犯陈某，检举同监区罪犯钱某有预谋脱逃的迹象，并说出了钱某藏匿脱逃用品的地点。经过监区警察的仔细搜查，找到了钱某准备脱逃的工具、衣物和食品。经审讯，钱某交代了因妻子离婚，预谋脱逃报复的犯罪事实。监狱成功地预防了一起脱逃案件的发生。

作为一名监区警察，请你谈一谈罪犯检举在监狱工作中的意义，实践中如何调动罪犯检举的积极性？

拓展阅读

《宪法》第 41 条，《刑法》第 68、78 条，《监狱法》第 22～23、29 条关于检举的规定。

【学习情境3】 罪犯提审和提解

学习情境 3.1 罪犯提审

知识储备

一、提审的特点

狱政管理工作中的提审，是指监狱的狱政管理部门根据侦查机关的办案需要，将在押的罪犯提交侦查人员讯问的监管活动，是监狱机关与公检法机关密切协作的基本形式。与一般的预审活动相比，狱政管理工作中的提审具有下列特点：

（1）提审的主体是依法享有侦查权的公安机关、人民检察院和国家安全机关的侦查人员。

（2）提审的对象是具有犯罪嫌疑或与案件有牵连的服刑罪犯，提审的地点设在监狱场所范围内。

（3）提审的目的是为了查清全部犯罪事实，收集与犯罪有关的证据，为侦查破案创造基础条件。

（4）提审的形式是侦查人员对在押罪犯进行正面的审查，直接听取在押罪犯有罪的供述和无罪的辩解，以及与案件有关的情报和线索。

（5）监狱的狱政管理部门要认真做好审批、监控、教育等配合工作，保障侦查机关提审活动的顺利进行。

二、提审的任务

（一）查清案件的全部事实

案件事实是进行提审工作的基础，是追究犯罪嫌疑人刑事责任的前提和依据。查清案件的全部事实即查清犯罪活动的详尽的时间、地点、手段、情节、目的、动机、后果等情况。案件的事实不清，就难以处理，必然造成不良的后果。因此及时、准确地查清案件的全部事实，是提审工作的首要任务。

（二）查清同案犯和一切组织联系

查清同案犯，追清犯罪线索，深挖余罪，扩大战果，是提审工作的一项十分紧迫的任务。侦查实践表明，案件和案犯之间存在着一定的客观联系，许多大案、难案、积案是通过侦查机关深挖余罪攻破的。因此，提审人员必须充分认识深挖余罪的必要性，注意发现、寻找可供深挖的线索和条件。

（三）保障无罪的人不受刑事追究

保障无罪的人不受刑事追究，是提审工作的一项严肃的任务。一般来说，侦查工作的每一项措施都有严格的条件和程序要求，提审的对象应当具有犯罪嫌疑或者与案件有牵连。但是由于案件的复杂性，侦查人员应提防主观片面，造成冤假错案。

【工作要点】

一、检查提审人数

狱政管理部门要对来监提审的公务人员的人数进行检查，对于不符合人数规定要求的，监狱可以拒绝办理。根据提审工作的要求，提审人员至少在两人以上，才能保证提审工作安全、合法地进行。

二、检验证件

狱政管理部门要认真核对提审人员的资料和证件。根据监狱的规定，来监狱提审罪犯的公务人员必须要持单位介绍信、工作证、身份证等证件。对经检查证件不齐全的、证件与来人不相符的，一律不予受理。

三、呈送领导审阅

提审人员的相关证件符合提审要求的，狱政管理部门要向提审人员询问提审内容和原因，并把相关材料呈报狱政管理部门领导或监狱分管领导进行审阅。对于刑事案件，转由监狱侦查科处理。

四、登记填单

对批准提审罪犯的，狱政部门要办理相关手续。要在《外来单位执行公务登记表》做好相关登记，填写《提审宣判通知单》，并通知提审罪犯所在监区。

五、参与提审

监狱有关部门应参与罪犯提审工作，以便及时掌握提审罪犯的相关情况，采取针对性的措施。对刑事案件的提审，由监狱侦查科警察和监区警察一起参与罪犯的提审工作；对其他案件的提审，由狱政科警察和监区或分监区警察一起参与罪犯的提审工作。

六、处理登记

提审工作结束后，狱政部门应将具体提审情况，在《外来单位执行公务登记表》上做好登记备案，保存相关内容。对有价值的材料，还应归入罪犯档案，为有关部门提供有价值的信息。

七、情况汇报

提审工作结束，监狱狱政部门在处理完毕后，还应把提审情况向所在部门领导进行汇报。参与提审罪犯所在监区的警察也应将提审情况向所在监区领导汇报。

八、谈话教育

对被提审的罪犯，监区警察应及时进行个别谈话教育。要向罪犯宣讲相关的刑事政策，了解罪犯的真实想法。要及时打消罪犯的顾虑，教育罪犯在主动交代问题的同时，积极服刑改造。

【注意事项】

在提审过程中，如扣押罪犯有关物品的，提审解除后应按以下情况分别处理：

（1）查清与案件无关的物品，一律退还物品的主人，办理相关手续以备检查。

（2）对于扣押的赃物、赃款，确认有关失主的应退还失主，无法找到失主的或是公家的财物上缴国库，办理清退、上缴国库的备查手续。

（3）对扣押物品的罪证部分应随案卷移送人民检察院，移交时应办理移交的一切手续。

【范例分析6】

[范例] 2009 年 12 月 18 日，福建某监狱收到了由看守所送来的一批罪犯。由于职业的敏感性，其中一名罪犯黄某引起了入监中队叶副队长的注意。该犯因拐卖儿童罪，判处有期徒刑 11 年。该犯 1999 年 10 月因盗窃劳动教养 1 年，2001 年 2 月因强奸罪判刑 4 年，其间于 2002 年因故意伤害罪加刑 1 年，2005 年又因故意伤害罪加刑 1 年。在新犯入监的当晚，经过耳目布控，掌握该犯有一名同案在逃等情况。

当晚组织新犯整理物品，学习叠被子，该犯不予配合，甚至动手打人。叶副队长立即查阅了黄某本人手中的判决书后，发现该犯将判决书中的"拐卖儿童"等字挖去，将自己的拐卖儿童罪说成是抢劫罪，并且隐瞒自己曾两次被加刑的事实。据此初步判断，该名罪犯对自己的违法事实刻意隐瞒。经过多日的观察，发现该犯服刑态度迅速转变，由刚开始的嚣张凶恶变得忧心忡忡。叶副队长乘机对其进行谈话教育，询问其之前的犯罪经过及此次犯罪的经过，该名罪犯在回答问题时闪烁其词，特别是对本次犯罪的一些情况含糊不清。在言语上表达出："我要是坦白，能不能减轻处罚或立功？"叶副队长迅速抓住这个信息，判断该名罪犯存在漏罪，有问题可挖！随即把相关线索告知了狱内侦查科。狱内侦查科立即组织人员对黄某进行提审。通过几次的心理较量，黄某的心理防线彻底崩溃，如实坦白了自己曾于 2008 年间伙同同日入监的林某拐卖一名四岁男童的犯罪经过。

12 月 21 日，监狱将有关案卷传真至案件管辖地公安局。公安局接到传真后，立即成立专案组，派出两名警察专程到监狱提审在押罪犯黄某、林某。黄某主动交代了其于 2008 年月 7 月份拐卖儿童的犯罪事实，并交代了将偷抱的小孩交由关押在女子监狱的王某和吴某转卖。专案组警察又前往女子监狱提审了在押罪犯王某和吴某，吴某交代了卖小孩的犯罪事实。根据案犯交待，专案组民警立即展开对被拐儿童的解救工作，并于 2010 年 1 月 1 日零时成功解救被拐儿童张帅。至此，由监狱警察发现线索提审并协助公安机关破案的拐卖儿童案成功告破。

[分析] 监狱警察根据自己的经验和职业敏感性，在最快的时间对罪犯黄某进行了谈话并进行提审，快速地获得了罪犯的犯罪信息，并及时把相关证据和事实移送给有管辖权的公安机关。在公安机关的侦破过程中，积极配合公安机关的提审工作，从而侦破了犯罪案件，查清了几名罪犯的漏罪，成功

解救了被拐卖的小孩。由此可见，及时、主动对罪犯进行提审或配合相关机关进行提审，对发现罪犯漏罪、侦破案件具有重要意义。

【情境训练6】

[案例] 某监区罪犯李某因交通肇事罪入监服刑。期间原籍公安机关派侦查人员来监狱提审李某，就一起有组织犯罪案件进行调查。提审时李某或一言不发，或大喊冤枉，拒不回答问题。中午休息时，监狱值班警察对李某进行教育，李某言辞激烈，坚持案件与己无关。值班警察让与李某同籍的罪犯规劝他，结果李某被打成轻伤。

请问你对值班警察的做法怎样评价？你认为监狱警察应怎样正确配合地方侦查机关的提审工作？

课外阅读《预审学》教材，了解"预审与看守管理的配合"知识。

学习情境3.2 罪犯提解

知识储备

狱政管理工作中的提解，是指监狱的狱政管理部门根据司法机关的办案需要，将在押罪犯提交办案人员押送的监管活动，是监狱机关与公检法机关密切协作的基本形式。在狱政管理实践中，提解具有下列特点。

（1）提解的主体是公安机关、人民检察院和人民法院等司法机关的办案人员，办案人员依法承担将提解对象押出、押回的职责。

（2）提解的对象是具有犯罪嫌疑或与案件有牵连的服刑罪犯，提解的范围多在司法机关的管辖范围内。

（3）提解的目的主要是为了查明犯罪事实，收集犯罪证据，保障诉讼活动的顺利进行。

（4）监狱的狱政管理部门要认真做好审批、监控、教育等配合工作，为公检法机关办案工作提供支持和保障。

【工作要点】

一、检查提解申请

提解在监狱服刑的罪犯，提解人员必须向狱政管理部门提交提解申请。无提解申请或申请未经相关部门和领导批准的，狱政管理部门一律不予受理。

二、检查提解人员的证件

提解申请符合提解要求的，狱政管理部门要检查提解人员的证件。具体包括提解人员的身份证、工作证，以及有关单位出具的介绍信和法律文件。核对无误后，才能办理罪犯提解手续。

三、核实被提解罪犯的信息

检查完提解人员的相关证件后，提解人员要填写《罪犯提解登记表》。狱政管理部门要核实提解罪犯的基本信息，重点核实提解材料中罪犯的信息和在监狱服刑罪犯的信息是否一致。对确定要提解的罪犯，要将提解审批结果及时输入电脑，并打印《罪犯提解通知书》，通知提解罪犯所在监区做好提解准备。

四、办理提解事宜

提解罪犯所在监区要核查提解人员的凭证是否完备，严格按程序与提解人员交接罪犯、档案、零花钱和保存物品。

【注意事项】

一、电话核实

提解罪犯，要先征得原判法院同意。狱政管理部门对提解人员有疑问的，可以电话核实提解人员的相关信息，并记录在案。

二、打印罪犯个别调出凭证

对经审批同意调出的罪犯，狱政管理部门打印《罪犯个别调出通知单》一式三份（一份自存，一份交监区，一份交提解单位），打印《罪犯离开监管区审批表》作为罪犯出监的凭证。

三、档案核对

交接档案时，提解人员应检查被提解罪犯的正、副档案材料的装订是否符合要求，内容与被提解罪犯是否相符。

四、材料归档

狱政管理部门应将罪犯提解过程中形成的材料整理归档，以备提解罪犯押出、押回时核对检查之用。

【范例分析7】

[范例] 国产电影《押解的故事》简介：派出所的老警察李公安，和刚从警校毕业下乡实习的小警察张雷，奉命从边远山区将流窜在外的诈骗嫌疑人于太捉拿归案，押解回陕西。李公安和张雷带着于太在小饭铺吃饭时巧遇了一帮人，其中一人和于太相识，一定要和于太喝酒，李公安见相劝无望，为早早赶到县城就和他们拼喝了起来。深夜，李公安被人搀回了小旅馆。年轻气盛的张雷对老公安的做法有些看不惯。同时他总觉得于太想伺机潜逃，一路上对他没有好脸色。

清晨，一辆长途汽车行驶在公路上，李公安他们3人也在乘客中。荒郊野外，汽车抛锚了，上不着村下不着店，眼看天色渐晚，大家都很着急。修了半天车的司机更是焦头烂额、不知所措。这时，于太却自称他有办法。一脸坏笑的于太说得用张雷的新皮鞋剪两个皮垫就能凑合到县城。张雷明知这是于太的"阴谋"，成心算计他，但在这特殊的情况下，只得听从众人和李公安的劝说，牺牲了这双新鞋。

当他们赶到县城时已是傍晚时分了，刚想坐下吃点饭，突然，小饭馆内冲进一群人揪住于太就打，原来他们曾被于太骗过是受害人。李公安为保护于太自己也挨了几拳，此时，也顾不得许多，和张雷一道拉着受伤的于太匆匆躲进黑暗的小巷。第二天一早，张雷就到车站去买票，一失神被小偷把差旅用的钱偷走了，他忙活了半天，还是没追上这个贼。张雷神情沮丧地走在街灯下。

再翻过一座山就要到陕西了，于太想借解手的空子逃跑，被李公安他们紧紧地追赶跑进了一个采石厂，一声炮响，石块烟尘铺天而降，李公安一个箭步将于太压在身下，石块砸在身上，碎石飞溅。李公安敏捷地给于太带上手铐，这时才发觉自己的小腿失去了知觉，鲜血从裤腿里流了出来。月夜，李公安把仅剩下的两个馍让于太和张雷吃了，并告诉他们，回去后，一定请2人吃泡馍。于太被李公安的精神深深地震撼，他趴在李公安的耳边说："李叔，我听你的……"李公安伤势很重出现昏迷，张雷和于太都很焦急，这时，山谷中出现光亮，张雷和于太冲向公路，2人高高地举起手臂，手铐在车灯照耀下闪着寒光。

[分析] 罪犯的提解是一项千头万绪的复杂工作，尤其异地提解，路途遥远，危险性很大，因此要制定提解方案，充分做好人、财、物和应变准备，

确保提解工作万无一失。

【情境训练7】

[案例] 新疆某监狱一罪犯在 2000 年 5 月间，利用去医院看病之机，成功脱逃。数月后在内地犯罪被抓获，后送往该地监狱服刑。监狱在罪犯服刑过程中，根据发现的线索，对该罪犯进行提审。经审讯后确认，该罪犯是原在新疆某监狱服刑的逃犯。监狱立即与新疆的某监狱进行联系，得到新疆某监狱对该犯身份的确认。根据规定，对脱逃被捕的罪犯，一般由罪犯原关押监狱关押。

现新疆某监狱派人来提解罪犯，假如由你负责接待该罪犯的提解工作，请问你将如何办理？

拓展阅读

课外观看美国电影《空中监狱》。

【学习情境4】 罪犯调配

学习情境 4.1　狱内调配

知识储备

一、罪犯调配的含义

罪犯调配是监狱狱政管理部门根据罪犯改造的需要，结合监狱实际情况，对罪犯在监狱内进行调动分配的活动。罪犯调配一般由狱政管理部门组织实施，主要是根据监狱工作的需要和罪犯自身的特点，把罪犯安排到合适的监区岗位，充分发挥罪犯的特长，调动罪犯的改造积极性，促使罪犯积极改造。因此，在对罪犯进行调配时，要充分掌握罪犯的情况，从保障监管安全和有利于罪犯改造的根本点出发，科学的对罪犯进行调配。

二、监狱"三分"工作

我国监狱的"三分"工作是指分押、分管、分教，这是我国监狱工作分类制度的重要内容，也是我国区别对待刑事政策的重要体现。罪犯分类制度，已成为现代世界监狱管理制度的重要内容。对罪犯分类改造，一般按照横向分流、纵向分级、分类实施、分级管理的总体构思，采取规划定点、新收分流、先进后出、由杂而纯、逐步定型的步骤开展工作。目前，对罪犯的分类正朝着调查的科学性、分类的细密化和处遇的专业化方向发展。

【工作要点】

一、新犯批量调配

罪犯收监进行为期2个月的入监教育期满后，入监教育验收小组必须要对新犯进行考核。入监监区要按要求填写《罪犯入监教育鉴定表》，要将教育合格的罪犯名册交狱政管理部门。狱政管理部门根据监狱的实际情况对入监教育验收合格的罪犯进行调配。首先根据犯罪类型进行分类，其次按照同案、间接同案、同乡、有血亲关系的不能分押在同一监区的基本要求，以及监舍容量和罪犯特长等具体情况，将新收押罪犯调配到各监区。狱政管理部门打印好《新犯调动审批表》（附名册）后，由狱政管理部门领导审核，报监狱分管领导审批。狱政管理部门根据审批结果把罪犯调动信息录入监管改造信息系统，打印《罪犯调动通知单》，通知收押监区，办理移交手续，包括档案、零花钱、教育类材料等移交。

二、罪犯个别调动

新收押罪犯批量调配到各监区后，个别罪犯在服刑期间因生产、改造等原因，押犯监区或业务科可提出调动申请，由监区间和业务科室协调调动。对监区和业务科室提出罪犯调动的，由提出调动的监区或业务科室填写《罪犯调动审批表》，报狱政管理部门审批。个别调动必须严格控制数量，不得随意调动，防止滋生执法腐败。

三、重要罪犯调动

根据司法部有关规定，原副厅、局级（现职）以上的党政领导干部；原全国人大代表、政协委员，省、自治区、直辖市人大代表、政协委员；原省级以上民主党派的负责人；省、部级以上党政领导干部的直系亲属；科技、艺术、体育、卫生、宗教界等有重要影响的知名人士；在国内外有重大影响案件的罪犯等，统称为重要罪犯。重要罪犯的调配由狱内侦查部门统一实施。

【注意事项】

一、罪犯调配要遵循有利于惩罚改造的原则

监狱是承担惩罚和改造罪犯工作的专门的国家机构，因而监狱调配罪犯时应当根据惩罚和改造罪犯的原则进行。惩罚的目的在于实现刑罚正义的价值，改造的目的在于实现刑罚个别预防的价值。由于惩罚与改造都是监狱工作的目标，因而，监狱在调配罪犯时既要考虑惩罚罪犯的需要，也要考虑改造罪犯的需要。监狱在对罪犯执行刑罚的过程中，一方面应根据人民法院判决所确定的刑种、刑期关押罪犯；另一方面，要根据法律规定适时调整罪犯的刑罚，以利于惩罚和改造罪犯工作的顺利进行。

二、罪犯调配要遵循分类管理的原则

罪犯分类制度是近代监狱罪犯管理的重要原则，也是监狱罪犯管理的核心问题。建设现代化文明监狱，罪犯分类制度是其中的一个重要特征。科学的罪犯分类管理制度是搞好罪犯改造的前提，对于防止罪犯感染、搞好罪犯教育、实现罪犯改造具有重要意义。监狱在对罪犯实施调配时，要以分类管理为指导原则，符合分押、分管、分教的原则，遵循罪犯分类的基本标准，从有利于罪犯改造的目的出发，结合罪犯自身的特点，根据不同犯罪类别，考虑罪犯技术特长，调配到合适的监狱、监区或岗位。

三、罪犯调配要遵循适合身体健康要求的原则

对罪犯进行狱内调配，要充分考虑罪犯的身体健康状况，有无严重疾病、传染病、精神异常、肢体残缺等，对患有严重疾病、传染病、精神异常、肢体残缺等身体状况异常的罪犯，应调配到病犯监区或分监区，以有针对性地进行治疗和安排合适的劳动进行改造。

四、罪犯调配要遵循有利于监管安全保障的原则

监狱要对进行调配的罪犯的基本情况进行了解掌握，发现以下情况的，应暂停进行调配：同案犯以外的一些不适宜调配在同一监区的罪犯，如同一个乡镇、同一个村的，有亲戚关系或同学、朋友以及入监前认识的等；罪犯的姓名与警察姓名相同的不能分在一个监区；罪犯的长相与警察酷似的不能分在一个监区；两次以上服刑的罪犯一般不调配到原监区。对出现以上情况的，一律要回避。

总之，狱政管理部门在调配罪犯时要做到合理分流，力求科学，基本情况不掌握不调配，危险程度不同不调配。

【范例分析8】

　　[范例] 罪犯兰甘树，34 岁；罪犯兰甘林，32 岁；罪犯兰甘平，28 岁。3 人为兄弟，身材、长相都很相似，三兄弟从小无心向学，都只有小学文化。十多年前他们的父母亲去世后，三兄弟分得 6 亩田。但 3 人好吃懒做把田地租给别人，成天游手好闲，并染上赌博的恶习。开始时 3 人还在煤矿挖煤赚些钱用于赌博，但随着赌瘾越来越大，他们觉得靠劳动换取赌资太辛苦，还不如去偷去抢来得快。

　　1994 年 5 月 7 日，兄弟 3 人因犯盗窃罪被宜州市人民法院分别判处 8 年、6 年、5 年的有期徒刑。出狱后 3 人仍对赌博痴心不改，房子烂了不去修理，个个还是光棍汉，一心扑在"赌博事业"上，除各自参与赌博外，有时还三兄弟齐上阵，输了钱就去偷。老大也曾担心三兄弟一同盗窃被公安机关抓去坐牢后，连探监和送衣服的人都没有。于是和老二老三约定，三兄弟不要一起作案，可输红了眼时三兄弟经常忘记约定，一逮住机会就共同作案。

　　2003 年 4～5 月间，为了获得更多的赌资，三兄弟伙同他人窜到柳州铁路局德胜火车站，翻进停在站内的货物列车上盗走价值五万多元的电缆，赃款已挥霍一空。后被公安机关抓获，因犯盗窃罪分别被某铁路运输法院判处有期徒刑 6 年和处罚金 5000 元的处罚，被投进某监狱某监区服刑改造。3 人在监狱服刑期间，由于在同一监区，经常有机会聚集在一起，欺压他犯，和其他罪犯吵架打架，顶撞监狱警察，给监管改造秩序带来了很大的负面影响。

　　[分析] 监狱把兰氏三兄弟安排在同一监区服刑是违反了罪犯狱内调配规定的。根据狱内调配的规定，对有亲戚关系的罪犯，不宜安排在同一监区服刑改造。兰氏三兄弟不仅是亲戚关系，还是同案犯。把他们安排在同一监区进行服刑改造，不仅客观上给他们提供了聚集在一起形成 3 人小团伙的机会，而且也给监狱的改造秩序带来不稳定的因素。因此，监狱应该按照罪犯狱内调配的要求，把兰氏三兄弟安排在不同的监区服刑改造。

　　【情境训练8】

　　[案例] 罪犯王某，男，35 周岁。2004 年因诈骗罪被某县人民法院判处有期徒刑 7 年，被投入某监狱服刑改造。在服刑期间，王某认为自己判刑太重，而且列为重点罪犯进行从严管理，心里不满，把怨恨发泄在监区警察身

上，经常消极改造，顶撞监区警察，给监管改造秩序造成了不良影响。监区警察经过多次批评教育无效后，经申请批准后决定对王某关禁闭，促使其反省。王某得知后，认为是监区警察故意整他，放言不想活了要自杀，要制造一点轰动效应。

假如你是监区警察，对王某的情况应如何处理？

拓展阅读

阅读《对罪犯实施分押、分管、分教的试行意见（修改稿)》（［1991］司发劳改字第 474 号）。

学习情境 4.2　狱外调配

知识储备

新疆生产建设兵团，是 1949 年在进疆的中国人民解放军第一兵团主力集体转业的基础上组成的。经过几十年的生产建设，到 1983 年，有职工近百万人，人口 250 万，耕地 1360 万亩（1983 年统计数字）。下辖 14 个师、局，遍布南北疆各地。新中国成立后，在 20 世纪 50 年代组建兵团和 80 年代恢复兵团的两个不同时期，党中央两次作出决策，在赋予兵团屯垦戍边重任的同时，又赋予其承担安置改造罪犯的特殊使命。

1951 年 4 月，配合当时全国开展的"镇反"斗争需要，遵照国家政务院、中央军委、西北军政委员会的命令，新疆军区成立了"接受罪犯委员会"。当年接受安置了湖北等六省市的一万多名历史反革命罪犯。其劳改机关由各市师实行军事管理。1954 年 10 月，新疆军区生产建设兵团成立，新疆军区将劳改整建制划归兵团管理。从 1951 年至 1957 年，兵团累计安置改造了鄂、豫、浙等十个省、市、自治区的十几万名反革命犯与旧社会残渣余孽。其中九万余名罪犯刑满释放，七万余名刑满释放人员留场就业。兵团从移民经费拨款资助其接迁家眷，共同参加边疆建设。文革期间，兵团劳改事业遭受极大破坏。随着 1975 年兵团撤销，劳改工作终止。1983 年，遵照中央（1983）70 号文件"把解决劳改场所、改造罪犯与开发新疆，发展兵团相结合"的决策，兵团再次承担安置改造罪犯的任务。至今，兵团已接受安置内地省、市、自治区几十万余名遣犯。

【工作要点】

一、个别调动

（一）个别调出

接收单位前来押解的，狱政管理部门必须认真审查来人证件，包括省监狱管理局调动通知单或批复文件，押解人身份证、工作证或警察证、押解单位开具的介绍信，并致电押解单位证实来人身份，呈监狱主管领导阅示。通知监区上交档案副卷，生活卫生装备部门结算零花钱账目。监区打印《罪犯离开监管区审批表》，狱政管理部门复核，监狱分管领导审批。审核罪犯正副卷材料，材料不完备要及时补齐。打印《调犯花名册》一式三份。狱政管理部门给罪犯做《询问笔录》确认身份。狱政管理部门带接收单位到监管区，警卫队给外调罪犯放行并做好登记。询问笔录和提解文书存档备查。本监警察押送的，将调犯材料呈监狱分管领导批示，办好带齐证件，基本参照上述程序办理。

（二）个别调入

外单位押解调入，审核押解罪犯单位的身份证明等与个别调出类似，将有关材料呈监狱分管领导阅示，重要罪犯或专案犯按新收监程序办理，做好夹控工作，普通刑事犯按新犯收监程序办理。

二、保外就医调动

保外就医调出登记后参照个别调出将罪犯和档案移交刑罚执行科办理。外省保外调入，由刑罚执行科接收罪犯档案并检查无误后，正档存狱政管理科并做好保外调入登记，副档存刑罚执行科。

三、批量调动

我国东部经济发达地区，流动人口犯罪率居高不下，押犯总量逐年上升，为缓解关押的压力，从20世纪80年代起每年都要往青海、新疆等省区批量调遣罪犯。批量调动罪犯是一项庞大的工程。接到调动任务的狱政管理部门要根据省级监狱管理局有关调动条件、要求等及时通知监区，监区打印好调犯名册与副档一起上报狱政管理部门。狱政管理部门审核好调犯名册，呈监狱主管领导审核同意后，狱政管理部门组织有关人员审核需要调动罪犯的正副卷材料，制订调犯方案。并将调犯名册、电子文档和数据、经整理的正副档案上报省监狱管理局狱政管理处审批。根据省监狱管理局的批复，打印调动通知单给监区，通知生活卫生装备部门准备好调犯所需用品，提前作好零花钱、个人物品等有关移交工作。最后，按调动方案如期移交罪犯。

【注意事项】

一、要注意与其他部门沟通协调

罪犯批量调动由于涉及的人员比较多，战线长，经历时间久，安全要求高，是一项复杂、紧张的工作。所以，对于批量调犯来说，要做好与其他部门的沟通协调工作。监狱在调犯前，要与交通部门沟通好车辆的调遣问题，特别是火车押解的，要与铁路部门协商好列车的运行和靠站问题。要与公安部门加强沟通，为调犯提供一个便利的交通，彼此之间还要不断互相通报沿途的安全保护情况，以便根据调犯情况调整计划。要与武警部队协调配合好，严格按照"三共"活动的要求，分工协作，齐心协力保障调犯的安全。个别调动和保外就医调动也要做好与其他部门的沟通协调工作，保障安全。

二、要做好详细的调配计划方案

罪犯调配前要做好详细周密的计划方案，调配计划方案的内容包括目标、任务和注意事项，要根据调配的实际情况不断地进行调整，甚至要制订几套计划方案，以适应罪犯调配工作出现各种情况的需要。要实现一定的目标和任务，就要进行计划，使罪犯调配工作按照一定的方式、方法和程序加以完成。只有把调配计划方案做好了，充分预计到罪犯调配中的各种困难，做好应付困难的准备，才能从容应付出现的各种问题，及时处置，保障罪犯调配安全、有序的进行。

三、要加强突发事件的应对处置能力演练

监狱、武警部队和有关部门要充分认识到罪犯调配的安全重要性，树立全面的安全意识。在做好计划方案后，监狱、武警部队和有关部门要对罪犯调配中可能出现的突发事件有清醒的认识。平时要加强演练，做到有针对性，不断提高临场应变处置能力，做到有的放矢，以便在罪犯调配过程中能够顺利处置发生的突发事件，保障罪犯调配工作平稳、有序、安全、顺利地进行。

 【范例分析9】

[范例] 2002年国庆前夕，上海市监狱管理局按司法部的要求将一百五十余名罪犯押送新疆执行刑罚。此次将送往新疆的罪犯先从各个监狱押送至新收犯监狱集中，25日，一号令下达，告知犯人此次行动的目的和要求，同时明确军事管制开始实施。

9 月 27 日上午，二号令下达，告知罪犯出发的时间表，进一步明确军事管制的性质：谁要是胆敢以身试法，武警就将对肇事者依法处置。为保障此次押解安全，监狱还对每个罪犯的彩条包进行了安全检查，彩条包里面有方便面、糖果、蜜饯、牙刷牙膏、毛巾、茶杯等物品，还有一双为防止脚肿而在车上穿的拖鞋，更令记者注目的是三个烤得香喷喷、黄灿灿的馕。为避免有人投毒，干警们多买了 10 个馕，随机采样先尝试过，在确定安全之后再发给犯人。

下午 16 时 40 分，一个男犯中队、一个混合中队编队结束，穿着整洁囚服的犯人们一律右肩背着彩条包，在武警和干警三步一哨、五步一岗的持枪持械警戒下，秩序井然地上了 3 辆崭新的空调巴士。在监狱长向副总指挥汇报，副总指挥再向总指挥汇报后，行动按既定方案进行，厚重的监狱大门徐徐打开，由 19 辆警车和囚车组成的车队尾首紧衔驶向火车站。一路上，各路口由公安部门担任警戒，车队不拉警报，将对交通的影响减少到最低限度。

40 分钟后，车队进入火车站，在荷枪实弹的武警警戒下，罪犯上了列车。这两节车厢在苏州编组时，先遣干警就去布置环境，主要是铺设通讯线路，安装闭路电视机，拆除厕所的门以保证干警对犯人的"三清"（即看得清、听得清、摸得清）。在车厢里，记者还看到张贴着的一张张彩色标语，写着"莫道戈壁风沙远，改造处处有绿洲"、"人生天地间，忽如远行客"、"此生多磨炼，求得新生归"等诗句。

列车启动前，三号令下达。暮色四合时分，列车驶出站台，向着本次终点——乌鲁木齐进发。每节车厢都有 4 个持枪武警在车厢两头的哨位站岗，5 个干警在车厢内值勤，密切注意犯人动向。

鲜花、标语及列车启动后播放的轻音乐营造了一种宽松的环境，但犯人情况表上的统计是触目惊心的，在此次被遣送的 150 名犯人中，有相当一部分被判死缓、无期徒刑和 10 年以上的重刑，还有 18 个女犯。"再往细里分析，则有这样几个特点，"上海监狱管理局教育改造处研究室主任郭国卿对记者说，"身强力壮的男犯多，少数民族犯人多，涉毒犯多。因而要将这批不戴警具的犯人安全押送到目的地，我们一秒钟也不能懈怠。"

罪犯一路的生活，都由干警贴身"伺候"，沿途靠站都有当地警方提供警戒。毕竟，有鲜花的车厢本质上是流动的监狱。为了解决长时间的旅途劳累，监狱干警还在车厢上组织罪犯和干警进行文艺表演，活跃车厢气氛。

为确保犯人在押送途中的生命安全，上海市监狱管理局在四十多名干警中配备了 3 名医生，他们事先对犯人的身体状况已经了如指掌，每天要巡视好几次，听诊给药。

29日9点40分，列车徐徐驶进本次列车终点。站台上已经有3辆囚车停靠着，持械干警精神抖擞地在站台上警戒并接受新犯人。

新的生活等待着他们。

当犯人们上了囚车后，警灯闪烁起来。灯光中，记者看到3个女干警医生随车跟了一段，比划着手势对车上的女犯关照着什么。此时，好几个女犯人泪眼迷蒙，有的忍不住掉过头去，她们是不能说什么的，因为她们毕竟是犯人，必须遵守在列车上刚刚宣读的四号令。

[分析] 罪犯批量调动是一项庞大的工程，路途长远，危险性大。要顺利完成罪犯批量调动任务，必须要做好充分的准备工作。从上海市监狱局这次成功把一百五十余名罪犯押送到新疆服刑的整个过程来看，首先监狱局为了这次调动罪犯的安全做好、做够了准备工作，把调犯安全当作最重要的任务来对待。从制订方案开始，到检查罪犯携带物品，确保食品安全，紧密配合其他部门。在列车前往新疆途中，干警为了确保安全和罪犯身体健康，全程为罪犯贴心"服务"，并准备了文艺节目释放罪犯的紧张情绪，配备医生保护罪犯的身体健康。正是考虑到了押送罪犯的艰巨性，上海市监狱局做了充分的准备来做好这次罪犯调配，计划周密，从而确保了罪犯批量调动的顺利完成。

【情境训练9】

[案例] 根据司法部的要求，要从某省调1000名罪犯去青海某监狱服刑改造，假如由你负责组织实施，请设计一份调犯方案。

拓展阅读

1. 登陆天河之声网站（http://www.qsc.gov.cn/index.htm），了解北京市天河监狱罪犯遣送工作的基本情况。

2. 课外观看电影《西行囚车》、电视剧《冷箭》等调犯影视作品，通过影视作品加深理解罪犯批量调动工作的复杂性、艰巨性和罪犯调动工作的针对性。

3. 阅读孙国：《共和国警卫纪实》，当代中国出版社2006年版。了解1998年水灾中吉林省镇赉监狱管理分局所属9个监狱的一万一千余名在押犯人大转移的押解过程。

【学习情境5】 罪犯漏罪和又犯罪

知识储备

一、罪犯漏罪的概念

罪犯漏罪是指罪犯在服刑期间被发现在判决宣告以前所犯的未经判决的罪行。罪犯漏罪具有两个显著特征：①漏罪是罪犯在判决宣告以后，刑罚执行完毕以前发现的；②漏罪是罪犯在判决宣告以前实施的并未被判决的罪行。

二、罪犯又犯罪的概念

罪犯又犯罪是指罪犯在服刑期间又犯新罪。罪犯又犯罪行为是整个社会犯罪行为的一个组成部分。它和其他犯罪相比，具有以下四个特征：

（1）犯罪的主体是正在接受刑罚处罚的罪犯。

（2）犯罪活动的时间是正在服刑期间，包括罪犯在监狱内执行刑罚、暂予监外执行、暂时离监、离监探亲以及脱逃期间。

（3）新罪与前罪既可能是同种之罪，也可能是异种之罪。

（4）罪犯所犯的新罪，既包括故意犯罪，也包括过失犯罪。

三、罪犯漏罪和又犯罪的处罚

（一）依法从轻或减轻处罚

依据《刑法》第67条第1款的规定，对于罪犯坦白或自首漏罪的，可以从轻或者减轻处罚。其中，犯罪较轻的，可以免除处罚。如果漏罪是被发现前，罪犯主动交代的，可按自首对待；如果漏罪是在监狱发现可疑形迹，进行盘问、教育后，罪犯如实交代自己的主要犯罪事实，也可按坦白对待。

（二）依法从重处罚

根据《监狱法》第59条的规定，罪犯在服刑期间故意犯罪的，依法从重处罚。这里的"从重处罚"，是指依据《刑法》第62条之规定，犯罪分子具有从重处罚情节的，应当在法定刑的限度以内相对比较重地判处刑罚。罪犯在服刑期间过失犯罪的，不适用"从重处罚"的规定。

（三）数罪并罚

1. "先并后减"数罪并罚。根据《刑法》第70条的规定，判决宣告以后，刑罚执行完毕以前，发现被判刑的犯罪分子在判决宣告以前还有其他罪没有判决的，应当对新发现的罪作出判决，把前后两个判决所判处的刑罚，依照本法第69条的规定，决定执行的刑罚。已经执行的刑期，应当计算在新判决决定的刑期以内。

2. "先减后并"数罪并罚。根据《刑法》第71条的规定，判决宣告以后，刑罚执行完毕以前，被判刑的犯罪分子又犯罪的，应当对新犯的罪作出判决，把前罪没有执行的刑罚和后罪所判处的刑罚，依照《刑法》第69条的规定，决定执行的刑罚。

3. 新罪为数罪，原判为一罪的并罚。罪犯在刑罚执行过程中，又犯数个新罪，而原判为一罪时，应首先对数个新罪分别定罪量刑，将数个新罪的宣告刑与原判之罪未执行的刑罚实行并罚，决定执行的刑期。

4. 新罪为一罪，原判为数罪的并罚。罪犯在刑罚执行过程中，又犯一个新罪，而原判之罪为数罪时，应在维护原判决的严肃性的情况下，贯彻《刑法》第71条的精神，维持原判决效力，按照先减后并的方法，将新罪所宣告的刑罚与原判之罪剩余的刑罚合并，决定执行的刑罚。

5. 又犯新罪并发现漏罪的并罚。罪犯在刑罚执行过程中，不仅又犯新罪而且发现漏罪（两罪均尚未处理），对于这一问题的处理，要考虑到原判之罪、漏罪和新罪的顺序或者发生的时间，以确定漏罪和新罪并罚的顺序。漏罪是在原判决宣告以前实施的犯罪，本应与原判之罪一并处罚，只是因为没有及时发现而未能处罚，因此，应先将漏罪与原判之罪并罚；新罪是在原判刑罚执行过程中又实施的犯罪，应放在漏罪与原判刑罚并罚之后再予以并罚。

【工作要点】

一、罪犯服刑期间发现漏罪的处理

（一）移送案件

根据《刑事诉讼法》第221条第1款的规定，监狱如果发现罪犯有判决时未被发现的罪行，应当将有关情况及案卷材料移送有管辖权的公安机关或者人民检察院处理。对公安机关或者人民检察院立案侦查的案件，必要时监狱应配合相关案件的侦查。

（二）处置漏罪罪犯

1. 做好防控措施。为防止罪犯发现自己罪行暴露后产生过激行为，对于案情不明而罪犯又不知情的情况，要及时采取秘密控制手段对罪犯严密监控；对于案情清晰、证据充分的情况，可采取包夹、严管或禁闭等方式对罪犯采取防控措施。

2. 实施预审。在证据较为充分的情况下监狱可实施预审工作，查清楚罪犯的犯罪事实，及时搜集或保存相关证据，以保证相关侦查机关侦查工作的顺利进行。同时做好罪犯教育工作，讲清相关政策，让罪犯如实交代自己的犯罪事实，争取从宽处理。

3. 隔离审查。对有隔离审查必要的，经分管领导审批，可将被发现漏罪的罪犯关押在隔离审查室，实施隔离审查。隔离审查室，一般设在监狱禁闭室内，场地不足的，可以设置在监狱指定的场所。

（三）协助公安机关或人民检察院的工作

1. 协助公安机关或人民检察院的提审工作。监区、分监区根据狱侦部门通知要求，将罪犯带到监狱提审室给公安机关或人民检察院进行提审，并和狱侦部门一起在提审现场做好罪犯的监管工作，做好提审登记和交接手续，做好安全警戒措施，确保监管安全，处置突发情况。

2. 协助公安机关或人民检察院的提解工作。监区、分监区警察根据狱政管理部门的通知，做好罪犯副档的整理、上报，以及个人款项、劳动报酬的结算等准备工作，并填写《罪犯离开监管区审批表》上报监狱长审批；对经审批同意调出的罪犯，由狱政管理部门和监区、分监区2名警察对拟提解的罪犯比对身份信息，确认身份；狱政管理部门警察与押解人员办理移交、接收手续后，凭《罪犯离开监管区审批表》将罪犯带出监门，并移交给押解警察。

二、罪犯服刑期间又犯罪的处理

（一）确定案件管辖

罪犯在服刑期间又犯罪行为按犯罪地划分，有两种形式：①在监狱内进行的；②在社会上实施的。不同形式的又犯罪的案件管辖和处理有所不同：

1. 狱内犯罪案件的管辖。根据《监狱法》第60条的规定，对罪犯在监狱内犯罪的案件，由监狱进行侦查。查清楚罪犯犯罪事实，搜集确实充分的证据后，监狱应制作起诉意见书，写出起诉意见或者免予起诉意见，连同案卷材料、证据一并移送人民检察院审查。

2. 狱外犯罪案件的管辖。罪犯在暂予监外执行，外出参观，特许离监、离监探亲以及脱逃期间又犯罪的，监狱应当将有关情况及案卷材料移送有管辖权的公安机关或者人民检察院处理，监狱进行配合。罪犯被依法判决后，原则上仍送原所在监狱执行刑罚。

3. 罪犯与狱外人员共同犯罪案件的管辖。罪犯与狱外人员共同犯罪，罪犯起主要作用的，由监狱立案侦查，公安机关予以配合；狱外人员起主要作用的，由公安机关立案侦查，监狱予以配合。

（二）处置又犯罪罪犯

侦查狱内案件，对有证据证明有重新犯罪嫌疑的罪犯，应当立即隔离审查，对涉案罪犯进行隔离审查。对重要案犯应单独关押，并立即实施预审工作。通过预审工作进一步侦查案情，搜集证据，查清犯罪事实。对案犯单独关押的期限一般不超过2个月，案情复杂、期限届满不能终结的重大疑难案件，可以经省、自治区、直辖市监狱管理局批准延长1个月。

（三）开展狱内侦查

对于公安机关或人民检察院管辖的案件，监区、分监区应按照相关规定协助公安机关或人民检察院的侦查工作。罪犯在监狱内犯罪的案件，由监狱进行侦查。在侦查重特大案件中，监狱分管领导应亲自参与，组织力量，专案专办。侦查时应当抓住有利时机，迅速破案。一时破获不了的，应布置经常性的侦查和控制措施。对可能在政治、经济上造成重大影响和损失的案件，应力争破获在预谋或准备阶段。

（四）移送检察院处理

监狱侦查终结的案件，应当做到犯罪事实清楚，证据确凿、充分，并写出起诉意见书或者免予起诉意见书，连同案卷材料、证据一并移送人民检察院审查。

【注意事项】

一、严格执行隔离审查罪犯的管理要求

对发现漏罪和又犯罪被隔离审查的罪犯，要严格执行隔离审查罪犯的管理要求。隔离审查罪犯的管理应按以下要求进行：

（1）罪犯隔离关押前，应对罪犯进行搜身检查，仅允许自带个人生活必需品。

（2）每周应定期、不定期对隔离审查现场进行巡查，确保监管安全。

（3）罪犯隔离审查期间，未经审查单位同意，禁止他人与罪犯接触。

（4）罪犯在隔离审查期间有现实危险的，按规定可加戴戒具。

（5）监狱医院医生每日应巡诊隔离审查罪犯，及时掌握罪犯健康状况，对患病的应当及时给予治疗，解除隔离审查后定期跟踪病情。

二、区别处理被判死刑缓期二年执行罪犯在死缓期间发现漏罪及又犯罪

根据我国《刑法》第50条的规定，判处死刑缓期执行的，在死刑缓期执行期间，如果没有故意犯罪，2年期满以后，减为无期徒刑；如果故意犯罪，查证属实的，由最高人民法院核准，执行死刑。根据该条文的规定，监狱应按以下情况进行处理：

（一）罪犯死缓执行期间发现漏罪的处理

被判死刑缓期执行的罪犯在死刑缓期执行期间发现漏罪，先对漏罪定罪量刑，然后再将该漏罪的刑罚与死缓判决实行数罪并罚。仅在新发现的漏罪被判死刑立即执行时才执行死刑，否则考验期满仍减为无期徒刑，但死缓考验期从并罚判决确定之日起重新计算，考验期满应减为无期徒刑，有重大立功表现的减为15年以上20年以下有期徒刑。

（二）罪犯死缓执行期间又过失犯罪的处理

被判死刑缓期执行的罪犯在死刑缓期执行期间又犯新罪，所犯新罪是过失犯罪的，应对新罪作出判决，实行数罪并罚，死刑缓刑期限从并罚判决确定之日起计算，考验期满应减为无期徒刑，有重大立功表现的减为15年以上20年以下有期徒刑。

（三）罪犯死缓执行期间又犯新罪的处理

根据《刑法》第50条的规定，被判死刑缓期执行的罪犯在死刑缓期执行期间又犯新罪，所犯新罪是故意犯罪，并查证属实的，由最高人民法院核准，立即执行死刑。

三、区别处理假释考验期间发现的漏罪及又犯罪

根据《刑法》第86条的规定，在假释考验期内发现被假释的犯罪分子在判决宣告以前还有其他罪没有判决的，应当撤销假释，依照《刑法》第70条的规定实行数罪并罚；在假释考验期内犯罪分子又犯新罪的，应当撤销假释，依照《刑法》第71条的规定实行数罪并罚。根据上述法律规定及法律精神：

（1）假释考验期间发现漏罪的，应撤销假释，依"先并后减"的方法并罚：即对新发现的漏罪作出判决，把前后两个判决所判处的刑罚合并，决定执行的刑罚；已经执行的刑期，应当计算在新判决决定的刑期以内。

（2）假释考验期间又犯新罪的，不论新罪是在考验期内发现还是考验期满后发现，应撤销假释，把前罪没有执行的刑罚和新罪所判处的刑罚，依"先减后并"的方法并罚。

（3）考验期满后发现漏罪的，没有必要再撤销假释实施并罚，只对漏罪单独定罪量刑即可。

【范例分析 10】

[范例] 罪犯胡某，男，汉族，浙江人，28 岁，因抢劫罪被判处有期徒刑 15 年，于 1997 年遣送新疆某监狱服刑改造。罪犯胡某与同舍罪犯张某因生活用品的小事发生口角，双方争执非常激烈，直至动手，后被监狱警察及时制止。胡某对张某说：有机会我一定杀死你。后被警察做了分别处理，对他进行了批评指正，罪犯双方也表示没有什么大问题，以后注意就是了，也表示以后不再发生类似事件。1998 年 9 月的一天，监狱警察与武警带区队罪犯外出劳动，劳动的项目是平整田地，劳动工具是新疆的坎土镘。中间休息时，罪犯胡某见张某低着头休息，就走过来举起手中的坎土镘向张某的脖子砍去，罪犯张某当场死亡。胡某当即被警察制服。

经过监狱机关对案件的侦破，罪犯胡某对自己的犯罪事实供认不讳，承认了杀死张某的犯罪事实，并口述我就是故意要杀死张某，并且也知道杀人偿命的法律规定。当审讯胡某时说为什么要这样做时，他说曾在 1996 年在宁波某地下室盗窃人民币 1 万元，在刚准备出门时，发现房子还有一位老太婆，当时就把老太婆打倒在地，也不知老太婆是死是活，此案始终未破，造成心理压力较大。后经公安机关查实，确有此事，老太婆虽未死亡，但造成了身体瘫痪的事实。胡某对两起案件供认不讳，后被判处死刑立即执行，剥夺政治权利终身。

[分析] 胡某的漏罪没有被发现，在服刑期间造成心理压力较大，也不知道老太婆是死是活，外加现有刑期是 15 年，怕万一发现后再加刑或执行死刑，本案中涉及对罪犯胡某漏罪和犯新罪的处理问题。①对于胡某漏罪的处理，监狱侦查部门对罪犯胡某入室盗窃、故意伤害案件进行预审，并将案件情况移交有管辖权的宁波公安机关处理，协助宁波公安机关做好侦查工作；②对于胡某故意杀害张某案件，属狱内重大案件，由监狱侦查部门负责立案侦查，在侦查期间，应对胡某单独关押，侦查终结后，监狱将案件移送人民检察院处理，人民检察院如果认为有确凿的证据证明该犯罪行为是服刑罪犯所为，依法应当追究刑事责任，由人民检察院向人民法院对此漏罪提出公诉，由人民法院依法定罪量刑，并将此罪所判刑罚与前罪所判刑罚依照刑法的规定进行并罚。此外，本案也反映了监狱存在以下管理问题：监狱警察对罪犯胡某在争吵时说的话没有引起高度重视，也没有及时发现和进一步做胡某的思想工作；在特定的劳作区劳动，监狱警察应加强对工具罪犯的管理；在对

罪犯的管理中，要时刻观察罪犯的一言一行，别放过任何疑点和问题。

【情境训练10】

[案例] 某监狱罪犯秦某在2001年10～12月份间，多次用私藏手机与刑释人员陈某联系，要求帮其购买海洛因，陈某答应了秦某的要求，先后四次将总计约十六克重的海洛因装在药物瓶里，交给与十一监区有业务来往的工厂女师傅"肥婆"和"阿平"带入十一监区生产车间交给秦某。秦某收到海洛因后，与同监区罪犯梁勤福将海洛因分别藏在车间和监舍。除自己吸食外，秦某同样选择了贩卖毒品给其他罪犯作为获得毒资之道，先后以800元每克的价格向同监区罪犯李某、林某、苏某等9人兜售，获得现金6100元。在2001年12月，秦某将4500元现金叫"阿平"、"肥婆"带出监狱交给陈某，剩余现金在2002年3月份期间向另外一名罪犯江某购买毒品时用完。

如果你是该监区的主管警察，该如何认定该案件性质、确定案件管辖，如何开展工作？

拓展阅读

1. 学习《监狱法》第59～60条，《刑事诉讼法》第221条，《刑法》第62、67、69～70条关于犯罪管辖的规定；

2. 学习《狱内刑事案件立案标准》、《狱内侦查工作规定》、司法部监狱局《关于对河南省监狱管理局〈关于狱内在押罪犯有漏罪案件由何机关办理的请示〉的批复》。

【学习情境6】 罪犯死亡

知识储备

一、罪犯死亡的法律意义

罪犯死亡是指罪犯在服刑过程中因某种原因导致其生命终止的生理现象和由此而引起罪犯刑罚执行终止的法律现象。罪犯在服刑期间死亡，意味着监管法律关系的对象已经消失，刑罚执行的对象就不存在了，标志着监管法律关系已经消灭，刑罚执行自然终结。

罪犯死亡分为正常死亡和非正常死亡两种情形。正常死亡是指罪犯在通常自然的条件下，由于健康原因（包括体内自然变化或疾病）所引起的死亡。非正常死亡是指由于机械的、物理的、化学的等外部因素作用于罪犯人体（包括因意外或突发事件）所引起的死亡。

二、罪犯死亡处理工作机制

监狱和人民检察院在罪犯死亡处理过程中，应当各司其职，各负其责，互相配合，共同做好监狱罪犯死亡处理工作。监狱应当做好对罪犯死亡的通报、调查和善后处理等工作，并依法接受人民检察院的法律监督。人民检察院应当做好对罪犯死亡原因的调查、审查和鉴定工作，并依法对监狱处理罪犯死亡工作进行法律监督。

【工作要点】

一、立即报告

发现罪犯在狱内死亡的，罪犯所在分监区应立即报告监狱医院、生活卫生装备科、侦查科、狱政管理科以及分管狱政管理工作的监狱领导，以便在最短的时间内采取相应的紧急措施，禁止为了推卸责任推迟上报或隐瞒不报。报告时要注意影响，避免在监狱内部产生负面影响。如属非正常死亡的，监区、分监区应保护好现场。

二、迅速发出罪犯死亡通知书

收到罪犯死亡报告后，监狱应立即通知服刑罪犯的家属、监护人。监狱要在2小时内通知驻监检察院和省监狱管理局，并在24小时内向罪犯家属或监护人和驻监检察院、原判人民法院发出《罪犯死亡通知书》。除发出死亡通知书外，根据实际需要，监狱还可以利用电话、电报、传真进行通知，有必要的时候也可派人当面通知。如遇特殊情况，可以几种方式同时采用，以保证按时通知相关部门和人员。

三、及时作出死亡鉴定

罪犯在狱内死亡的，监狱应立即组织对罪犯死亡的调查工作，及时作出死亡原因的鉴定。罪犯正常死亡的，一般由监狱的医疗部门作出死亡鉴定；罪犯非正常死亡或死因不明的，必须由检察机关进行尸体检验。调查结束后应当及时作出调查结论，并将罪犯死亡的相关调查材料和调查结论及时向驻监检察机关通报，同时把罪犯死亡的调查结论告知罪犯家属。

驻监检察机关收到监狱罪犯死亡的通知后，应当在6小时内派员到现场开展检察工作。对罪犯非正常死亡和监狱提供的调查材料、调查结论有疑义的，可以对死亡原因进行鉴定，鉴定由检察机关进行。要进行尸检的，原则上应在24小时内启动对尸体的检验程序。检察机关应当及时将作出的鉴定结论告知罪犯家属。罪犯家属对监狱作出的调查结论有疑义的，可以向驻监检察机关提出，对驻监检察机关作出的死亡原因鉴定有疑义的，可以向其上一级检察机关提出。

对于正常死亡的，在家属没有异议的情况下，由驻监检察机关签署意见后，再作尸体处理。

根据有关规定，以下情形可以认为罪犯死亡的原因已经确定：

（1）检察机关和罪犯家属对监狱作出的调查结论均无异议的。

（2）罪犯家属对检察机关作出的死亡原因鉴定结论无疑义的，或检察机关告知鉴定结论之后10日内，罪犯家属没有向检察机关提出疑义的。

（3）上一级检察机关重新组织死亡原因的鉴定，鉴定结论与该案件死亡原因的初始鉴定结论一致，并与检察机关的调查情况相印证的。

罪犯死亡原因已经确定的，驻监检察机关应当在监狱《罪犯死因鉴定书》上签署意见，加盖公章，并报上级机关备案。罪犯非正常死亡的，驻监检察机关应当开展对罪犯死亡的检察工作，作出罪犯死亡原因调查报告，并抄送监狱。

四、妥善做好善后工作

对于死亡罪犯，监狱应按以下要求妥善处理善后工作：

（一）尸体火化

罪犯尸体按当地殡葬管理有关规定进行火化。属于正常死亡的，除因传染病死亡按照国家有关规定处理外，监狱自罪犯死亡原因确定之日起3日内办理尸体处理事宜。属于非正常死亡的，由驻监检察机关确定尸体处理的具体时间，监狱负责办理尸体处理事宜。罪犯死亡原因已经确定，罪犯家属仍有疑义的，不影响监狱办理尸体处理事宜。

（二）遗物处理

对罪犯在监狱的遗物，监狱应通知罪犯家属领回或由监狱寄回。

（三）区别补偿

罪犯死亡符合国家有关法律法规和司法部有关给予罪犯死亡补偿规定的，应当给予补偿。罪犯自杀死亡的，或因违法犯罪导致死亡的，或被依法击毙的，不予赔偿。

（四）存档

罪犯死亡处理完毕，监狱应将处理过程中形成的文字、音像、照片等资料存档。

【注意事项】

在罪犯死亡的处理过程中，要注意以下问题：

（1）对于服刑期间死亡的少数民族罪犯，应当充分尊重少数民族的风俗习惯，允许按照其本民族丧葬习俗处理后事。

（2）对于罪犯的遗物，如果逾期半年仍不来领取或无法投寄的，可由监狱按无主物品处理。

（3）对于服刑期间罪犯在劳动中死亡的，由监狱按照国家有关规定处理，给予罪犯家属适当补偿。

（4）对于服刑期间罪犯被犯罪分子杀害的，由监狱或公安机关依刑事案件管辖的规定立案侦查。

（5）对于服刑期间罪犯因受监管人员虐待致死的，由检察机关立案侦查，依法追究有关监管人员的刑事责任，并由监狱按照《国家赔偿法》的规定，对其家属进行赔偿。

（6）对于服刑期间罪犯因抢救他人或国家、集体财产献身的，监狱在做好对其家属的安抚并按照有关规定给其家属一定生活补助的同时，还可以组织罪犯在狱内举行适当的悼念仪式。

（7）罪犯本人及其家属自愿同意将尸体捐献给医疗机构用于医学研究的，或者捐献身体器官的，监狱应充分尊重罪犯本人的意愿，并和罪犯家属、相关医疗部门协商，在做好医疗处理后，按照有关规定及时给予火化和埋葬。

（8）罪犯死亡原因鉴定需要进行尸体解剖的，由人民检察院向罪犯家属发出《解剖尸体通知书》，监狱通知罪犯家属在规定的时间内到场。罪犯家属可以聘请具有专业知识的人员到场见证有关鉴定活动，罪犯家属无正当理由拒不到场或无法通知或到场拒绝签名盖章的，应当记录在案，不影响鉴定工作的实施。

（9）罪犯死亡原因未确定前，尸体不得火化处理。罪犯死亡鉴定的费用、丧葬费由监狱负担。

（10）对少数民族、华侨和入境罪犯（包括外国籍、港澳台、无国籍罪犯）的死亡处理另有规定的，从其规定。

【范例分析11】

[范例] 罪犯吴某，男，83周岁，因犯强奸罪、猥亵儿童罪，被人民法院判处有期徒刑11年。在服刑期间因患Ⅱ型糖尿病，身体乏力，监狱于2009年8月17日将其从后勤监区调往监狱医院进行住院治疗。10月3日上午9时，该犯血压突然下降，监狱立即进行升压处理但无改善，随后该犯出现呼吸、心跳停止症状，虽经监狱进行心肺复苏但无法恢复。后邀请市人民医院医生到监狱医院对该犯进行治疗，持续心肺复苏至10时5分，心跳、呼吸仍无法恢复，心电图呈直线，宣告临床死亡。

吴某病亡后，监狱党委高度重视做好善后处理工作，立即向监狱管理局电话报告有关情况，并将情况告知驻监狱检察室和罪犯的家属。同时迅速成立罪犯死亡善后处理工作领导小组，按照监狱罪犯死亡处理规定的要求，积极做好罪犯病亡的组织、指挥和协调等善后处理工作，由狱政管理科牵头，联合侦查科、生活卫生装备科和监狱医院做好罪犯病亡原因调查以及证据收集、保存等工作，由生活卫生装备科牵头，联合狱政管理科和监狱医院做好罪犯家属安抚和罪犯尸体处置等工作，安排监狱战训队、巡查组和机关科室备勤警察组成应急小组，做好防范罪犯家属到监狱闹事或有过激行为的准备。在驻监检察室的积极配合下，监狱从法律、政策、医学以及监狱内部有关规章制度等多角度耐心做好罪犯吴某家属的沟通和解释工作，善后处理工作进行顺利，家属对罪犯病亡结论没有提出异议，也没有向监狱提出赔偿等无理要求，经家属签名同意，病亡罪犯尸体于10月3日20时火化，没有在监狱押犯中和社会上造成不良影响。

[分析] 这是一起成功处理罪犯正常死亡善后工作的典型范例，罪犯上午病亡，当天晚上20时监狱就完成了病亡通知和报告、死因鉴定以及尸体火化处理等一系列善后处理工作，不但处理迅速、及时，而且做到依法、依规和准确。归纳起来，监狱成功处理罪犯病亡善后的经验有：①领导重视是处理好罪犯正常死亡的前提。罪犯吴某病亡虽然发生在国庆长假期间，但监狱领导能及时到位，并迅速成立善后处理领导小组，切实做好吴某病亡善后处理的指挥、组织、协调工作，确保了善后处理工作的顺利进行。②密切配合是处理好罪犯正常死亡的有力保障。罪犯病亡后，监狱各业务部门能按照分工要求，各司其责、各尽其能的主动开展职责范围内的工作内容，并形成沟通配合机制，保障罪犯病亡后的通知、死亡原因调查、家属接待安抚等相关工

作能有序的进行，在确保不遗漏工作内容和工作环节。③抓好源头防范是处理好罪犯正常死亡的工作重点。监狱高度重视抓好罪犯病亡的源头防范工作，在8月份，已诊断发现罪犯吴某患Ⅱ型糖尿病，并及时收入监狱医院治疗和向其家属发出病情告知书，在确保罪犯得到及时治疗的同时，又让其家属对罪犯可能发生病亡有充足的心理准备，为善后处理工作的顺利开展打下了基础。④注重证据积累是处理好罪犯正常死亡的关键环节。罪犯吴某患病后，监狱能按规定建立病历档案，详细记录治疗情况，是认定罪犯吴某病亡的有力证据，也使罪犯家属信服监狱的死亡原因鉴定。

 【情境训练11】

［案例］罪犯屈某，男，26周岁，因抢劫罪被人民法院判处有期徒刑6年。投进监狱后，屈某心理压力极大，不适应监狱的生活，其家属自他入监后也从没去监狱探视过他。屈某觉得生活没什么意义，多次在其他罪犯面前流露出轻生的念头。2007年2月10日，屈某和其他罪犯一起在车间劳动，趁值班警察不注意，溜进车间4楼东侧一空置小房内，用早已准备好的铁丝上吊自杀。后值班警察在车间清点人数时，发现屈某不在现场，立即组织罪犯到各楼层寻找，之后在车间4楼东侧的那个空置小房内发现屈某已经利用铁丝上吊自杀了。

若你是第一个到达罪犯屈某自杀现场的警察，你应如何开展处理工作。

拓展阅读

王泰主编：《新编狱政管理学》，中国市场出版社2005年版，"监狱刑罚执行的终结"部分。

【学习情境7】 释放

 知识储备

一、释放的种类

释放，就是指监狱依法对被关押服刑改造的罪犯终结刑罚执行，解除监禁状态，恢复人身自由的一项刑事活动。释放是监狱执行刑罚的最后一个环节，标志着监狱与罪犯之间的法律关系消失。在我国，根据有关法律规定和司法实践，释放分为四种，分别是刑满释放、假释、法院裁定或重新判决的释放、特赦。实践中，刑满释放又可细分为正常刑满释放、减余刑释放。

（一）刑满释放

刑满释放是指罪犯被人民法院所判处的刑期或经裁定减刑后的刑期届满，刑罚已经执行完毕而获得的释放。刑满释放是在监狱行刑活动中最为普遍、最为常见的一种释放，是监狱的一项经常性的工作，监狱关押的绝大多数服刑人员都是由于服刑期满而获得释放的。刑满释放需要具备的条件是：

1. 必须是被判处有期徒刑的罪犯。被人民法院判处死刑缓期二年执行和无期徒刑的服刑人员，由于其刑期在服刑过程中的不确定性，在未获得裁定减为有期徒刑之前，是不可能存在刑满释放的法律后果的。只有判处或经过减刑后刑期是有期徒刑罪犯才能成为刑满释放的主体，这是刑满释放的对象条件。

2. 必须是服刑期满。这是刑满释放的时限条件。没有这项条件的存在，刑满释放的结果将不会发生。有期徒刑罪犯、死刑缓期二年执行和无期徒刑减为有期徒刑的罪犯，在服完人民法院所确定的刑期或因减刑、又犯罪处理后重新确定的刑期后，即可获得释放。

（二）根据重新修改后的判决或裁定释放

根据重新修改后的判决或裁定释放是指监狱依据人民法院重新修改的判决或裁定，将无罪的在押人员或服满改判刑期的罪犯，解除监禁状态，依法恢复人身自由的刑事活动。

在司法实践中，由于多种主客观因素的影响，难免会出现个别原判在事实认定、法律适用上有错的情况，这就使一些不该判刑的人被判了刑，或者应当判轻刑的判了重刑。一旦发现这类情况，人民法院应本着实事求是、有错必纠的原则，按照《刑事诉讼法》确定的审判监督程序，撤销原判决，并作出无罪释放或判处较轻刑罚的判决或裁定。监狱应以人民法院重新修改的判决或裁定为依据，立即着手处理关押在监狱中的无罪人员或服刑期限已达到改判所确定的刑期的服刑人员的出狱事宜，并协助人民法院做好这部分人的工作。

（三）特赦

特赦是指监狱依据国家法律有关规定对处在关押改造过程中的某些特定服刑人员，免除其刑罚全部或一部分的执行，提前予以释放的制度。

　　特赦是赦免的一种，它由国家权力机关以特赦令的形式实施，由于国情不同，世界各国对特赦的法律规定不尽相同。我国1954年的宪法有大赦、特赦的规定，1978年的宪法和1982年的宪法则只有特赦的规定。在监狱实践中我国未使用过大赦。自1959年以来，我国先后共实行了7次特赦，从这7次特赦的实践来看，我国的特赦释放具有以下几个特点：

　　（1）特赦是以一类或几类服刑人员为对象，而不是适用于个别服刑人员。

　　（2）特赦是对经过一定期间的关押和改造并具有改恶从善表现的服刑人员实行的，而不是对没有经过一定关押时期，不愿悔改的服刑人员实行的。

　　（3）特赦的内容不是免除罪犯的全部刑罚和刑事责任，而只是对服刑改造中的服刑人员免除其原判刑罚的剩余部分，或减轻其原判刑罚，提前恢复其人身自由。

　　（4）特赦由国家最高权力机关决定。根据《宪法》第67条和第80条的规定，决定特赦的权限属于全国人民代表大会常务委员会，中华人民共和国主席据此发布特赦令。

　　（四）假释

　　假释是监狱根据人民法院的假释裁定，将符合法定条件的罪犯附条件地予以提前释放的活动。依法假释的罪犯，监狱应依照人民法院生效裁定书载明的日期按期释放并发给证明文书。被假释的罪犯，其法律身份并没改变，只是执行场所和执行主体变更为其居住地和居住地的公安机关。违反国家监督管理的有关法律、法规的服刑人员，随时存在着被撤销假释送回监狱的可能。

　　二、释放的意义

　　释放是人民法院生效的判决和裁定所确定的刑罚执行终结的一种标志，是对某一服刑人员刑罚执行过程终结的一种表现形态，也是由服刑人员身份恢复为一般公民身份的必经法律程序。因此，释放工作无论对监狱机关而言，还是对服刑人员而言，都具有重要的意义。

　　对监狱而言，释放意味着作为行刑机关因执行刑罚而对某一服刑人员承担的惩罚与改造任务至此已经完成，施加于服刑人员的强制教育、监督管理、行为矫正等诸项手段的运行即将停止，作为刑事诉讼最后一道工序的行刑工作的目的得以实现。

　　对刑满释放人员而言，释放意味着被监禁关押予以惩戒与改造的过程终结，原有的人身自由受到监禁的状态获得根本性的改变，意味着正常公民的人格与法律地位的重新获得与恢复。释放是刑满释放人员重新步入社会，开始新生活，追求新的人生目标的转折点与起跑线。

【工作要点】

一、释放准备工作

分管狱政管理的监区领导，通过监管改造信息系统检索功能，提前一个月统计刑满释放罪犯名单。狱政部门根据监区提供的下月释放罪犯名单，与档案内容逐项进行认真核对。根据狱政科审核结果，监区应做好以下释放准备工作：

（一）出监教育

由于罪犯在监狱中生活，与正常的社会相隔离，长期的监禁生活与社会正常生活拉开了距离。为了使即将出狱的罪犯能很快地适应社会生活，有必要对其进行出监之前的针对性教育，让待出狱的罪犯了解社会政策、社会变化与社会生活，进行思想和行为的特殊强化，巩固改造成果。此外，对于已往的教育改造成果，需要具有针对性的检测、补课与指导。出监教育是监内教育改造工作的最后一环，也是释放工作的必经程序。

出监教育一般在罪犯刑满释放前进行，时间3个月，采用集中教育的方式。其任务主要是：全面检查改造质量，进行有针对性的补课教育，巩固改造成果；进行社会政策、经济形势、时事政治的宣传教育，教育他们正确对待出狱后可能碰到的问题；对可能出现的上学、就业和婚姻家庭问题，尽可能地与罪犯原所在地的政府、单位和家庭联系，寻求较好的解决办法。

（二）出监鉴定

监狱在释放服刑人员之前应当制作服刑人员出监鉴定。监狱要对服刑人员在服刑期间的改造情况做出全面的、实事求是的评价，填写《罪犯出监鉴定表》，连同判决书（复印件）一起移送释放人员安置落户所在地的公安机关和司法行政机关，以有利于公安机关和司法行政机关了解情况，继续帮教，进行考察。《罪犯出监鉴定表》的主要内容有：服刑人员的姓名、性别、年龄、民族、罪名、健康状况、籍贯、逮捕机关及逮捕日期、判决机关及判决日期、家庭住址、刑期起止日期及变动情况、剥夺政治权利起止日期、出监原因、原有与现有文化程度、特长及技术等级、主要犯罪事实、家庭成员基本情况、服刑人员本人简历、改造表现、服刑期间奖惩情况、出监意见等。

监区要将即将刑满释放的罪犯副档和《罪犯出监鉴定表》提前1个月报狱政部门审核，并填写《罪犯档案移交登记表》。狱政部门信息管理员将罪犯正副档案整理合并，打印释放罪犯名单（一式四份），将释放名单和《罪犯出监鉴定表》呈分管狱政管理的监狱领导审批。同时，狱政部门内勤将释放名单发放给监区、生活卫生装备部门和监门。狱政部门内勤填写《释放证明书》（盖监狱公章），路费发放单（盖科室公章）等文书。此外，狱政部门内勤提前1个月寄《罪犯出监鉴定表》、《刑事判决书》、《刑事裁定书》各一份附《释放人员出监材料移交表》寄到罪犯户籍所在地的县级以上公安机关。

假释出监的罪犯《释放证明书》附本由监狱负责寄到罪犯户籍所在地的县级以上公安机关。

二、办理释放手续

（一）结算劳动报酬

释放当天监区应该根据罪犯在服刑期间的劳动情况，按监狱的规定结算罪犯劳动报酬并领取《出监罪犯劳动报酬发放审核表》（一式三份），交给罪犯本人签名确认，报监区长审核。监区狱政干事到生活卫生装备科结算罪犯零花钱账目并领取《罪犯出监结算单》（一式四份），经监区经办人审核后，交给罪犯本人签名确认。监区狱政干事填写《罪犯放行通知单》，由分管狱政管理的监区领导审核后，报狱政科审核、分管狱政管理的监狱领导审批。经两名以上管教员辨认无误后，凭《罪犯放行通知单》将刑释人员带至监管区大门。监门值班警察认真核对后予以放行。

（二）签发释放证明书

释放证明书是服刑人员被解除监禁，恢复人身自由，依法获得释放的法律凭证，也是释放人员到居住地公安机关办理户籍登记时必须持有的证明文件。释放证明书是服刑人员准予释放的法律凭证，也是恢复服刑人员人身自由、获得居民身份证的法律文书。

《监狱法》第36条明确规定："罪犯释放后，公安机关凭释放证明书办理户籍登记。"签发释放证明书，是监狱的一项义务。《监狱法》第35条规定："罪犯服刑期满，监狱应当按期释放并发给释放证明书。"因此在释放服刑人员时，必须给被释放人员签发释放证明书。刑满释放证明书的内容，主要填写释放原因、鉴定概要、刑期的起止日期，附加剥夺政治权利的，应填写剥夺政治权利的起止日期。被释放人应在释放证明书的存根上签名。

此外，对服刑3年以上的释放人员，监狱机关在发给释放证明书的同时，还应发给文化学历证和技术等级证。此"三证"有利于释放人员安置、升学和就业，有利于促使其安心工作与生活。

罪犯领取《释放证明书》（正本、附本）后，由狱政科相关人员向其讲明回原籍的相关事宜后释放。

三、办理刑释罪犯财物移交手续

释放是监狱的一项严肃的法律措施，必须严格按照法定程序进行。监狱要根据实际情况，对刑满释放人员，由监狱发给并发足回家路费、途中伙食住宿费，以保证其能够安全地回到家里。如果罪犯在服刑期间因公致残，释放时可根据国家有关规定和具体情况发给生活补助费。对存有贵重物品的，核实无误后由狱政科内勤收回罪犯保存的《罪犯物品保管收据》后将物品发还给罪犯。财务科按《罪犯刑满释放费用发放表》（一式两份）规定金额给其发放路费，罪犯在《罪犯刑满释放费用发放表》上签名按指模确认。

在一般情况下，当刑满罪犯办理完出监手续后，即可出监，但是患有重病的罪犯，应当通知其家属来接，或由监狱派人护送。

【注意事项】

一、几种特殊罪犯释放的要求事项

对港澳台和外籍犯的释放管理，由监区狱政干事运用监管改造信息系统检索功能，统计3个月内监狱在押的入境犯或外籍犯刑满释放人员名单报狱政部门审核。提前3个月打印外籍犯、港澳台犯《公民因私往来（出境）审批表》（一式三份）；由罪犯填写《申请表》（一式四份，外籍犯填写《签证申请表》、港澳台犯填写《中华人民共和国出入境通行证申请表》，原证件有效的则一式二份）。将《公民因私往来（出境）审批表》（一式三份）、《签证申请表》或《中华人民共和国出入境通行证申请表》（一式四份）、罪犯副档和出入境证件标准照片（4张）于罪犯释放前3个月上报狱政部门，由监狱业务部门、分管领导、省监狱管理局业务部门和省监狱管理局分管领导逐层审核、审批后，函告省政府外事办。

危害国家安全的罪犯、被国家安全机关或公安机关列控的罪犯、邪教类等重点罪犯释放前，监狱的狱内侦查部门要发函通知原办案国家安全机关或公安机关，以利于他们掌握这几类罪犯释放后的情况。

对有附加驱逐出境的外籍犯，在罪犯释放当天由监狱按省监狱管理局的要求将罪犯押解到指定地点移交给省监狱管理局有关部门处理，监狱管理局再移交给公安机关，由公安机关对其执行驱逐出境的刑罚。

二、要加强罪犯释放后的考察

罪犯释放后，除原判决有附带剥夺政治权利的还需继续执行剥夺政治权利的刑罚外，其法律地位与其他公民一样。《监狱法》第38条明确规定，刑满释放人员依法享有与其他公民平等的权利。至此，监狱惩罚与改造服刑人员的任务即宣告结束。但是，并非所有经过服刑改造的人员都能成为守法公民，即便是在监狱改造表现不错的人员也是如此。因此，监狱应对刑满释放人员进行经常性的改造质量跟踪，考察释放后的人员的行为表现，以便不断改进监狱的惩罚与改造工作。根据现行司法实践的做法，刑满释放人员改造质量的跟踪考察期限为 3～5 年。具体情况是：原为一般刑事犯的考察期为 3 年，原为危害国家安全的服刑人员和重大刑事犯的考察期为 5 年。

监狱除了定期组织监狱人民警察有重点地进行回访考察外，还应当主动与当地公安机关联系，了解被释放人员的情况，及时沟通、迅速反馈，适时调整改造措施，不断地提高改造质量。

 【范例分析 12】

[范例] 罪犯苏某，男，26 周岁，因犯盗窃罪被某县人民法院开庭审理，判处有期徒刑 5 年。苏某被交付执行半年后，其家属到县公安局申诉，说苏某被宣判已半年，至今不知关押何处，指责公安机关把人抓走后没有按照法律规定及时将执行地点通知罪犯家属，致使家属一直没法探监。县公安局接待人员对苏某家属作了解释，说将被判处有期徒刑的犯人的执行地点通知犯人家属并不是公安机关的职责，而是监狱的职责。对此有的同志提出异议，认为罪犯原来是由公安机关关押的，逮捕后也是由公安机关通知被逮捕人家属的，为什么公安机关就不负责将犯人的执行地点通知其家属呢？也有部分同志认为，将罪犯被判处的刑期、执行的地点通知罪犯家属应是作出判决的人民法院的职责，因为判决生效后都是由人民法院将罪犯交付有关单位执行的。

[分析] 根据《刑事诉讼法》第 213 条的有关规定，负责通知罪犯家属的职责属于执行机关，不同的刑罚由不同的机关来执行，因此，负责通知罪犯家属的机关也因罪犯所判处刑罚的不同而不同。被判处有期徒刑的罪犯，由公安机关依法将该罪犯送交监狱执行刑罚，因此，负责通知这类罪犯家属的机关就是监狱。本案中，被告人苏某被判处有期徒刑 5 年，根据《刑事诉讼法》的规定，应由监狱执行刑罚，因此，在苏某被交付执行半年后而没有通知苏某的家属，这是监狱的失职。在罪犯苏某被收监执行刑罚后，监狱就应及时通知罪犯家属。

【情境训练12】

[**案例**] 余某，男，1966 年 3 月 19 日生，汉族，益阳市赫山区兰溪镇杉木桥村余家湾组。1989 年、2001 年因偷窃被治安拘留两次，2002 年因故意伤害被判处有期徒刑 5 年。入监以前，余某居无定所，经常出入娱乐场所，平常好吃懒做，而家中生活拮据，无法满足他的高消费，长期漂流在外。两次治安拘留释放后仍不思悔改，干起诈骗勾当。入监后经常在干警面前假装积极改造，而在其他罪犯面前却消极改造，为人狡猾，显现出改造的两面性。2006 年 8 月，余某即将刑满释放回家。

假如你是负责罪犯释放管理教育的监区警察，针对余某的情况，你如何做好余某的释放工作？

拓展阅读

1. 课外观看反映刑释解教人员安置帮教工作的 20 集电视连续剧《何须再回首》。

2. 阅读 1992 年《中国改造罪犯的状况》白皮书。

学习单元6　监管事务管理

学习目标

● 通过本单元学习，能够：

1. 掌握我国监狱对罪犯分开关押的实施方法。
2. 掌握分类管束的基本经验。
3. 掌握安全管理的主要方法和实施要求。
4. 掌握激励管理的主要方法和实施要求。
5. 了解设施管理、装备管理和信息管理的实施要求。

【学习情境8】　分类关押

学习情境8.1　分开关押

知识储备

一、分类关押的含义

分类关押是指我国的监狱机关对人民法院交付执行的罪犯，按其性别、年龄的不同关押在不同监狱的基础上，进一步按罪犯的犯罪类型、刑罚种类、刑期和改造表现等情况予以分别关押的管理制度。

罪犯分类关押是当今世界各国监狱基本的狱政管理制度，是现代化监狱制度的重要特征之一。分类关押包括两个方面的内容：①对监狱和监区分类，以适应罪犯分类的需要；②对罪犯进行分类。对罪犯的分类关押，首先要进行监狱和监区的分类。根据我国对监狱的分类情况来看，与分开关押相对应的，主要是分为成年男犯监狱、女犯监狱和未成年犯管教所；而与分别关押相对应的，主要是根据在押罪犯的特点和需要，分设不同的监区，关押不同类型的罪犯。可以说，对监狱和监区进行分类，是对罪犯进行分类关押的前提，也是分类管理制度的重要内容。

二、分开关押的含义

分开关押是指监狱管理机关对人民法院交付执行的罪犯，按其性别和年龄进行分类，分别由不同的监狱收监关押的一种分类关押制度。分开关押是按分类标准对罪犯进行第一层次的分类，根据年龄和性别，将罪犯分为成年犯和未成年犯，成年男犯和成年女犯，然后分设监狱收监关押。分开关押一般由各省、自治区、直辖市监狱管理机关组织实施。

三、分类关押的实施方式

（一）先收押后分流

先收押后分流是由各省、自治区、直辖市监狱管理局按地域或实际需要统一设置收押中心，由送押机关将人民法院交付执行的罪犯押送至收押中心，通过收押中心对罪犯进行系统教育、管理、考察和评估后，分类别送往相应的监狱服刑改造。

先收押后分流这种分类关押方式是通过对罪犯进行统一的入监教育和服刑指导，对罪犯进行生理、心理、身体健康等方面的调查，并对罪犯的主观恶性程度和改造表现进行评估，确定罪犯的改造方案，然后将不同类型的罪犯送往不同监狱关押改造。这种收押方式的好处在于通过对罪犯一段时间的监管和考察，对罪犯的生理、心理、服刑状况有了一定的了解，然后再进行分类，相对来说分类比较准确和科学，也较有利于对罪犯实施分类施教和分级处遇。

先收押后分流这种收押方式对监狱类型和监狱的设置具有较高的要求，所以首先必须对监狱进行科学的分类，以适应分类关押的需要，同时对收押中心的地理位置、人员配备、收押能力、警戒设施、关押条件和押送工具等方面都有较高的要求。从分类管理制度的科学性和先进性来看，先收押后分流应当是分类关押的主要实施方式，所以应当不断地创造条件，采用这种较为科学的分类关押方式。

（二）先分流后收押

先分流后收押是对人民法院判处刑罚的罪犯，由送押机关根据法律规定和省级监狱管理机关的要求按分押标准对罪犯进行分类后，直接送往不同类型的监狱，由监狱直接收押。它主要是按性别、年龄等标准分类收押。

先分流后收押是监狱实施分类关押的方式之一。在具体实施中，由送押机关分类后直接送往监狱收监关押进行服刑改造，减少了中间环节，简化了程序，节约了人力、物力和财力，避免过多的重复和浪费。但是，这种收押方式的局限性是显而易见的，送押机关只能根据省级监狱管理机关的要求对送往监狱的罪犯按性别和年龄进行分类外，不可能按第二层次的标准进行更深层次的分类，往往是不同犯罪类型、不同主观恶性程度的罪犯送往同一监狱，监狱还得对罪犯进行二次分流，影响到监狱分类关押的纯度。

四、监狱的分类

除按性别和年龄对监狱进行分类外，世界各国都结合自身的实践情况，采取不同的标准对监狱进行了更细致的分类。如根据罪犯人身危险性的高低采取相对应的监管警戒程度，可以分为高度戒备监狱、中度戒备监狱和低度戒备监狱；根据罪犯的监禁和管理方式不同，可以分为封闭式监狱和开放式监狱；根据罪犯的刑期状况，可以分为重刑犯监狱和轻刑犯监狱；根据罪犯是否有前科，分为初犯监狱和累犯监狱等。

【工作要点】

（1）成年男犯由男犯监狱收监关押。

（2）成年女犯由女犯监狱收监关押。

（3）未成年犯由未成年犯管教所收监关押。

（4）未成年犯中的男犯和女犯由同一未成年犯管教所收监关押时，必须严格分开关押在不同的监区。

（5）未成年犯已满 18 周岁且剩余刑期在 2 年以上的，由未成年犯管教所转入监狱关押。

【注意事项】

一、监狱、监区分类是罪犯分开关押的前提

根据《监狱法》的规定，我国的监狱包括监狱和未成年犯管教所两类。监狱，是对成年犯执行刑罚的机构场所，按性别又可以分为男犯监狱和女犯监狱。未成年犯管教所，是对被判处有期徒刑和无期徒刑的已满 14 周岁未满 18 周岁的未成年犯执行刑罚的机构场所，对关在未成年犯管教所的男女未成年犯要分设监区，分别编队实行分押分管。监区的分类可以根据实际改造需要设置不同类型的监区。

二、罪犯分类是实施罪犯分开关押的重点

（一）以罪犯年龄、性别为标准

按年龄和性别为标准进行分类，是按照罪犯的自然状况进行的分类。它是监狱对罪犯收押所进行的第一个层次的分类，是当今世界各国普遍采用的分类标准，也是最基本的分类标准。根据《监狱法》第 39 条的规定，以罪犯的年龄和性别为标准对罪犯进行分类，分为成年犯和未成年犯、男犯和女犯，分别关押在监狱、女子监狱和未成年犯管教所。

（二）以犯罪性质和悔改表现等为标准

按犯罪性质和悔改表现等情况为标准进行分类，是针对罪犯的犯罪特点、犯罪经历和在服刑过程中的表现等情况所进行的分类。它是我国监狱对罪犯收押所进行的第二层次的分类，也是对罪犯进行分类管束的前提。根据《监狱法》第 39 条的规定，对不同的犯罪类型、刑罚种类、刑期和改造表现的罪犯在不同的监区予以分别关押。

 【范例分析 13】

［范例］范某，男，1988 年 11 月 6 日出生。范某在上小学的时候，其父亲经常从工厂里偷偷往家里拿些东西，还常常把范某叫到工厂，把一些东西悄悄装在他的书包里让他带回家。慢慢地，受父亲的影响，范某也养成了一个坏习惯，经常把别人的东西"捡"回家。父母总是夸奖他有本事，"顾家"。上初中以后，范某迷上了网吧，为了有钱进网吧，范某把"捡"到的东西拿去卖。后来又伙同网友去盗窃，把盗窃来的钱拿去上网、大吃大喝、进高档舞厅。渐渐地，范某胆子越来越大，仅两年时间，就和同伙作案共二十多次。2005 年 12 月，公安机关在侦破一起盗窃案件中将范某抓获。经查明，从 2004 年 11 月 7 日起，范某盗窃过的东西有钱包、手机、自行车和摩托车，价值四万七千多元。最终以涉嫌盗窃罪被追究刑事责任。2006 年 11 月 1 日，人民法院对范某涉嫌盗窃一案进行了宣判，认为范某构成盗窃罪。2006 年 12 月 1 日，范某被送往未成年犯管教所执行刑罚。

［分析］范某送往未成年犯管教所执行刑罚是错误的。根据我国有关法律的规定，我国成年人与未成年人的划分是以年龄是否满 18 周岁为标准。不满 18 周岁的就是未成年人，未成年犯属于未成年人。未成年犯管教所关押的是未成年犯，即未满 18 周岁的罪犯。虽然范某在人民法院宣判的时候未满 18 周岁，但在收监的时候已经 18 周岁了，不属于未成年犯，应送往其他监狱收

监执行刑罚。

 【情境训练 13】

[案例] 陈某，男，1988 年 10 月 15 日出生。2004 年 11 月 26 日晚上，陈某、李某、杜某、钟某、肖某等 5 人在一起喝酒时，李某趁着酒兴提出说去抢点钱来花，当即得到其他人的同意。于是，在当天晚上将近凌晨时，5 人外出寻找目标。5 人来到一公园附近的马路时，正遇上骑自行车下班回家的被害人林某。5 人随即上前将林某的自行车踢倒，并将林某推倒进行殴打，何某还用随身携带的水果刀将林某的大腿捅伤。5 人抢了林某身上的一部手机和二百多元现金后，逃离了现场。被害人林某因被捅伤后失血过多而不治身亡。上述 5 人后被公安机关抓捕归案，以抢劫罪移送人民检察院审查起诉。检察机关对该案审查后，对犯罪嫌疑人陈某等 5 人以抢劫罪提起公诉。2005 年 8 月，人民法院对何某等 5 人进行了宣判，何某以抢劫罪被判处有期徒刑 15 年。

假如你是负责收监的警察，陈某收监后如何对其实施分类关押？

拓展阅读

王泰：《现代监狱制度》，法律出版社 2003 年版，"累进处遇制的起源和类型"部分。

学习情境 8.2 分别关押

知识储备

一、分别关押的含义

分别关押是指在分开关押的基础上，由收押监狱按照罪犯的犯罪类型、刑罚种类、刑期、改造表现等情况对罪犯实施的一种分类关押制度。分别关押是在分开关押基础上实施的进一步的分类关押，由收押罪犯的监狱根据收押罪犯的实际情况确定，一般是以监区或分监区为基本的关押单位，实施分别关押的目的是避免罪犯之间交叉感染和深度感染。

对罪犯实施分别关押，除了按照罪犯的犯罪类型、刑罚种类、刑期、改造表现等分类标准外，还要综合考虑罪犯的犯罪手段、行为方式和犯罪恶习程度。从监狱在押罪犯的实际情况来看，当前主要把罪犯分为四大类型进行分别关押，即财产类、性犯罪类、暴力类和其他犯罪类。

二、分别关押的其他分类标准

以犯罪性质和悔改表现等情况分类进行分别关押是第二层次的分类，第二层次的分类可以根据各个国家和地区不同的情况采用不同的分类标准对罪犯进行分类关押，实施监管。从我国监狱对第二层次分类的实践来看，除了按犯罪类型、刑罚种类、刑期和改造表现进行分类外，还可以根据罪犯的犯罪性质、主观恶性程度、人身危险性和矫正难易程度、身体状况、精神状态、民族等情况进行分类，分别关押在不同的监狱或监区。

三、我国分类关押制度的形成和发展

我国现代意义上的监狱分类管理制度，是随着新中国的建立而逐步发展起来的。1952 年 7 月，中共中央批准的《第一次全国劳动改造罪犯工作会议决议》中指出："进行管教工作时，必须按犯人类别、性质、刑期长短、悔改程度和劳动表现等，实行分别对待政策。"1954 年《劳动改造条例》规定："犯人的劳动改造，对已判决的犯人应当按照犯罪性质的罪刑轻重，分设监狱，劳动改造管教队给以不同的监管。对没有判决的犯人应当设置看守所给以监管。对少年犯应当设置少年犯管教所进行教育改造。"1982 年，公安部颁发了《监狱、劳改队管教工作细则》，其中就将分管分押单列为一节，要求对罪犯实行分管分教，区别对待。随着我国政治、经济、文化和社会主义法制的不断发展，对罪犯的改造工作提出了更高的要求，在对部分监狱实施更高层次分类制度试点的基础上，1991 年 9 月，司法部监狱管理局修订印发了《对罪犯实施分押、分管、分教的试行意见（修改稿)》，对分押、分管、分教工作提出了更高的要求和标准，形成了集行刑、监管、教育、改造为一体的分类管理模式，取得了良好的效果，成为具有中国特色的现代分类管理制度。1994 年 12 月，《监狱法》颁布施行，其中第 39 条明确规定："监狱对成年男犯、女犯和未成年犯实行分开关押和管理，对未成年犯和女犯的改造，应当照顾其生理、心理特点。监狱根据罪犯的犯罪类型、刑罚种类、刑期、改造表现等情况，对罪犯实行分别关押，采取不同方式管理。"这是国家以法律的形式正式确立了我国监狱的分类管理制度，使我国监狱对罪犯的分押分管有了法律依据，也推动着我们去探索更适合我国实际情况、更加科学、更加符合行刑内涵的监狱分类管理制度。

四、对罪犯实行分押分管的意义

（一）对罪犯实行分押分管是改造罪犯的需要

1. 分押分管有利于防止罪犯交叉感染。被送往监狱的罪犯，都是触犯法律需要追究刑事责任的人。他们的犯罪类型多种多样，犯罪动机不同，恶习也不同。如果不对他们进行分类管理的话，各种不同犯罪类型、不同犯罪动机、不同恶习的罪犯关押在一起，容易导致他们相互学习、交流和传授犯罪经历和经验，从而有可能形成原有的犯罪恶习没有被矫正又学会了其他新的犯罪伎俩。而采取分押分管，可以在空间上切断恶习重、传播力强的感染源，减少了罪犯交叉感染的机会。

2. 分押分管有利于实施针对性的矫正措施。犯罪类型不同，罪犯的犯罪动机和目的也不一样，所以应采取的矫正措施也不一样。不同类型的罪犯实行分类关押后，罪犯的思想、心理、行为等特点就会集中反映出来，监狱就可以根据罪犯表现，进行认真分析研究，针对不同犯罪类型、不同犯罪经历和不同的改造特点，制定对策，采取更有针对性的管理和矫治措施，做到有的放矢，对症下药，使对罪犯的教育和管理更有针对性。

3. 分押分管有利于调动罪犯的改造积极性。分押分管最终追求的是分级处遇，即把罪犯在服刑改造的过程中划分为不同的级别，分别给予不同的待遇，并根据改造表现实行升降级制度，这也是区别对待政策的体现。实行分押分管，根据罪犯的犯罪类型、刑种刑期和改造表现等情况的不同，划分为不同的管理级别，给予不同的服刑待遇。罪犯要想获得更好的服刑待遇，就必须通过自己的努力来争取。通过这种级别差遇，结合罪犯想尽快缩短刑期的迫切心理，来激励罪犯积极改造，使罪犯在改造过程中从被动改造变成自觉改造，从而调动罪犯的改造积极性。

（二）对罪犯实行分押分管是提高监狱人民警察专业素质的需要

分押分管，是狱政管理的重要内容，具有很强的法律性、政策性和专业性。近几年来，随着国家法制建设和监狱工作的快速发展，对分押分管工作也提出了更高的要求，如何搞好分押分管工作成为当前狱政管理工作的重要议题。在这种形势下，传统的分押分管专业知识和经验已经不适应当前分押分管工作的需要，要进一步做好分押分管工作，就必须提高监狱人民警察的专业素质，努力学习和掌握改造罪犯的有关专业知识，在政治上、法律上、业务知识上和技能上进行更新和完善，全面提高自身的素质和修养，从而能更好地担任监狱管理者和特殊园丁的角色，适应监狱工作变化而提出的新要求和新特点。提高监狱人民警察的专业素质，也是从根本上提高我国监狱工

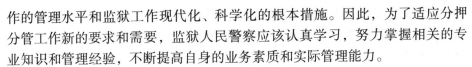

作的管理水平和监狱工作现代化、科学化的根本措施。因此，为了适应分押分管工作新的要求和需要，监狱人民警察应该认真学习，努力掌握相关的专业知识和管理经验，不断提高自身的业务素质和实际管理能力。

（三）对罪犯实行分押分管是适应时代发展的需要

我国的分押分管工作经历了五十多年的实践，取得了非凡的成就，形成了具有我国特点的分押分管制度。可以说，在相当长的时间内，分押分管工作是符合我国监狱工作需要的。但是，随着国家政治、经济、法制和国际交往的日益发展，传统的分押分管工作已经不能适应形势的需要，显得太粗，分类不够科学，也不符合我们创建现代化文明监狱的需要。随着我国对外开放的发展，监狱工作的对外交往日益密切，国外先进分押分管思想和经验的传播，使我国的分押分管工作显得滞后，这不利于监狱工作对外交往的需要，也不利于我们创建现代化文明监狱的建设需要。如何改变这种落后状态，体现出社会主义的优越性就成为了急需解决的问题。所以，监狱一方面要吸取国外分押分管工作的先进做法和经验；另一方面要结合我国的实际情况，加强对罪犯的分析研究，对罪犯科学的进行分类，采取科学、文明的管理措施，改变当前我国分押分管工作的落后状态，形成科学的、先进的、具有中国特色的分押分管制度，以赶上世界先进发达国家监狱分押分管工作的水平，履行国际公约的义务，适应国际监狱工作交流的需要。

【工作要点】

一、对财产犯罪类罪犯的关押

对这一类型的罪犯，监狱根据实际情况和改造的需要，一般又分为两种类型分别关押：盗窃犯罪类的罪犯；其他财产犯罪类的罪犯。即除盗窃罪以外的其他财产型犯罪的罪犯，主要犯罪行为有诈骗、贪污、受贿、挪用公款等经济犯罪。

二、对性犯罪类罪犯的关押

性犯罪主要是以性为目的实施犯罪的行为，也有的是以经济利益为目的但涉及到性方面的犯罪行为，主要包括强奸罪，引诱、容留、强迫妇女卖淫罪，侮辱妇女罪等犯罪行为。实施这一类犯罪行为的罪犯由于其犯罪目的的特殊性，把他们分成单独的一类进行关押改造，更容易采取针对性的矫正措施。

三、对暴力犯罪类罪犯的关押

暴力犯罪是指使用或威胁使用足以致伤的力量或武力，侵害他人人身、财产权利，违反国家法律规定，依法应当受到刑罚处罚的行为。暴力犯罪是当前犯罪现象的主要形式之一，主要包括故意杀人、故意伤害、抢劫、抢夺、爆炸、放火、绑架、投放危险物质、妨害公务，以及聚众斗殴、寻衅滋事等犯罪。

四、其他犯罪类罪犯的关押

除上述三种犯罪类型以外的其他犯罪类型的罪犯。

【注意事项】

对罪犯实施分别关押时，一般应遵循以下基本要求：

（1）对数罪并罚的罪犯，应按主罪归类关押；如果数罪中罪罚相当的，按刑事判决书前列罪名归类关押。

（2）对同一犯罪类型的罪犯，可以根据刑期、犯罪手段和恶习程度等情况分别关押。

（3）对累犯、初犯和偶犯应分别关押。

（4）对同案犯或者有其他利害关系可能影响监管改造的罪犯应当分别关押。

（5）对危害国家安全的罪犯应当单独编队关押。

（6）对涉黑、涉毒、邪教类犯罪的罪犯应当单独编队关押。

（7）对患有恶性传染病的罪犯应当隔离关押。

（8）对少数民族罪犯应当单独编队关押。

（9）对外籍罪犯应分别关押。

【范例分析 14】

[范例] 程某拖欠叶某和黄某 6000 多元的打工报酬一直不付。叶某与黄某商定后，将程某 15 岁的女儿甲骗到外地扣留，以迫使程某支付报酬。在此期间（共 21 天），叶、黄多次打电话让程某支付报酬，但程某仍以种种理由拒不支付。叶、黄遂决定将甲卖给他人。在叶某外出寻找买主期间，黄某奸淫了甲。叶某找到了买主陈某后，叶、黄 2 人以 6000 元将甲卖给了陈某。陈某欲与甲结为夫妇，遭到甲的拒绝。陈某为防甲逃走，便将甲反锁在房间里一月有余。陈某后来觉得甲年纪小、太可怜，便放甲返回家乡。陈某找到叶某要求退回 6000 元钱。叶某拒绝退还，陈某便于深夜将叶某的一辆价值 4000 元的摩托车骑走。后案件被公安机关侦破，叶某、黄某和陈某被追究刑事责

任。经人民法院审理判决，叶某构成非法拘禁罪判处有期徒刑 1 年 6 个月，构成拐卖妇女罪判处有期徒刑 5 年，数罪并罚合并执行有期徒刑 6 年；黄某构成非法拘禁罪判处有期徒刑 1 年 6 个月，构成拐卖妇女罪并具有从重处罚情节，判处有期徒刑 15 年，数罪并罚合并执行有期徒刑 16 年；陈某构成收买被拐卖的妇女罪判处有期徒刑 1 年、构成非法拘禁罪判处有期徒刑 1 年、构成盗窃罪判处有期徒刑 2 年，数罪并罚合并执行有期徒刑 3 年 8 个月。

[分析] 叶某、黄某、陈某三人都是属于数罪并罚的罪犯，三犯收监后分押分管的类型也有区别。叶某构成非法拘禁罪判处有期徒刑 1 年 6 个月，构成拐卖妇女罪判处有期徒刑 5 年，对叶某应以拐卖妇女罪作为主罪进行分别关押；黄某构成非法拘禁罪判处有期徒刑 1 年 6 个月，构成拐卖妇女罪并具有强奸被拐卖妇女的从重处罚情节，判处有期徒刑 15 年，虽然拐卖妇女罪是主罪，但考虑到强奸被拐卖妇女行为的恶劣性，建议归入性犯罪类型进行关押；陈某构成收买被拐卖的妇女罪判处有期徒刑 1 年，构成非法拘禁罪判处有期徒刑 1 年，其后把甲放了，后又构成盗窃罪判处有期徒刑 2 年，对陈某应以盗窃罪为主罪归入财产型罪犯分别关押。

 【情境训练14】

[案例] 王某长期在 A 市行人较多的马路边询问行人是否需要身份证，然后将需要身份证的人的照片、住址等资料送交郑某伪造。郑某伪造后，王某再交给购买者。在此期间，王某使用伪造的身份证办理手机入网手续并使用手机，造成电信资费损失三千余元。为了防止司法人员的抓捕，王某一直将一把三角刮刀藏在内衣口袋中。2005 年 1 月下旬的一天晚上，王某在马路上询问行人是否需要身份证时，发现罗某孤身一人行走，便窜至其背后将其背包（内有价值 5000 元的财物）夺走后迅速逃跑。罗某大声呼喊抓强盗。适逢警察陈某经过此地，陈某将王某拦住。此时王某掏出三角刮刀，朝陈某的腰部捅了一刀后逃离，致陈某重伤。A 市公安机关抓获王某后，与王某居住地 B 市公安机关联系，发现王某是因为在 B 市使用信用卡透支 1 万元后，为逃避银行催收而逃至 A 市的。王某后被人民法院以伪造居民身份证罪、诈骗罪、抢劫罪和信用卡诈骗罪实行数罪并罚。

请你以监狱警察的角色，分析王某收监后如何实施分别关押？

拓展阅读

课外观看美国电视纪录片《伟大的工程巡礼——北支流监狱》。

【学习情境9】 分类管束

学习情境9.1　暴力类罪犯的管束

知识储备

暴力犯罪是当前犯罪的主要形式，由于暴力犯罪的暴力性特点，导致暴力类罪犯在服刑过程中具有不同于其他罪犯的特点，我们要深刻的认识和把握，以找准罪犯的改造特点，在管理中对症下药，采取有针对性的管理措施。

一、暴力类罪犯具有强烈的反社会心理

在监狱服刑的过程中，暴力类罪犯由于自身的因素，不能用正确的方法去寻找原因和解决方法，而是把一切责任都归结于社会、他人或对方，由此产生强烈的报复社会、他人的心理。他们往往认识偏激，抑制力差，个性和行为具有明显的两极性。在对人生的挫折上、个人需要上和人际关系处理上逆向思维，往往从反面想问题，同正常人唱反调，容易走上极端，并做出一些偏激的行为。有的喜欢四处活动，拉老乡关系，拉帮结派，组成非正式群体，恃强凌弱。甚至极个别狂妄者常会藐视监规纪律，顶撞监狱警察，大肆宣扬英雄主义。有的沉默寡言，很少与他人交往，不轻易惹是生非，也能服从管理，参加劳动，但如果一旦超出其忍耐范围和程度，必然会行为失控，暴露出其凶残的另一面。

二、暴力类罪犯情感冷酷，行事极端

暴力类罪犯一般以年轻者居多，一般都具有情感冷酷的一面。他们性格粗野，情感冷酷易变，遇事不计后果。在思想上缺乏对社会、集体、家庭和他人的责任感、义务感和同情心，法制观念淡薄，遇事不思考，言谈举止具有明显的挑衅性、攻击性，情绪反差大，缺乏自控能力，固执己见，做事往往不计后果。他们不畏法律和监规纪律，改造意识淡化，功利主义极强，为所欲为，争强逞能，拉帮结伙，排斥、攻击其他罪犯，许多牢头狱霸就是在他们中发展起来的。不能正确对待改造中的挫折，改造中一受到挫折，就会产生挫折感，把挫折的原因归咎于监狱或其他罪犯，易以破坏、逃跑、行凶、对抗等方式来抗拒改造。

三、暴力类罪犯容易相互纠合，易产生报复心理

由于暴力类罪犯接触群体的特定性，很多在犯罪过程中都参与过团伙犯罪。这些人因分押分管的需要，有的被分在同一监区改造，客观上给他们提供了重新纠合在一起的机会，再加上一些经历相同、兴趣相投的罪犯关押在一起，也容易形成新的团伙和非正式群体。他们在改造过程中纠合在一起，在改造中觉得不公平的时候，就用自己的方式去解决，蓄意制造矛盾，寻衅滋事，制造事端，进行报复，影响监管改造秩序的稳定。

【工作要点】

一、科学进行分类，构建新的群体

根据暴力类罪犯在性格和行为上易纠合、情绪不稳、性情暴躁、行为容易走向极端的特点，决定此类群体容易形成团伙。所以应充分发挥分押分管的作用，在管理中要切实注意把同案犯、同伙犯、集团犯分押管理，尽量减少这类罪犯拉帮结伙，相互影响的现象。在按案情性质为层次进行分押的基础上，可以将不同类型、不同地区、不同气质类型的罪犯有机地进行分类搭配和组合，打破原来的犯罪群体，从而构筑新的罪犯结合群体。

二、严格管理，严明奖惩

对暴力型罪犯进行严格管理，①要严格规范他们的行为，严格控制他们的活动范围，严格管理生产工具，严格控制他们的视听读物。使他们处于严格的监管之下，处于严密的组织形式和严密的防范措施中，规范他们的行为和生活。②要对他们进行严格考核，在考核的基础上及时对他们进行奖励和惩罚，充分运用考核和奖惩的机制，真正起到扶正祛邪的作用。

三、搞好环境建设，发挥环境矫治的作用

针对暴力类罪犯的特点，对其生活环境布置要科学，讲求控制效果。监区环境总体以整洁、清新、文明、柔和为宜，创造相对美好的生活、学习环境和良好的改造环境，并适当给他们组织开展一些文体活动，加强集体主义教育，树立积极改造的信念，培养文明的人际交往关系，矫治他们的心理缺陷和行为偏差，发挥环境在改造罪犯中的作用。

四、注意劳动种类的选择，发挥劳动改造的作用

对暴力类罪犯，在安排劳动时，应当发挥劳动改造的作用。根据他们的特点，可以给他们安排劳动强度大、体力消耗大的工种或者一些繁杂、琐碎、细微的劳动项目。劳动强度大、体力消耗大的工种可以耗费他们的体力和精力，可以避免他们在业余时间体力、精力过旺过剩。而繁杂、琐碎、细微的劳动可以磨练其性格，使其养成细心、忍耐、不易暴躁的性格。

【注意事项】

一、坚持依法、严格管理与以理服人相结合

对罪犯进行依法、严格管理是我们管理和改造罪犯的基本原则，是我们改造罪犯的基本保障。暴力类罪犯大都道德、法制意识差，缺乏情绪情感的自我调节控制能力，忍耐力较差，在冲突的情况下特别容易对外部产生攻击性行为。为了做好暴力类罪犯的服刑改造工作，一方面要对他们进行依法严格管理；另一方面在管理过程中要做到以理服人，以情感人，管教结合，摆事实，讲道理，不能只教不管，也不能只管不教。

二、坚持讲政策、原则与解决实际问题相结合

讲政策、原则就是要以改造罪犯为目标，根据罪犯的改造情况，在遵循法律的前提下，充分发挥政策、原则的灵活性、开放性和综合性的特点，实行区别对待，以体现罪犯改造的灵活性，调动罪犯改造的积极性。暴力类罪犯在服刑过程中提出的要求，有合理的、有不合理的，甚至还有无理的要求；有可以办到的，有暂时办不到的等。对他们的各种要求，要进行认真的分析研究，对合理的、可以办到的，要及时解决；对虽然合理，但暂时办不到的，要及时给他们说明情况，避免其产生无端的猜疑；而对无理的要求，要进行必要的说理斗争，不得无原则的迁就。

三、要注重启发疏导与情感交流相结合

对暴力类罪犯要注意采取疏导的方式进行情感交流，对罪犯的管理不能简单的采取堵塞、压服的办法。在对罪犯的管理过程中，既要严格依法管理，但更要注重对罪犯进行疏导和情感交流，找准感化点，做到既有教化也有感化。使罪犯提高思想认识，理解监狱警察对他改造的苦心，从而使其从被动接受改造转为积极主动改造，促进思想转化。

四、要坚持表扬鼓励与批评劝诫相结合

罪犯在服刑改造过程中出现的各种行为，监狱警察要及时掌握。对于服刑罪犯的积极上进行为，要采取公开的形式进行肯定表扬，迅速给予信息反

馈，使其好的、进步的思想和行为得以巩固发扬，促使其继续积极改造，而对其中的消极抗改行为，要及时进行批评劝诫，严重的甚至可以按有关规定进行惩罚，使其消极的、落后反动的思想和行为得以收敛并逐步消失。

【范例分析15】

[范例] 罪犯林某，男，30岁，因犯故意伤害致死罪，被判处15年有期徒刑。该犯为"三进宫"，从初中起就混入社会，恶习较深，曾3次被送入监狱改造，属于流氓性、暴力型犯罪，且性格暴躁，遇事不冷静。2005年6月10日，林某因与另一名犯人张某在劳动中的干活多少问题发生争执，将张某的头部打破。此次事件发生后，分监区依照管理规定把张某调入严管队实施严管。监狱在2006年12月初安排专人开始负责对其进行转化后，经观察发现严管对其触动不大，但了解到他的妻子一直坚持等他早日回家，因此他很注重能早日减刑。负责转化的监狱警察想到年终评审就要开始，于是先不对其谈话，采取迂回法。果然，在评审中，由于林某有重大违纪行为，只评了个乙等。本来，正常改造的话，林某应该被评为省级改造积极分子。评审未结束，监狱警察就发现林某情绪显著异常，老想休息。于是，监狱警察立即对林某在劳动中进行了一次对比教育，将林某因为一时冲动造成的改造损失，并联系其犯罪经过进行了一次长谈。林某听完后低下了头，懊悔不已得捶打着自己的头。2007年1月，林某的父亲去世，按《监狱法》规定，林某差几个月才能离监探亲，但监狱考虑到对其改造有利的一面，由监狱干警专程带林某回家探亲。林某回来后，监狱先让其休息3天，未与其交谈。第四天，林某一出工就要求跟监区警察谈话，说回到家乡后，看到村委会、乡亲们对他家的帮助，联想到自己父亲为了他竟十几年没买过一身新衣服以及自己从连续将近10年从未和家人过过一回春节，觉得自己欠他人的太多了，今后一定好好改造，改掉自己的坏脾气。后来张某省吃俭用，把省下的零花钱和给儿子和女儿买了学习书籍，自己也受到了专项奖励。通过监狱警察的悉心管理教导和林某的努力，林某也获得了几次减刑，提前离开了监狱。

[分析] 本案中监狱人民警察能够成功实现对暴力类罪犯林某的转化，主要是针对林某自身的特点，采取了有针对性的管理教育措施。一方面对林某的打架行为进行严管，并严明考核和奖惩；另一方面对林某又采取了以理服人、启发疏导与情感交流、批评劝诫等手段，教育林某积极改造。此外，在林某的父亲去世后，监狱方面坚持讲政策、原则与解决实际问题相结合，特

批林某离监探亲，彻底感动了林某，从而激发了林某积极改造上进的决心，实现了对林某的成功改造。

 【情境训练15】

［案例］罪犯钱某，男，26岁。从小父母离异，由于长期缺少家庭温暖和教育，仇视社会，经常为小事和邻居、同学打架，形成了一种人格障碍。读完初中后，长年混迹社会，养成了放荡不羁的恶习，后因聚众斗殴罪被判处有期徒刑7年。钱某入狱后恶习不改，屡屡违反监规纪律，经常为小事和其他罪犯吵闹打架，并多次当着其他罪犯的面顶撞管教干警，先后被严管、受到禁闭处罚达16次之多，但对钱某的转化仍未达到预期效果。

假设你是钱某的管教警察，你如何对钱某进行管理转化？

拓展阅读

课外观看国产电影《少年犯》。

学习情境9.2 财产类罪犯的管束

知识储备

财产类罪犯在服刑改造过程中体现出以下的特点：

一、财产类罪犯往往认罪态度较差，行为难以矫正

财产类犯罪的罪犯认罪、悔罪态度较差，不认罪、不服判决的大有人在，罪恶感、罪责感、赎罪感淡薄。他们不是从自身去找原因进行认罪、悔罪，而是从相反的方面去总结所谓的"经验"和"教训"。在日常改造中，留恋过去，炫耀自己过去的"辉煌"，对判刑改造既不甘心也不安心。由于上述心理的存在，他们在改造过程中行为放荡，纪律松弛，生活散漫，不思悔改，恶习较深，行为难以矫正。

二、财产类罪犯往往贪图享受，好逸恶劳

财产类犯罪的罪犯本身养成了不劳而获的思想，贪吃贪喝，追求享受，惰性心理膨胀，寄生依赖性强，而违法犯罪行为又强化了其好逸恶劳的思想，逐渐形成了不劳而获的恶习。他们在改造中投机心理严重，积极改造的诚心不足，厌恶劳动，甚至不择手段逃避劳动，阴险狡诈，善于伪装和欺骗。

三、财产类罪犯易受诱惑，犯罪心理定势较为稳固

大多数财产类罪犯恶习较深，其犯罪心理定势较为稳固，比较难动摇。他们追求物质享受，讨厌艰苦劳动和清淡的生活，对吃喝玩乐特别关注，对物质金钱具有强烈的占有欲望。这类罪犯意志薄弱，自控能力较差，比较容易受到物质和金钱的诱惑，不惜违犯监规纪律，采用不法手段来满足自己的需要。由于恶习较深，比较难以改造，致使部分罪犯出现了"多进宫"的恶性犯罪问题。

四、财产类罪犯易传授、交流犯罪经验，导致深度感染

财产类罪犯由于受到错误心理支配，在改造期间颠倒黑白，荣辱不分，对自己的犯罪历史大肆炫耀，还对其他罪犯进行教唆，介绍其犯罪历史和作案经验，纵容其他罪犯干坏事，拉帮结派，形成团伙，破坏监管秩序，罪犯在犯罪手段和犯罪经验上深度感染加剧。

【工作要点】

一、科学进行分类，避免感染

由于财产类犯罪的特点，决定此类犯罪的罪犯之间相互交流、传习教唆、相互感染的几率更大，因此，在按犯罪类型实施分类关押后，还要进一步的按罪犯的犯罪情况、恶习程度、改造难易程度等情况进行分类，以分监区或小组为单位进行关押，然后根据不同种类的罪犯的特点采取针对性的管理措施，真正做到因人施管、因人施教，从根本上解决罪犯之间深度感染的问题。

二、加强监管，严格控制

一方面要严格限定财产类罪犯的活动范围和活动方式，落实各项监督管理制度和控制制度，把罪犯的主要活动控制在监狱警察的视线范围内，避免罪犯之间的不良交往；另一方面要控制其消费，严格控制其收受和购买物品的数量、种类和质量，以遏制其贪图享受的欲望，抑制其贪婪心理。此外，还要管理好物品，要加强对公私财物的管理，堵塞漏洞，切断诱源，消除一切有可能引起再违法犯罪的因素，为改造罪犯的恶习创造一个有利的环境。

三、严格规范管理，强化训练

针对财产类罪犯的特点，在行动上要严格管理，坚持规范化要求。要形成程序性的制度规定，对其提出明确具体的行为要求，在严格监管下一丝不苟地执行，强化对罪犯的行为养成训练，破除其犯罪恶习。同时对他们要严

密防范，严加控制，严格考核，对违反监规纪律和违法犯罪的行为应当及时从重处罚，进行打击。

四、强化劳动力度，培养劳动习惯

通过劳动强化和劳动教育，使他们树立正确的劳动观念，认识劳动的意义，养成劳动的习惯，消除他们厌恶劳动、损人利己、不劳而获的思想和恶习。还要及时落实奖罚措施。按照完成劳动的数量和质量进行奖励或处罚，激发其劳动热情，引导和鼓励他们积极自觉地投入到劳动改造中去。

【注意事项】

一、要注意切实做好监狱物品的管理

财产型犯罪的行为动机是贪财，犯罪人为了满足自己的物质生活追求，而非法占有或使用他人的财产，形成了畸形的物质欲望，享乐主义占主导地位。对有价值的财物，财产型罪犯比较敏感。财产型罪犯在没改造好之前，仍然存在贪念，一有机会仍然有可能实施占有、使用他人或监狱财物的行为。所以，监狱要以预防为主，要切实做好公私财物的管理，制定相关物品管理制度，严格其消费限度，切断诱源，加强控制，消除其对财物的贪念。

二、要注意强化罪犯的行为管束，治理他们的自由散漫行为

财产型罪犯法制观念比较淡薄，自控能力比较差，思想比较狡猾，行为比较自由散漫，甚至很多罪犯存在投机取巧的心态，消极改造仍然存在。监狱要严格执行规范要求，严格管理，严格要求，加强行为养成训练，改教结合，促使他们积极改造。

三、针对不同类型的财产型罪犯实施不同的管理措施

财产型犯罪的罪犯，虽然他们的犯罪目的都是财物，但由于在犯罪动机、犯罪类型上的不同，他们之间又体现出一定的个性特点。财产型犯罪的罪犯，有的是贪图享乐的，有的是解决贫困温饱的，而有的是筹集资金增加经营资本的，对他们的管理改造手段，也要结合具体的犯罪原因和特点，采取针对性的改造手段，才能达到事半功倍的效果。

 【范例分析 16】

[范例] 罪犯喻某，男，34 岁。该犯因犯盗窃罪、诈骗罪、销售赃物罪，被人民法院判处有期徒刑 15 年，于 2005 年 6 月开始在某监狱服刑。在服刑期间，喻某因平时改造表现良好且具有技术特长被选用为车间机修员。后来，

喻某认识了新入监的罪犯江某。喻某见江某是新犯，刚进来到处询问有无减刑的捷径，遂起歪念，想以此骗取江某的钱财。于是，喻某平时装作对江某很关心的样子，问寒问暖，搞得江某直把喻某当大哥看待。

喻某经过多次与江某接触和交谈，终于骗得了江某的信任。喻某觉得机会已经来临，在一次和江某的交谈中，悄悄告诉江某："我和监区里的警察某某关系比较好，他能帮忙减刑，但需要钱疏通关系。"江某一听说有捷径可以减刑提前出狱，感觉遇到了大救星，忙说只要能减刑提前出狱，给多少钱都愿意。喻某随后多次以帮江某搞关系、拿嘉奖、弄减刑为借口向江某索要钱财。同时，喻某暗中还利用私藏的手机与江某的父亲取得联系，骗取了江父的信任，要求江父在会见时将钱交与江某带回监仓。

2006年10月，江父来监狱会见江某。按照喻某的指示，将藏有5000元人民币的两包凉茶交给江某带回监仓内。江某回到监舍后，随即将携带进来的5000元现金交给了喻某。喻某得到5000元后，将其中的3600元通过警察李某带出狱外并转给其妻子，剩下的1400元则全部通过外协人员在外购物带入狱内。

钱交给喻某后，江某就开始静等减刑的消息。但是，减刑对象过了一批又一批，江某均未见到自己减刑的好消息。江某几次去催喻某，要求喻某赶紧落实。喻某均回答说："不急，慢慢来。"在经过多次减刑无望之后，江某怀疑喻某是在诈骗自己的钱财，于是江某就向监狱举报了喻某的诈骗行为。监狱收到举报后，非常重视，立即组织力量开展对喻某的侦查取证。喻某对所犯事实供认不讳。

[分析]　本案引起的注意不在于喻某诈骗本身，而是在于喻某如何通过各种手段、途径，在管理森严的监狱成功对他犯实施诈骗行为，由此折射出监狱在罪犯管理方面存在的种种漏洞。抛开监狱在管理方面的漏洞不说，监狱在对财产类罪犯的管理方面就存在问题。①监狱在管理方面并没有深刻认识到财产型罪犯的服刑特点，特别是诈骗类罪犯的狡猾性，被喻某的表面现象给蒙蔽了，让其担当了专项工种，骗取了监狱警察的信任；②监狱在对财产类罪犯的监管控制方面存在问题。未严格落实各项监督管理制度和控制制度，从而把罪犯的主要活动控制在监狱警察的视线范围内，避免罪犯之间的不良交往。正是由于存在这样的问题，江某才能把现金带进监狱顺利交给喻某，导致受骗上当。

【情境训练16】

[**案例**] 罪犯杨某，男，29岁，因盗窃罪被人民法院判处有期徒刑10年。入监前系原某机械厂修理工，技术骨干。平时喜欢拆开各种各样的门锁进行研究，久而久之掌握了各种门锁的开锁技术。某日，邻居家因钥匙掉了无法进门，杨某便自告奋勇的要求替邻居开门。当杨某把邻居家的锁打开后，心情异常兴奋，发现开门锁竟然是如此容易。从此，杨某把开锁当作是一项挑战和乐趣，对附近的住户没事就挨个敲门，没人开门就开锁进去，进而发展到多次偷盗现金和有价值的物品，价值总计八万多元。后被公安机关抓获。

杨某收监后，假如你是杨某的管教警察，你如何对杨某进行管理？

课外观看印度电影《流浪者》。

学习情境9.3　性犯罪类罪犯的管束

知识储备

性犯罪类罪犯在服刑过程中体现出以下特点：

一、性犯罪类罪犯往往缺乏罪责感，认罪意识差

这类罪犯对罪行轻描淡写，不从自身去找原因，多数不认罪，存有侥幸心理。有的完全否认犯罪事实，有的否认主要情节，有的纠缠枝节，有的颠倒黑白，把犯罪行为说成是一般作风问题，不认罪、不服判决的大有人在。

二、性犯罪类罪犯性心理不良，道德低下

此类罪犯在入监之前就形成了相对固定的不良性心理，在入监之后的相当长时间内仍然保持其原来的动力定型，在服刑过程中这种不良性心理表现得尤其活跃，具有强烈的性意识，精神空虚，特别注意性信息的收集，以满足自己的需要。道德低下，对自己的犯罪行为不以为耻，反以为荣，没有羞耻感，认识不到自己的行为对被害人的身心健康带来的严重侵害。

三、性犯罪类罪犯在犯群中的地位低下，自卑感较强

性犯罪类罪犯和其他类型罪犯相处时，总觉得自己"低人一头"，心理负担沉重，失落感严重。其他类型的罪犯也往往看不起性犯罪类型的罪犯，甚至对他们不屑一顾，不愿意与他们交往。由于受到其他犯罪类型罪犯的歧视，更加剧了性犯罪类罪犯的自卑感，有的还产生了严重的心理障碍。

四、性犯罪类罪犯自制力较差，行为具有隐秘性、危险性、欺骗性和腐蚀性的特点

性犯罪类型的罪犯在不良性心理得不到满足的情况下，其心理活动呈现出明显的沉闷、烦躁、情绪不稳定的特点，他们的情感特别强烈，不能很好地控制自己的情绪，约束自己的行为，易于冲动和爆发。在改造过程中，其行为也往往体现出隐秘性、危险性、欺骗性和腐蚀性的特点，给监管改造带来了很大的难度。

【工作要点】

一、严格管理，严格考核

针对性犯罪传播性比较大的特点，除了按照《监狱罪犯行为规范》对性犯罪类罪犯进行管理外，还要制定一些特殊的行为规范要求，加强管理的针对性，严格约束他们的行为。对于一些恶习较深、传习教唆较强的罪犯，应该指定专门的监狱人民警察进行有针对性的管束和控制，防止其深度感染。所有行为规范都应该纳入罪犯的考核范围，根据考核结果及时进行奖惩。

二、建立良好的改造环境，杜绝不良诱因

一方面要对罪犯的三大现场进行净化，大力清除精神污染，严格控制视听读物，净化监狱改造环境，坚决堵塞业余生活中的不健康内容，积极参加监区文化学习，发挥环境的熏陶作用；另一方面要积极开展监区文化生活，组织罪犯开展一些健康有益的文体活动，陶冶他们的情操，建立健康的人际关系，激励其奋发向上。

三、建立监督制约机制，发挥群体矫治的作用

为了达到对性犯罪罪犯矫治的目的，除了建立一套严格、严密的规章制度外，还需要建立一个坚强的集体，充分发挥集体管理的作用，建立监督制约机制，发动性犯罪类罪犯相互监督，相互制约，鼓励他们大胆检举揭发，发现问题，及时教育，及时处理，及时解决，以群体矫治促进个体矫治。

四、加强心理矫治和心理治疗

性犯罪类罪犯的心理缺陷、人格障碍比其他类型罪犯严重，所以在对他们的管理中应当多开展心理咨询和心理矫治，摸清他们的思想情况，以便采取针对性的管理措施。对于一些病态严重的罪犯，应当及时进行心理和病理

方面的治疗，以使罪犯恢复到正常的改造中去。

【注意事项】

一、要严格限制罪犯文化生活中性刺激的作品

罪犯的文化生活对罪犯的服刑改造具有重要意义。搞好性犯罪类罪犯的文化生活，能让罪犯融入监狱内积极向上的文化氛围中，使罪犯形成强烈的群体意识，能为罪犯创造好的学习条件和环境，能锻炼罪犯意志，净化罪犯心灵，提高罪犯知识水平和道德水准，能更好地占领罪犯的闲暇时间，调节罪犯心理状态，充实罪犯的改造生活，消除恐惧、孤独、厌恶、自卑心理，淡化失望情绪，通过健康有益的各种文化体育活动及其载体，培养罪犯的健康体魄、人格和价值取向。在管理上监狱应通过制定相应制度，严格控制有关性刺激的作品，对罪犯私下创作不健康的作品要进行严厉的教育和处理，以建立一个健康、文明的改造环境。

二、要注意帮助罪犯解决家庭关系

由于性犯罪涉及的道德问题，很多罪犯在人格方面都有缺陷，在家庭架构和生活模式方面存在很大的问题。家庭关系不和谐，许多性犯罪的服刑罪犯与家庭关系不好，亲子关系不良，家庭结构存在问题等，这些因素影响了罪犯改造的积极性。监狱在严格管理罪犯的同时，要注意做好罪犯家属的思想工作，缓和罪犯与其家属的关系，鼓励罪犯家属参与罪犯的改造工作。使罪犯抛弃思想顾虑，安心积极改造。

 【范例分析 17】

[范例] 罪犯杜某，男，28 周岁。从 2004 年起，瞒着妻子以自己租赁的房屋为场所，先后招募多名卖淫女在出租屋，后被公安机关抓获，被人民法院以组织卖淫罪和强奸罪判处无期徒刑。杜某被投进监狱后，不但没有反省自己的罪行，反而归咎于社会和身边的人群，为丧失自由而愤愤不平。在看到其他罪犯与家属会见，而自己的妻子和女儿却未曾来探望过他，不禁心灰意冷。面对着漫长的刑期，强烈的自卑感使杜某的性格越来越古怪，经常与其他罪犯发生矛盾，并经常顶撞管教警察，情绪极其不稳定。除此之外，杜某还经常在其他罪犯面前炫耀自己的犯罪经历和奢靡生活，给其他罪犯的改造造成了极大的影响。

针对杜某的服刑表现情况，监区召开了个案分析会，通过分析确定把杜某列入危险分子进行严格管理控制。为了转化杜某，管教警察还分别找杜某身边的罪犯了解杜某的情况，查阅杜某的案卷。通过这些细致的工作，管教警察终于查清杜某消极改造的原因是杜某的妻子因杜某所犯罪行而觉得羞耻，对不起她，所以不想去探望杜某，杜某担心他妻子离开他。针对这个情况，监狱一方面主动找杜某谈心，鼓励他好好改造；另一方面派人去做杜某妻子的思想工作，劝说杜某妻子协助监狱做好杜某的改造工作，使杜某重新做人。经过监狱警察的耐心劝说，杜某妻子终于答应去探望杜某，鼓励杜某好好改造，重新做人。

当杜某在会见室见到自己妻子时，不禁失声痛哭，觉得非常愧疚，以泪洗面，答应妻子好好改造，重新做人。

[分析] 性犯罪类罪犯如果不加以严格控制和管理，监区罪犯的文化建设便会受到影响，而性犯罪的特点又往往可能会导致家庭破裂，从而影响到性犯罪类罪犯的改造，本案就是典型。一方面杜某在监狱中以自己的犯罪经历和奢靡生活为荣；另一面又害怕自己被妻子和家庭抛弃，导致在改造中矛盾、焦虑、自卑等情绪的出现，最终有可能实施危险行为。针对杜某的服刑特点，监狱一方面加强对杜某的管理控制；另一方面针对影响杜某改造最大的因素——害怕被妻子抛弃的想法，耐心细致地做杜某妻子的思想工作，终于说服了杜某妻子原谅杜某，去监狱探望杜某。杜某见到妻子之后万分感动，以泪洗面，决心好好改造，为杜某将来的改造奠定了基础。

 【情境训练17】

[案例] 罪犯邢某，男，25岁，入狱前曾是一名酒吧歌手，后因强奸罪被人民法院判处有期徒刑10年。入狱后，邢某仍不思悔改，留恋过去在狱外的荒淫生活，觉得在监狱服刑太苦闷，便私下编写淫秽手抄本和淫秽歌曲，并在犯群中传播，给监区文化建设带来极坏影响。监狱反复几次没收其编写的淫秽手抄本，并进行了严厉的批评教育，但仍然未有效果，邢某反而变本加厉的编写、传唱淫秽歌曲。

针对邢某的情况，假如你是监区警察，谈谈对邢某的管理方法？

拓展阅读

孙吉贵、郑小华："影响成年人性犯罪多因素分析"，载《预防医学情报杂志》1997 年第 4 期。

学习情境 9.4　其他类型罪犯的管束

 知识储备

一、分类管理的含义

分类管理，就是监狱在对罪犯分类关押的基础上，根据不同类型罪犯在犯罪类型上和罪犯自身上表现出来的特点，对不同类型罪犯采取不同的管理方法和措施，从而对罪犯的不良行为习惯进行矫正的管理制度。

对罪犯实施分类管理是现代监狱行刑的基本要求之一，也是分类关押的目的之一。不同犯罪类型的罪犯具有不同的特点，他们的个体危险程度和改造表现也会有所差别，所以分类管理强调采用不同的管理措施和方法，针对不同类型的罪犯和其自身改造的特点并针对某一类情况相同和相近的罪犯采取相适应的管理方式，因人施教，因人施管，区别对待，促进罪犯积极改造，真正达到矫正罪犯不良行为习惯和思想的目的。

二、分类管理的组织实施

（一）对罪犯的分类

对罪犯进行分类，是一个比较复杂的问题，分类关押只是罪犯分类的一个初级部分。而科学的罪犯分类技术，需要综合运用法学、犯罪学、社会学、伦理学、教育学、行为科学、司法精神病学等众多学科的知识，对罪犯的品行、个性、身心状况、犯罪经历进行调查和诊断，这样才能对罪犯进行完整的调查和评价，然后根据罪犯犯罪特点、个性特点、生理和心理特点、改造表现进行科学的分类。根据监狱在押罪犯的构成情况和改造的需要，在犯罪类型上可以将罪犯分为暴力类、财产类、性犯罪类、职务类、涉毒类、涉黑类、邪教类、过失类等几种犯罪类型进行分类管理。

（二）对同类罪犯的管理

在对罪犯分监狱、监区和分组进行分类别关押的基础上，在坚持对罪犯采取共同管理的同时，根据相同类型罪犯在犯罪经历、犯罪手段、犯罪目的、恶习程度和服刑改造中体现的共同特点，建立特殊的改造环境，规定特殊的改造行为规范，运用特殊的防范控制制度，有针对性的对同类型罪犯进行约束、管理和矫治。这样可以建立良好的改造秩序，有效地防止罪犯之间的交叉感染和深度感染，从而在行为上和思想上对罪犯进行矫正，达到改造罪犯的目的。

【工作要点】
一、过失犯罪类罪犯的管理

过失犯罪类罪犯，他们没有犯罪的故意，走上犯罪道路主要是主观心理上疏忽或者过于自信，错误评价了自己的能力而触犯刑律。在改造过程中，他们往往能够认罪悔罪，服从管理。他们惯于谨慎小心，不问是非，很少与其他罪犯交往，只求平安度过。根据过失类罪犯的心理、行为特点和犯罪性质，可以采取相应的管理措施。

（一）单独编队（组），集中关押

过失犯罪类罪犯由于没有犯罪的故意，犯罪的主观恶性较小，社会危害性不大，比较容易改造。所以，应该把他们和那些主观恶性较大、恶习较深的罪犯分隔开来，单独编队、编组进行关押改造，尽量避免和减少他们和故意犯罪类罪犯的接触，防止交叉感染。

（二）组织适当的生产劳动和自我管理

对过失犯罪类的罪犯，可以适当安排一些事务性劳动和零散劳动，组织他们参与自我管理，充分调动他们的改造积极性，培养他们的组织性、纪律性和集体荣誉感，逐步矫正他们那种疏忽大意、视而不见的不良习惯。

（三）加强监督，严格考核

对过失犯罪类罪犯一般实行从宽管理，他们在监狱内的活动范围相对更宽松，有些罪犯还参与了自我管理工作，因此，对他们的管理不能过于放松。除了按《监狱罪犯行为规范》的要求严格训练、严格要求外，还应进行严格的监督和考核，使他们产生一定紧迫感和危机感，自觉进行改造。

二、职务犯罪类罪犯的管理

职务犯罪类的罪犯原本是国家公职人员，他们在服刑过程中也体现出与其他罪犯不同的心理。由于身份的转变，他们在服刑过程中的失落感比其他罪犯强烈，留恋过去，后悔莫及，失落沮丧。他们能够知罪认罪，接受改造，谨慎小心，遵守监规，注重学习，关心时事，注重锻炼，但自尊心强，自视清高，看不起其他犯罪类型的罪犯。对这类罪犯可以采取相应的管理对策。

（一）分别关押，防止交叉感染

对职务犯罪类罪犯不宜与普通刑事罪犯混合关押，应该单独把他们编队、编组进行管理，避免他们与不同类型的罪犯交往，防止传染恶习，交叉感染。

（二）严格要求，合理使用

职务犯罪类罪犯虽然危险性较小，但在管理过程中应当严格要求他们，不能降低标准，严格进行监督，严格进行考核。要发挥他们的才能，有计划的组织他们参与自我管理，安排一些事务性劳动，及时表扬他们的向善精神，充分调动他们的改造积极性。

（三）因人施教，因人施管

职务犯罪类罪犯虽然在犯罪故意上有共同点，但他们自身也有不同的特点，所以在坚持对职务犯罪类罪犯共同管理的同时，针对每个罪犯的具体特点，采取针对性的管理措施和个别教育，在认罪、悔罪方面严于剖析自己，加速改造进程。

三、涉黑犯罪类罪犯的管理

涉黑犯罪类的罪犯是指参加黑社会组织或者当地的恶霸团伙进行犯罪活动的犯罪分子被法律制裁后在监狱服刑的人员。这类罪犯普遍存在法制观念淡薄、江湖义气和哥们义气浓厚、蛮横不讲理、手段残忍的特点，对这类罪犯应加强管理。

（一）分别关押，严格管理

涉黑犯罪类罪犯投入监狱服刑一般有几个人以上，所以应当把他们分别关押在不同的监区，避免他们在监狱里面形成非正式群体，破坏监管秩序，影响改造，有必要的时候可以实施异地关押，防止他们刑满释放后对监狱人民警察打击报复。在改造中还应该规范他们的行为，对其提出明确具体的行为要求，对于拉帮结伙和破坏监管秩序的要按规定严惩不贷。

（二）加大管理措施，严格防范

对涉黑犯罪类罪犯，在严格执行各项监管制度的基础上，要采取"四固定"、"包夹制度"、"耳目控制"等监控措施，注重搜集他们的思想、行为改造情况，及时进行分析和防范，有条件的还可以专门指定监狱人民警察对其进行监督管理，充分发挥管理的震慑防范作用。

（三）注重管束方法，加强感化工作

在处理问题的时候，应当做到准确无误，应采取正确的处理方法，避免发生正面冲突和矛盾激化，导致事故的发生。要做好教育感化工作，寓情于理，感化其心灵，促进其积极改造。

四、邪教犯罪类罪犯的管理

邪教组织，是指利用宗教、气功或者其他名义建立，神化首要分子，采取制造、散布迷信邪说等手段蛊惑、蒙骗他人，发展、控制成员，危害社会的非法组织。由于邪教组织的建立动机复杂，所进行的犯罪形式也多种多样，其犯罪性质都是非常严重的，会给社会造成巨大的影响和严重的危害。针对邪教犯罪类罪犯顽固不化、心存幻想、思想愚昧、情绪偏激、傲慢清高的特点，应采取有力的措施进行管理。

（一）分别关押或者隔离关押

针对邪教犯罪类罪犯思想顽固、喜欢宣扬自己组织的信仰的特点，应对他们单独编队、编组，进行分别关押，或者隔离关押，避免和其他类型罪犯混押在一起。要防止邪教犯罪类罪犯在监狱里宣扬组织信仰，发展成员，避免其他罪犯受到感染，影响改造。

（二）规范行为，严格管理

除了按照《监狱服刑人员行为规范》严格要求之外，还要制定特殊的行为准则，限制邪教犯罪类罪犯的活动内容和活动范围。不准邪教类罪犯单独行动，不准私自集会，不准散步、书写歪理邪说，不准私自练功，并要求其严格遵守。建立严密的监督机制和安全控制机制，采取各种措施和方法对其进行监督控制，全面掌握邪教类罪犯的思想和行为表现，有针对性的采取各种防范措施，发现苗头，及时制止。

（三）指定监狱人民警察专门对邪教犯罪类罪犯进行管理

对邪教类罪犯的管理，必须坚持监狱人民警察直接管理的原则，发挥政策感召功能，用监狱人民警察的言行和人格去感化他们，起到潜移默化的效果。有条件的还可以指定熟悉宗教政策、有经验的监狱人民警察专门对他们进行管理，建立责任机制，随时系统、清楚、完整的掌握他们的思想和行为状况，采取针对性的管理措施，真正做到包管、包教、包转化。

（四）坚持人道主义管理

在对邪教犯罪类罪犯的管理过程中，要尊重其人格，讲究策略和方法，所有管理措施和方法都应当符合国家的法律和党的政策。允许其暴露自己的思想，对其批评要注意方法，做到有理有据。保障他们的合法权益和基本生活要求，丰富文化生活，经常组织他们收看电视、收听广播和阅读图书报纸，让他们了解形势，转变观念和信仰，走到改造的正常轨道上来。

【注意事项】

一、要注意罪犯的共性与个性相结合

对罪犯的分类管理，仅仅是针对某一类犯罪的共同特点而进行的针对性管理和教育，可以说对他们进行的是群体管理和教育。必须清醒地认识到，这里所针对的是某类犯罪所体现出来的共性特点，具体到每一个罪犯身上又可能有不同的犯罪特点、犯罪经历或者心理、行为特点，在服刑改造过程中体现出差异。所以在对同一类罪犯进行共性管理的同时，必须结合每个罪犯自身的特点，找出差异，有针对性的搞好个性管理，做到集体管理和个人管理相结合，集体教育和个别教育相结合。这样才能真正管理好罪犯，达到改造罪犯的目的。

二、要严格落实罪犯直接管理和其他监管制度相结合的要求

直接管理是监狱警察管理罪犯的基本要求，是法律赋予监狱人民警察的职权。只有将罪犯置于监狱人民警察的直接管理控制下，才能掌握罪犯服刑改造的基本情况，才能发现罪犯在改造中存在的问题，掌握罪犯的服刑动向，及时清除隐患。只有直接管理，才能有针对性地对罪犯采取管理对策，实现罪犯改造的目标。监狱实践中制定的各项监管制度，对于堵塞罪犯管理过程中出现的各种漏洞、消除监管隐患，维护监狱正常的改造、生产、生活秩序，实现监狱的安全稳定具有重要意义。

三、要注意加强情感教育与严格管理相结合

在罪犯服刑改造过程中，必须要坚持严格管理原则，严格管理罪犯是我们改造罪犯的基本要求。不能为了罪犯的改造搞情感教育就放松了对罪犯的管理，只有在对罪犯进行严格管理的基础上，情感教育才能充分发挥改造罪犯的作用。否则，情感教育不但达不到改造罪犯的目的，反而会助长罪犯提出一些不合理的要求，从而破坏正常的监狱管理秩序。

 【范例分析 18】

[范例] 陈某，男，20 岁出头的他，过早踏入社会，参加了当地的黑社会性质组织。多次参与组织进行违法犯罪活动，为非作恶，欺压残害群众。2007 年 8 月，法院以故意伤害罪、非法拘禁罪等罪名，判处他 10 年有期徒刑。其同伙也分别被判处刑罚关押在其他监狱。投进监狱后，陈某内心十分抵触，不服管教，抵触监狱警察，扬言要闹事。针对陈某年轻，但性格极度暴躁、不喜欢被人约束和不配合监狱改造的特点，负责管教的警察多次和陈某单独交谈，希望走进这位服刑人员的内心。可两个多月过去，仍无太大进展。针对这个情况，监狱警察不急不躁，开始翻阅陈某的案卷，了解他的每一个细节。原来，陈某是个从小缺少爱的孩子。小时候他的父母离异，又各自组建了新的家庭，陈某成了"多余"的人。之后，他一直跟着婆婆成长，不爱

读书，成绩很差，在初中时常与社会闲杂人员往来，喜欢打架斗殴。很快他被学校开除，和所谓的"哥们"一起行走"江湖"。通过翻看案卷，管教警察发现陈某的婆婆是他最亲近的人，对他婆婆很孝顺很听话。在当地公安机关的配合下，刘军联系到陈某的婆婆，详细了解了老人目前的身体和生活状况。"你婆婆身体很好，但是情绪比较低落，说是总在梦中见到你。"在一次和陈某的单独谈话中，监狱警察突然谈起了陈某的婆婆。陈某先是一愣，随后低下头一言不发，后来竟然抱头痛哭起来。"婆婆待你不薄啊，她的后半辈子还要靠你。"监狱警察鼓励陈某，如果你在监狱努力改造争取减刑，也许坐不满10年牢就能出去，"早出去一天，就多为老人尽一天孝。"这话仿佛是一阵舒缓的清风，吹进了陈某的心里。"他说话时，社会习气依然很深，但却开始流露出对亲情的向往。"陈某的逐步转变让管教警察欣喜，他们不断鼓励陈某努力接受改造，争取早日减刑。2009年初，因为陈某表现好，法院为他减了半年的刑期。得知减刑的消息，陈某激动得流下了眼泪。监狱警察也为陈某的转变露出了欣慰的笑容。

[分析]黑社会性质的罪犯由于对社会和监狱存在极大的危害性，比其他罪犯心理隐藏较深、反社会心理偏重、抗改造心理较强、个性较强、心理障碍率高，在监狱影响力非常大，对黑社会性质罪犯的管理成为当前监狱罪犯管理中的热点问题。从陈某投进监狱以来，就一直带着社会上那种暴力性、反社会性等行为特性，给监狱带来管理上的难点。但监狱管教警察在对陈某严格管理的同时，又避免和陈某发生正面冲突，而是在不断地召开个案会议分析陈某的特点，通过查阅案卷分析找出了陈某的弱点——对他婆婆的孝顺。监狱管教警察正是通过教育感化工作，寓情于理，感化其心灵，终于促使陈某痛下决心，积极改造。

【情境训练18】

[案例]卫某，29岁，一名职业"法轮功"分子，曾在全国各地"讲法"。2001年11月，卫某通过刘某结识了李某，他们3人共谋利用李某的无线电技术特长，在有线电视网络播放"法轮功"邪教宣传片，并多次召集一些"法轮功"人员在一出租房内由李某传授相关技术。在几个月的时间里，3人到处作案，播放"法轮功"邪教宣传片达七十余分钟，致使该有线电视网络服务范围内的数百户在数小时内无法正常收看电视节目，并让几十家用户收看到了播放的"法轮功"邪教宣传片，社会影响极其恶劣。后来这几名

"法轮功"分子被公安机关捉获。法院以组织、利用邪教组织破坏法律实施罪和破坏广播电视设施罪判处卫某有期徒刑 16 年，剥夺政治权利 3 年；判处李某有期徒刑 15 年，剥夺政治权利 2 年；判处刘某有期徒刑 14 年，剥夺政治权利 2 年。

假如你是监区管教警察，你应如何对 3 名罪犯进行管理？

拓展阅读

常兆玉："罪犯分类改造的理论与实践——浅析罪犯改造类型化"，载《法律论丛》1993 年第 3 期。

【学习情境 10】 安全管理

学习情境 10.1 武装警戒

知识储备

一、武装警戒的含义及主体

（一）武装警戒的含义

武装警戒是指由中国人民武装警察部队依法以公开的军事武装形式对监狱场所实施的一种外围警戒活动。通过实施武装警戒，能够震慑、预防、制止和镇压监狱内外违法犯罪分子对监狱场所的侵害，使监狱场所与社会有效隔离，可以保障监狱场所的安全，保障监狱各项工作的顺利实施。武装警戒是一项特殊的狱政管理工作，是国家强制力的重要体现。武装警戒是保障惩罚和改造工作得以顺利进行的必不可少的一个重要条件。要实现罪犯管得住、跑不了的监管安全目标，除一般的强制手段和外围物质设施外，还需要一定的武装人员采用军事手段才能保卫监狱的安全。监狱通过武装警戒的形式，震慑、预防、制止和打击狱内外发生的各种违法犯罪活动，为惩罚和改造工作创造了良好的外部条件，维护了狱内改造秩序的稳定，推动了罪犯改造自觉性的提高，保障了监狱人民警察及罪犯的人身安全。

武装警戒工作的实质是以强制性的武装力量、武装措施保证监狱对罪犯的惩罚和改造工作的顺利进行，它是一项军事化管理措施。

（二）武装警戒的主体

《监狱法》第41条规定，监狱的武装警戒由人民武装警察部队负责。由此可见，我国监狱实施武装警戒的主体力量是中国人民武装警察部队。中国人民武装警察部队是中华人民共和国武装力量的组成部分，担负国内安全保卫任务。其职能是捍卫中国共产党的领导，捍卫社会主义制度，基本使命是维护国家主权和尊严，维护社会稳定，保卫重要目标和人民生命财产安全。

二、武装警戒的职责

（一）实施外围警戒

根据《监狱法》的规定，监狱的外围警戒，由中国人民武装警察部队负责。由武装警察部队负责的监狱外围警戒，是监狱安全警戒的重要组成部分，也是一项重要的军事措施。根据监狱的工作实践，武装警戒主要是监狱围墙和狱外劳动区的外围警戒。武装警察部队通过严密的组织和控制，使监狱和狱外劳动区形成与外界隔离的封闭状态，从而剥夺、限制罪犯的人身自由，切断罪犯与外界的联系，震慑狱外不法分子和狱内的罪犯，防止破坏监狱的违法犯罪行为发生。

（二）预防和打击罪犯的违法犯罪活动

预防和打击罪犯在监狱内的违法犯罪活动，对于保障监狱改造秩序稳定、维护监狱安全具有重要的意义。在监狱里被关押改造的罪犯，仍然有少部分不安心积极改造，铤而走险，实施逃跑、行凶、暴乱等犯罪行为。武装警戒的首要任务就是通过配备武装的武装警察部队对狱内的罪犯进行震慑，消除他们违法犯罪的不良念头。而对已经发生的犯罪行为，可以迅速进行镇压和打击。只有及时发现和打击罪犯的逃跑、行凶、破坏、暴乱等违法犯罪行为，使其从被迫接受改造走向自觉接受改造，从而达到保障监狱安全和社会的稳定的目的。

（三）追捕逃犯

脱逃是罪犯为逃避监狱监管改造，采取非法、极端的手段脱离监管场所从而达到脱离刑罚惩罚的一种重新犯罪活动，社会影响极大，具有严重的社会危害性。为了维护法律的尊严，保障社会安定，武装警戒察部队应协同监狱人民警察迅速将逃犯捕获归案，以减少逃犯对社会的危害。

（四）押解罪犯

在监狱司法实践活动中，国家及监狱主管机关根据社会政治、治安和监

管改造的形势变化与监管工作的需要，往往要将在押罪犯由一处转移到另一处去改造，有时也会因生产劳动等方面的需要将罪犯押往狱外劳作，在这些活动中需要武装警察部队配合，予以途中押解和现场看押。

三、武装警戒的分类

监狱武装警戒的分类，是根据监狱管理工作的性质和武装警戒具体任务的需要，依照监狱武装警戒的目标、区域、对象等，为了便于更好地强化武装警戒工作的针对性、有效性而进行的分类。根据监狱的实践情况，武装警戒主要划分为以下几种：

（一）监区武装警戒

监区武装警戒是指由武装警察部队对有固定警戒设施的监狱场所进行的武装警戒活动。监区武装警戒的任务是控制监狱出入口，控制重点地段及围墙，防范和打击狱内罪犯的违法犯罪活动。当发生罪犯逃跑、行凶、暴动时予以武装打击，同时防范和打击狱外敌对分子袭击、劫夺罪犯等犯罪活动。

监区武装警戒具有监区位置固定、警戒目标明确、警戒设施完备、罪犯集中的特点，因此警戒时通常在出入口、制高点等重点部位设置监门哨、监墙哨或瞭望哨、流动哨等，实施外围警戒活动。

对武警战士来说，要根据监狱的实际情况和职责要求，掌握基本的突发事件处置方法。针对不同的突发事件，采取不同的处置方法。

（二）劳动区武装警戒

劳动区武装警戒就是针对露天和狱外的罪犯劳动作业区，由武警看押部队对劳动作业区域实施武装警戒的活动。它可分为固定性劳动作业区和临时性劳动作业区，劳动区武装警戒的任务是，控制作业区的外围，禁止无关人员进入警戒线以内；在罪犯劳动过程中实施外围警戒，防止罪犯越过警戒线；防范和打击罪犯的暴动、行凶、逃跑和敌对分子的袭击、劫持罪犯等违法犯罪活动。劳动区武装警戒兵力部署的基本原则是，对固定的劳动区的警戒，应根据执勤兵力数量、劳动区地形及周围环境、罪犯的数量及表现情况，因地制宜地部署兵力。对临时的劳动区，一定要划定临时警戒线。临时警戒线，要本着有利于看押、方便劳动的原则，与监狱管理部门协商后确定。对临时的劳动区，通常设固定哨（观察哨）、游动哨。临时警戒区范围最大不要超过300×300平方米。

（三）武装押解

武装押解是指武装警察部队在执行押解过程中对被押解对象的外围实施的武装警戒。其目的在于严防和打击押解对象在押解途中的违法犯罪活动，严防和打击敌对分子袭击或劫持押解对象，以保证押解对象安全顺利到达目的地。

在押解启程前，武警看押部队应与监狱管理部门协商研究，选择合适的接收地点，协同监狱管理干部清点人数，监视押解对象的表现，监督押解对象按规定的顺序、规定的要求行动。

押解的形式一般分为徒步押解和乘交通工具押解两种形式。武装押解过程中，武警要和监狱人民警察分工负责，明确各自的任务。遇有突发事件发生，要相互配合，统一指挥，共同进行处置。

（四）武装追捕

武装追捕是指武警看押部队在监狱管理部门的组织指挥下，配合监狱人民警察实施对从监狱脱逃的罪犯的紧急追捕活动。武装追捕的对象是指从监狱脱逃的在押犯，不包括社会上的其他犯罪分子。一般是紧急性的短时追捕，即当监狱发生罪犯越狱逃跑后，马上进行的武装追捕。对监狱进行的长期追捕，武警一般不参与，主要由公安机关负责追捕，监狱密切配合。

四、"三共"活动的含义

监狱狱政管理部门参与武装警戒，就是要认真落实"共建、共管、共保安全"的"三共"制度。"三共"制度是为了促进监狱和武警看押部队之间的联系与配合，提高狱政管理的看押值勤质量，解决工作中存在的问题和漏洞，共保监狱安全，充分发挥双方在监狱工作的职能作用，而由国务院和武警总部提出来的。"三共"活动的开展，对于提高狱政管理水平，提高监狱安全保障，加强双方的精神文明建设具有重要意义。

"共建"就是在坚持为监狱工作服务的目标基础上，要优势互补，不断加强双方的思想政治建设、业务素质建设、规章制度建设和相关设施建设，逐步提高双方队伍的整体建设水平。

"共管"就是在监管安全工作中，监狱和武警双方要相互帮助、相互督促、相互协调，共联共防，促进各项监管安全制度的执行落实。

"共保安全"就是监狱和武警双方以监管安全为目标，通过共建共管工作，形成合力，共同建设和发展，维护监管安全和社会稳定。

五、"三共"活动的评比标准

为推动"三共"活动深入、持久、健康地开展，监狱和武警看押部队要把"三共"活动分别纳入创建现代化文明监狱（监区）和按纲建队、正规化执勤达标等活动之中，作为各自工作总结和综合评比的重要内容。各省级"三共"活动领导小组每年要对所属单位开展"三共"活动的情况上报司法部和武警总部。司法部和武警总部视情况组成联合检查组对各地区、各单位开展活动的情况进行抽查，对好的单位予以通报表彰，并授予"'三共'活动先进单位"牌匾。根据司法部和武警总部的规定，"三共"活动评比先进单位的基本标准和条件是：

（一）领导重视，组织有力

监狱和武警看押部队的双方各级领导对"三共"活动高度重视，领导措施要有力，活动有组织，开展有计划，落实有目标。

（二）要经常开展活动

制定的"三共"活动各项制度要抓落实，活动开展形式要多种多样，方法要灵活，成效要明显。

（三）协调配合要密切

监狱和武警看押部队双方关系融洽，配合密切，遇有问题相互协商，遇有情况主动协调，遇有困难积极帮助，出现问题主动承担责任。

（四）队伍建设过硬

两支队伍政治素质高，精神面貌好，爱岗敬业，遵纪守法，业务素质高，履行职责好，思想作风过硬，工作作风扎实，无违法乱纪现象发生。

（五）设施基本完善

监管、执勤设施按照有关文件规定，逐步完善配套，坚持定期维修保养，生活设施逐步改善，监狱和武警看押部队的环境整洁。

（六）安全无事故

监狱和武警看押部队的内部安全稳定，没有发生监管、执勤方面的事故。

【工作要点】

为使武装警戒"共建、共管、共保安全"的"三共"活动规范化和社会化，达到"三共"活动的效果，监狱、武警双方应从以下五个方面保障"三共"活动的实现：

一、共教共育

共教共育制度要求监狱和武警看押部队针对监狱的情况，每年联合制定双方的学习、教育和交流计划，充分发挥各自的优势，共同搞好双方队伍的教育和建设。监狱要根据计划定期对武警官兵进行狱情、社情和法制教育，在敏感时期要进行针对性的教育。武警看押部队要发挥自身的军事优势，积极协助监狱人民警察的军事训练。为增进双方的友谊，双方可适时开展学习交流、体育比赛和联谊联欢等活动。

二、联席会议

联席会议制度就是为了传达上级文件和有关指示精神，共同分析研究狱情，互相通报情况，征求对方意见，协商解决问题，部署工作任务，要求各省的监狱管理机关和武警总队的"三共"活动领导小组每年要召开 1～2 次联席会议，监狱和武警看押部队的"三共"活动领导小组每月要召开 1 次联席会议。

三、联合演练

联合演练制度是监狱和武警看押部队要共同制定联防方案，搞好协同演练。联合演练通常由监狱方面负责组织，武警看押部队要积极参加，每半年至少要进行 1 次。武警看押部队平时进行执行方案演练时，监狱可视情况参加。

四、相互监督

相互监督制度是指监狱和武警看押部队对在监管安全管理工作中存在的问题，要制作《监狱（监区）、武警看押部队双向监督登记卡》、《监管（值勤）隐患通知书》向对方及时反馈。一般每月 1 次，重要情况及时反馈。双方对反映的问题要及时整改，并将整改情况通报对方。

五、联检联评

联检联评制度是指监狱和武警看押部队针对监管安全各项措施的落实情况，监管警戒设施和生活设施的使用和维护情况要每月进行 1 次安全检查，并对检查出来的问题进行评议，限时整改。重大节假日或有重大问题可随时进行联检联评。

【注意事项】

一、武装警戒要坚持以服务监狱工作为目标

监狱进行武装警戒的目的，是保障罪犯改造工作的顺利进行，保障监管安全稳定。所以，武警部队在进行武装警戒时，要以服务监狱工作为目标，以监管改造为中心，要把全部警戒活动放在监狱的安全保障上。武警部队在进行武装警戒时，要重点保卫好监狱的要害部位，及时处置突发事件，保障监狱的正常改造秩序。只有坚持以服务监狱工作为目标，才能保障监管改造工作的顺利进行，实现改造罪犯的宗旨。

二、武装警戒要坚持震慑为主、打击为辅的原则

监狱在武装警戒的组织实施过程中，要坚持震慑为主、打击为辅的原则，要充分发挥武警部队的军事震慑作用，增强武装警察部队的防御和打击能力。针对狱内的顽危犯和狱外的不法分子，尽量以军事手段进行震慑疏导，非必

要时才使用强制手段。能不使用武器处置的事件，就不使用武器。总之，能采用军事震慑手段解决问题的，就坚决放弃军事打击。

三、要坚持监狱机关对武警看押部队实行业务领导

《监狱法》明确规定，监狱的武装警戒任务由中国人民武装警察部队统一承担，监狱机关对武警看押部队实行业务领导。中国人民武装警察部队是一支国家武装性质的内卫部队，对监狱场所实施外围警戒是他们的一项基本任务。监狱机关要对武警看押部队实行业务领导，使部队官兵了解监狱的基本情况，了解在押犯的基本情况，了解狱政管理的基本程序。需要武警出面解决的事宜，由监狱机关从业务上进行指导，武警士兵不得自行直接接触罪犯，武警士兵不参与具体的狱政管理工作。

按照职责分工需要，武警看押部队的首长应成为监狱机关党委的成员之一，并积极按时参加所在监狱机关的党委活动。日常管理活动中，武警看押部队要在监狱机关党委的统一领导下开展工作。武警看押部队与监狱机关的业务部门要建立健全好联席会议、相互监督、联检联评等制度，定期通报各自的情况，互通信息，在工作上密切配合，在生活上互相关心，在队伍建设上互相帮助，共同维护好监狱的安全，齐心协力完成好武装警戒和惩罚、改造罪犯的工作，给社会创造一个安全稳定的秩序。

四、武警看押部队要掌握情况，争取主动，严密布置，确保安全，统一指挥，密切配合

武警看押部队在组织实施武装警戒时，指挥人员必须了解监狱的基本情况，了解在押犯的基本情况，了解监狱周围的地形以及监狱周围的敌情、社情。结合武警看押部队自身的情况，要认真分析形势、准确判断，做到知己知彼。在实施警戒的过程中，要随时了解和掌握情况，根据情况的发展变化，及时调整和改进执勤方案。只有准确、全面掌握了情况，才能争取工作的主动，才能有的放矢地做好各个环节的工作。

武警部队的指挥员，在布置兵力时，要依据严密布置、确保安全的原则，做到一般布置与重点布置相结合，兵力布置与警戒设施相结合。警戒设施完善的地方少布置一些，差的地方就要多布置一些，保证目标的安全，防止出现监控死角、盲点。为了做到严密布置，必须事先拟定兵力布置方案，经部队领导和监狱管理业务部门共同协商同意后才能实施。这里特别注意的是兵力布置方案一定要经过监狱管理业务部门讨论、通过，否则会引起不必要的矛盾，也会造成监控的漏洞。

在武装执勤过程中，武警看押部队要与监狱管理部门密切配合，在出勤

时间、兵力多少、哨位设置等方面要共同协商，统一认识，统一指挥，不能出现指挥不一致的情况。要明确岗位，分工负责，互相配合。

 【范例分析19】

[范例] 2006年7月14日晚9时，受第4号热带风暴"碧利斯"的影响，广东粤北遭受特大洪灾。坪石监狱出现重大险情，地势较低的四、五、六监区首先被水淹了，监舍顶部出现裂缝，墙体急剧颤动，情况十分危急。被关押在这里的1663名犯人吓得乱哄哄的，整座监区笼罩着紧张的气氛。担负看押坪石监狱四、五、六监区任务的武警韶关支队一大队二中队官兵面临着一场前所未有的考验。

7月15日6时，针对当前的紧急情况，刚翻山来到的监区长当机立断，边组织哨兵撤离，边向上级请示。监区长指挥42名官兵全副武装，顶风冒雨，在监区山坡一线迅速布成一道五百多米的武装警戒线，配合监狱警察将1663名犯人临时转移到监区附近一块高地上。

此时，倾盆大雨还在继续，汹涌的洪水不断上涨，通往监区的道路、桥梁均被冲毁。罪犯顶着大雨，忍着饥寒，生命安全受到威胁，思想情绪极不稳定，稍有不慎就可能发生集体脱逃、哄闹事件。

6时58分，总队作战值班室接到韶关市支队报告后，作出紧急部署，派出前方指挥部赶赴一线指挥，同时命令韶关市支队派出30名机动兵力，携带武器弹药、冲锋舟、橡皮艇等抢险救灾器材火速增援。增援部队克服了路途中的交通困难，于11时50分赶到坪石监狱。增援部队领导立即了解有关情况，并派出勘察组想尽一切办法与二中队取得联系，又立即与广东省监狱管理局的主管领导亲自带队，乘冲锋舟勘察通往二中队的道路。而这时，第四、五、六监区的111名狱警、武警官兵和1663名犯人已被洪水围困达二十多个小时，食品、饮水、药品和御寒衣物告急，急需救援物资，并要尽快将罪犯转移，不然后果不堪设想。

面对严峻的险情，增援部队领导经与省监狱局领导研究决定：迅速将目前的情况向上级报告，筹备救援物资；支队前指做好增援和转移犯人准备，随时担负转移罪犯的押解任务。

7月16日9时30分，新组成的增援部队在领导的带领下从三中队出发，冒着生命危险向二中队看押的四、五、六监区实施增援。到达坪石监狱第四、五、六监区后，增援部队立即研究转移罪犯方案。武警部队领导在全面分析当前形势的基础上，当机立断，提出只有实施转移，才能保证罪犯的安全，并提出外围武装警戒由武警部队全力保证。武警部队和监狱双方领导立即制定了详细的转移方案。

14 时，一场广东省监狱系统史无前例的紧急大转移开始了。在现有的警力和械具均达不到转移犯人的要求和山高路险的情形下，在强大的政治攻势和森严的警戒威慑下，1663 名罪犯沿着刚露出水面的临河羊肠小道缓慢前行，队伍蜿蜒约两公里。官兵们迎着风雨，沿河警戒。17 时 20 分，官兵历经艰险，克服重重困难，终于将 1663 名罪犯安全、顺利地转移到指定地点。

[分析] 在监狱被洪水围困随时可能被淹没、罪犯思想不稳定不良后果随时有可能发生、监区警力和械具均不符合转移罪犯的要求的情况下，监狱警察和武警部队以保障监狱安全和罪犯安全为目标，监狱领导和武警部队领导思想一致，指挥在前，行动统一，迎难而上，通力协作，齐心协力，克服重重困难，最终把一千多名罪犯安全有序地转移到安全地带，这是武警部队和监狱开展"三共"活动以来一个最真实、最感人的写照。"三共"活动的开展，为我们监狱和武警部队培养了一支政治思想坚定、军事素质过硬、能打硬仗、善打硬仗、具有高度责任心的队伍，为监狱的安全保障增添了信心。只要监狱和武装警察部队积极落实"三共"活动的要求，就能实现我们改造罪犯，保障监狱安全，保障社会稳定的目标。

【情境训练 19】

[案例] 2004 年 8 月 19 日凌晨 3 时，一声清脆的枪声在辽宁省瓦房店监狱响起，枪声惊醒了所有的狱警和武警。通过紧急清点人数后，发现有两名罪犯不见了。而高墙上站岗的一名武警则受伤倒在岗位上。有罪犯越狱了！监狱马上进行追捕。根据现场情况分析，由于枪声刚刚响过，罪犯不会逃得太远，于是所有参加搜索的人员立即分散排查。一名警察手持电筒搜索到监狱高墙外停放的一辆中巴车时，觉得有些异样，便走上前仔细查看。警察突然发现车下面有一个黑影动了一下，便果断地掏出手枪大喊道："你给我出来！"闻听此言，其他武警迅速靠拢过来，所有枪支齐刷刷地对准了中巴车下方。就在这时，车下人突然扔出一把尖刀，然后爬出来举手投降，此人正是越狱逃犯之一。警方又调集警力对后山层层包围，最终，搜索警察在一片玉米地中将另一罪犯抓获。据初步了解，两名罪犯越狱时使用的是在监狱内工厂做工时偷偷私制的尖刀和飞抓以及用床单、衣服条编成的细绳。当天凌晨，

两人以上厕所为名从窗户逃出，爬上武警执勤的岗楼栏杆，武警发现后，将一人打下高墙，另一罪犯用尖刀将武警刺伤。由于失血过多，受伤武警经抢救无效牺牲。

假设你是负责与监狱武警部队共同实施武装警戒的狱政管理科室的警察，试分析该案中监狱警察和武警部队在武装警戒中存在的问题。

拓展阅读

阅读 1999 年《中国人民武装警察部队执勤规定》，2001 年《监狱系统和武警看押部队开展"共管、共建、共保安全"活动实施意见》。

学习情境 10.2　狱内警卫

知识储备

一、狱内警卫的概念

狱内警卫又称为内看守，是指由监狱人民警察承担的在监狱警戒线内直接对罪犯实施警戒和看守的一项活动。狱内警卫是监狱安全防范工作中的一项重要任务，它是监狱安全警戒中的第一道防线，是监狱安全警戒的关键环节，对监督和控制罪犯，防止监管安全事故的发生，维护监管秩序稳定，保障监狱安全具有重要意义。

二、狱内警卫的组织管理

根据有关监管法规的规定，狱内警卫是监狱狱政管理部门的一项业务工作，所以，狱内警卫队伍归监狱狱政管理部门管理，人员编制根据监狱在押犯数量按一定的比例配备，由监狱人民警察担任。承担狱内警卫工作的人员一般要求政治素质要好，责任心强，身体素质好，警务技能过硬，年龄在35岁以下，熟悉警戒业务和狱情。根据工作实际需要，狱内警卫可分别建立中队、分队、班、组，狱内警卫人员可以配备警戒具和一定数量的武器。

三、建立狱内警卫制度的意义

监狱的任务是执行刑罚，惩罚和改造罪犯，这项工作任务十分繁重。因此，要求对罪犯必须做到 24 小时不失控、不脱管，时时刻刻处于监狱人民警察的监督控制之下。要保障这个任务的顺利实现，狱内警卫制度的建立就尤为必要。建立狱内警卫制度，是罪犯管理规范化和科学化的要求，是严格管理罪犯、减

少狱内案件发生的需要，是防止监管安全事故、保障监狱安全的需要。

【工作要点】

一、管理监狱大门

狱内警卫负责监狱大门的看守和出入监狱大门的人员、车辆管理。监狱大门是所有人员、车辆正常出入监狱的唯一通道，是监管安全的重点部位。狱内警卫应严格执行出入监狱的要求，对出入监狱大门的人员、车辆进行检查、验证和登记。对不着警服、不出示证件的监狱人民警察一律不准进；外来人员无临时出入证和监狱人民警察陪同不准进；携带枪支弹药不准进；乘机动车不准进；监狱人民警察家属子女不准进。监狱人民警察、职工不出示证件不准出；外来人员无临时出入证和监狱人民警察陪同不准出；罪犯无监狱人民警察带队不准出；带队监狱人民警察不报告、不清点人数不准出；罪犯无胸牌和互监小组同行不准出；未经检查的机动车辆不准出。

二、管理禁闭室

对有管理禁闭室任务的狱内警卫，要认真执行和落实禁闭室的管理规定。关押禁闭的罪犯都是违法乱纪、抗拒改造的顽危犯，禁闭室是监管安全的重点要害部位。因此，在执行管理中，要配足警力，认真落实各项管理制度，注意了解和掌握罪犯情况，发现问题及时报告并采取切实有效措施，防止监管安全事故的发生，真正达到罪犯关禁闭的目的。

三、管理监区罪犯

狱内警卫对监区罪犯的管理主要是承担以下工作：白天负责对留在监区或监舍的罪犯的管理工作，严格检查、管理、监督其在监区或监舍的行为规范，禁止留在监区的病犯、未出工罪犯、事务犯和零散罪犯串队、串组，进行违法行为；夜间负责监区罪犯的管理工作，值班巡逻，查监查铺，管制灯火，督促罪犯就寝、起床，严防罪犯私自串队、串组，防范罪犯进行非法活动，处理罪犯中发生的问题。

四、其他职责

如协助追捕、押解逃犯，检查监狱电网、围墙、监房等是否有不安全因素或非正常情况，必要时负责外围警戒等。

【注意事项】

一、要充分重视狱内警卫队伍的建设

监狱的各级领导和业务部门要充分重视狱内警卫队伍的建设，要经常检查和指导狱内警卫工作，发现问题及时指出并督促解决。对承担狱内警卫工作的监狱人民警察要进行业务和军事方面的严格训练和考核，挑选身体条件好、政治觉悟高、业务熟悉、军事素质过硬的监狱人民警察承担该项工作，要抓好狱内警卫队伍的业务学习和训练，提高其业务知识和警务技能。狱内警卫的设施、装备要朝规范化、科学化目标建设，以适应狱内警卫工作的发展需要，提高处置监狱突发事件的能力。

二、健全和落实狱内警卫工作的各项规章制度

要根据狱内警卫工作的任务和要求，明确狱内警卫人员的岗位职责，健全狱内警卫工作的各项管理制度和责任追究制度。狱内警卫人员要恪尽职守，严格照章办事，确保各项规章制度的落实，顺利完成狱内警卫工作任务。

三、加强狱内警卫工作的督促检查，提高狱内警卫工作的思想认识

监狱要认真组织狱内警卫工作人员的政治业务学习，明确狱内警卫工作的重要性和工作重点，提高狱内警卫工作人员的警惕性和责任感，保持高度统一，坚守岗位，认真履行职责。同时，要认真做好考核工作，加强监督检查，做到奖罚分明。

 【范例分析20】

[范例] 2006年5月6日晚21时许，夜幕笼罩着某监狱八监区。然而，在该区三楼管教室内，灯火通明，警察朱某正在与罪犯邓某（盗窃罪，原判10年有期徒刑）进行个别谈话教育。由于邓某最近改造表现不好，经常抗拒改造，为了帮助邓某的改造，警察朱某正在用一番肺腑之言来劝说邓犯。然而，令朱某万万没有料到的是，危险正悄悄地向他靠近，一个巨大的阴谋正朝朱某悄悄地袭来。警察朱某仍然和往常一样和邓某谈心，对邓某进行教育。而邓某却没心思听朱某的教诲，他用狡黠的目光环视了一下管教室四周，嘴角露出了一丝笑意，稍纵即逝。

经过几十分钟的谈话教育，邓某趁朱某转身倒水之机，拿起管教室内的一根木方，狠狠朝朱某的后脑砸过去。朱某立即感到大脑被重重地砸了一下，只听见"嘭"的一声，朱某两眼一黑，当场倒地昏迷不醒。

邓某见朱某昏倒后，立即上去脱下朱某的警服，夺取了朱某的手机，并拆下管教室电脑主机。21时31分，邓某身着警服，借助电脑主机挡住面部作伪装，从监狱大门值班室警察专用通道脱逃。21时40分，昏迷在地的朱某被值班警察发现，并立即送至郴州市人民医院抢救，终因伤势过重于6日晚23

时 59 分牺牲。

5 月 7 日凌晨，脱逃在 6 个小时后的邓某在火车上被公安机关捉拿归案。

[分析]"5·6"罪犯袭警脱逃案，暴露出监狱在监管工作中存在众多重大隐患和漏洞：监狱警察朱某在敌情意识方面淡化，防备之心低下，容易被罪犯的改造假象所蒙骗，危险物品随处乱放，从而导致了惨案的发生；邓某穿上朱某的警服，用电脑主机挡住面部作伪装从监狱大门值班室警察专用通道成功脱逃，值班室警察未进行过问和查证，认为只要是穿警服的就是警察，就可以随便放行，严重违反了监狱大门进出人员的管理制度，导致邓某能够轻而易举地逃离监狱。

【情境训练 20】

[案例] 1994 年 2 月 19 日晚 7 时，某监狱值班警察在点完名后，大多数罪犯和往常一样重复着他们的服刑生活。然而，在这平静中的生活里，隐藏着不平静……

六中队罪犯符某、刘某与当晚请假到六中队的十二中队罪犯张某三人在六中队的伙房说说笑笑，而伙房当时只有一名罪犯在劳动。看到无人注意他们，于是刘某上去将那名正在伙房劳动的罪犯支走，然后 3 人迅速从六中队伙房后门逃出，取出早已藏在伙房门外一煤堆里用塑料袋包裹好的 3 套迷彩服、3 个假发、1 部手提电话和 15 000 元现金。3 人各自穿上迷彩服，戴上假发，装扮成监狱刚从部队招录、着迷彩服上班的警察，大摇大摆地走过监舍区中门，直达监狱围墙北大门。到达监狱围墙北大门出口后，由刘某用手敲门，值班警察将门打开后三人走出大门，符某用手提电话招呼"的士"。一会儿，一辆红色"的士"到达监狱围墙外医院附近，3 人坐上的士后消失在夜幕中。

2 月 20 日早上，十二中队警察组织罪犯劳动时，发现罪犯张某不知去向，于是立即报告中队和监狱领导，并在中队进行搜查。随后监狱又接到六中队的警察报告，称该中队的罪犯符某、刘某也不知去向。

监狱立即向全监发出警报，迅速成立由监狱警察和武警官兵组成的 5 个追捕小组，分别在车站、码头等主要交通要道进行拦截，同时动员警察在全监范围内开展大搜捕。但由于时间已晚，各个拦截点均未发现 3 名罪犯的踪迹。

三名罪犯脱逃后，监狱和公安机关均未放松对他们的追逃工作。经过监狱不断搜集信息和长期追捕搜索，在公安机关的大力协助下，在 1994 年 9 月和 1999 年 10 月，分别将罪犯张某、刘某捉拿归案，但罪犯符某至今仍在逃。

从监狱狱内警卫角度，分析该起罪犯脱逃案件中存在的问题？

拓展阅读

课外观看司法部监管安全教育片《血案警示录》。

学习情境 10.3　狱情排查和处置

一、狱情排查的相关概念

（一）狱情的概念

狱情，即监狱情况的统称，是指监狱在对罪犯执行刑罚的过程中所存在的工作信息、环境状况、监狱人民警察及罪犯的思想活动和行为表现等情况的综合体现。狱情所包含的范围最广，既包括罪犯的情况，也包括监狱人民警察和其他一些相关人员的情况。

（二）犯情的概念

犯情，即罪犯的基本情况，是指监狱在押罪犯个体和群体中的基本情况、服刑态度、言行、思想表现、行为动态等一系列静动态的综合体现。犯情包含的内容仅次于狱情，体现出整体性和局部性、历史性和现实性、主观性和客观性、积极性和消极性的特点。

（三）敌情的概念

敌情，是侦查活动中的一个习惯叫法，是指在押罪犯在服刑过程中抗拒改造、进行违法犯罪行为给监管安全构成威胁的思想动态和行为的综合表现。敌情具有现实性，与我国的罪犯改造方针相违背，性质十分恶劣，必须要给予严厉打击。

二、狱情排查的分类

（一）分监区狱情排查

分监区狱情排查是由分监区组织、专管警察负责每日以本区域的人、事、物、时段、部位为对象实施狱情信息收集、比对、分析和筛选，从中确定影响监管安全稳定的异常事项和需重点监控的罪犯并进行处置的活动。分监区排查是狱情排查的基础，也是监狱狱情最可靠、最重要的来源。只有把最基础的分管区狱情排查做好了，我们才能及时发现异常犯情，采取措施，积极应对，避免事故发生，保障监管安全。分监区警察应每日对所属管区罪犯的下列情况进行排查：身体健康状况；会见、通讯情况；饮食作息情况；与警察、他人的交流沟通情况；参加劳动及完成生产任务情况；对国内外形势重大变化，对党的方针、政策重大改革，国家法律实施与修改的反映情况；对狱内外重大事件、突发事件的反映情况；其他日常言行情况；因各种原因导致罪犯的心理、情绪和行为变化情况；重点罪犯、身份不明罪犯的情况；不认罪、不服判、不服管教罪犯的情况；对分监罪犯的所有违纪情况等。

（二）监区狱情排查

监区狱情排查是由监区领导组织，分管监区领导和狱侦干事负责每周对本监区的重点部位、监管制度的执行和所属分管区的狱情排查工作进行监督检查，从中确定影响监管安全稳定的异常事项和需重点监控的罪犯并进行处置的活动。监区狱情排查一方面可以发现管区狱情排查中存在的问题；另一方面也可以及时发现对分监区狱情排查未能排查出来的异常犯情，从而采取措施进行防控。监区狱情排查应对下列情况进行排查：各监管区每日的排查情况；监区"四个重点"的管理与控制情况；在监管区内罪犯使用机动车、非机动车装卸货物时间的情况；对互监组的排查情况；警察执行落实监管制度的情况；危害监管安全的其他情况。

（三）监狱狱情排查

监狱狱情排查是由监狱领导组织，狱政管理部门和狱内侦查部门负责，每半个月对本监狱的重点部位、罪犯的服刑情况、监管制度的执行落实和所属监区的狱情排查工作进行监督检查，从中确定影响监管安全稳定的异常事项和需要整改的隐患并进行处置的活动。由监狱领导组织实施的监狱狱情排查是狱情排查的最高形式，能充分调动监区和分监区狱情排查工作的积极性。监狱进行排查的工作内容主要有：各监区每周的排查情况；监狱"四个重点"的管理与控制情况；罪犯身体健康状况；参加劳动及完成生产任务情况；罪犯言行情况；对国内外形势重大变化，对党的方针、政策重大改革，国家法律实施与修改的反映情况；罪犯对狱内外重大事件、突发事件的反映；罪犯自杀未遂情况；罪犯因违纪被处罚的情况；监区清仓和清查违禁品的情况；警察执行落实监管制度的情况；监狱整体狱情发展规律；危害监管安全的其他情况。

三、狱情排查和处置的意义

（一）是监管安全保障的重要前提

坚持科学、有效的狱情排查和处置工作，可以及时、深入了解和掌握监狱罪犯改造中存在的各种思想状态、行为动向和管理漏洞，进而制定针对性的防范对策，采取措施，做好事前防范，把监管安全事故的发生率降低到最低限度。通过狱情排查和处置，掌握监狱中的异常信息，及早进行防控，掌握监管安全防范的主动权，对防止监管安全事故的发生具有重要意义。

（二）增强了监管改造工作的针对性、主动性和进攻性

通过监狱狱情的排查和处置，监狱管理部门可以全方位、多层次的掌握监狱的情况，全面、准确掌握和发现监管改造工作中存在的问题和隐患。根据监管改造工作中存在的问题和隐患，监管部门就可以结合监管改造方针和任务，制定和采取针对性的管理措施和对策，使管教工作更具有针对性、主动性和进攻性，保障监管改造工作的顺利进行。

（三）是罪犯改造质量的重要保障

通过监狱狱情排查和处置，一方面可以消除和打击监管改造中存在的管理漏洞和罪犯的不法行为，预防罪犯狱内违法犯罪活动，保障监管安全稳定，使罪犯安心改造，提高改造质量；另一方面可以不断地吸取经验教训，在工作中堵塞漏洞，排除隐患，严密防控，使罪犯无机可乘，彻底消除罪犯的侥幸心理，保障罪犯改造工作的顺利进行。

【工作要点】

一、狱情收集

狱情收集就是指监狱人民警察在对罪犯执行刑罚的过程中采用一定的方法对相关的人、事、物、时段和部位进行信息收集的活动。通过对有关情况的搜集和了解，可以掌握监狱监管改造中的情况，发现问题和隐患，以便采取针对性的措施进行处置，预防监管安全事故的发生。狱情收集的方法主要有日常观察法、资料收集法、问卷法、访谈法、情况汇报法、心理咨询法、技术监控法、个案分析法等。

二、狱情排查

狱情排查就是针对监狱的人、事、物、时段、部位，通过了解、收集狱情信息，并进行对比、分析和筛选，从中确定影响监管安全稳定的异常事项和重点罪犯的活动。狱情排查根据主持的部门不同，可以分为监狱狱情排查、监区狱情排查和分监区狱情排查。

进行狱情排查，要尽可能的选择多种方法和排查方式，把多种方式、方法结合起来运用，才能排查出罪犯和监管活动的真实情况，才能真正做到对症下药，掌握处置狱情的主动权，及早进行防范处理，防范监管安全事故。狱情排查要注意一般排查与重点排查相结合，专门排查与常态排查相结合，定期排查与不定期排查相结合，公开排查与秘密排查相结合，内部排查与外部排查相结合。只有多种方式联合交叉运用，才能排查出真实有效的狱情，才能为我们的监管安全工作提供指引，采取针对性的措施，防患于未然。

三、狱情分析

狱情分析就是根据狱情排查的结果，运用一定的分析方法，从所获取的狱情信息中梳理、比对出异常情况，分析异常狱情产生的原因，研究和提出应对策略，总结狱情发展变化规律的过程。狱情分析的步骤主要有三个：①整理、加工狱情材料；②确定分析的对象和内容；③选择适当的分析方法。狱情分析的方法主要有因果分析法、比较分析法、定性定量分析法、推理判断分析法、系统分析法和调查分析法等。

值班监区领导应当把排查出来的异常情况进行分析，告知相关专管警察，并要区分出紧急程度、危险严重程度，及时向上级有关部门报告，以便及时采取针对性的处理对策。各级监狱机关要建立定期狱情分析调研制度，做好会议记录。省、自治区、直辖市监狱管理局应每季度召开一次以上狱情分析会，同时根据省内监管安全形势的发展状况，适时组织监狱参加狱情研讨会；监狱应每月召开一次以上狱情分析研讨会，遇有案件或重大监管安全事故，监狱应该及时召开个案分析会；监区或分监区每周召开一次以上狱情分析会，重点解决个案和突出问题。

四、狱情报告

狱情报告就是针对狱情分析得出的异常情况，区分出紧急、严重程度，以书面形式及时向有关部门进行汇报，以便采取相应对策的活动。监狱、监区各部门每周一般采用《狱情简报》的形式在本监狱进行通报，监狱应每月以《狱情通报》的形式报省、自治区、直辖市监狱管理局，同时发送各有关单位和部门。

监狱、监区和分监区应建立定期报告制度，各级部门要以书面形式定期向上级有关部门报告，报告的内容包括罪犯的基本情况、思想动态、行为动向、监管工作中存在的问题及原因分析和应对策略、防控措施等内容。对于普通狱情，监狱应当在每月的"狱情动态"中向省监狱局报告，重大狱情应

立即向省监狱局报告。

五、狱情处置

狱情处置就是通过狱情排查和分析，针对排查出的异常狱情，为避免监管安全事故的发生，采用一定的方法，及时有效地消除监管安全隐患的活动。狱情处置的方法主要有行为控制法、矛盾化解法、行为处罚法、心理矫治法、药物治疗法、制度控制法等。

各级部门要分别建立《狱情排查记录本》，详实记录狱情排查的情况和处置结果。各级监管部门通过狱情排查和分析，对排查出的异常狱情，应区别缓急程度，分别采取行为控制、化解矛盾、疏通心理障碍、执行处罚、药物治疗等处置措施进行有效的控制，对特别紧急的异常狱情，可以采取先处置后报告的形式。通过对排查出来的异常狱情及时处置，使异常狱情向安全性转变，力争把影响程度和危害结果控制在最小范围和最低限度内，从而维护监狱正常的监管改造秩序，提高罪犯改造的质量。各级部门在狱情处置过程中要明确职责，制定处置措施，注重处置效果。处置要依法依规，讲究技巧。

【注意事项】

一、狱情排查和处置要做到经常化、制度化、规范化和科学化

监管安全稳定事关监狱改造罪犯工作的顺利进行和社会稳定大局，时时刻刻都要重视，任何时候不能放松。只有把狱情排查工作做好了，才能及时发现监管安全隐患，及时进行处置，避免监管安全事故的发生。所以，要充分重视监狱狱情的排查和处置工作，持之以恒，不松懈。狱情排查要做到经常化、制度化、规范化和科学化，重在制度建设，加强责任管理，以更加严密的管理、更加科学的方法、更加有力的措施，加强安全防范，抓好狱情排查工作。

二、狱情排查和处置应坚持在基本原则指导下进行

要使狱情排查和处置工作能起到事半功倍的效果，争取狱情排查的主动权，狱情排查和处置应当坚持以科学的基本原则为指导，才能做到狱情排查科学、合法、有效。监狱在狱情排查和处置工作中，应当坚持预防为主、防控结合的原则；坚持及时发现、有效处置的原则；坚持客观全面、适当超前的原则；坚持注重实效、全员参与的原则。

三、要建立狱情联防机制

监狱应当与周边的公安机关、企业、厂矿等部门建立狱情联防机制，多角度、多层次的收集监狱狱情，尽早进行安全防范。监狱与驻监检察部门、武警看押部队三方定期召开狱情分析会，共同研究监管、执勤、执法工作，共同制定防范措施和处置突发事件的各种预案，形成共保安全的合力，共筑安全屏障。

 【范例分析21】

[范例] 2006年6月12日，某监狱某监区刚召开罪犯监规纪律动员大会。

晚上，该监区罪犯黄某精神突然出现异常，深夜了都不睡觉，语言组织混乱，讲话语无伦次，多次以家中可能出事为由，向监区警察下跪要求打亲情电话回家。监区警察立即向监区领导进行了汇报，并指示要做好对黄某的监督控制，避免发生安全事故。

根据黄某的表现，监区领导查阅了黄某的改造材料，发现该犯在入监初期改造表现较好，但最近的改造表现却明显下降了。是不是发生了什么情况？监区领导指示分监区警察找黄某进行一次深刻的谈话。

当分监区警察找黄某谈话了解情况时，黄某始终不愿说明理由，经常在劳动机位上偷偷哭泣，还用头撞击劳作台面。经分监区警察多次引导教育，效果不明显。后经监狱警察对其他罪犯调查了解到，黄某曾向互监小组罪犯说过自己有余罪，担心公安机关到家中调查其以前的犯罪情况。监狱获取了这个重要信息后，立即组织人员对黄某进行心理咨询，结果初步诊断黄某患有间歇性精神分裂症，并于6月23日送监狱医院进行治疗。治疗结束后，黄某于7月27日被送回监区继续改造。

随后，监区对黄某进行动态危险评估，确定黄某具有现实行凶和脱逃危险的可能性，并于2006年7月1日呈报认定为C类重点罪犯进行管理。

2006年8月30日上午，黄某又因精神异常再次送入监狱医院进行疾病鉴定和治疗。入院当日，该犯行为较为异常，情绪波动大。下午17时20分左右，该犯表情痛苦，在病房小组内用力将头向地板上磕，后被同组罪犯及时制止并向值班警察报告。医院值班警察罗某接报后随即找其谈话了解情况。在交谈中黄某自述没有患病，要回监区劳动，不愿住在医院。通过谈话了解，黄某仍存有一定的轻生念头。经引导教育后黄某情绪有所稳定，但仍对住院治疗存有抵触情绪。

针对黄某的不稳定情况，医院值班警察罗某随即向监区领导汇报了黄某的异常情况。监区及时召开个案分析会，经商议，考虑到黄某入院时情绪波动大，且具有行凶和脱逃危险的特点，为便于相互监督，确保该犯住院期间的监管安全，遂将其床位调整到有 5 个病号且靠近护理室的三楼 2 号病房内，以便密切观察黄某的情绪变化和实施监管夹控措施。同时，监狱医院还指定罪犯值班员和卫生员定时巡查，重点关注黄某的行为，做到 24 小时全程监控。当晚，值班警察罗某再次找黄某进行谈话教育，但黄某与罗某的言语交流较少，神情较为呆滞。

8 月 31 日上午 9 时许，黄某在医生巡诊时，提出自己没病，要求回监区劳动。巡诊医生随即安抚该犯，希望其安心治疗，期间该犯情绪未见异常。当巡诊医生离开病房后，黄某随即拿起一条囚裤走进病房内的卫生间，并反扣了卫生间的房门。同病房罪犯李某以为黄某去洗澡没有理会。约 2 分钟后，李某忽然想起病房厕所已停水，感觉到情况异常，便抬头透过卫生间上半节玻璃观望，发现黄某已挂在卫生间窗枝上上吊自杀，立即大声呼叫报警。

罪犯值班员夏某和卫生员陈某听到报警呼救后，先后冲进病房，快速将已反扣的卫生间门撞开，与稍后赶到的罪犯邓某、何某、杨某 3 人合力将黄某解救下来。随即赶到的医生马上为黄某实施急救。此时的黄某，已经口唇发绀，颈部发红，口吐白沫。经过医生的抢救，黄某恢复了知觉，无生命危险。

[分析] 罪犯自杀，一方面有罪犯自身的原因，主要表现在罪犯入监后，由于刑期较长，心灰意冷，悲观绝望，性格过于内向，不善言谈，缺少交流，表现出孤独、焦虑、绝望的情绪，存在一定的心理障碍，从而产生自杀的念头；另一方面也受监狱自身方面的因素影响，比如对罪犯的关心不够，打击牢头狱霸不力，监管制度存在漏洞等原因。两方面的因素结合起来，就有可能导致罪犯自杀行为的实现。研究监区对黄某自杀阻止成功的做法，可以说监区正是重视狱情排查制度，通过对黄某的情况召开个案分析会等形式及时进行排查，及时采取措施进行有针对性的处置，责任明确，把黄某作为重大危险罪犯来重点管理防控。通过掌握罪犯的思想状态，超前行动，排查及时，报告及时，处置及时，从而成功做到防范和处置。

【情境训练 21】

[案例] 1993 年冬，罪犯减刑裁定大会在某监狱召开。法院、检察院、监狱领导和部分家属出席了减刑裁定大会。

减刑裁定结果宣布完毕后，罪犯赵某因自己不符合减刑条件被法院撤销减刑意见而无法获得减刑，心情非常沮丧和不满，并把这种不满情绪发泄在监狱警察身上。在余后服刑的日子里，赵某时常在其他"狱友"面前流露其对现状的不满，并产生了脱逃的念头。但觉得自己一个人力量太小，成功可能性不大，需要一个人来帮助自己脱逃。选择谁呢？赵某通过多次观察选择了同一中队对自己改造前途彻底丧失信心的彭某。两人一起找机会商量开始准备他们逃跑的计划。

从1993年12月至1994年2月，赵、彭两犯彼此走得更密切了，他们两人多次在中队统计室商量如何脱逃。经过多次密谋，他们制定了脱逃计划：即利用傍晚警察交接班之机，混出车间，翻越工厂小围墙逃离监管区后，就立即朝附近的山上跑，在山上躲几天后就朝市中心方向逃窜。找到火车站后乘火车北上，到北京去落脚。

由于两犯对附近的地形、路线不熟，迟迟不敢轻举妄动。在这举止为难的时刻，彭某想到了拉一个熟悉路线的本地籍罪犯一起"走"的办法。通过两犯的多次"排查筛选"，最终找到了一个比较合适的人选，那就是早已不堪忍受被其他罪犯经常欺压的胡某。赵、彭两犯把他们的计划告诉胡某后，胡某表示同意一起脱逃，并表示自己对周围的道路熟悉，可以带路。

1994年2月23日早晨，赵、彭二人把事先准备的无任何标记的西装、皮鞋穿上，外面再套上囚服，和往常一样，随分队出工了。

18时30分，赵、彭两犯乘警察换班之机，以帮忙抬东西为由把胡某从劳动岗位中叫了出来。然后以买东西来庆祝彭某的生日为借口，骗过了看守车间门口的罪犯。三犯一起逃离车间劳动现场，窜到工厂东面小围墙（该围墙仅2.5米高、无武警看押、无任何警戒报警装置）并爬出小围墙。逃出监管区后，三犯越过韶乐公路，向公路对面疯狂逃窜。在一座小山上躲藏了两天之后，由胡某带路，三犯一起向北逃窜。

当晚7时许，值班警察发现罪犯赵某不在车间，询问其他罪犯也均不知其去向，值班警察于是立即向监狱领导报告三犯有可能已经脱逃。监狱接到报告后，根据情况分析三犯有可能已经脱逃。于是立即成立了追逃领导小组，组织警察和武警在监狱周边的各个交通要道上开展了追捕围堵工作，并向附近各地公安机关发布了协查通报。经过多次侦查和拦截，均未能发现三犯的下落，3名罪犯就此脱逃了。

假如监狱长要你对这起罪犯脱逃事件进行总结，请问监狱在预防罪犯脱逃方面存在哪些问题？

1. 高建国、谢利苹、马轶："监管安全长效机制基本框架及特点之思考"，载《中国司法》2007年第8期。

2. 管秉政："'破窗理论'引发的对监管安全长效机制的思考"，载《中国司法》2007年第9期。

学习情境10.4　安全检查

知识储备

一、监狱安全检查的方法

（一）随时观察检查

监狱人民警察在罪犯的管理教育中，要随时注意仔细观察身边罪犯的言行举止、动作神态，预测和掌握罪犯的思想动态。要随时对生产区的罪犯进行人身搜查，对物品和生产工具进行检查，发现问题，要及时纠正、维修或报告。对罪犯在生活、学习、劳动中存在的可疑情况，要立即进行检查，查明罪犯的动机、目的，并采取有效措施妥善处理。一时难以处理的，要立即向有关部门报告。

（二）针对性检查

对监狱的重点、可疑部位，要有目的、有计划地进行专门检查。对发现的监管隐患，要立即清除，并查明问题原因。对重大案件，可以采取公开或秘密的方式进行检查，争取做到证据充分、人赃俱获。

（三）随机抽查

相关业务部门要随机对监狱的任何部位进行抽查。在抽查过程中若发现违禁品的，应当立即收缴或没收。对搜查出来的非生活必需品，收缴后按罪犯物品管理规定交由罪犯亲属带回，或由监狱代为保管。此外，还应查明违禁品的来源和目的。对相关责任人要按规定进行处罚，并加强教育、监控，防止再次发生类似行为。

（四）定期检查

由监狱规定在某一时间对罪犯三大现场区域统一进行全面彻底的清监检

查，特别是在重大节假日前应组织力量逐一清查。任何部位的检查都要认真细致，不放过任何蛛丝马迹。检查时要注意现场死角和隐蔽部位。发现问题，迅速处理。尤其是对罪犯监舍的检查，要仔细、认真，严格按照规定和要求进行，一旦发现线索，立即消除隐患，确保监狱安全。

二、人身搜查的具体方法

（一）无依托物搜身

（1）立姿搜身。令罪犯两脚平行开立同肩宽，双手手指交叉背于头后，监狱人民警察由后接近，位于罪犯背后或视线外，进行搜查。

（2）跪姿搜身。令罪犯双膝跪地，双手手指交叉背于头后，上身挺直，监狱人民警察由后侧接近搜身。

（3）卧姿搜身。令罪犯俯卧在地，两脚尽量分开，两手手指交叉向前伸直或抱于头上，监狱人民警察从侧面接近搜身。搜查前身时，令罪犯仰卧，双腿交叉伸直，十指交叉置于头下，监狱人民警察从侧面接近搜身。

（4）对多人搜身。当一名监狱人民警察对多名罪犯搜身时，可按前述跪姿或卧姿搜身法，令罪犯纵向排列，间距为3～5米。先从最后一名搜起，搜完后令其前移到最前面保持原姿势、原距离。这样依次逐一搜查，同时注意监视其他罪犯。

（二）有依托物搜身

（1）靠墙搜身。令罪犯两臂伸直，面壁而立，双手交叉背于头后或托于墙上，两脚分开，脚尖外展，尽量靠墙，监狱人民警察由后接近搜身。

（2）靠车搜身。令罪犯两臂伸直，两手手指支撑在车身上，低头向下，两脚分开，远离车体，体重大部分落于两手手指，监狱人民警察由后接近搜身。

【工作要点】

一、监狱的外围检查

外围检查是以监狱围墙及其相关附属设施设备、地段为内容的检查，检查的目的是及时发现并消除监狱围墙及其附属设施设备、地段存在的漏洞和隐患，预防监管安全事故，确保监管安全。外围检查主要针对以下内容进行：

（一）监狱围墙

监狱围墙是监狱与外界隔离的分界线，也是监狱安全警戒的重要隔离设施，一方面起着罪犯与外界隔离的作用；另一方面也阻止狱外不法分子侵入监狱。检查监狱围墙时要检查墙体是否坚固，是否符合监狱建筑规范对围墙的要求。墙体砖石有无松动，墙面是否光滑，有无可供攀援之处，墙基有无被挖痕迹。此外，还要检查通往狱外的下水管道、暖气管道是否有安全防护设施，是否完好，下水管是否畅通。监狱围墙内外两侧有无堆放杂物、棍棒、石块、绳索等可用于攀越或行凶的物件。

（二）电网及报警设施

监狱围墙上的电网及报警设施，是为了及时发现和阻止服刑罪犯翻越围墙逃跑而安装设置的。主要检查电网、报警设施线路是否有老化、断路和漏电等故障；报警设施功能是否正常，安装位置是否有变化，有无人为破坏现象；电网上是否搭挂有绝缘物品，是否有破坏红外线扫描区域，蒙蔽摄像镜头等情况发生。

（三）照明设施

监狱围墙应设置照明装置，以便夜晚能清楚监视围墙周边的状况。检查时要注意照明灯具的位置，距离应适当，避免有盲区，照明灯具是否配有防护罩，以保障灯具光源集中和使用寿命。要注意监狱围墙内外侧警戒线内照明效果是否良好，线路是否畅通，灯具及开关是否完好，有无应急照明设施，功能是否正常。

（四）监门、岗楼及警戒标志

监门是一切人员正常进出监狱的唯一通道，岗楼是值勤哨兵进行武装警戒的值勤岗位，附设在监狱围墙上。警戒标志是在监门和围墙内外两侧一定距离内设定的不许罪犯和外人靠近和进入该地段的警示性标志物。要检查大门、小门的门轴有无问题，电动门电源开关、线路是否正常工作，伸缩是否自如。岗楼的出入通道、梯子、门锁有无隐患。相关的办公设施、报警装置、防护设施、照明设施、监控设施等是否完备，功能是否正常。警戒标志标牌是否存在、有无移动，地面警戒线是否清楚，一目了然，与监门距离是否适当。

（五）警戒隔离带

警戒隔离带于监狱围墙内外两侧设置，是用来防止罪犯和外来人员进入的警戒区域。其范围为围墙内侧5米、外侧10米，隔离带内无障碍，视野宽阔。主要检查隔离带内外两侧的警戒标志是否醒目，隔离防护网是否齐全完好，隔离带内地面是否有障碍物、杂物，有无可疑人员进入的痕迹等。

二、生活区检查

生活区检查是防止罪犯将危险物品、违禁物品带入生活区进行自杀和违法犯罪活动，对罪犯居住的生活区域内的监舍设施、携带物品进行的安全检查。目的是消除监管安全隐患，为罪犯提供一个良好的改造生活环境，确保监狱安全和罪犯改造秩序的稳定。

（一）空间范围

生活区的空间范围包括罪犯居住的监舍和公共生活场所。监舍包括盥洗间和厕所；公共生活场所包括文化活动室、阅览室、楼道、楼梯、院落、墙角、门窗、储藏室、花池（花盆）、门锁、护栏、隔离设施、照明设施、通风设施、报警设施以及罪犯能够到达的其他活动场所。要检查监舍和罪犯公共生活场所的建筑、门窗和隔离设施是否牢固，照明、通讯和报警设施是否完好、灵敏。

（二）物品范围

生活区的物品检查主要是看罪犯所携带的物品是否是危险品和违禁品，危险物品包括易燃易爆、剧毒物品、毒品，如汽油、柴油、酒精、雷管、炸药、导火索、硫酸、农药、大麻、海洛因、麻醉药品、武器弹药和刀具等；违禁物品包括劳动工具、棍棒、绳索、绝缘手套、鞋靴、黄色书刊、画册、歌曲、非法出版物，以及罪犯私藏的非生活必需品，如各种票证、证件、首饰、现金、手表、收音机、酒、便衣、手机等。

三、生产区检查

生产区检查的目的是为了保障安全生产，防止罪犯将生产工具和有关物品非法带出生产区进行违法犯罪活动的检查工作。检查的范围主要有：

（一）建筑物及其相关设施设备

检查厂房、库房、值班室等是否牢固，有无渗漏现象，有无倒塌危险。通光、通风、除尘设备是否正常运转。门窗、机器设备的安全防护装置是否完好，通讯、报警装置、防火、防爆、防毒设备、警戒标志、供电线路等是否完备，是否符合安全规范，功能是否正常，有无人为破坏痕迹。检查供电线路是否有老化、断路、漏电等故障。查看警戒标志是否醒目，建筑物及其设备有无人为破坏痕迹。

（二）车间及机器设备

查看机器设备是否有操作规程，有无损坏。生产原料、半成品是否按规定摆放，数目是否清楚，角落是否藏有非法制作的物品。车间道路是否畅通，车间是否藏有非法制作的易燃、易爆等物品。

（三）危险物品和生产工具

查看生产所需的危险物品和生产工具是否按规定由专人管理，专人负责，发放、使用、回收、保管是否手续严格、记载清楚。核对生产所需的危险物品和生产工具有无遗失，检查存放物品和生产工具的库房、工具箱锁具是否牢固，有无人为破坏痕迹。检查钥匙存放的位置是否安全、统一保管。

（四）劳动现场

检查罪犯有无违反指挥、违反操作规程、违反劳动纪律的现象，有无持证上岗。查看罪犯是否按规定佩带和使用劳动保护用品。注意发现罪犯是否私自制作刀具等非自身岗位生产的危险品。注意罪犯有无违规使用物品、工具现象。检查罪犯有无私藏危险物品和工具。

四、罪犯人身检查

人身检查是对进出三大现场的罪犯的人身及其携带物品进行的检查，检查目的是为了及时查获罪犯私自携带的危险品、违禁品、非生活必需品，避免违禁品流入三大现场，消除罪犯实施内攻击行为和违法犯罪的机会条件，防止罪犯自伤、自残、自杀和违法犯罪行为发生。

人身检查的时间包括出工、收工检查，收监、离监探亲返回、脱逃捕回后的检查，重大节日和重大活动时的检查。出工检查主要是防止罪犯将危险物品、违禁品带入生产现场酿成生产事故；收工检查主要是防止罪犯将危险物品、违禁品带入生活区，造成人身、财产损失。此外，对任何嫌疑对象均可随时进行检查。

要仔细检查罪犯身体、所穿衣物、所携带的物品，看是否是危险物品、违禁物品、非生活必需品等物品。罪犯身体包括罪犯头发、口腔、腋窝、阴部、脚底以及包扎的绷带、贴附的膏药等；罪犯所穿衣物包括罪犯外衣、内衣、鞋、袜、鞋垫、帽子及衣服夹层、口袋、补丁等；罪犯携带的物品包括罪犯携带的生活用品、书籍、食品、衣服、劳动工具等。

五、重要部位检查

重要部位检查是针对监狱内罪犯服刑改造的主要区域、重要通道、重要设施设备进行的安全检查，目的是及时发现重要部位存在的问题和隐患，防止罪犯进行破坏活动，预防监管安全等事故的发生，确保监狱安全和罪犯改造秩序的稳定。

重要部位检查的范围是：

（一）禁闭室和严管队

检查门、窗、锁及其防护装置是否牢固安全，有无玻璃片、铁钉、铁丝、绳索、非处方药品、毒品、刀片、棍棒等危险物品、违禁物品。放风场地有无异常现象，生活设施是否正常，有无破坏痕迹。

（二）重要区域

监狱的重要区域主要包括存放有易燃、易爆危险物品的仓库、生活水源、变电室、医务所、化验室、实验室、锅炉房、罪犯伙房、重要的水利设施、牲畜房、矿井、车间、警戒隔离带以及一些隐蔽性强的角落、工地等场所。要检查库存物品有无遗失或被盗，各重要区域的管理是否符合规范要求，各区域的建筑设施是否牢固，照明、报警、防火装置是否完好、灵敏，生活用水有无被污染，有无被破坏的痕迹。

（三）重要通道

监狱的重要通道主要指三大现场的楼道、楼梯，连接会见室的通道，连接狱内、狱外的通道等。要检查重要通道是否畅通，是否有杂物堆放；有无照明灯具，灯具功能是否正常；检查有无警戒标志，标志是否明显，摆放位置是否得当；各通道的隔离栏、防护栏是否牢固、安全。

（四）重要设施设备

重要设施装备主要包括变电器材、医用器械和药品、生产机器设备、农药、农机、化学药品、消防器材、照明设施、警报设施、重要生产生活设施等，检查的目的是查看设备有无丢失、破坏等情况发生。

六、消防专项检查

消防专项检查是针对监狱建筑设计、罪犯服刑场所进行的消除火灾隐患的安全检查活动，检查的目的在于防止发生火灾或一旦发生火灾能够快速有效灭火，减少人员伤亡和财产损失，从而确保监狱安全。消防专项检查的范围有：

（一）监狱建筑设施

检查监区的建筑设计和施工是否与消防设施同步进行，罪犯生活区、生产区、学习区等群体活动频率较高的区域、存放易燃、易爆、剧毒危险品的库房、原料库、成品、半成品库、罪犯物品储藏室、车库、图书室、微机室等场所布局是否合理，是否影响疏散和灭火。

（二）消防机构和制度

检查监舍、厂房、教室、文体活动等场所是否经消防管理部门验收合格后投入使用；监狱有无切实可行的安全管理制度、事故紧急预案办法，有无定期进行消防演练；机器设备有无切实可行的安全操作规程；有关负责消防安全任务的人员是否经过培训；特殊工种人员有无考核合格证书；有无消防管理人员，各消防管理人员能否熟练使用各种灭火工具。

（三）消防设施

检查罪犯的生产、学习、生活、劳动等区域以及各储料库房有无醒目的安全标志，是否配齐消防器材，有无消防隐患，重点火险隐患部位是否排除险情；消防水源、器材、通道、报警装置是否达标、畅通，灭火器工作是否正常，有无人为破坏或自然退化现象等；有无消防设施维修、保养等消防记录。

【注意事项】

安全检查是搞好监狱安全管理的一项重要的经常性工作。监狱领导和有关管理部门应高度重视，认真检查，严格责任。要保证安全制度的落实，对发现的问题要及时解决，并在查清事实的基础上，严肃处理相关人员。造成严重后果的，要交由司法机关追究相关人员的刑事责任。因此，在实施安全检查时，要注意以下事项：

一、由狱政管理部门统一组织实施

监狱狱政管理部门应制定经常性的安全检查制度，责成专人负责协调，会同监狱各业务部门、监区、分监区、武警部队和消防管理部门进行具体检查。各部门要积极、主动配合狱政管理部门的安全检查工作。

二、要做好检查记录

在实施安全检查时，要建立值班人员、检查人员安全检查日志，详细记录当天检查工作中发现的相关情况，并及时通知有关部门。对于值班人员、检查人员发现的重大隐患，要及时登记，并填写报告送交狱政管理部门。

三、发现隐患，及时处置

对于检查过程中发现的问题，要及时处理。对于发现的违禁品，应立即收缴，查明来源和有关责任人员。如若发现其他问题，应立即采取补救措施或保护措施，并报告有关部门处理。狱政管理部门在检查过程中发现的重要隐患以及操作规范不符合要求的，要向有关部门下发消除隐患或整改通知书，责令限期消除或整改。对于一般性的非重要隐患，各区域、部门值班人员要主动及时地处理。接到该通知书的部门，应尽快对存在安全问题的设施进行检测、维修、更换，对不符合要求的操作流程应立即纠正。对推诿、拖延造成事故的责任人，要予以惩处。

四、要建立完善的检查制度

监狱要实行日检查、周抽查、月清查、年排查的经常性检查制度，要建立值班人员检查日志和检查制度。检查不能走过场，要详细检查。值班人员要每日检查罪犯、设施、设备和物品，狱政管理部门应派员每周抽查某一或几个部位，每月全面清查一次，每半年或一年要与有关部门一起彻底细致地排查每个部位，进行详细的测试、检修、维护和清查，以保持设施、设备功能正常、状态良好，物品完整无缺。

五、要注意多种检查方法的运用

监狱安全检查的方法主要有观察法、自查法、抽查法、专项检查法、测试法等方法。各种方法都有各自的优缺点，在检查过程中要注意多种方法的联合运用，定期检查和不定期检查相结合，每日巡查、自我检查和监狱抽查相结合，加强检查力度和频率，才能及时发现存在的隐患并进行整改。

六、罪犯人身检查的要求和方法

（一）人身检查的方法

罪犯人身检查的方法有罪犯自行检查、罪犯相互检查、仪器检查和人身搜查等方法。

罪犯自行检查是由监狱人民警察责令罪犯对自己的衣着、身体各部位进行检查，交出危险物品、违禁品的检查方法。罪犯相互检查是监狱人民警察将罪犯2人或者三人编为一组互相对对方的衣着和身体部位是否藏有可疑物品进行检查，罪犯发现对方有可疑物品后立即报告警察处理的检查方法。仪器检查就是利用先进的电子检测门、探测器、扫描仪器等设施、设备对罪犯的身体进行扫描检查，以发现罪犯是否藏有金属物品的检查方法。人身搜查是由监狱人民警察亲自对罪犯的衣着和身体的各部位进行检查，以发现可疑物品。监狱人民警察主要通过挤压和触摸，对罪犯全身上下和衣物进行仔细检查。

女性罪犯由女性人民警察检查。

（二）人身搜查的要求

1. 至少要由2名以上监狱人民警察进行搜查。在对罪犯进行人身搜查时，要保持高度警惕，防止罪犯偷袭。由一名监狱人民警察负责搜身，另一名监狱人民警察负责警戒、监视。手持警棍搜查时，应使警棍随时处于准备击打状态和姿势。对女性罪犯的人身搜查，由女性监狱人民警察进行。在未完成搜查前，命令罪犯不准有任何举动。

2. 要严格按照搜查要点进行搜查。既要搜查罪犯的身体各部位，也要仔细搜查罪犯所穿的衣服。搜查时，先搜查腋下、背部、腰部，然后搜查帽子、头发、衣领、口袋、袖子、鞋袜等，特别要注意夹层、卷边、缝补过的地方。必要时，令罪犯脱下所有衣服进行搜查。

3. 对一些特殊的地方要仔细搜查。要注意搜查罪犯身上贴附的膏药、包扎的绷带、伤口，使用的假肢、假牙等。

4. 要及时处置搜查物品。对搜查出的物品，应视情况及时处理，并查明物品的来源、携带的动机和目的，情节严重的，要对罪犯严肃处理。

 【范例分析22】

[范例] 1994 年 1 月 7 日中午，某监狱十三中队车间。

突然，在车间五楼楼梯转角处冒出了滚滚浓烟。"着火啦！"不知是谁喊了一声，在车间干活的罪犯一阵惊慌。随即，大部分罪犯拿起工具赶去五楼楼梯转角处灭火。霎时，偌大的车间只剩下寥寥几个不知所措的罪犯。

这时，惊人的一幕发生了。罪犯曾某取出事先准备好的半边剪刀，走到罪犯梁某背后，用剪刀残忍地对着梁某头部、面部、喉部猛刺。梁某一声惨叫，倒在地上。罪犯黄某、钟某发现后上前制止，曾某又将两犯刺伤，然后继续追杀梁某。车间的惨叫声引起了在外面救火罪犯的注意，闻讯陆续赶回车间。看见曾某正用剪刀在追杀梁某，立即上去制止曾某。曾某一手持剪刀，一手持板凳顽固反抗。罪犯王某看见旁边有一根竹棍，于是操起竹棍朝曾某的头部打去，曾某后脑被击中当场晕倒在地。

罪犯曾某为什么要杀害其他罪犯呢？监狱立即成立了专案小组对苏醒过来的曾某进行了讯问，整个事件随即真相大白。

据罪犯曾某交代，自被法院以故意伤害罪判刑 15 年入监后，由于刑期漫长和无任何亲人（孤儿），曾某埋怨上天的不公，强烈的自卑感和嫉妒心理使其性情变得越来越古怪。他不但没有反省自己所犯的罪行，反而把入监服刑归咎于社会和身边的人群，为丧失自由而愤愤不平，产生了仇恨社会和他人的心理。强烈的愤世嫉俗情绪，扭曲的人生观，使曾某产生了"就是死也要拉人做伴"的罪恶念头。

1993 年 12 月 9 日，曾某利用值班警察疏忽之机，从劳动车间私带了一把剪刀回监室，伺机作案。在这之后的多次日子里，曾某都想伺机作案。11 日凌晨 2 时左右，曾某兽性大发，手持剪刀对睡在其旁边的罪犯杨某猛刺 8 刀。该事件发生后，监狱认为调换环境会使曾某重新树立改造认识，便将其从十五中队调到十三中队继续改造。

调换中队后，环境的改变，并未使曾某自觉接受教育，深刻反思。相反，更加增加了其对他犯的怨恨。将更多的不满和怨恨转嫁到十三中队的其他罪犯身上，满脑子充满了对其他罪犯的怨恨和邪念。

1993年12月29日，曾某在车间三楼劳动时，捡到一把半边剪刀。若有所思的曾某将其私藏在车间，一个更疯狂的报复行凶计划在其脑海里酝酿。经过对车间的观察，曾某决定采用故意放火、趁混乱之机行凶杀人的计划。

1994年1月7日中午，曾某乘劳动休息之际，窜上车间五楼楼梯处抽烟。13时左右，开工哨吹响，曾某等其他罪犯回车间后，便用准备好的打火机，点燃了堆放在楼梯转弯处的一堆棉花、海绵等材料，然后返回四楼车间。

[分析]"1·7"罪犯曾某故意杀人案，虽然已经过去十多年，但若干年后我们再来审视这个案件，仍然足够引发我们对管教工作重要性的认识。亡羊补牢，犹为未晚。我们要从这个案件中汲取经验教训，举一反三，感受深刻的教育和启示。从该案的发生，我们可以看到监狱在监管安全管理中存在的问题：对重点罪犯的监督管理不到位，对劳动工具和危险物品的管理失控，从而导致了这起案件的发生。如果监狱警察注重安全管理的话，把安全隐患消灭在萌芽状态，就能最大限度地减少事故的发生。

【情境训练22】

[案例] 2000年8月29日中午12时45分左右，某监狱七监区罪犯休息大厅，罪犯正在大厅进行午休，现场只有几名罪犯值班员负责维持秩序。罪犯廖某一直躺在床上翻来覆去，心神不定。突然，他发现罪犯值班员有的在睡觉，有的在上厕所，整个罪犯休息大厅无人看管！廖某心中大喜，从床上爬起来后，看无人注意自己，悄悄地溜进了大厅卫生间。在卫生间里，他拿出一块早已准备好的重约7.5公斤的圆铁饼，用右手抓住藏在背后，又悄悄走到与其相隔一个床位的正在休息大厅午睡的罪犯陈某床前，迅速举起圆铁饼朝陈某的头部猛砸两下，然后丢掉铁饼向大厅门口跑去。在休息大厅值班的罪犯和其他被惊醒的罪犯立即上去一起按住廖某，并马上报告值班干警。监狱值班警察赶到现场后，立即把受伤的陈某抬送到医院抢救，但因伤势过重，于当天下午15时10分不治身亡。

廖某投监才两个月，为什么要杀害罪犯陈某呢？案件发生后，监狱组成了专案组进行深入调查。经审理查明，发现廖某杀害陈某是一起因焦虑多疑而早有预谋的杀人案。

据廖某交代，廖某自入监后，由于刑期太长，想到自己的宝贵青春被葬送在没有自由的高墙内，外面的精彩世界，美好生活与他无缘，渴望自由的愿望越强烈，就越会感觉到人生希望渺茫。由此导致他性格孤僻，沉默寡言。廖某在看守所关押期间就有过自杀（未遂）的行为，入监后曾对新收犯高辉说："我活着没有意思，为什么不判我死刑，快活一点。"在服刑过程中消极改造，常称自己有病，企图逃避劳动，多次在罪犯中造成不良影响。特别是廖某听到其他罪犯说罪犯陈某在背后说他的坏话，说装病不劳动，开始对陈某怀恨在心。生性多疑的他，对陈某有了偏见之后，把自己不见了的香皂等生活小节也归咎于陈某，怀疑是陈某所偷，常常认为他在与自己故意作对。日积月累，廖某产生了要报复陈某的念头，一直在寻找报复的机会。一开始廖某选择了劳动现场，后因劳动现场人多难下手，于是他把目光转向了监舍区。由于监狱当时新收押罪犯较多，监舍床位不足，不得不把部分新收押的罪犯临时安排在监舍一楼大厅睡觉。某日，廖某去大厅水房打水时，在一个并不引人注意的地方放有一块铁饼（约 7.5 公斤），他就把铁饼偷偷从水房带出来藏在大厅卫生间里，准备选择罪犯集中在大厅午休时作为其下手的时间。

2000 年 8 月 29 日中午，发生了本文开头的一幕。

假如你是监区长，请总结监区在这起事件中存在什么样的问题？

黄绍华、孙平主编：《监狱现场管理实训教程》，中国政法大学出版社 2006 年版，"岗位业务技能训练"部分。

学习情境 10.5　安全防控

知识储备

一、危险分子

危险分子是监狱监管工作实践的一个习惯叫法，指涉嫌有实施内攻击行为或违法犯罪行为可能的罪犯。从监狱实践来看，以下几类罪犯可以划归为监狱的危险分子：有脱逃或组织越狱嫌疑的；有行凶、报复、投毒、爆炸、纵火等嫌疑的；有秘密组织暴狱、抢夺枪支、劫持人质嫌疑的；有聚众闹事、抗拒改造和破坏嫌疑的；与狱外犯罪分子有可疑联系的；惩处后心怀不满、确有实施危险行为可能的；涉及危害国家安全嫌疑的；有传播犯罪伎俩、教唆犯罪嫌疑的；有自杀嫌疑和迹象的；服刑期间又犯罪，正在侦查审理的；屡教不改的严重违纪罪犯等。

危险分子是影响监管安全稳定的重要因素，对监狱人民警察和其他罪犯的人身安全构成巨大威胁。监狱应根据狱情排查的方法，尽早摸排确定危险分子对象和范围，逐一列出名单，预测其危险程度，研究确定监控教育的具体方案，采取有效措施，进行分类管理，防患于未然。同时应将负责监控教育的警察姓名及被其监控的危险分子姓名记录在案。

对确定的危险分子要及时填写《危险分子审批表》，分别由监区或分监区、狱政管理部门建档、备案。经过考察教育，危险消除后，要及时填写《撤销危险分子审批表》。

对危险分子要建立专门档案，档案内容包括谈话教育卡片，本人思想汇报，监控罪犯反映记录，确定、撤销危险分子审批表，改造表现，监区或分监区综合分析材料等内容。

二、危险分子的控制

（一）制度控制

1. 严格实行点名制度、查铺制度、"五固定"制度。点名制度就是要求监狱人民警察在罪犯出工、收工、睡觉、起床、集体活动和三大现场时定时或随时清点罪犯的制度。点名可以采取公开和秘密相结合的方法，根据情况每半小时或一小时巡查一遍罪犯。若发现少人时，要立即查找和公开集合点名。查铺制度主要是检查罪犯是否按规定归宿就寝的制度。"五固定"制度是指罪犯在服刑过程中，如无特殊情况和要求，罪犯的睡觉铺位、学习座位、劳动岗位、就餐席位、队列序位要固定，不得随意变动。

2. 灵活运用"三包"、"一夹"、"五不准"制度进行监控。"三包"制度是指监狱根据罪犯危险程度不同，分别确定由监狱领导、中层领导、基层警察与该危险分子建立固定联系并实行包管、包教、包转化的制度。在这个过程中，负责"三包"任务的监狱人民警察要根据具体任务要求，每月至少2次主动找该危险分子谈话，了解其思想和表现情况，并有针对性地采取管理措施，进行教育转化，防止其实施违法犯罪行为。谈话要有详细记录，并填写谈话卡片，及时分析情况，考察教育效果。"一夹"即包夹制度，是指监区或分监区安排两名积极改造的罪犯，每天与一名危险分子共同生活、劳动、学习，并对其全面监督、控制的制度。在包夹过程中，要制止其违法犯罪行为，帮助其转变思想认识，按时向警察汇报情况。"五不准"就是在危险分子没解除其危险性之前，不准单独行动或离开监管区自由活动，不准安排零星分散劳动、外役劳动和临时加班或夜班劳动，不准放在重点要害部位劳动，不准离监探亲，不准随便调动。

（二）公开控制

公开控制是针对现实危险性较大的危险分子，为防止其实施危险行为，监区或分监区监狱人民警察公开向其他罪犯宣布危险分子姓名、指出其危险行为倾向、发动其他罪犯进行监督控制的方法。

对危险分子公开控制的范围，取决于危险分子的危险程度。危险程度相对最大的，可在全监区或分监区公开；危险程度较大的，可在全小组或全小队公开。在宣布公开危险分子情况后，还要同时提出对危险分子明确而具体的要求，以便于罪犯群体对危险分子的监督制约。其他罪犯在任何时间、地点发现危险分子实施违法犯罪行为和危险行为均可立即制止，向监狱人民警察报告或将其扭送交予监狱人民警察处理。

（三）耳目控制

耳目控制，是指监狱对还未实施违法犯罪行为的危险分子或需要进一步获取违法犯罪证据而利用罪犯耳目对危险分子进行秘密监督的方法。

监狱选用耳目应注意到能为我所用，能接近危险分子，有一定观察应变能力，能保守秘密等条件。数量一般控制在押犯总数的 3% ~ 5%，由狱内侦查部门审查批准。使用和控制耳目的监狱人民警察应严格使用纪律，严格管理，防止失控。耳目对获取的有价值情报应及时报告监狱人民警察。但监狱人民警察应采取适当方式及时查证核实，防止受骗。耳目使用要严格保密，只许使用代号、编号、化名，不得使用姓名。要严格控制知悉耳目使用的人员范围，使用耳目的监狱人民警察要与耳目单线联系，使用前要向耳目宣布严格的纪律。严禁将耳目召集在一起开会，严禁耳目间发生横向联系。

（四）特殊控制

1. 加戴戒具。罪犯如果实施危险行为需要采取防范措施的，监狱人民警察通过履行程序，报经监狱主管领导批准后，可以给罪犯加戴戒具进行防范。遇到紧急情况，可以先行加戴，然后补办审批手续。一般情况下，只戴手铐，不戴脚镣。对于特别严重的，可以加戴脚镣。罪犯危险行为消除后，应立即停止使用戒具。需要注意的是，对老、病、残犯、女犯、未成年犯一般不得使用戒具。

2. 实行严管。严管对有危险性的罪犯实行严格管理、严格训练、严格监督、严格防范，使危险分子无实施危险行为的机会。对于危险分子实施严管，要履行相关的审批手续。对于经过严管已消除危险的罪犯，应解除严管送回

监区服刑改造。

3. 关押禁闭。禁闭是监狱对罪犯实施的一种行政处罚措施，同时也是一种强制性防范措施。对于加戴戒具、实行严管两种控制制度仍然不能消除罪犯危险性的，可以采取关押禁闭的形式进行控制和特别防范。关押禁闭，应由罪犯所在监区或分监区填写关押禁闭审批表，报狱政部门、监狱主管领导批准后执行。特殊情况，可先行禁闭，然后补办审批手续。禁闭的期限一般为 7～15 天，对于到期仍不能消除危险的，经批准可延长禁闭期限。对于特别危险的罪犯，可在关押禁闭的同时加戴戒具。对被关押禁闭的危险分子，应严格管理，同时加强教育。达到禁闭效果的，可以提前解除禁闭送原所在监区服刑改造。关押禁闭的危险分子，一律停止会见、通信，不准参加劳动。

此外，为了达到对危险分子的控制，还要加强警戒设施、监控设施的建设，发挥技术防范在监控中的优势，为了达到严格落实监控制度，加强危险分子的转化教育工作，多方面、多角度进行防范，从而消除罪犯的危险性和实施危险行为的机会。

三、追捕逃犯

《监狱法》第 42 条规定："监狱发现在押罪犯脱逃，应当即时将其抓获，不能即时抓获的，应当立即通知公安机关，由公安机关负责追捕，监狱密切配合。"由此可见，追捕逃犯是双方的重要职责，是与狱内犯罪行为作斗争的重要措施。快速及时捕回逃犯，对于维护法律的尊严，震慑在押罪犯，保障监狱秩序的稳定和社会稳定具有重要意义。这就要求监狱和公安机关要互相配合，相互协作。监狱追捕逃犯，要注意从以下几个方面来完善追捕工作：

1. 双方应密切警务协作制度。监狱应当与当地公安机关建立长期性警务协作制度，经常互通情报，交流信息，密切双方关系。

2. 监狱应即时抓获逃犯。监狱如果发现罪犯脱逃，应快速组织警力，一方面全面细致地在现场勘查和搜索，获取逃犯的详细情况和线索，并迅速在现场外围进行围追堵截，争取在罪犯未逃出监狱安全防范区域的最短时间内抓获逃犯；另一方面，要立即通报所在地的县级公安机关，以使公安机关及时掌握信息，制定有关追逃方案。

3. 公安机关负责追捕逃犯。监狱不能即时抓获逃犯时，应当及时通知所在地的有关公安机关，并将逃犯的详细资料书面提供给公安机关。公安机关接到通知后，负责追捕逃犯的全面工作。公安机关抓获逃犯后，应当及时通知原关押监狱。

4. 监狱协助公安机关追捕逃犯。监狱在公安机关追捕逃犯的过程中，要及时与公安机关沟通联系，要进一步向公安机关及时提供逃犯的有关信息，必要时也可以派出人员和车辆协助追捕。

【工作要点】

一、罪犯脱逃的防控

（一）完善监狱硬件设施建设，加强"物防、技防"的防范作用

监狱应该根据《监狱建设标准》，积极创造条件，完善监狱的各项硬件设施，使监狱的各项建筑设施符合监狱建设标准的规定。要配备先进的技术监控设施、照明设施和报警设施等，并形成一套完整的、完善的管理、使用制度，保证狱政管理设施防范和技术防范工作正常，准确有效。充分发挥"物防、技防"的防范作用，就能及时、准确、有效地阻止和发现犯罪，罪犯就是想动也不敢动，想逃也逃不掉。

（二）制定、落实各项监管安全制度，突出"人防"的主动性

监狱要充分重视"人防"在防范罪犯脱逃中的重要作用。要充分调动监狱人民警察工作的积极主动性，制定、落实和完善各项监管制度，做到以制度控人，以制度管人，消除监管安全隐患。要加强对罪犯服刑现场的警戒工作，各部门要分工负责，提高警惕，相互配合，严密巡查，形成合力和震慑力，发挥"人防"在防范罪犯脱逃中的积极主动性。

（三）抓好罪犯的反逃教育，从源头上消除罪犯的逃跑念头

监狱要加强对罪犯的思想教育，组织罪犯学习有关法律，讲明逃跑的性质和给自己、家人和社会带来的危害。要对罪犯的逃跑行为进行严厉打击，把逃跑捕回的罪犯作为反面事例对所有罪犯进行全面教育，震慑罪犯，从而消除罪犯的逃跑意念和侥幸心理，促使罪犯认罪服法，安心改造。

（四）重视狱情排查工作，建立和完善罪犯脱逃处置机制

监狱、监区、分监区根据本单位的具体情况，充分重视监狱的狱情排查工作，预测犯情动态，摸排确定罪犯逃跑的危险性程度，进行针对性的监控和防范。要建立和完善多层次、全方位的罪犯脱逃预警处置系统，制定各种控制罪犯脱逃预案，不定期进行有目的的演练，增强队伍快速反应和有效处置罪犯脱逃案件的能力。

二、罪犯非正常死亡的防控

（一）抓好罪犯思想教育，注重心理转换

监狱要高度重视对罪犯的个别教育和心理矫治工作，突出抓好重点罪犯的思想工作，帮助他们尽快完成心理转换，解决心理障碍。部分罪犯入狱后

往往对监管改造具有强烈的抵触情绪，很难接受入狱的现实，容易对未来失望、绝望，从而产生偏激心理，并采取偏激行为来逃避或抗拒改造。监狱要针对每一个重点罪犯的特殊情况，找出关键症结，有针对性地开展心理辅导、劝慰、安抚和个别教育工作，引导他们尽快完成心理、地位、角色转换，适应监狱生活。通过个别教育，从中发现其思想动向，这样也会在这些罪犯思想上形成干警注意和关心他的印象，增加罪犯对生活的希望，而不是等到罪犯出了问题再和他谈话。对于发现有危险倾向的服刑人员，就必须立即抽出一定时间，无论该罪犯处于多么重要的劳动岗位，都要立即进行个别谈话教育，解决其实际问题，以缓解其精神压力，防止他们由于思想压力过重而发生问题。通过思想教育，使罪犯采取合法、合理、合情的办法解决自己和家庭的一些具体问题，树立生活的信心和勇气；同时，要注意及时掌握罪犯的心理动态，在出现反复、异常、剧烈波动时及时采取有效的工作措施，尽量使他们保持相对健康、正常的心理，消除失望、绝望心理，打消自杀念头。

（二）加强罪犯管理工作和设施防范建设，消除罪犯自杀安全隐患

为了消除罪犯逃跑的诱因，监狱一方面要加强依法管理和人性化管理，打击狱内牢头狱霸现象，使罪犯通过服刑改造看到新的生活和希望；另一方面监狱要尽可能完善监狱的防范设施，消除监狱配套设施存在的隐患，在硬件上使想死的罪犯无自杀的条件。监狱设施的完善要特别注意一些可能被罪犯利用进行自杀的场所，对生产区域、生活区域的二楼以上楼层，要安装全封闭防护栏，阻断通往楼顶和其他高处的通道，有效防止跳楼式自杀；对生产、生活设施要进行改善，减少碰撞式自杀的条件；对监狱一些墙壁、水管等部位，要减少可以悬挂绳索等细长物品的部位；要加强对亲属送入监区物品的检查，防止危险物品流入。

（三）认真落实各项监管制度

制度是监管安全的保障，认真落实各项监管制度是监管安全的要求。监狱人民警察在罪犯管理的任何时候，都要不折不扣的执行和落实各项监管制度，加大对重点部位、重点时段、重点人头的监控，尽可能地减少和杜绝自杀隐患。加强监狱狱情的分析排查工作，完善和落实监管人员责任制、罪犯思想动态经常排查制、监控制和报告制。加强对绳索、刃具、药品等危险品的管理控制。避免危险工具由生产区流入监内等，杜绝罪犯利用刀具等危险工具实施自杀。此外，还要定期进行安全排查，及时排除隐患。加强重点要害部位和重点要害时段的管理，严格罪犯监督岗的任用，加强监督岗的教育。对于监管人员在监管工作中的失职、渎职或滥用职权行为，必须严肃查处，

决不姑息迁就。

(四) 改善刑罚执行监督工作

行使刑罚监督权的驻监狱检察机关要加大刑罚执行监督的力度，通过开展安全防范检查、卫生检查、罪犯约见检察官活动、深入监区直接了解罪犯改造情况、适时提出检察建议等途径，协助监管机关消除安全隐患，帮助做好罪犯的心理引导工作，维护正常的监管改造秩序，遏制罪犯自杀。同时，要依法查处监管人员玩忽职守、滥用职权、虐待被监管人员、贪污贿赂等犯罪行为，通过维护正常、公平、公正的监管改造秩序，尽量消除罪犯的不满心理、失望心理和自杀心理。

三、狱内重大案件的防控

(一) 抓好情报信息的搜集工作

监狱在做好正常的狱情分析、排查工作的同时，要充分重视情报信息在狱内案件防控中的作用。狱内情报信息对于分析狱内违法犯罪的总体状况、制定监管战略决策、对重点罪犯和重点部位实施网上监控、发现控制监管隐患、攻坚转化罪犯和揭露证实犯罪具有重要意义。监狱应该建立一套科学有效的情报信息搜集处置系统，以及时掌握案件情报信息，迅速处置。在搜集狱内情报信息时，要遵循及时迅速、客观准确、全面系统、持之以恒的基本要求。对搜集到的情报信息要注意储存和保密，并及时进行科学的分析和研判。

(二) 严格落实监管安全制度

监管安全管理制度是为了消除监狱安全隐患、预防安全事故的发生而制定的，是对罪犯的思想行为、监狱的警戒设施、监控设施和重点要害部位所采取的控制措施，以及时发现由于人为因素、社会因素、自然因素等原因产生的各种监狱安全漏洞和隐患，并及时进行处置，消除隐患，杜绝和减少狱内事故的发生。安全管理制度是通过以往发生的事故和血的教训总结出来的，并且是经过实践证明有效可行的。所以，严格执行和落实监管安全管理制度，就能及时发现工作漏洞，及时消除隐患，使罪犯管理工作更具有针对性、主动性和进攻性，防止狱内违法案件的发生，保障监狱的安全稳定。

(三) 严厉打击狱内违法案件

监狱是我们国家的刑罚执行机关，依照法律、法规和制度对在押罪犯实施监管和改造的各种活动，既是国家刑罚执行机关行使刑事执法职能的基本内容，又是完成惩罚犯罪、改造罪犯任务的基本保证。被依法关押的罪犯既然是监管改造的对象，就应当遵守法律、法令和监规纪律，规规矩矩地服从监管，老老实实地接受改造。然而，在现实当中，有部分罪犯关进监狱后，没有清醒认识到自己的犯罪性质，不认真接受改造，甚至从事违法犯罪等反改造行为，对抗法律。对于在狱内进行违法犯罪的罪犯，我们要迅速侦破，严厉打击，以保障监管安全和稳定监管秩序，创造一个稳定和谐的改造环境。否则，监狱的刑罚执行职能就不能发挥作用，改造罪犯的任务也无法完成。

四、重大生产安全事故的防控

（一）明确责任，健全安全生产的保障机制

监狱应建立健全安全生产领导责任制，完善安全生产管理机制和安全管理网络，明确安全生产的各级责任人，定期对安全生产的责任人进行考核并通报。安全责任人必须对劳动现场的安全生产工作进行直接管理，要制订安全生产的工作计划和具体落实措施。各级领导在管理生产的同时，要管理安全生产工作；在计划、布置、检查、总结、评比生产的时候，必须同时计划、布置、检查、总结、评比安全生产工作。领导重视，责任明确，机制健全，才能充分调动各级领导、各级部门重视监狱安全生产工作的积极性，避免事故的发生。

（二）严格制订和落实各项生产安全管理制度

监狱要制订和完善符合本单位实际的安全生产管理制度。生产车间的所有设备、工种必须要有安全生产操作规程，做到有章可循，循章必严。安全生产制度和操作规程必须在车间内规范上墙，要定期组织操作人员学习，达到人人能熟练掌握的目的。要制订消防预案，成立消防应急小组，根据需要每年应进行一定次数的演练。

（三）坚持开展安全生产培训教育活动

对监狱人民警察，要根据岗位职责进行安全生产和管理为内容的安全意识教育。对新入监的罪犯，要把安全生产知识的培训列入重点，转岗的操作人员必须重新接受安全教育，监区或分监区要根据情况定期对罪犯进行安全教育。从事电工、机动车驾驶、锅炉、压力容器、焊工、起重、爆破、架子工等特殊工种的人员必须经当地主管部门培训、考核、发证后才能上岗，无证人员一律不得从事特殊工种的操作。

（四）加强安全生产检查

监狱各级部门应根据需要开展定期或不定期的安全生产检查。定期检查制度要坚持执行，并有记录；各监狱安全管理人员及监督部门必须不定期到各劳动现场进行检查，对查出来违反安全规定的现象必须立即给予纠正和处罚，并对隐患发出整改通知书限期整改，在规定期限内不整改的，可给予警

告直至进行行政处罚。各监狱每月必须召开安全生产分析会，以及时掌握安全生产存在的问题。

（五）严格易燃、易爆、剧毒物品的管理

禁止从事易燃、易爆、剧毒物品的生产。对易燃、易爆、剧毒物品的领用、回收，应加强管理，禁止由罪犯保管此类物品。作业过程确需使用此类物品的，必须由监狱人民警察直接领用、分配或调配、监督使用和回收，不得使用罪犯。建立领用、回收登记本。禁止由厂房师傅大量储存、保管此类物品，禁止任何人携带火种进入车间，作业过程中确需火种的，必须由监狱人民警察直接掌握。

【注意事项】

一、要牢固树立监狱安全稳定意识

要充分认识到做好监狱安全稳定工作的重要性，监狱要把安全稳定工作作为监狱工作的头等大事和重中之重。只有监管安全保证了，我们才能有更多的精力去抓好教育，搞好生产，才能进一步提高罪犯的改造质量。监狱各级部门和监狱人民警察要进一步提高思想觉悟，认识到维护监狱安全稳定工作的意义及其复杂性、长期性，克服松懈厌战情绪，随时提高警惕。要教育全体监狱人民警察增强责任感，提高敌情观念，克服麻痹松懈思想，时刻保持清醒头脑，变被动接受为主动落实。

二、巩固和完善"三防"立体防范体系，实行主动预防

完善和巩固"三防"立体防范体系，充分发挥"三防"的安全防范作用，既要调动警察的主观能动性，从管理上谋求安全，也要利用坚固的物防和先进的技防，从硬件上确保安全。所以，监狱要注重巩固"人防"。事业的兴衰成败关键在人。要使"三防"立体防范体系发挥其应有的作用，就必须要加强警察队伍的建设，努力锻造一支政治坚定、业务精通、作风过硬、纪律严明的警察队伍。监狱要注重提升"物防"。监狱要根据工作需要，加固监狱大门、监区小院门、围墙、电网、会见室、禁闭室、警察值班室、生产区和生活区门窗防护网等重点部位的设施，并加以定期养护，大力提升监狱的硬件设施管理水平。监狱要强化"技防"。向科技要警力，利用科技的力量来提高监狱的安全防范能力。通过科技防范，预防、制止重大事故和案件的发生。在监狱内部，逐步形成以人防为基础、以物防为保障、以技防为补充的，三者并举，交叉配套的防范体系，从而实现对监管安全的立体防范。

三、注重强化机制运用，确保防控效果

要确保防控体系收到实实在在的效果，除了依靠人之外，还要强化排查、预警、决策指挥、应急处置四种机制的运用。排查机制就是在罪犯的日常管理中，监狱警察要按照要求进行狱情排查，以尽快掌握罪犯的思想和行为动态，根据排查结果区别情况进行处置，以及时进行预防。监狱安全预警机制，就是通过安全检查发现威胁监狱安全的各种隐患和漏洞，对监狱安全形势进行准确评估，及时发出安全警报，将隐患及时消灭的工作机制。它能够准确、有效地将各种安全隐患消灭在初始阶段，能够在源头上预防和控制安全事故的发生。在实际工作中，预警机制的运行取决于信息、情报的准确度和预警分析、监控的精确度。决策指挥机制就是要求监狱针对狱内突发事件，要做到快速反应，按照特定程序迅速启动相应的应急预案。应急处置机制是按照监狱事故和案件一定的程度标准，联动各部门采取相应的措施、方案进行处置的运转系统。应急处置机制的建设关键在于应急预案的制定与演练。加强演练，积累实战经验，大力提高监狱的安全防控能力，在处置事件时才能赢得主动，将其迅速平息，并将人员伤亡、财物损失减到最轻。

四、安全防控预防为主，标本兼治

"安全第一、预防为主"，这是监管安全防控长期实践的经验总结，也是建立监管安全防控体系的基本原则。坚持预防为主，要求强化从源头开始采取保障监管安全的措施，重视提高监狱人民警察的安全意识，加大安全配套设施的投入，预防监管安全事故的发生。标本兼治，要求既要立足当前，通过强化监狱文明、严格、依法执法，深化整治监狱执法、组织监狱执法大检查和专项监督、严肃查处事故等措施，消除隐患，遏制监管安全事故发生的苗头；同时又要着眼于建设长效机制，完善监管体系，推进法制建设，加强基础工作，开展安全文化建设，实现和保障监狱监管安全的稳定有序。

【范例分析23】

[范例] 2003 年 6 月 30 日早上 7 时许，在某监狱 A 幢厂房六楼二车间内，五监区值班警察正在集合罪犯开工清点人数。此时，罪犯段某（故意杀人罪，原判死缓）漫不经心地环视了一下车间四周，当他看到车间北面的窗口时，心突然"砰"地跳了一下，随即眼中划过一道异样的眼神。是什么东西引发了段某的注意呢？原来，段某环顾到车间北面的窗口处时，看到那里被锯开了一个约为 40×40 平方厘米大小的切口。这么一个小切口，在别人看

来是多么不起眼，但是在段某眼中，却是他通往天堂的"幸福"之路。因为，他早已厌倦了这个世界，负罪感早已使他萌生了轻生的念头。

带班警察清点完人数后，随着一声"解散开工"的口令，其他罪犯都站到了自己的劳动岗位开始工作。而段某没有回到自己的劳动岗位，而是迈着飞快的脚步径直地走向了车间北面那个窗口。看到没人注意自己，段某爬上防护网，用尽他这生所有的力气，钻进了那个切割口，望着窗外那美好的世界，纵身跳了下去。这一刻，他觉得整个世界只有他自己，带走了所有的悔恨，带走了家人、警察、朋友对其殷切的期待与满怀的关爱，带走了家人、警察对其孜孜不倦的教育与引导。只听到"砰"的一声，段某重重地摔在水泥地面上，一动不动。段某选择了用自杀这种方式来逃避现实，逃避漫长的刑期。

段某跳楼后，值班警察立即组织人员将其送往医院进行抢救，并同时向监狱进行了汇报。后段犯因伤势过重抢救无效而死亡。

段某为什么会跳楼自杀呢？事故发生后，监狱对段某跳楼自杀的原因进行了调查。经查明，段某因对怀胎数月的女友实施犯罪行为悔恨不已，自从被公安机关采取强制措施限制人身自由以来，便产生了悲观厌世情绪。关进监狱后，由于觉得罪孽深重，愧对女友和父母，多次在其他罪犯面前流露出想以自杀来了结生命的念头。2002年6月24日，段某被监狱警察排查出存在自杀倾向，被列为B类重点罪犯进行管理。监狱警察对其开展了长期针对性的教育及谈话开导工作，但段某仍未解除心理枷锁、放下思想包袱，反而多次利用管理漏洞实施自杀。错误的人生观、价值观渐渐侵蚀了他对过往美满幸福生活的向往与眷恋，仿佛只有窗外的世界才能平息他内心对所犯下罪行的全部悔恨与懊丧。于是，时间指在2003年6月30日7时许，罪犯选择了钻进切割窗口跳楼结束了自己的生命。

[分析] 导致罪犯自杀的原因是多种多样的。从深层次原因看，罪犯受文化程度、职业和性别等因素的影响，心理素养和承受能力较低，对事物的理解和认识容易产生偏激，难以接受人生道路上的巨大落差和转折，因绝望而走上自杀之路。翻开段某的档案材料我们发现，其在看守所时曾实施过自杀行为，但因制止及时未能得逞。进入监狱后，段某一直没有放弃轻生的念头。面对着段某的自杀倾向，监区虽然将他列为B类重点罪犯进行管理，但未采取有效措施进行重点教育，个别谈话流于形式，没有进行针对性的心理疏导，也没有动员家庭力量来感化罪犯，使得段某心中的枷锁一直未能打开，最终选择自杀来摆脱面临的心理问题。为避免类似事件再次发生，监狱要切实转

变执法理念，强化人性化执法，以人为本，监狱和监狱警察除了从法律的角度履行监管罪犯的职责外，还要从人性、家庭和社会的角度，去分析、了解、尊重他们，给予人性化关怀，化解负面因素。要强化监狱隐患的排查，防范工作要尽量考虑周到、细致、完善，积极开展隐患排查，采取有力措施，严防自杀事件的发生。

 【情境训练23】

[案例] 2007 年 5 月 8 日，某监狱五监区监舍厕所、洗澡共用房。

凌晨 5 时左右，楼层值班罪犯正借着灯光阅读报纸。突然有个人影趁楼层值班罪犯不注意，一闪而过，溜入了该监舍楼三楼水房。该人迅速用事先准备好的每根长约 2.7 米的 3 条包装绳，绕挂在离地面高 1.85 米的水管上，圈了个圈圈，踮起自己的脚跟，套在自己的脖子上，两脚一蹬，挣扎了几下，就不动弹了。

5 时 15 分，天刚微微亮。楼层值班罪犯到水房准备洗漱时，突然发现有个人挂在水管上，仔细一看，原来是罪犯钟某。值班罪犯立马上去抱下钟某，将其放置在冲凉房的地板上，并立即报告了值班警察。

值班警察接到报告后，迅速赶到水房，立即组织现场紧急抢救，同时向监区领导报告了事故情况，并采取措施封锁保护现场。随后，钟某被送进医院进行紧急抢救，但由于发现时间太晚，钟某经医院抢救无效后宣布死亡。

事故发生后，监狱对罪犯自杀的原因进行了详细调查。经调查查明：钟某于 1995 年实施犯罪后，为了逃避抓捕，在外潜逃了十一年多，于 2006 年再次犯罪时才被公安机关抓获。钟某在长时间的潜逃过程中，积累了极其复杂的社会经历。在被关进监狱后，监狱在进行犯情排查时没有将其列为重点监控对象进行管理。在监狱服刑的日子里，钟某由于一直没有得到家人的宽恕，遭到亲人的遗弃，所有亲属均未与其通过信，更没有亲属来监探视。亲属的冷遇导致罪犯心灰意冷，消极改造。在劳动生产中工效较低，劳动技能差；平时沉默寡言，极少与人交往；思想言行伪装性强，表现特征不明显。由于长期的心理问题积累，罪犯最终选择了自杀的道路。

假如你是值班警察，试分析这起罪犯自杀事件中存在什么样的管理问题？

拓展阅读

　　左登豪："科学预测罪犯的人身危险性"，载《上海警苑》2004年第7期。

【学习情境11】　激励管理

学习情境11.1　罪犯考核

知识储备

一、考核内容

　　考核的内容是考察评定罪犯改造表现的标准和依据，是监狱改造罪犯总目标的具体化和标准化。现阶段我国监狱改造罪犯总目标是将罪犯改造成自食其力的守法公民。根据《监狱法》规定，罪犯有悔改或者立功及重大立功表现是罪犯减刑、假释的法定条件，减刑、假释的本质是对罪犯改造符合改造要求、达到改造目的的一种肯定和奖励，所以悔改表现或者立功及重大立功表现是监狱改造罪犯总目标的一个具体化内容，是罪犯考核的核心内容；司法部第88号令中明确规定"《监狱服刑人员行为规范》是罪犯接受改造必须遵守的行为准则，是考核罪犯改造表现的一项基本内容，是实施奖惩的重要依据"，所以《监狱服刑人员行为规范》是考核罪犯改造表现的主要标准和依据，是罪犯考核的基本内容。根据上述内容和司法部《关于计分考核奖罚罪犯的规定》及我国狱政管理工作实践，罪犯考核的内容可分为下列四个方面：

　　（一）认罪服法接受改造方面

　　主要考核罪犯是否承认犯罪事实、深刻认识犯罪危害性；是否真诚悔罪、自觉接受监狱改造；是否不隐瞒余罪和真实姓名、家庭地址、社会关系；是否主动维护改造秩序、检举揭发违规违纪行为等。

　　（二）遵规守纪方面

　　主要考核罪犯是否遵守国家法律；是否遵守《监狱服刑人员行为规范》和其他监规纪律；是否服从监狱人民警察的管理教育；是否能背诵或熟记

《监狱服刑人员行为规范》等。

（三）教育学习方面

主要考核罪犯是否积极参加监狱组织的政治、文化、技术学习，上课是否认真听讲，学习态度是否端正，是否独立认真完成作业，考试成绩是否合格；在个别教育或心理咨询活动中是否主动配合；是否积极参加监狱或监区分监区组织的文体活动和监区文化建设；是否积极参加自学考试；是否积极向监狱小报投稿等。

（四）劳动生产方面

主要考核罪犯劳动态度是否端正，是否服从调配，是否爱护劳动工具，是否节约原材料及积极进行技术创新；有劳动定额罪犯能否完成劳动任务，无劳动定额罪犯是否认真完成岗位职责积极参加力所能及的劳动；是否遵守安全生产操作规程和劳动纪律。

二、主要考核方法

（一）记事考核方法

记事考核法是一种对罪犯的现实表现用文字材料记载并侧重于定性考核的方法。记事考核法的优点是能准确而完整地记录和显示罪犯服刑改造过程中典型性的现实表现，其文字材料可以作为证据材料使用，为奖惩提供详实的资料。记事考核法适用于罪犯改造的积极和消极两种典型性改造表现。罪犯典型积极改造表现主要有最高人民法院《关于办理减刑、假释案件具体应用法律若干问题的规定》中所规定的立功表现、重大立功表现和《监狱法》所规定的可以给予行政奖励的情形；罪犯典型消极改造表现主要有罪犯严重违反《监狱服刑人员行为规范》等监规纪律或存在《监狱法》所规定罪犯有破坏监管秩序可给予行政处分的情形，以及罪犯违反《刑法》应追究刑事责任给予刑事处罚的情形。

（二）记分考核方法

计分考核法就是采取定量的方法来考核罪犯，将罪犯的改造表现用分数形式表现出来，将罪犯的日常行为进行数据量化，然后再对这些数据进行统计、分析和评定，确定罪犯是否达到奖惩条件的考核方法。计分考核的运作模式是把考核的内容及标准逐项分解成具体的要求和指标，每一项要求和指标都确定一定的分值，考核是根据罪犯行为达到要求和指标的实际情况给以奖分和扣分，在累计的分值达到一定标准时给予奖惩措施。目前监狱系统的计分考核主要以《监狱服刑人员行为规范》为标准设立相应的分值。

三、常用激励理论

（一）公平理论

公平理论由美国心理学家亚当斯首先提出，主要讨论报酬的公平性对人们工作积极性的影响。基本观点是：当员工取得成绩并获得报酬时，他不仅关心报酬的绝对量，而且还关心报酬的相对量。亚氏认为，奖励与满足的关系，不仅在于奖励本身，更在于奖励的分配上：$QP/IP = QX/IX$。其中，QP是自己对所获报酬的感觉；IP是对自己所付出的感觉；QX是对参照系的报酬的感觉；IX是对参照系付出的感觉。

对于罪犯来说所获报酬主要是指得奖分达标等考核结果、受到行政奖励或得到减刑、假释等；付出可以是服从管教、遵守《监狱服刑人员行为规范》等监规纪律、积极参加"三课"学习、完成生产任务等达到悔改表现要求；这里的参照系可能是他人、制度和自我。制度主要包括组织中的报酬政策以及这种政策的实际执行情况等等，自我则是指自己在过去的工作中所得报酬与付出的比例。

应该指出的是，这里报酬和付出都是罪犯的主观感觉。由于各人判别的标准不同，因而对同一种报酬和付出可能会产生不同的感觉。虽然这样得出的报酬与付出的比例是非常不精确的，但罪犯的态度会大受其影响，比较下来会有三种结果：当公式中取等号时，罪犯会觉得自己的报酬是合理的、公平的，心态就比较平衡；当公式中取小于号时，罪犯就会觉得自己的报酬低了、不公平了，因而就要设法消除这种不公平，通常会要求增加报酬，如果不能得到，则会产生抱怨情绪，降低改造的积极性，用减少付出的办法来求得心理平衡；当公式中取大于号时，说明自己的报酬水平大于别人，对多数人而言不会构成太大问题，但研究表明也有一些人会努力减少这种不公。

（二）双因素理论

双因素理论又称"保健—激励"理论。美国著名的心理学家弗·赫茨伯格（F. Herzberg）在20世纪50年代发表的《工作的激励因素》一书中将影响人的工作动机的种种因素分为两大类：保健因素和激励因素。保健因素的存在并不能使人们的思想上产生满意感，因而不能起激励作用，但缺少这类因素时，就会引起不满。保健因素也就像卫生条件保证人们不生病那样，起着防止对工作产生不满意的作用，在单位中，有维持工作现状的作用。保健因素包括诸如工作条件、人际关系、薪金、劳动保护、职业安定等。对于罪犯来说，保健因素包括衣、食、住、医疗、休息、劳动保护等基本处遇条件和狱内安全稳定的改造环境等。激励因素包括成就、赏识、工作富有挑战性、晋升和工作中的成长等，对于罪犯来说激励因素包括考核受肯定、获行政奖励、宽管处遇、减刑假释等。这些因素的存在，可以产生满意感。

根据赫茨伯格理论，监狱人民警察管理过程中要调动罪犯的改造积极性，首先要注意"保健因素"，做好罪犯的基本处遇和安全管理，使罪犯不至于产生不满情绪；但更重要的是利用"激励因素"，调动和提高罪犯的改造热情。监狱警察只有把"保健因素"和"激励因素"有机地结合起来，才能发挥最佳的激励效果。

【工作要点】

一、成立考核机构

对罪犯实施考核，监狱应成立由分管改造工作的副监狱长任组长，以教育、生产、刑罚、侦查、卫生等业务部门和纪检监察部门负责人为成员组成的罪犯考核工作领导小组，负责领导监狱的罪犯考核奖惩工作、检查和处理考核奖惩中的重大问题。考核办公室设在狱政科，主任由狱政管理科科长担任。监狱罪犯考核工作在考核工作领导小组的领导下，由狱政管理部门负责组织。

监区和分监区应成立由监狱人民警察组成的考核评审组或考核工作小组，负责实施和处理监区罪犯的日常考核奖惩工作，研究审批罪犯考核奖扣分情况，登记和建立各种罪犯考核台账。

二、实施日常考核

考核是对罪犯改造表现的日常记载和综合的评定。各省一般采用计分考核和记事考核相结合的方式对罪犯进行日常考核，记载罪犯日常改造表现。对普通罪犯日常改造表现的考核采用计分考核方式，计分考核以《监狱服刑人员行为规范》为标准设立相应的分值，采用违规扣分、奖励积极，以计分的结果作为奖惩依据的方法；对罪犯服刑正反两种极端表现的考核采用记事考核方式，记事考核以《监狱法》第29、57、58条为考核标准，采用一事一记以相关文字材料作为奖惩依据的方法。

（一）计分考核的实施

（1）确定奖、扣分审批权限。奖分扣分的审批权、据分数的多少，分别由监狱、监区、分监区行使，任何人不能越权奖分或者扣分。

（2）填报《奖、扣分审批单》。由监区或分监区管理警察填写《奖、扣分审批单》，根据审批权限，报相关部门审核审批。

（3）公布奖、扣分结果。罪犯的奖分、扣分结果，应及时公布，听取意见；计分考核实行"日记载、周评议、月公布"的制度，监区、分监区每天将罪犯考核奖分或扣分事项予以记载公布，每周对每个罪犯的改造表现进行评议，每月根据罪犯改造表现，研究考核意见，编制报表，报送监狱考核工作领导小组批准，登记罪犯考核台账并张榜公布。

（4）处理罪犯对奖、扣分的申辩或复议。罪犯对奖、扣分结果有不同意见时，可在奖、扣分结果公布之后的规定时间内向原审批部门或上一级部门以口头或书面形式提出申辩或申请复议，受理部门应认真复核，在规定时间内给予答复。

（二）记事考核实施

对于罪犯应当受奖励的情形，采用对当事人进行询问的询问笔录、证人亲笔证言、罪犯汇报材料和相关的证明材料以及管理人员填写的奖励文书等形式记录考核；对于罪犯应当受行政处罚的，要按有关规定，采集文字材料，制作相应的文书；需要追究其刑事责任的，则要按照刑事诉讼法及狱内侦查工作规范的要求，制作询问笔录、讯问笔录和现场勘查笔录等法律文书记录考核。

三、进行月综合评定

根据罪犯日常奖、扣分考核结果，每月月底对罪犯当月总体改造表现及完成改造任务情况进行综合考核和评定。如果罪犯当月奖、扣分达到一定要求，可给予"积极"、"达标"、"嘉奖"等形式的综合评定，该评定可与罪犯奖惩直接挂钩。

四、组织年终评审

监狱于每个年度结束前，以组织罪犯自我检查和监狱人民警察审查评定相结合方式对罪犯一年来的服刑改造表现进行年终评审，对罪犯过去一年内的服刑改造表现的进行全面的审查和认定：

（1）组织罪犯从认罪服法情况、遵守监规纪律表现、劳动表现、接受"三课"教育情况、今后努力方向等方面进行自我鉴定。

（2）对罪犯自我鉴定进行小组评议和分监区、监区审查。

（3）制作《罪犯评审鉴定表》，报教育部门和监狱审批。

（4）将《罪犯评审鉴定表》归档，作为对罪犯提请减刑、假释必备材料。

五、出监鉴定

在罪犯由于服刑期满、裁定假释、暂予监外执行等原由需要出监时，监狱要制作并填写《罪犯出监鉴定表》，全面记载罪犯相关信息并对罪犯在监狱

服刑以来的改造表现做出总结性全面评定，揭示罪犯在监狱内服刑改造以来的刑期变动情况和所有奖惩情况，总结罪犯在监狱执行刑罚期间的改造表现及改造成果，为接收机关对出监人进行监督考察、帮教安置提供可靠依据。

【注意事项】

一、罪犯考核奖惩原则

（一）坚持合法、公正、公开原则

考核必须严格遵守相关法律规定或按有关法律法规制定的考核制度进行。监狱人民警察对罪犯的考核不能掺杂个人情感，不能受各种利益关系左右，一定要保持公平、公正；根据狱务公开的要求，坚持考核工作"日记载、周评议、月公布"制度，使罪犯考核工作公开化、阳光化，以利于排除监狱人民警察个人因素对考核工作的干扰，防止暗箱操作，同时也有利于罪犯之间互相监督和激发罪犯对考核工作关注，从而激发罪犯参与改造的积极性。

（二）考核与日常管理、教育相结合原则

考核与管理教育相结合，是我国监狱管教结合的经验要求，实践中要求监狱人民警察深入实际，以考核为工作平台深入了解每一个罪犯的日常改造表现。同时考核的奖、扣分情况体现了罪犯改造表现的波动，这也是对罪犯进行针对性管理和教育的依据。

（三）坚持监狱人民警察亲自考核原则

考核是监狱狱政管理这一执法工作的重要环节，根据《监狱法》有关规定，考核结果作为对罪犯实施奖励和处罚的依据，考核的结果直接影响到罪犯的奖惩和处遇，考核权是监狱享有的狱政管理权和执法权力的重要组成部分。监狱人民警察直接考核，就是要禁止罪犯参加考核的任何工作，禁止罪犯考核罪犯，这是监狱准确执法的前提条件之一。

（四）客观准确、实事求是原则

考核是监狱对罪犯实行目标管理的重要手段，考核结果直接与罪犯奖惩处遇相联系。为确保对罪犯的奖惩做到赏罚公正、合理，监狱对罪犯的考核应保证客观准确、实事求是。具体要求监狱人民警察严格依照罪犯考核的标准，不以个人好恶而兴废，也不因对象不同有差异，记载时要做到文字贴切无误，对记载的事实不夸大、不缩小。实事求是考核的客观性越强，罪犯对考核的信赖度就越高，监狱对罪犯考核的实际效果也越理想。

二、特殊罪犯或特殊情况的考核

对监狱的某些特殊罪犯或者罪犯的某些特殊情况，应按以下要求进行考察：

（1）特殊罪犯在入监和出监教育期间的改造内容有别于普通罪犯可采取相应的考核措施。

（2）老龄犯、残疾犯主要考核思想改造表现，对其参加力所能及的劳动主要考核劳动态度，不考核任务定额；生病住院的罪犯主要考核思想改造表现和遵医嘱、守纪律、积极配合治疗情况。

（3）对非生产性劳动岗位的罪犯考核，采取以人定岗、以岗定责、以责定分的方式进行考核，主要考核罪犯的思想改造表现和履职情况。

（4）罪犯在禁闭、严管期间，被司法机关解回再审期间及脱逃期间不参加计分考核。

（5）为保护检举人的需要给予奖分的，经监狱批准，可不予公布；对耳目的奖惩一律不公开进行。

 【范例分析 24】

[范例] 某日，某监狱第二监区第三分监区罪犯袁某在生产劳动现场，与罪犯组长林某在产品质量问题上发生争执，在用手比划时碰到罪犯林某身体，现场警察以故意打架斗殴处理扣处达标分 2 分，罪犯袁某得知考核扣分结果后，认为监区警察考核不够公平，并向其他罪犯表示要与监区警察"理论"此事。在第二天的劳动中，袁某有消极怠工表现。

[分析] 公正公平地对罪犯实施考核奖惩，是调动罪犯改造积极性的重要手段。罪犯对自己的考核奖分扣分很重视，因为这关系到他们的切身利益。少数罪犯对自己的奖励得分有异议是监狱警察在执法过程中经常会遇到的问题，这个问题解决不好会给罪犯管理和教育改造工作带来不利影响。一般情况下，遇到罪犯对考核奖惩有异议而出现思想情绪，监狱警察不能以消极抗改的方式简单对待，应抓住机会，因势利导，区别情况有针对性地做好罪犯的思想工作，既避免罪犯产生抗改情绪，又坚定罪犯改造信心。

 【情境训练 24】

[案例] 罪犯王某，男，25 岁，因抢劫罪被判处无期徒刑。自入监以后，由于刑期漫长，觉得看不见改造前途，丧失改造信心，因此在服刑中对自己要求散漫，监规纪律意识淡薄，服刑期间经常顶撞警察、打架斗殴，违规不

断，警察对其多次谈话教育，均无效果。某日早晨，在罪犯集体洗漱时，王某强行将正在水龙头面前洗漱的陈某推开，抢用水龙头，导致陈某摔倒在地脸部大面积挫伤并伴有有轻微脑震荡，致使陈某在监狱医院住院 5 天。（监狱《罪犯考核和奖惩规定》中规定：故意打架斗殴的，扣 3~5 分；不按规定时间、次序、地点洗漱的，扣 1 分）。

假设你是值班警察，你当时该怎么处置？对于罪犯王某的此次行为如何进行考核？考核结果通知罪犯王某后，如果罪犯王某对此次行为考核结果不服找你理论你又该如何处理？

拓展阅读

1. 最高人民法院《关于办理减刑、假释案件具体应用法律若干问题的规定》（法释［1997］6 号）。

2. 司法部《关于计分考核奖罚罪犯的规定》（1990 年 8 月 31 日）。

学习情境 11.2   罪犯奖惩

知识储备

一、罪犯奖惩的条件

（一）行政奖励的条件

1. 表扬、物质奖励和记功的条件。根据《监狱法》第 57 条第 1 款的规定，罪犯有下列情形之一的，监狱可以给予表扬、物质奖励或者记功：①遵守监规纪律，努力学习，积极劳动，有认罪服法表现的；②阻止违法犯罪活动的；③超额完成生产任务的；④节约原材料或者爱护公物，有成绩的；⑤进行技术革新或者传授生产技术，有一定成效的；⑥在防止或者消除灾害事故中做出一定贡献的；⑦对国家和社会有其他贡献的。

在实际工作当中，只要罪犯有法律规定的七种情形之一的，就可以直接使用表扬、物质奖励或记功。上述七种情形中，第①种情形的适用需要建立在计分考核的基础之上，根据考核结果综合评定；第②~⑦种情形可以采取记事考核方式直接适用。

2. 离监探亲的条件。根据《监狱法》第 57 条第 2 款的规定；被判处有期徒刑的罪犯有前款所列情形之一，执行原判刑期 1/2 以上，在服刑期间一贯表现好，离开监狱不致再危害社会的，监狱可以根据情况准其离监探亲。根据《罪犯离监探亲和特许离监规定》（司发通［2001］94 号）第 2 条的规定，对具有《中华人民共和国监狱法》第 57 条第 1 款规定的情形之一，同时具备下列条件的罪犯，可以批准其离监探亲：①原判有期徒刑以及原判死刑缓期二年执行、无期徒刑减为有期徒刑，执行有期徒刑 1/2 以上；②宽管级处遇；③服刑期间一贯表现好，离监后不致再危害社会；④探亲对象的常住地在监狱所在的省（区，市）行政区域范围内。第 3 条规定，离监探亲的对象限于父母、子女、配偶。

3. 其他行政奖励条件。除了《监狱法》第 57 条规定的行政奖励之外，在监狱实际工作中有些省份直接将评改造积极分子、立功和重大立功均纳入行政奖励的范围。

（1）改造积极分子的条件。《监狱教育改造工作规定》（司法部令第 79 号）第 51 条第 2 款规定，改造积极分子的条件是：认罪悔罪，积极改造；自觉遵守法律、法规、规章和监规纪律；讲究文明礼貌，乐于助人；认真学习文化知识和劳动技能，成绩突出；积极参加劳动，完成劳动任务；达到计分考核奖励条件。

（2）立功的条件。根据 1997 年最高人民法院《关于办理减刑、假释案件具体应用法律若干问题的规定》（法释［1997］6 号）第 1 条第 2 项的规定，罪犯有下列情形之一的，可以呈报立功：①检举、揭发监内外犯罪活动，或者提供重要的破案线索，经查证属实的；②阻止他人犯罪活动的；③在生产、科技中进行技术革新，成绩突出的；④在抢险救灾或者排除重大事故中表现积极的；⑤有其他有利于国家和社会的突出事迹的。

（3）重大立功的条件。根据《刑法》第 78 条的规定，罪犯有下列情形之一的，可以呈报重大立功：①制止他人重大犯罪活动的；②检举监狱内外重大犯罪活动，经查证属实的；③有发明创造或者重大技术革新的；④在日常生产、生活中舍己救人的；⑤在抗御自然灾害或排除重大事故中，有突出表现的；⑥对国家和社会有其他重大贡献的。

除了以上行政奖励措施外，在监狱实际工作中，还有优秀学员、优秀通讯员、优秀教员、劳动能手等荣誉称号，这些荣誉称号在呈报刑事奖励时都能起作用。实行计分考核的，有的将这些荣誉称号转为分数。也有直接将荣誉称号兑换为行政奖励，如将优秀学员、优秀通讯员、劳动能手换成表扬，如果将改造积极分子也视为荣誉的，将监狱级改造积极分子视为记功，将省级改造积极分子视为立功。

（二）行政处罚的条件

根据《监狱法》第58条的规定，罪犯有下列破坏监管秩序情形之一的，监狱可以给予警告、记过或者禁闭：①聚众哄闹监狱，扰乱正常秩序的；②辱骂或者殴打人民警察的；③欺压其他罪犯的；④偷窃、赌博、打架斗殴、寻衅滋事的；⑤有劳动能力拒不参加劳动或消极怠工，经教育不改的；⑥以自伤、自残手段逃避劳动的；⑦在生产劳动中故意违反操作规程，或有意破坏生产工具的；⑧有违反监规纪律的其他行为的。

根据第8项情形对罪犯其他违反监规纪律的行为，可以根据情节的轻重和考核结果，经审批后给予相应的行政处罚。

（三）刑事奖励的条件

1. 减刑的条件。根据《刑法》第78条和《监狱法》第29条的规定，对罪犯的减刑可分为可以减刑和应当减刑两种。可以减刑的条件是"确有悔改或立功表现"；应当减刑的条件是有"重大立功表现"。

2. 假释的条件。根据《刑法》第81条的规定，被判处有期徒刑并执行原判刑期1/2以上的罪犯和被判处无期徒刑并实际执行10年以上的罪犯，其假释的条件为"确有悔改表现，假释后不致再危害社会"。对累犯以及因杀人、爆炸、抢劫、强奸、绑架等暴力犯罪被判处10年以上有期徒刑、无期徒刑的罪犯不得假释。

二、常用激励理论

（一）强化理论

强化理论基本原理来源于美国斯金纳（B. B. Skinner）用白鼠做实验的斯金纳箱（红黄灯，压板，看不到食物的情况下的反应，反应对时则给予食物，否则则给予电击）。研究发现，刺激物具有重要作用：食物对于个体的反应具有强化作用，而电击则具有反向作用，无论是食物或是电击，均具有调节行为的作用。也就是说，影响行为巩固或再次出现的关键因素是行为后得到的结果，在管理中，如果下属具体的行为能获得令人满意的结果，会激发这种行为发生的频率，即增强反映概率，这称为强化，凡是能增强反应概率的刺激和事件都叫强化物。

强化又分为积极强化和消极强化。伴随某种反应后产生愉悦体验，个体为再次追求愉悦体验而做出某种行为称为积极强化，积极强化通过呈现刺激来增强反应概率；当一种反应后，个体为中止或逃避不愉快而做出某种行为称为消极强化，消极强化通过中止不愉快条件来增强反应概率。在监狱激励罪犯的目标就是要让罪犯遵守《监狱服刑人员行为规范》、行为上能够确有悔改表现。如果罪犯改造表现达到这样的规范标准，监狱给予奖励和宽管处遇，以满足罪犯需求，使罪犯产生愉悦体验，以此来增强悔改表现行为的反应概率；反之，如果罪犯作出违反监规纪律、抗拒改造的行为，监狱给予处罚和严管处遇，剥夺罪犯需求，使罪犯产生痛苦体验，若罪犯为中止或逃避这种痛苦体验必须积极改造，从而增强悔改表现行为的反应概率。

强化又分为连续强化（每次反应之后都得到强化）和间隔强化模式，其中间隔强化又可分为固定比率（比率为强化与反应次数之间的关系）强化、变化比率强化和固定时间强化、变化时间强化。对于罪犯的行为反应而言，在罪犯表现正确反应后，立即给予奖惩，其效果较佳，过一段时间后再给予奖惩，其效果较差；只要个体反应正确，均给予奖赏，连续实施奖赏，增强的效果下降，反之，只选择部分正确反应之后给予奖赏，效果一直较佳。

监狱人民警察在使用强化理论激励罪犯改造时，应当把正强化与负强化有机地结合起来。同时，负强化一定要及时；正强化则要根据情况进行，比率式间隔式的正强化，其效果更好。另外管理学家普遍认为，应多用强化方法，少用惩罚措施，因为惩罚会破坏管理者与被管理者之间的和谐关系。

（二）期望值理论

期望值理论由 V. 弗罗姆（V. Vroom）首先提出。其基本观点是人之所以能够积极地从事某项工作，是因为工作目标的实现能帮助他们达成自己的目标，满足自己某方面的需求。用公式可以表示为：$M = V \times E$；其中，M 表示激励力，表示个人对某项活动的积极性程度，希望达到活动目标的欲望程度；V 表示效价，即活动的结果对个人的价值大小；E 表示期望值，即个人对实现这一结果的可能性判断。这个公式是整个期望值理论的核心内容，它指出了影响激励力的两个关键因素：效价和期望值。效价与激励力成正比例关系，效价高激励力也高；期望值与激励力之间成一个比率关系，期望值过高或过低都会降低激励力。

该理论对管理者实施激励行为的启示有：①要有效地进行激励就必须提高激励活动结果的效价，要提高效价则必须使激励活动结果能满足个人最迫切的需要，这一点的重要性是不言而喻的；②要注意正确引导下属对工作目标实现的期望值，一方面，工作目标的实现的可能性不宜过低，否则下属会失去信心；另一方面，也不能让下属认为工作目标很容易实现，否则下属就不易努力工作去完成工作，激励本身也就失去了意义。

在监狱激励罪犯管理中，为使罪犯能积极改造达到遵守《监狱服刑人员行为规范》、确有悔改表现的管理目标，监狱对实现这一管理目标的罪犯给予行政、刑事奖励和宽管处遇以满足罪犯的需求，以增强罪犯对参与改造的积极性程度。所以对于罪犯来说效价（V）的高低主要看监狱满足罪犯的需求是否为罪犯最迫切、最强烈的需求。对于在监狱服刑的罪犯来说，他们最强烈的需求莫过于对自由的向往，迫切希望早日离开监狱回归社会或者希望在监狱服刑的日子里能够管理松一点、相对自由一些，即希望获得减刑假释和宽管处遇。所以为提高激励力（M），提高罪犯改造积极性，监狱激励罪犯的其他手段如考核、行政奖惩必须最终与罪犯减刑、假释和分级处遇这两大强烈需求的满足联系起来，才能发挥激励罪犯的最大效果。

【工作要点】

一、行政奖励实施

（一）审议条件确定人选

（1）确定条件。监区、分监区根据罪犯考核结果，召开罪犯考核工作会议，讨论、审查罪犯是否符合《监狱法》第57条规定的表扬、物质奖励或者记功的条件。

（2）组织申报。对符合离监探亲的条件的罪犯，监区或分监区应组织罪犯申报或者推荐；监区对申请或被推荐离监探亲的罪犯进行审核。

（3）集体评议。在完成年终评审的基础上，由分监区召集罪犯集体评议推荐，全体警察集体研究，报监区长办公会审议，确定符合评定改造积极分子的人选；省级改造积极分子由监狱根据下达的名额，从连续两年被评为监狱改造积极分子的罪犯中提出人选。

（4）审核。监狱、监区罪犯考核工作办公室根据相关证据材料对罪犯是否具有立功表现或重大立功表现进行审核。

（二）填报审批表

对符合条件的罪犯，由罪犯所在的分监区、监区集体研究提出意见，并填写奖惩审批表，经监狱狱政管理部门或监狱罪犯考核工作办公室考核审核后，报监狱领导审批：

（1）受表扬、物质奖励、记功奖励的罪犯，应填写《罪犯奖励审批表》，由狱政管理部门或监狱罪犯考核工作办公室审核，分管领导审批。

（2）被评为监狱改造积极分子的，应填写《改造积极分子审批表》，报监狱教育改造部门审核，在本监狱内履行公示程序后，提交监狱长办公会审定。

（3）被批准离监探亲的，监区对申请或被推荐离监探亲的罪犯人选进行认真审查。符合条件的，应填写《罪犯离监探亲审批表》，经狱政管理部门审核，监狱长审批。对被列为重点管理罪犯的离监探亲（特许离监），须报经省监狱管理局批准。

（4）罪犯受立功奖励的，由监狱罪犯考核工作办公室审查，分管狱政管理工作的监狱领导审核，监狱长审批。

（5）罪犯受重大立功奖励的，由监狱罪犯考核工作办公室提出，省监狱管理局罪犯考核工作办公室审核，分管狱政管理工作的局领导审批。

（三）公示

对罪犯奖励经狱政管理部门或监狱罪犯考核工作办公室审核后，对实施奖励的人选实行公示，期限为5～7个工作日，公示期内，如有监狱人民警察或者罪犯对人选提出异议，由原审核部门进行复核，并告知复核结果。

经审批生效的奖励，须在审批或送达后由监区、分监区进行公示。

（四）制作奖励通知书

对审批生效的奖励，监狱应在审批或生效当天填写《罪犯奖励通知书》送达罪犯。

（五）归档

审批生效的奖励材料，按规定及时录入监管改造信息系统并存入罪犯副档。

二、行政处罚实施

（一）处罚提请

对需实施警告、记过和禁闭处罚的罪犯，由罪犯所在的监区、分监区集体研究提出书面意见，呈报名单在罪犯中进行公示。

（二）填写审批表

根据监区、分监区集体讨论内容，对需警告、记过处分的罪犯，应填写《罪犯处罚审批表》，对需禁闭处分的罪犯，填写《罪犯禁闭审批表》，并附相关书面事实材料经狱政管理部门或监狱罪犯考核工作办公室审核后，报监狱分管领导审批。对实施禁闭的罪犯，监狱的医生应对其进行身体检查。

（三）制作处罚通知书

对经批准生效的警告或记过处罚，监狱应在审批生效当天填写处罚通知书送达罪犯。对经批准罪犯受禁闭处罚的，由警察当面向罪犯宣读处罚决定，不用填写处罚通知书。

（四）公示

经审批生效的处罚决定，在当天进行公示。罪犯对监狱的行政处罚决定有异议的，可以提出申辩或申请复议，监狱应在 7 个工作日内作出答复。

（五）归档

审批生效的材料，在 2 个工作日内录入监管改造信息系统，并存入罪犯副档。

三、刑事奖励的实施

根据司法部令 77 号公布的《监狱提请减刑假释工作程序规定》，监狱对被判处死刑缓期二年执行、无期徒刑、有期徒刑的罪犯提请减刑、假释的工作程序如下：

（一）减刑、假释提请

监区或分监区召开全体警察会议，根据法律规定的减刑、假释条件，结合罪犯服刑表现，集体评议，提出建议，确定人选，报监区长办公会审核。监区或分监区集体评议和监区长办公会审核情况，应当有书面记录，并由与会人员签名。

（二）减刑、假释材料报备

对符合减刑、假释的罪犯，监区在提请减刑、假释奖励时应当报送下列材料：①《罪犯减刑（假释）审核表》；②监区长办公会或者直属分监区、监区集体评议的记录；③终审法院的判决书、裁定书、历次减刑裁定书的复印件；④罪犯计分考核明细表、奖惩审批表、罪犯评审鉴定表和其他有关证明材料。

（三）减刑、假释审核

（1）刑罚执行或狱政管理部门审查。刑罚执行或狱政管理部门收到对罪犯拟提请减刑、假释的材料后，应当就下列事项进行审查：①需提交的材料是否齐全、完备、规范；②认定罪犯是否确有悔改或者立功、重大立功表现；③拟提请减刑、假释的建议是否适当；④罪犯是否符合法定减刑、假释的条件。

（2）监狱提请减刑假释评审委员会评审。刑罚执行或狱政管理部门完成审查后，应当出具审查意见，连同监区或者直属分监区报送的材料一并提交监狱提请减刑假释评审委员会评审。

（四）减刑、假释公示

监狱提请减刑假释评审委员会经评审后，应当将拟提请减刑、假释的罪犯名单以及减刑、假释意见在监狱内公示。公示期限为 7 个工作日。公示期内，如有警察或者罪犯对公示内容提出异议，监狱提请减刑假释评审委员会应当进行复核，并告知复核结果。

（五）减刑、假释审批

对罪犯减刑、假释由监狱长办公会审议决定。经监狱长办公会决定提请减刑、假释的，由监狱长在《罪犯减刑（假释）审核表》上签署意见，加盖监狱公章。

（六）准备文书材料上报送法院

经监狱长办公会审议决定后，由监狱刑罚执行部门根据法律规定制作《提请减刑建议书》或者《提请假释建议书》，连同有关材料一并提请人民法院裁定，相关材料如下：①《提请减刑建议书》或者《提请假释建议书》；②终审法院判决书、裁定书、历次减刑裁定书的复印件；③罪犯确有悔改或者立功、重大立功表现的具体事实的书面证据材料；④罪犯评审鉴定表、奖惩审批表。

有期徒刑罪犯的减刑、假释由监狱报送监狱所在地的中级人民法院裁定。对于被判处死刑缓期二年执行、无期徒刑的罪犯的减刑、假释，由监狱将《罪犯减刑（假释）审核表》连同有关材料报送省、自治区、直辖市监狱管理局审核同意，由局长在《减刑（假释）审批表》上签署意见，加盖监狱管理局公章，连同有关材料一并提请罪犯服刑所在地的高级人民法院裁定。

四、刑事处罚的实施

刑事处罚是指对罪犯在监狱服刑期间又犯罪或漏罪的处理，处罚的后果是延长罪犯原判刑期，也可以是将原判刑罚种类改为较重的刑种，也可以是增加刑罚刑种。相关内容见"学习情境5"。

【注意事项】

一、对罪犯的奖惩应注意教育与奖惩相结合

"惩罚与改造相结合，以改造人为宗旨"是监狱工作的方针。奖惩的目的从根本上讲也是围绕监狱工作的方针，促进罪犯的改造，因此，奖惩罪犯应体现教育人、挽救人、改造人的精神，坚持"教育为主、处罚为辅"的原则，对受奖励的罪犯，要及时帮助总结经验，巩固成绩，使其树立新的改造目标；对受到处罚的罪犯，应加强对他们进行教育，帮助他们吸取教训，鼓励他们积极改造，争取进步。

二、对罪犯的奖惩要注意与考核相结合

《监狱法》第56条规定，监狱应当建立罪犯的日常考核制度，考核的结果作为对罪犯奖励和处罚的依据。奖惩罪犯是一项严肃的执法工作，同时也是激励罪犯改造的重要手段，奖惩罪犯必须建立在科学严格的考核基础之上，才能够正确地执行法律、完成改造罪犯的使命。所以对罪犯的奖惩，要以罪犯的现实表现为依据，以考核的结果为依据，这就要求监狱人民警察要克服主观的好恶"及关系犯"等因素的影响，不徇私枉法，不办"金钱案"、"人情案"，确保奖惩工作公正、公平。

三、对罪犯的奖惩要注意与处遇相结合

罪犯的分级处遇主要以罪犯犯罪性质、恶性程度、刑期和改造表现为标准。考核、奖惩和处遇都是衡量罪犯改造表现的尺度，在实践中只有将这三者结合起来才能发挥更大的激励罪犯的功效。比如有些监狱规定罪犯进入宽管级必须获得改造积极分子或记功的奖励，对宽管的罪犯在呈报减刑时增加幅度、优先呈报，对受行政处罚的罪犯实行严管。所以处遇与奖惩相结合也体现了对罪犯的管理与奖惩相结合的管理制度。

【范例分析 25】

[范例] 某监狱罪犯陈某，男，28 周岁，因故意伤害罪被判处有期徒刑 15 年。自入监以来，脾气暴躁，经常与他犯吵架斗殴，消极劳动，顶撞管教警察，屡犯监规，多次受到禁闭处分。但陈某仍不思悔改，并在罪犯中散布"不怕关禁闭，只要不参加劳动就行"的言论，影响了其他罪犯的改造积极性。对该罪犯，新参加工作不久的管教警察小张束手无策，认为陈某"软硬不吃"，无药可救，要求监狱把其调到其他中队。监狱否决了小张的请求，认为小张对罪犯陈某的管教手段不正确，希望小张找到一条正确的改造陈犯的方法，而不能仅仅对违反监规纪律的罪犯以处罚了之。小张经过思考后，决定从以下几个方面来抓好陈犯的管教工作：①保持耐心，树立信心。不能因罪犯一时"不怕"关紧闭而心浮气躁，甚至认为这类罪犯"永远无法改好"。②找准症结，对症下药。"世界上没有攻不破的堡垒"，顽危犯的管理教育工作也是这样，任何一个罪犯都有自身弱点。只要认真分析罪犯"不怕"关禁闭被处罚的原因，就能找到对症下药的针对性措施。如有的罪犯"吃软不吃硬"，有的罪犯认"朋友"、"讲义气"，有的罪犯能够忍受禁闭的寂寞，但经受不住高强度的行为规范训练等，都可以成为教育转化的突破口。③刚柔相济，恩威并举。罪犯违反监规纪律甚至扰乱监管秩序，自然要受到法律或监规处罚，但在处罚的同时，个别教育要跟上，做到动之以情、晓之以理、导

之以规、施之以纪，让罪犯心悦诚服，使处罚的教育作用得以充分发挥。

经过小张的耐心、细心改造，陈某慢慢地转变了服刑态度，积极改造，最近还获得了减刑奖励。

[分析] 禁闭思过，作为教育惩戒违反监规罪犯的一种手段，对于多数罪犯而言，具有较强的震慑作用。但有极少数罪犯，存在着"不怕"关禁闭的现象。教育改造工作经验表明，"不怕"关禁闭的罪犯，并非都是"冥顽不化"、无药可救，有些罪犯被关禁闭后，仍不思悔改，原因是多方面的。他们的共同点是缺乏改造信心和动力，个性顽固，主观恶性大，不易接受警察的管教，叛逆心较强等。这些特点决定了改造和教育好这类罪犯，是一个循序渐进的过程。有些罪犯"不怕"关禁闭，说明禁闭也不是万能的，警察对违规罪犯的处理，不能只罚不教，"一关了之"。惩罚只是一种辅助手段，教育才是根本。

 【情境训练25】

[案例] 罪犯张某，男，因抢夺罪被判有期徒刑4年。投入监狱后，还有余刑两年多，在服刑过程中因违规被扣分，觉得刑期短，已无减刑希望。张某便决定消极改造，常常借故完不成生产任务，甚至影响车间流水线作业，而且经常在罪犯群体中散播消极改造言论，给其他罪犯的服刑改造造成一定的不良影响。管教警察经过多次批评教育，张某仍我行我素。正当监区准备申请给张某行政处罚时，在一次生产事故中，张某奋不顾身抢救国家财产，并救出2名身受重伤的罪犯。有警察提出应予减刑奖励，但也有人反对给张某减刑奖励。

假如你是张某的管教警察，你该如何处理张某的情况？

拓展阅读

1. 张晓华："监狱刑罚执行中贯彻宽严相济刑事司法政策的思考"，载《犯罪与改造研究》2008年第3期。

2. 陈卓生、韩布新："罪犯改造积极性的影响因素研究"，载《犯罪与改造研究》2008年第8期。

【学习情境 12】 设施管理

学习情境 12.1　警戒设施管理

知识储备

一、监狱警戒设施的概念

监狱警戒设施，是指依法在监狱周围设置的用于封闭监管区、防范罪犯脱逃以及外界不法分子入侵的安全戒备设施。根据《监狱法》第 43 条的规定，监狱根据监管需要，设立警戒设施。因此，监狱警戒设施，也是监狱的配套设施，是监狱的物质基础，发挥着隔离罪犯和社会人员的作用。

二、警戒设施的种类及规格

（一）围墙

围墙，又称狱墙或者大墙，是监狱重要的隔离设施，用于封闭监狱的监管区域，是用于把监狱与社会相对隔开的固态或形态建筑。根据《监狱建设标准》规定，监狱围墙一般应高出地面 5.5 米，并达到 490 毫米厚砖墙的安全防护要求；女子监狱和未成年犯管教所围墙应高出地面 4 ~ 5 米，并达到 370 毫米厚砖墙的安全防护要求。围墙地基必须坚固，围墙下部必须设挡板，且深度不应小于 1.5 米。围墙转角应呈圆弧形，表面要光滑，无任何可攀登处。另外在围墙上部宜设置巡逻通道以供武警巡逻。

监狱围墙应设置照明装置；照明灯具的位置、距离应适当；照明灯具应配有防护罩。

（二）电网

电网是与监狱围墙配套建设的隔离设施，起着阻止罪犯翻越围墙逃跑的作用。一般安装在围墙的上部或铁丝网的中部、上部，高度不低于 1 米，电压不低于 1 万伏。两线距离不应大于 200 毫米。形状可以设置成 O 型、双排平行等。

（三）警戒隔离带

警戒隔离带，是设在监狱围墙内外两侧一定区域内、确保无障碍的空间隔离设施。《监狱法》第 43 条规定，监狱周围设警戒隔离带，未经允许，任何人不得进入。

警戒隔离带的设置规格是在围墙内侧 5 米、外侧 10 米处设警戒线，警戒线内地面要平整，确保无杂物，不准有房屋、树木等障碍物，保证视野开阔。既能保证武警哨兵的视线，又能充当警戒通道和巡逻通道。地处城市的老监狱，围墙外侧达不到这一要求的，也要尽可能设置一定距离的隔离带。

围墙内侧警戒线应设置高度为 4 米的金属隔离网墙和蛇腹形刀刺网，防止罪犯靠近，围墙内侧警戒线附近应根据实际需要，选择安装红外对射探测器（多光束）、电磁感应带、微波红外探测器、电子脉冲围栏等探测器中的一种或两种，对任何接近围墙警戒区域的行为实施预警。监狱围墙内、外侧警戒线内照明效果应良好。

（四）岗楼

岗楼宜为圆形封闭型构筑物，岗楼的四周应挑平台，平台应高出围墙 1.5 米以上，并设 1.2 米高的栏杆。岗楼的中心应和围墙轴线一致，两岗楼之间的距离应在视线所及和警戒人员武器装备的射程之内。岗楼一般应设于围墙转折点处，视界、射界良好，无观察死角，岗楼之间视界、射界应重叠，并且岗楼间距不应大于 150 米。岗楼应用铁门防护并安装门锁，设置通讯报警装置。一旦险警情发生，驻监的武装人民警察能采取多种通讯（如电话、呼叫对讲机等）、对讲报警装置迅速向部队指挥部门和监狱指挥中心报告。

在监狱岗楼处应公开设立固定式和旋转式的探照灯，用于夜间定时和不定时对围墙内侧罪犯动态和围墙外侧警戒地带的动态情况进行扫描监视，发现情况，立即报警。

（五）监门

监门是重要的警戒设施，是监狱人民警察、生产工人、外来人员、罪犯出工收工以及有关车辆进出监狱的通道。监门分监狱大门、罪犯生活区大门和监狱内各重要场所的大门三种。监狱大门分设通车和行人的大、小门，大门宜宽 6 米、高 4.5 米，大门内设两门，宜电动 AB 开闭。大门外设横杆或警戒线，小门人行通道应设带封顶的护栏。

（六）会见室、禁闭室

会见室应设在罪犯服刑生活区，与监狱围墙相连，设前后门，前门与监外道路连接，后门与监内生活区相连，会见的亲属、监护人和罪犯进出会见室应各行其道。会见室内设有警察值班室、候见室、监控室、会见厅（普通会见厅、隔离会见厅、优惠会见厅）、餐厅或同居室等设施。同居室应建在与罪犯活动区域相隔离的地点，门窗应有安全防护设施，并安装与警察值班室相连的报警装置。

禁闭室应集中设置于监区，自成一区，离监舍的距离在 20 米以上，区内不应设置其他用房，其他用房之间的联系也不应穿越该区。禁闭室设值班室和预审室，预审室应隔音、通风。

禁闭室每个单间的使用面积不宜小于 6 平方米。室内净高不应低于 3 米，窗户的面积不少于 0.8 平方米。禁闭室的门、窗不宜直接对外，外窗应设坚固的铁栅栏，室内应安装电子监听和电视监控系统。

禁闭室外应设与外界隔离的放风场地。禁闭室内不应设电器开关及插座，应采用低压照明，照明控制应由警察值班室统一管理。

【工作要点】

一、制订需求计划

狱政管理科根据监管安全工作需要，按照《监狱建设标准》制定警戒设施需求计划，报经主管监狱领导批准后，将计划提供给有关部门。有关部门应该及时作出财政预算和专项拨款，保障警戒设施购买到位。

二、验收

警戒设施购买到位后，监狱应及时组织技术人员安装调试。安装完成后，监狱领导、相关业务科室领导要对购置安装的警戒设施是否达到需求标准进行查验，未能达到需求标准的应以书面形式告知相关部门进行整改。

三、登记

对查验合格并移交使用的警戒设施，狱政管理部门要进行统计，分门别类，登记在案，做好警戒设施的管理备案工作。

四、检查

为了保障监狱警戒设施正常运作，狱政管理部门应联合有关业务科室，对监狱围墙、电网、照明设施、监门、警戒隔离带通讯报警设施、会见室、禁闭室、监听监视系统等相关配套设施每月至少检查一次以上，检查方法和要求"学习情境10.3"。

五、登记存档

对相关配套设施详细检查后，负责检查的人员要及时将检查情况记录在《监管警戒设施检查登记表》上，报分管狱政管理工作的监狱领导审阅，并告知有关业务科室。

六、跟踪处理

对发现存在安全隐患的警戒设施，监狱狱政管理部门应对整改情况进行跟踪检查，及时提出整改意见，确保警戒设施正常运作使用，发挥警戒设施监管罪犯的作用。

　　警戒设施是狱政设施的一项重要内容，监狱警戒设施正常运行，有助于消除监狱内的不安定因素，一方面使得罪犯在监狱服刑期间能获得自身安全感，另一方面对那些不能够安心服刑的罪犯产生一种有形的震慑作用。警戒设施及其管理在保障监管安全稳定中发挥了重要的保障作用。警戒设施的管理应严格按国家有关规定和《监狱建设标准》建造和装置。要建立相关制度，明确责任，严格管理，确保各种警戒设施完整无缺、正常进行。

　　【注意事项】
　　一、警戒设施的建设应遵循的原则
　　（一）体现特色、标准建设
　　警戒设施建设因监狱的不同而应当在体现共性的同时有所差别。从刑罚执行工作要求和安全防范要求必须具备的警戒设施以及应当达到的建设标准来看，这属于监狱共性的设施要求，所有的监狱都应当配备齐全，依标准要求规范建设。但是，由于监狱是分类别的，男犯监狱与女犯监狱，在警戒设施的具体建设上，不仅标准要求有别，在具体设施建设与物质配备上也应各具特色。成年犯监狱与未成年犯管教所、重刑犯监狱与轻刑犯监狱等，在警戒设施建设上，也应与各自的监狱类别相对应。否则，不分类别，对所有的监狱都作整齐划一的标准建设要求，要么有些监狱的警戒设施建设达不到保证刑罚执行工作的顺利开展，以及无法充分保障监狱安全；要么过度投入，导致设施闲置。

　　（二）统一规划、合理布局
　　警戒设施建设涉及监狱几乎所有的物态建筑，各种具体建设设施的设点布局必须通盘考虑、统一规划，各种狱政物态设施的建设应当依照统一规划，有序建设。各种建筑设施之间应当相互对应、功能配套。罪犯的劳动场所设施、学习场所设施、生活场所设施、休闲场所设施等各种设施共同形成合力，既要保证监狱各项活动的正常进行，又要保证监狱的安全稳定。随着现代科学技术的不断进步与发展，监狱以科技强警为要求，以科技兴监为目标，在警戒设施建设方面加强对现代科技设备的引入与使用，这些现代科技设备既要与传统的狱政物态建筑设施相结合，又要通过合理布局，充分发挥科技设施的效用。否则，不加科学规划，缺乏合理布局，这些现代狱政科技设施就可能徒具形式，无法服务于狱政活动。

（三）功能完备、满足需要

从服务于惩罚与改造罪犯的需要出发，监狱警戒设施建设必须功能完善，同时又要充分满足需要。监狱的各项警戒设施，必须能够促进刑罚执行工作的顺利开展，必须有利于保障监狱的安全稳定，必须有利于维护监管秩序改造。当代监狱的警戒设施建设应当立足长远，统筹规划。各项警戒设施的建设不仅要满足当前监狱刑罚执工作和监狱安全稳定工作的需要，更要努力保障设施配套，从而达到功能完备。罪犯的基本生活设施、教育学习设施、劳动改造设施以及整个监狱的安全保障设施，监狱围墙和警察身上的警笛，每种设施各有效用，各具功能。通过警戒设施建设达到设施齐全、功能完备，以便全面满足需要。

二、警戒设施的管理应落实的制度

（一）落实检查制度

监狱需实行日检查、周抽查、月清查、年排查的经常性检查制度，值班人员要每日检查设施、设备，狱政管理科应派警察每周抽查某一部位或几个部位，每月全面清查一次，每半年或一年要与有关部门一起彻底细致地排查每个部位，并进行详细的测试、检测和维护，以保持设施设备功能正常、状态良好。遇有恶劣的天气，如大风、台风、暴雨、大雪等情况下要认真检查，及时发现问题或漏洞，采取应急措施。

（二）落实维修制度

维修是对发现的漏洞及问题进行补救和解决，始终保持围墙的完整无缺，电网、照明、通讯、监控的正常运行，警戒地带无杂物和障碍物。要保证维修工作顺利进行：①要有足够的备用材料，不能发生漏洞后再去采购；②要维修及时，迅速抢修；③要保证维修质量。

 【范例分析 26】

[范例] 罪犯李某，男，1980 年 12 月出生，2001 年 12 月 6 日因抢劫被某省高级人民法院判处死刑缓期二年执行；罪犯王某，男，1980 年 11 月出生，2001 年 9 月 24 日因抢劫被某省高级人民法院判处死刑缓期二年执行。2002 年 5 月 6 日凌晨 4 时许，两犯借上厕所为由，先后窜至某监区某分监区卫生间，将事先洗好晾在卫生间的两床床单和李犯带入的两床床单结成约 8 米长的布带，拴上李某当夜小夜班从车间带回的用 8 毫米钢筋弯成的两根铁勾，制成脱逃工具，并用事先从车间带回藏在水箱内的扳手扳开卫生间窗户用扁铁焊

制的铁栏两根，翻到窗外，落脚于二楼窗眉上（宽约40厘米），沿窗眉移至监舍楼西侧靠近生活区西围墙（距围墙约6.6米），将布绳一端拴在活动室窗栏上，一端钩在围墙电网最上端裸铝线上。罪犯李某两手套上几个方便袋攀上布绳，两脚在前滑向电网。约4时16分被距此约12米的监督岗罪犯发现，监督岗罪犯一面用石头砸，喝令其停止脱逃，一面报警。4时19分武警某号哨士兵（距现场约70米）发现罪犯脱逃情况，用探照灯照射并开枪警告和射击，李某不听劝阻，继续实施脱逃，接近电网时被电击当场死亡。此时仍在窗眉上的王某见事情败露，李某致死，不知所措。在武警和监督岗罪犯的威慑下，李某慌乱中从距离地面6.8米的窗眉上坠地摔伤，被及时送医院检查并接受治疗。结合案例谈安全警戒设施所发挥的作用。

　　[分析]　该起事故的发生，有监狱在管理方面存在的漏洞，如在监管制度的执行、管教警察的责任心不强、罪犯管理不到位、劳动工具管理混乱等方面的问题。但能成功阻止两罪犯脱逃，监狱的围墙、电网等设施作发挥了重要作用。一方面围墙的高度难以攀登，另一方面监狱的电网正常达到一万余伏，罪犯翻越电网难度非常大，致使李某翻越电网时被电击当场死亡，并震慑了王犯，从而避免了两犯脱逃。由此可见，监狱警戒设施在防范罪犯脱逃方面发挥的作用越来越明显。

 【情境训练26】

　　[案例]　罪犯范某，因企图越狱，被监狱人民警察及时发现制止。为防止意外，警察将其关入禁闭室。一次乘放风之机，范某通过他犯搞到铁钉一根。范某拨开手铐，搬掉禁闭室窗户的两根钢筋，爬出禁闭室，翻越围墙逃跑。

　　假如你是管教警察，请总结此次事件暴露出禁闭室管理中存有哪些漏洞？

　　中华人民共和国司法部编：《监狱建设标准》，法律出版社2003年版。

学习情境 12.2　监门管理

一、监门

监门是监狱安全防范的重要屏障，对所有进出监狱、监区的人员必须经过严格的验证，只有出入者的出入凭证正确才予以放行并留下进出记录，避免监狱、监区受到外界的非法入侵。因此，在监狱监管区大门、罪犯生活区大门和监狱内各重要场所安装出入凭证检验装置，其主要功能就是通过对出入凭证的检验，判断出入人员有无授权出入。

二、监门出入凭证

目前，在监狱监门使用的出入凭证种类很多，主要有以下几种：

（1）以各类卡片作为出入凭证。有磁卡、条码卡、IC 卡、威银卡等，通过读卡或读卡加密码方式来识别进出权限。

（2）以输入个人识别码为凭证。主要有固定键盘及乱序键盘输入技术，通过检验输入密码是否正确来识别进出权限。

（3）以人体生物特征作为判别凭证。如指纹、掌纹、视网膜、声音、面部等，通过检验人员生物特征等方式来识别进出权限。

以上出入凭证主要是对监狱内部工作人员的出入时实现的控制，对外部人员、外部车辆因公务或工作需要进出监狱大门时，仍需按规定和要求办理出入手续，并经门卫认真验证、严格检查后，方可出入。有条件的可在监狱监管区大门安装防撞逃狱阻车器和车辆检测系统。

【工作要点】

监门是监狱与社会发生联系的重要通道，主要是供监狱人民警察、职工、外来人员、罪犯、车辆以及物品进出监狱使用。为确保监狱的安全起到至关重要的作用，因而需要加强监门的管理。

一、证件管理

（一）制作证件

进出监管区大门的所持证件有：《警官证》、《职工工作证》、《执勤证》、《职工出入证》、《监管区出入证》、《外来车辆及随行司机出入证》、《监狱安全检查特许通行证》等。所有证件样式和制作方式由省监狱管理局统一规定。

（二）发放、回收证件

证件应按需发放。对需要相关证件的人员，监狱应及时将制作好的证件发放给有关人员；如相关人员不需要再进入监管区的，应及时将证件收回。不需要相关证件的人员不予发放。

（三）登记

证件制作部门要负责对制作、下发、回收的证件，应进行详细的编号、登记。登记要准确，回收要及时，避免相关证件流落到无关人员手中。

二、人员进出管理

（一）对本监狱人民警察、职工进出管理

本监狱警察、职工进入监管区大门的，凭《警官证》、《职工工作证》换取《执勤证》、《职工出入证》；出监管区门时，经核对无误的收回《执勤证》、《职工出入证》，发还《警官证》、《职工工作证》后予以放行。监狱人民警察进出监管区大门时按规定着装，未经分管政治工作的监狱领导批准或非应急处置情况下，不得穿便装进入监管区。若持 IC 卡刷卡自动开门进出监管区大门的，警察、职工进出时刷 IC 卡并输入密码后，按逐人检查逐人放行的原则进出。若使用智能门禁系统，凭《警官证》或《执勤证》、《职工工作证》换取进出监门智能卡，进出监门。

（二）对上级领导或宾客进出管理

上级领导或宾客进出监管区大门的，在监狱或科室领导的陪同下，经检查、登记、押工作证后发给《监管区出入证》予以进入；出监管区大门，收回《监管区出入证》并退回工作证后予以放行。超过 5 人进入监管区的，可押 1 人的证件。

（三）对持特许通行证人员进出管理

对持特许通行证的人员进入监管区大门的，应同时出具《安全检查特许通行证》和《警官证》，经验证、登记、押《警官证》后，发给《监管区出入证》后予以进入，值班警察同时向监狱有关部门或领导报告。出来时，在监狱或科室领导陪同下，收回《监管区出入证》并退回《警官证》后予以放行。

（四）对外来人员进出管理

外来人员因生产、施工、运送生活物资等需要进入监管区大门的，凭《外来人员车辆进出监管区审批表》核实进入的人数、身份，押外来人员有效身份证件，登记后发给《监管区出入证》予以进入；出监管区大门时，收回《监管区出入证》并退回身份证后予以放行。

（五）对驻监检察室工作人员进出管理

对所有驻监检察室需进出监门的人员办理专用出入证件，并在狱政管理科备案。驻监检察室人员 2 人以上因工作需要进出监门，凭专用出入证件换取监门智能出入卡进出，并做登记。只有 1 名人员进入时，必须由监狱业务部门警察陪同进出，并做好登记。其他检察院人员进入的，需按有关规定办理进出监门审批程序，由监狱相关业务部门警察陪同进出，并在监门做好登记。

（六）对友邻单位人员进出管理

对来监参观、学习、帮教、接受警示教育等活动的人员进入监管区的，由相关部门警察带领，凭《外来人员（车辆）进入监管区审批表》核实进入人员人数、身份，押证、登记后发给《监管区出入证》，在对口部门警察的陪同下予以进入；出监管区大门时，收回《监管区出入证》，退回所押证件后予以放行。10 名以上进入的，可只押负责人的证件。

（七）对会见、帮教人员进出管理

对需要通过监管区大门进入会见室的会见、帮教人员，凭监狱发放的《会见通知单》，押有效身份证明，换取《会见卡》后进入监管区；出监管区大门时，收回《会见卡》，退回所押证件后予以放行。

（八）对其他人员进出管理（监门值班警察）

对党政、司法机关工作人员和律师、驻监武警、新闻媒体单位，以及港、澳、台地区和外国籍人员等其他人员进入监管区大门的，凭《外来人员车辆进出监管区审批表》核实进入人员人数、身份，押工作证，登记后发给《监管区出入证》，在对口部门警察的陪同下予以进入；出门时，收回《监管区出入证》，退回所押证件并在对口部门警察的陪同下予以放行。

三、罪犯进出管理

（一）对进入监管区大门管理

新入监罪犯、调入罪犯、离监就医罪犯和撤销假释、保外就医情形消失后被重新收监、脱逃捕回等罪犯进入监管区大门的，凭《外来人员车辆进入监管区审批表》核实押解警察身份和罪犯人数，经登记、押工作证后予以放行。非本监罪犯需要进入监管区大门临时寄押的，凭《寄押罪犯审批表》核实押解警察身份和罪犯人数，经登记、押工作证后予以放行。

（二）对罪犯离开监管区大门管理

对刑满释放人员离开监管区大门的，凭《释放（假释）证明书》核实离监罪犯身份，经登记后予以放行。对寄押罪犯离开监管区大门的，凭《寄押罪犯审批表》核实押解警察身份和离监罪犯身份、人数，经登记后在狱政管理科警察陪同下予以放行。对于不符合收押条件、公安部门需要提走的新收押罪犯，凭《罪犯不予、暂不收监审批表》核实押解警察身份和离监罪犯人数，经登记后在狱政管理科警察陪同下予以放行。对其他罪犯离开监管区大门时，凭《罪犯离开监管区审批表》核实押解警察身份和离监罪犯人数，经登记后在警察押解下予以放行。对遇紧急病情需要离开监管区的，凭分管狱政管理的监狱领导的电话通知，并在狱政管理科领导陪同押解下，经登记后予以放行。

四、车辆进出管理

（一）对进入监管区大门管理

押证换证。本监狱车辆因公需要进入监管区的，在本监狱警察或职工驾驶下，押《机动车行驶证》后予以进入；外来车辆确需进入监管区的，在本监狱警察或职工驾驶下，换证、押证后予以进入，司机严禁进入；但如属特种车辆且监狱无具备此类车辆驾驶资质人员或公安部门投送新收押罪犯的，凭《外来人员车辆进入监管区审批表》核实进出人员、车辆，押驾驶证后发给《外来车辆及随车司机出入证》，并在对口部门警察全程引导下进入。

检查车辆。对进入监管区大门的车辆的底部、顶部、驾驶室、货仓、连接部位等进行检查，必要时可将车厢货物卸下检查。

（二）对离开监管区大门的管理

检查车辆。对离开监管区大门车辆的底部、顶部、驾驶室、货仓、连接部位等进行检查，必要时可将车厢货物卸下检查。

换证。对离开监管区大门的车辆，经检查无误的，收回《外来车辆及随车司机出入证》并退回所押证件后予以放行。

五、物品进出管理

（一）检查

对所有进出监管区大门的物品进行检查，检查可采取重点抽查、器材检查、全面清查等方法。对因工作需要将易燃易爆、音像器材、刀具、通讯工具、计算机、工程维修工具等管制物品带入监管区的，检查《管制物品进入监管区审批表》与所携带物品是否相符，并对物品种类、型号、数量进行检查、清点。对未经审批而企图带入（出）管制物品的予以扣留，并扣押其证件，同时报告狱政管理科等业务部门处理。

（二）登记放行

对进出监管区大门的物品在核准、清查并登记后予以放行。

六、连接门进出管理

（一）对人员进出管理

对本监狱警察、职工、持有特许通行证人员进出连接门的，核对无误或刷卡确认后放行。对外来人员进出连接门的，在对口部门警察的陪同下，经检查、登记后予以放行。对驻监检察室人员进出连接门的，经检查、登记后予以放行。对罪犯出收工进出连接门的，凭《罪犯出收工登记表》清查罪犯人数后予以放行；调整劳动时间进出连接门的，凭《监区调整劳动时间审批表》核实进出罪犯人数，经核准、登记、签名后放行；个别罪犯进出的，由带班警察在《罪犯进出监门登记表》上登记。节假日期间，未经值班监狱领导批准，罪犯不准进出连接门。

（二）对车辆进出管理

对本监狱车辆进出连接门的，经检查、登记后予以放行。对外来车辆进出连接门的，经登记、检查后在对口部门警察的陪同下予以放行。

（三）对物品进出管理

经批准进出连接门的物品，经检查、登记后放行。

【注意事项】

一、进出监门人员管理的注意事项

对进出监门人员的管理，要注意以下管理要求：

（1）所有人员应徒手进出监管区大门应主动接受检查，违禁品不得带入监管区。

（2）女、男性人员进出男、女犯监狱监管区大门时，应由监狱男、女性警察陪同进出，否则不得放行。

（3）罪犯出收工期间，外来人员不得进出监管区。

（4）进出监管区大门人员有不出示证件、携带未经批准的管制物品、未按规定的时间进出监管区、进出监管区大门时不下车、形迹可疑、衣冠不整或女性人员着装过于暴露、不服从监门值班人员指挥以及未经批准或没有有效身份证明的，不得放行。

二、罪犯进出监门管理应注意的事项

对没有进出手续或手续不完备、没有警察押解、押解警察人数不符合规定、罪犯不着囚服的（刑满释放罪犯和看守所投送新收押罪犯的除外）以及押解警察不清点人数、不搜身、不签名等严重影响监狱监管安全的，不得让罪犯进出监管区大门。

三、进出监门车辆管理的注意事项

对进出监门的车辆管理，要注意以下要求：

（1）进出监管区大门时必须一人一证一车，除司机外的人员不得随车辆进出监管区。

（2）车辆在监管区行驶期间时速不得超过20公里/小时。

（3）对符合进出条件车辆和司机，由陪同警察在《外来人员、车辆进出登记表》上做好登记，并签名确认。

（4）罪犯出收工期间，禁止车辆进出监管区。

（5）任何车辆一律不得在监管区内停留过夜。

四、连接门进出管理的注意事项

对进连接门的管理，要注意以下要求：

（1）无人员、车辆进出时，连接门应处于关闭（上锁）状态。

（2）应认真查验《罪犯出收工登记表》，发现登记的出收工罪犯人数有误的，应立即通知监区、监控指挥中心。

（3）未经批准，不得让携带易燃易爆、生产工具、劳动资料、利器、攀援器具等管制物品的人员进出连接门。

【范例分析27】

[范例] 2009年10月17日，星期六，内蒙古第二监狱某监区组织罪犯劳务加工。乔某、董某、李某和高某先后诱骗捆绑了一名值班罪犯和一名带班警察，获取了一套警服，后将警察兰建国骗到仓库欲扒其警服，遭反抗后四名罪犯用准备好的两把自制刀具和藏匿的两把裁纸刀残忍地将兰警官杀害。接着他们四人分别穿准备好的三套便服和一套警服，尾随一出监狱大门的警察，过了三道刷卡门和一道红膜门，最后在门卫验证时事情败露，强行脱逃。四名重刑犯杀害狱警越狱震惊全国，公安部发出通缉令，各路警察布下天罗地网。67小时后，接群众举报的警察一举擒获仓皇逃窜中的罪犯。

[分析] 四名重刑犯杀害监狱警察越狱脱逃，震惊了全国。在反思这起案件发生的原因时，除监狱在执行监管制度、落实物品管理、狱情搜集等方面存在问题外，其中最值得深思的就是门卫制度执行不到位。内蒙古第二监狱是部级现代化文明监狱，硬件设施好，四名罪犯尾随一名警察连续过了四道门，而且是技术含量较高的刷卡门和虹膜门。而在最后这道门才遇见监门警察核对证件，前几道大门竟然轻易就通过了，说明监狱门卫执行制度落实不

到位。同时，也说明技术含量较高的刷卡门和虹膜门存在明显的缺陷，从开门到关门一般有几秒钟的时间间隔。

【情境训练27】

[案例1] 2007年5月8日，某省某监狱罪犯罗道义、周欣与监外不法分子相互勾结，精心密谋，由不法分子驾驶货车进监以维修为幌子，将罗、周两犯藏匿于车厢内两只经过伪装的无底油桶内，随车脱逃。

如果你是门卫警察，你觉得本案中应吸取的教训是什么？

拓展阅读

[案例2] 罪犯陶某1998年某月某日下午收工后，尾随出监的警察，行至监狱大门后，为故作镇静，手里拿着香烟（那时监狱在罪犯中实行戒烟）。到达门边，门卫见其不熟，问其是谁带领的（监狱规定：非本厂职工进出必须由使用单位派人带进带出），陶某一时语塞，答不上来，于是就被现场四名警察扣押。

如果你是门卫值班警察，你觉得本次事件值得总结的经验教训是什么？

【学习情境13】 装备管理

知识储备

一、狱政装备的概念

狱政装备是指监狱人民警察在执行公务过程中，依法使用的国家统一制作和配发的，用于拘束、制服、威慑、打击和惩罚犯罪分子的武器、警械，以及用于人民警察巡逻、执勤、搜查、追捕、堵截、押解、防暴、看守等使用的交通、通讯、监听、监视、监控、安检、狱侦等工具、标志、设备器材。

二、狱政装备的种类及管理

狱政装备的种类很多，根据其性能和用途可分为警械装备、武器装备、防暴防护装备、通讯装备、监听、监视装备、安检装备、交通装备、狱侦装备等。

（一）警械装备

警械装备，是指监狱人民警察按照规定装备，用于防范和制止罪犯不法行为或危险行为而实施的人身强制的各种警用械具，是保障警察履行职责的一种基本装备。

根据《人民警察使用警械和武器条例》规定，监狱人民警察使用的警械，总的来说：可分为两大类：①驱逐性、制服性警械。包括警哨、警棍、便携式无线报警器、手掷催泪弹、高压水枪、特种防暴枪等，用于驱逐、制服罪犯的不法行为。②约束性警械。如警绳、手铐、脚镣等，用于对罪犯的不法行为或危险行为进行人身约束。

（二）武器装备

武器装备，是指监狱人民警察在依法履行职责时用于防范、制止不法行为和自卫的足以致人伤亡的各种枪支和弹药。

（三）防暴防护装备

防暴防护装备，是指用于制止群犯暴狱、脱逃、械斗等犯罪行为，追捕逃犯以及监狱防暴队员自卫的专用工具。防暴防护装备包括防暴枪、网枪、手掷催泪弹、盾牌、防火服、防弹头盔、防暴头盔、自卫喷雾器、防刺背心、防刺手套、防沾染隔离服等。以上装备是专门给监狱防暴队配置的，由防暴队统一保管，统一使用。

（四）通讯装备

通讯装备是监狱人民警察相互联系、沟通信息、畅通指挥、及时反馈的工具，是司法机关通信联络畅通的保证。它包括有线通信、无线通信两大类，具体包括电话、传真机、对讲机、移动通讯、集群通讯等。

监狱应配备电话、传真机、对讲机等通讯工具，形成有效的通信网络，以保证正常的通信联系。根据条件和需要可配备移动电话，以提高狱内侦查和监狱控制的能力。

监狱应有计划建立系统内的集群通信及警务通专网，以更好的实现指挥调度以及在紧急情况下不间断通信。

集群通信及警务通网是新型的移动通信系统，它除了具备公众移动通讯提供的个人移动通信服务外，还能实现个人与群体间的任意通信，并可进行自主编控，是集对讲机、GSM、CDMA和图像传输于一体的智能化通信网，是专用指挥调度通信系统。集群通信及警务通系统能够完成组呼、单呼、紧急呼叫和动态重组等多种指挥调度功能，非常适合政府机关、公安、司法等对指挥调度功能要求较高的部门使用，实现对系统内交通工具和人员的指挥调度，实现与公安、武警、司法、疾控等应急处置中心联网联动，并根据全国监狱网络信息系统的建设进程，适时与司法部实现联网，以提高工作效率及快速协同处置能力。

（五）监视、监听装备

监听、监视装备就是运用电视监控、监听，及时发现、控制罪犯的活动，收集、获取犯情信息资料，及时准确地制止罪犯的违法违纪行为，并对罪犯起到威慑作用的设备。

1. 监视装备。监视装备分为视频监控系统和夜视仪两部分。视频监控系统通过视频矩阵、视频服务器、摄像机及硬盘录像机等构成，直接观看被监控场所的一切情况；可以把被监控场所的图像、声音同时传送到监控中心，使被监控场所的情况一目了然，并且具备图像、声音记录存储功能。视频监视系统由前端（摄像机、镜头、云台、支架等）、信号传输（无线、有线传输）、信号处理及终端（监视器、录像系统等）四大部分组成。利用闭路电视系统可以弥补音响监控系统的许多缺陷。

夜视仪包括主动红外夜视仪、被动红外夜视仪、微光夜视仪、微光电视等。它是一种在全黑条件下能够观察到目标成像的光电装置。根据工作需要，每个监狱应配置一台夜视仪，供夜间监视罪犯活动和追捕时使用。有条件的监狱还可在光源差或既无光源又属要害部位或罪犯易于脱逃的出没场所安装微光电视，既能起到一般的夜视仪所具有的防范作用，又可以收到特殊的窥视监控效果。

2. 监听装备。监听装备与监视装备相比，设备种类要少一些。主要有监听头、音频放大器、音频切换器和录音机组成。目前应在监舍通道适当位置（靠近罪犯监督岗）和监仓内安装对讲设备，用于罪犯和值班干警的通话；在禁闭室安装监听设备，干警可以随时通过值班室的主控设备获取到监仓内的声音信息；在家属会见室安装对讲监听设备，对讲设备用于犯人和家属的沟通，监听设备用于值班警察掌控犯人的会见情况；在罪犯拨打亲情电话时安装该设备以对双方对话的监听。

上述监视、监听装备，既可以单独使用，也可以作为多媒体监控系统的组成部分。通过多媒体监控系统，使监视、监听、报警装备集合成为一个整体而有效的综合安全防范系。

（六）安检装备

安检装备是用来探测、检查罪犯、嫌疑分子和一切非监狱工作人员进入监狱、监舍、医院、会见室是否私藏和携带违禁品的设备。其种类主要有安检门、手持金属探测仪、X 光射线探测仪和应急报警系统。

安检装备的工作原理是基于脉冲电磁技术，由发射器的脉冲信号使线圈感应区内的金属物体产生衰减涡流，通过接收器进行取样处理，从而探测出金属物体发出报警提示。监狱通常在会见室、医院、监舍出入口以及监狱大门处设置安检门，罪犯会见、收工、就诊时必须通过安检门，通过对罪犯人身的探测，检查其是否携带金属物品，替代了原先的人工搜身，既提高了工作效率、降低了矫正工作者的检查难度，又提高了安全程度，有效减少了罪犯私藏违禁品现象的发生。同时，安检门还具有技术统计功能，能够精确统计通过罪犯的数目和报警次数。对零星出入或不便于使用安检门安检的罪犯，监狱人民警察可利用手持金属探测仪进行检查。由于安检门的灵敏度较高，监狱在推行安检门制度前，必须对罪犯作出着装的硬性要求，如将衣服作无金属化处理、同意取消罪犯腰带、罪犯不得穿皮鞋等，确保一次性通过。但安检门也不是万能的，它只对金属及合成物品发出报警，而对绳索等违禁品是无法探测的。因此，监狱人民警察不能完全依赖安检门，还必须经常地进行人工抽检，尤其是对一些重点控制罪犯，搜身检查的频率要更高。

（七）狱侦器材装备

狱侦器材装备，是指用于现场勘查，提取痕迹物证、刑事化验、物化检验、法医实验的专用工具。狱侦器材装备包括照相器材、现场勘查器材、痕迹、物证、提取物品保护器材及狱侦软件、办公器材等。

狱侦器材的管理，必须坚持专人负责，定期检查，按时维护；狱侦器材应该进行分类存放，做好领用登记、维护登记；保持狱侦器材的完整及良好性能，发现缺损及时汇报、维修，确保器材的正常使用；未经有关领导批准，不得借用、使用各种狱侦器材。

（八）交通装备

交通装备是指监狱基于狱政管理和执行公务需要而使用的各种车辆、船只、马匹和飞机等交通工具。

监狱根据惩罚和改造罪犯以及执行公务的需要，必须配备相应的车辆，具体包括警车、大小囚车、现场勘察车、通讯车、罪犯生活车、卫生防疫车、救护车，以及吉普车、中小型面包车、大客车、两轮摩托车、三轮摩托车。各种车辆配备的数量应根据押犯的人数确定。

沿江、沿河、沿海、沿湖的监狱，应配备一定数量的船只，包括巡逻艇、快艇、摩托艇、运输船等。

偏远地区交通不便的监狱可在上述标准以上配备小型直升飞机，以适应救护、防范或追捕的需要。从事农业的监狱应配备适量的马匹。

狱政管理专用交通装备仅供监狱人民警察履行押送各押犯单位需外出就诊罪犯、押送调监罪犯、执行突发事件、设卡等应急出车任务、向上级机关送取机密或紧急文件（包括罪犯减刑、假释、保外就医案卷）及其他紧急事项需出车时使用，在使用中应当自觉遵守交通法规，主动接受公安、交通、港务、渔政等有关部门指挥、检查和监督。对使用的交通工具应经常进行检查、维修和保养，确保启动快捷、安全可靠、性能完好。

【工作要点】

狱政装备是保证监狱人民警察执行公务的工具，是制止罪犯脱逃和其他违反监规纪律现象发生的有力保障。因此，我国的法律、法规对各种装备的使用，尤其对警械、武器的使用规定了法定的条件。监狱人民警察必须严格按照法定的条件、程序使用。

一、掌握警械具的使用条件

（一）罪犯有下列情形之一的，可以使用警笛

（1）需要召集警察共同制止罪犯的。

（2）需要警告罪犯停止违法行为的。

（3）需要协助追捕正在逃跑的罪犯的。

（4）遇有突发事件，需要支援的。

（二）罪犯有下列情形之一的，经警告无效时可以使用催泪瓦斯、警棍

（1）有结伙斗殴、殴打他人、寻衅滋事、哄监闹事等违规违纪行为，经警告无效的。

（2）强行冲越监狱警察为履行职责设置的警戒线的。

（3）以暴力方法抗拒或阻碍人民警察依法履行职责的。

（4）袭击监狱警察的。

（5）正在实施其他违法犯罪行为的。

（三）监狱人民警察在追捕逃跑的罪犯和押解罪犯途中，可以使用警绳

在使用警绳时，不得故意造成罪犯人身伤害。在监狱内不允许使用警绳或其他绳索捆绑罪犯。

（四）有下列情形之一的，可以直接使用手铐、脚镣

（1）罪犯有脱逃行为的。

（2）罪犯有使用暴力行为的。

（3）罪犯正在押解途中的。

（4）罪犯有其他危险行为需要采取防范措施的。

二、审核、检查警察使用警械具的情况

（一）审核

对罪犯使用手铐、脚镣，应先填写《使用戒具审批表》，经监区审核后，报狱政科批准。遇罪犯行凶制止无效等特殊情况时，应先加戴戒具，然后补办手续。

（二）检查使用情况

1. 专项检查。①对于监区使用警笛、催泪瓦斯和警棍及时进行检查，检查内容包括是否在规定的范围内使用、罪犯肉体是否因此受到伤害、是否及时将使用情况记录在《值班日志》上等。②对监区在紧急情况下未经审批而先使用手铐、脚镣等戒具的报告进行调查核实，符合使用情形的督促监区及时补办使用手续，违规使用的立即予以制止。③定时、不定时检查罪犯加戴戒具情况，当使用戒具情形消失后立即督促监区解除戒具，防止罪犯肉体受到伤害。

2. 日常检查。①定期、不定期检查监区使用警笛、催泪瓦斯和警棍等驱逐性、制服性警械具的情况，检查内容包括值班执勤期间是否按规定佩戴相应的警械具、所佩戴的警械具是否能够正常使用、是否使用了警械具而没有报告、警械具是否有交给非监狱警察使用等。②定期、不定期检查监区使用手铐、脚镣等约束性警械具的情况，检查内容包括是否有未经审批或报告而使用、给罪犯加戴戒具是否假手于罪犯、戒具使用情况是否及时记录在《值班日志》上、《使用戒具审批表》是否存入罪犯副档、戒具是否能够正常使用等。

（三）违规使用警械具的反馈、处理

（1）对违规使用警械具或造成罪犯肉体伤害的，立即进行调查并报告分管狱政管理工作的监狱领导，违规使用的将调查结果送有关部门作进一步处理。

（2）因使用警械具造成罪犯肉体伤害的，立即通知监狱医院予以医治。

（3）对不按规定保管佩戴警械具、使用警械具不及时报告记录、将警械具交给非监狱人民警察使用等问题的，及时反馈给监区，问题突出的下发《消除隐患通知》书并报告监狱领导。逾期不整改的，收回所配发的警械具，并移交其他业务科室处理。

（4）对无法正常使用的警械具及时通知生活卫生装备科予以更换。

三、掌握武器的使用和管理

（一）掌握武器领用的条件和武器使用的条件

1. 掌握领用武器的条件。有下列情形之一的，可以领用武器：①处置突发事件（包括演练）需要使用武器的；②追捕逃犯的；③押解罪犯的；④警察训练的。

2. 掌握武器使用的条件。有下列情形之一，并经警告无效的可以使用武器：①罪犯聚众骚乱、暴乱的；②罪犯脱逃或者拒捕的；③罪犯持有凶器或者其他危险物，正在行凶或者破坏，危及他人生命、财产安全的；④劫夺罪犯的；⑤罪犯抢夺武器的。

3. 使用武器的审批。①对使用部门提交的《使用武器弹药审批表》进行严格的审查，符合使用情形的报分管狱政管理的监狱领导审核、监狱长批准。②紧急情况下需要使用武器的，由使用部门提出书面申请，注明使用人姓名及所需装备，由监狱长签字批准；监狱防暴队员在紧急情况下需要使用武器的，可以口头请示监狱长，经批准后可借用。紧急情况处理完毕后，及时补办审批手续。③使用武器人员必须具有持枪证。

4. 移交、接收武器。①根据《使用武器弹药审批表》或监狱长的通知，将规定型号、数量的枪支、弹药移交给使用武器人员；②及时在《使用枪支弹药登记表》上做好武器移交的登记；③对归还的枪支、弹药，应仔细检验核对枪弹的型号、数量，无误的在《使用枪支弹药登记表》上注明归还时间和枪弹检验情况、数量，双方签名确认。

5. 违规使用武器的处理。违规使用武器造成不应有的人员伤亡、财产损失并构成犯罪的，依法移交司法机关进行处理；尚不构成犯罪的，依法给予行政处分；对受到伤亡或财产损失的人员，依照《国家赔偿法》的有关规定给予赔偿。

6. 武器在使用过程中出现丢失的处理。①接到武器丢失报告后，立即逐级上报，并展开调查；②督促当事人立即形成有关武器丢失的书面报告，并根据当事人的汇报和调查结果，形成监狱丢失武器的书面材料报告上级；③积极协助上级、公安部门侦查丢失的武器。

（二）掌握武器的日常管理

（1）指定专人负责。明确枪支、弹药管理责任，指定警察专人负责，双人双锁，其中一人离开监狱所在地区的，应将钥匙交给其他警察保管。

（2）配备专用设施保管枪支、弹药。按规定配备"三铁一器"（铁门、铁窗、铁柜、监控报警器）专用保管设施，枪支、弹药实行分室、分房分开存放。枪库的监控报警器必须与当地公安部门110联网。

（3）持枪证件管理。及时做好新领用枪支与新录用人员持枪证的办理工作；做好对枪证、持枪证的保管，按时报有关部门审验。

（4）枪支、弹药登记。建立枪支、弹药管理登记表，逢枪支、弹药有变动时应详细在《枪支弹药往来明细登记表》登记，每年底应清点枪支、弹药，并登记在《枪支种类年度统计表》上，报分管狱政管理工作的监狱领导审核。

（5）枪支、弹药检查。定期对枪支、弹药进行检查，做到日巡查、周检查，并详细登记在《枪弹库值班登记表》上。

（6）枪支、弹药保养。定期或不定期对枪支、弹药进行擦拭保养，防止锈蚀，有使用的要及时擦拭保养，无使用的要做到每月擦拭保养，并详细登记在《枪支弹药保养维护登记表》上。

（7）枪支、弹药交接。因工作变动需变换管理人时，应有详细的交接手续。

（8）枪支、弹药补充。根据工作实际，及时做好枪支、弹药补充的相关计划，并报上级部门审批。

（9）枪支查验。按公安部门的指定时间送枪支到指定的地点接受查验。

（10）武器报废。对需要报废的枪支、弹药，按公安部门的规定报废。

【注意事项】

一、监狱人民警察使用警械的注意事项

使用警械时应注意的法律界限：①警察在使用驱逐性、制服性警械时，应当以制止违法犯罪行为为限度。当违法犯罪行为得到制止时，应当立即停止使用。②警察使用约束性警械的目的是束缚违法犯罪分子和犯罪嫌疑人，在使用中不能故意造成人身伤害。

（一）使用驱逐性、制服性警械需注意的事项

各种警械的威力不同，在制止违法行为时只要使用威力较轻的警械能够制伏的，就不要使用威力较重的警械，以有效地制止对方为限度，不能无限度地作为惩罚手段持续使用。违法犯罪行为得到制止，使用这些警械的目的已经达到，应即停止使用。

另外，一般情况下，不能对老年人、身体有明显残疾的人、病人使用警棍等警械。但当上述人员侵犯受特别保护目标、对象或情节特殊需要必须使用时除外。

（二）使用约束性警械需注意的事项

（1）对使用警绳、手铐、脚镣情形消失后，应当停止使用约束性警械。

（2）对老、病、残犯禁止使用手铐、脚镣，对女犯除个别特殊情况外，也不得使用。凡加戴手铐、脚镣的罪犯均不得再出工劳动，防止再发生危险。

（3）被判处死刑等待执行的罪犯可以同时使用手铐、脚镣。

（4）对罪犯使用手铐、脚镣，应先填写《申请戒具、关押禁闭审批表》，经监区审核后，报狱政科批准。遇罪犯行凶制止无效等特殊情况时，应先加戴戒具，然后补办手续。

（5）警绳仅供追捕逃犯和押解罪犯时使用，在狱内一律禁止使用警绳和其他绳索捆绑罪犯。

（6）不得故意造成人身伤害。

二、监狱人民警察使用武器的注意事项

（一）使用武器的注意事项

1. 监狱人民警察在使用武器前应当命令在场无关人员躲避；在场无关人员应当服从人民警察的命令，避免受到伤害或者其他损失。

2. 监狱人民警察在使用武器前应事先向当事人发出警告，经警告无效后，才可以使用武器；如果情况紧急来不及警告或警告后可能导致更为严重后果的，可以直接使用武器。

3. 监狱人民警察禁止使用武器的情形：

（1）应当停止使用武器情形：监狱人民警察遇有下列情形之一的，应当停止使用武器；犯罪分子停止实施犯罪，服从人民警察命令的；犯罪分子失去继续实施犯罪能力的。

（2）禁止使用武器的情形：监狱人民警察遇有下列情形之一的，禁止使用枪支：发现实施犯罪的人为怀孕的女犯，但使用枪支、爆炸、剧毒等危险物品实施暴力犯罪的除外；脱逃的罪犯处于群众聚集的场所或易燃、易爆、剧毒、放射性等危险物品的场所的。但是不使用武器不足以制止，将发生更为严重危害后果的除外。

4. 使用武器后应采取的措施。

（1）进行现场处置。监狱人民警察使用武器造成伤亡的，无论是罪犯还是无辜人员，都应当积极抢救，保护现场，并积极向当地监狱管理机关报告。当地监狱管理机关接到报告后，应当及时进行勘验、调查，并及时通知当地人民检察院，还应当将伤亡情况及时通知其家属或所在的单位。

（2）及时书面报告。监狱人民警察使用武器后，无论是否造成伤亡，都必须将使用武器的情况如实向所属监狱机关作出书面报告。

（二）使用公务用枪时应注意的事项

佩戴和使用枪支的监狱人民警察，必须采取有效措施，严防被盗、被抢、丢失或发生其他事故。依法佩戴和使用枪支的人员，在使用枪支时应注意以下事项：

（1）公务枪支使用人员，应按规定办理持枪证。携带枪支应随身携带持枪证和枪证。

（2）非工作需要，严禁携带枪支进入罪犯监区、宿舍和生产场所。

（3）严禁将枪支、子弹出租、出借、出售、转让、转借或调换。

（4）枪支、子弹必须妥善保管、确保安全，严禁人枪分离。

（5）严禁持枪随意鸣放、狩猎，严禁携带枪支娱乐、饮酒。

（6）非工作需要，严禁携带枪支出入饭店、商场、歌舞厅、影剧院等公共场所。

（7）任务执行完毕，必须及时将枪支、子弹交回枪库，严禁拖延时间，继续持有枪支、子弹。

（8）不得将枪支交给非监狱警察携带或保管。

（9）枪支被盗、被抢或丢失的，立即向上级主管机关和公安机关报告。

违反以上规定的，以及有其他违反《枪支管理法》、《人民警察使用警械和武器条例》、《公务用枪配备办法》等法律法规及本实施细则行为的，视情节给予相应行政处分；构成犯罪的，依法追究刑事责任。

 【范例分析28】

[范例] 某日，监狱人民警察王某在带领部分罪犯在狱外劳动作业时，一名罪犯越过警戒线强行逃跑。警察王某立即发出警告，命令罪犯停止逃跑。罪犯不听制止，继续逃窜。王某在警告无效的情况下，开枪射击，将逃犯击毙。

[分析] 根据《监狱法》和《人民警察使用警械和武器条例》的规定，对罪犯脱逃的，经警告无效时，可以使用武器。所以王某对逃犯使用武器是符合法律规定的。王某在使用武器后，应立即保护现场，并立即报告监狱机关。

【情境训练28】

[**案例**] 罪犯李某，无故不起床出早操，被值班警察从床上叫起来，进行批评教育。李某不但不接受批评，反而顶撞警察，值班警察对其使用电警棍予以处罚。罪犯李某随后向监狱机关投诉，说值班警察滥用电警棍处罚罪犯。

假如监狱领导叫你来处理这件事情，值班警察对罪犯李某使用电警棍你觉得应如何处理？

拓展阅读

认真阅读《枪支管理法》、《人民警察使用警械和武器条例》、《公务用枪配备办法》等法律法规的相关内容。

【学习情境14】 信息管理

学习情境14.1　狱政信息管理

知识储备

一、狱政信息的概念

狱政信息，是指监狱在狱政管理活动中一切有关的监控和管制罪犯的资料、消息、情报、数据和信号等资讯的统称。

在监狱执行刑罚活动中存在着三种不同的因素流动：①监狱人民警察和罪犯组成的"人流"；②监狱的资源、资产、财力等组成的"物流"；③在整个活动中随之产生的大量的资料、消息、情报、数据、指标、图纸、组织和计划等"信息流"。前两种流动是监狱对罪犯执行刑罚和实施教育的主体流程，其流通是否畅通很大程度上决定着监狱行刑效率的高低。信息流是人流和物流的前提条件和中间环节，反映着人流和物流的整体运行情况，起到指挥者和协调者的作用。信息流有任何阻塞都会使人流和物流造成混乱，直接影响到整个监狱工作的进程。

二、狱政信息的特点

狱政信息作为一种特殊的信息，除具有一般信息的载体依附性、时效性、开发性、可存贮性、传递性、共享性、价值相对性等特征外，还有着自己本身的特点。

（一）狱政信息内容的特殊性

监狱作为刑罚执行机关，其惩罚性使监狱与自由社会相对的隔离开来。因此，狱政信息及其流动是以监狱警察和罪犯组成的"人流"为基础的，他们身份的特殊性也就决定了狱政信息的特殊性。比如警察对罪犯的个别教育工作、罪犯的减刑、假释等特点是其他信息无法具有的。

（二）狱政信息传递的综合性

狱政信息具有各种不同的传递方式，既有正式传递（如传达文件、会议精神、宣布减刑等），也有非正式的传递（如警察与警察之间、罪犯与罪犯之间的交谈）；既有单向传递（如警察对罪犯的教育、训诫等），也有双向传递（如监狱领导与警察的谈心、警察与罪犯之间的谈心等）；既有纵向传递（如省局与监狱之间，监狱对科室、监区、分监区等），也有横向传递（如监狱与监狱之间，科室与科室之间、监区与监区之间等）；既有书面传递（如文件、简报等书面材料），也有口头汇报（如电视电话会、口头汇报等）。这些信息传递的方式不同，产生的作用也就不同，在实际工作中根据具体的情况采用不同的传递方式。在狱政工作中，信息不是只用一种方式去传递，而是用多种综合方式来传递。

（三）狱政信息处理的规范性

狱政信息是监狱在对罪犯的刑罚执行过程中所产生的，它的流转必须在法律允许的范围内进行。这是因为：①不论是监狱传递给罪犯的信息，还是监狱警察传递给监狱的信息都必须有它的合理性、合法性；②狱政信息在传递、利用、储存时有严格的法律规定和法律程序；③载体必须符合法律的规定，不得随心所欲地选择信息载体；④监狱必须按相关的法律规定及时处理各种狱政信息。

三、狱政信息的内容

狱政信息是狱政管理活动中的基础和管理依据，是整个信息管理的关键。按照信息的来源可以将狱政信息划分为：来自国家法律、法规、政策、上级机关的信息；来自监狱警察方面的信息；来自罪犯方面的信息；来自狱政设施装备方面的信息；来自其他方面的信息。由于狱政信息主要来自于监狱的内部，也就是在刑罚执行过程中代表国家执行刑罚的警察和被执行刑罚的罪犯以及与之相关的狱政设施的装备等三方面。其中来自于罪犯的信息是狱政管理工作的重中之重，它为狱政管理部门、监狱警察提供了罪犯的家庭情况、思想、行动、改造态度、教育结果等情况，特别是为监狱的安全提供了直接的依据。这里只讲关于罪犯的信息，其内容主要包括：

（一）罪犯的基本情况

罪犯的基本情况，这是作为监狱警察特别是一线的管教警察必须掌握的基本信息。它包括罪犯的姓名、性别、年龄、籍贯、本人成分、家庭出身、文化程度、捕前职业、犯罪类型、作案经过、刑期起始日期、社会经历、社会关系、家庭主要成员、改造的基本情况等。这也是狱政管理部门在罪犯入监以后必须了解和掌握的基本情况和最原始的信息。

掌握罪犯的原始信息是减少和预防犯罪的需要，也是对罪犯实施有效管理的前提和最初管理的决策依据。罪犯改造是一个动态的、流动的过程，它的基本信息也就随之而变化，比如罪犯的群体结构中性别、年龄、文化程度的变化；罪犯个体的年龄、文化程度、家庭情况、刑期刑种等信息的变化。所以，这就要求狱政管理部门根据罪犯信息的变化及时对这一原始信息进行加工、处理、利用，准确地为狱政管理工作提供科学的依据。

提供罪犯原始信息最常见、最广泛的是罪犯档案，它是集原始信息处理、利用于一身的信息载体。

（二）罪犯的改造态度

改造态度就是罪犯个体对自身受处罚的感受和对狱内环境感知的一种特殊反应，是接受刑罚处罚过程中的主观心理状态。狱政管理部门和监狱警察只有及时准确地掌握不同个体罪犯的改造态度，才能对症下药，开展不同形式的教育、心理矫治以保障狱政管理工作和监狱安全工作的顺利开展，帮助管理罪犯顺利地完成改造任务。

罪犯的改造态度可以简单的归纳为四类：①主动改造型。这种类型的罪犯能认识到自己所犯罪行对社会的危害，能"认罪"也能"服法"，在监狱警察的指导下深挖其犯罪根源，遵守监规纪律认真改造，争取用自己的行动来早日出监回归社会成为守法公民。这种类型的罪犯多为初犯、偶犯、过失犯，是执行刑罚中的主流。②投机取巧型。这种类型的罪犯对自己所犯的罪刑认识不深刻，入监以后把改造的希望寄托在了和警察拉关系、让家人走后门上，通过各种不正当手段争取好的劳动环境、生活环境、获得减刑，达到逃避刑罚惩罚的目的。③熬刑混日型。这种类型的罪犯在入监之后对生活和改造前途失去信心，对一切失去了兴趣，感到孤独无助，悲观失望，有的甚至自残、自杀。④抗拒改造型。这种类型的罪犯对自己所犯罪行的性质和危害没有根本的认识，有的甚至一直认为自己是"冤枉"。他们反社会的心理严重，痛恨司法机关、怨恨监狱生活、仇恨警察、藐视法律、反社会反人类，不惜铤而走险重新犯罪。这种类型的罪犯，多为危害国家安全的罪犯、重大的刑事罪犯、邪教型的罪犯等。

在实际的管教工作中，罪犯的改造态度不是一成不变的，而是随着入监、改造初期、中期、后期、出监各阶段有它的变化性与反复性。因此，罪犯的改造态度作为狱政信息的一个重要方面要由狱政管理部门、教育管理部门、监区、分监区警察及时的互通有无、沟通反馈、处理利用，为监狱工作服务，确保监狱的安全、稳定、和谐。

（三）罪犯的言行表现

有什么样的态度就有什么样的言行，与罪犯改造态度相对应的就是他们的言行表现。在改造中，罪犯会通过他们的言行来表现出对刑罚执行的手段、方法和目的的反应。因此，罪犯的言行是获得狱政信息的一个重要方面，相关的管理部门、人员要及时的观察、了解、分析、掌握、评价不同时期罪犯群体和个体的言行表现，从中获取重要的狱政信息。

与罪犯改造态度相对应的也有四种类型的言行表现：①积极型。这类罪犯对自己的所犯罪行认罪悔罪，痛改前非，积极参加监狱组织的活动，努力改造自我，争取减刑，早日回归社会，成为守法公民。②投机型。这类罪犯不思悔改，不愿意剖析自我，耍奸用滑，巧言令色欺骗监狱警察，企图用不正当的手段达到自己的目的。这类罪犯的隐蔽性较强，在干警面前表现积极，言行反复无常，带有很大的欺骗性。③被动型。这类罪犯对改造前途不抱希望，对现实苦闷绝望，失去了重新做人和生活的勇气，被动适应。他们能认罪服法，服从管教，但不能认识犯罪的思想根源，因而缺乏了矫正犯罪恶习的主动性和积极性熬刑混日，当一天和尚撞一天钟，言行消极，大错不犯小错不断，时常违规。④反动型。这类罪犯对现实不满，公开或隐蔽地抗拒改造。他们言行放荡不羁，违反监规监纪，不履行罪犯的义务，扰乱监内秩序，破坏监狱设施、劳动工具。这类罪犯是狱政工作的重点，也是监狱防范和打击的重点。

（四）罪犯的思想变化

罪犯的思想变化是指罪犯在服刑期间受到各种外界因素的影响，其思想产生了变化。罪犯的基本情况、服刑态度、言行表现可以一目了然，但是他们的思想变化却很难把握，因为思想是看不见摸不着的。要想掌握罪犯的思想变化只能通过观察他们的服刑态度和言行表现，从他们的一言一行以及影响其思想变化的诸多因素中去寻找、捕捉。有些罪犯的思想稍有流露可能稍纵即逝，必须及时的捕捉，这就要求狱政管理部门、一线的警察抓住时机，掌握火候，快速准确、有效地获取罪犯的各种思想信息。

在实际的狱政管理工作中，罪犯的思想变化主要受以下因素的影响：①国内外形势发生重大变化在罪犯的思想上引起的反响；②国家对监狱制度、改造制度的变革引起罪犯的高度关注；③监狱管理机关对奖惩政策的落实与兑现，导致他们对服刑态度的改变；④罪犯的需要不能满足，生活中困难得不到帮助从而引起的思想波动；⑤罪犯在狱中受到同犯的虐待、欺负产生的思想变化；⑥罪犯家庭发生变故，对其服刑情绪的影响；⑦监狱警察处理问题不公、失误、失职、渎职，引起罪犯思想的变化。

在以上的关于罪犯的狱政信息中，可以简单分为良性信息和恶性信息。在狱政管理中良性信息和恶性信息同样有利用价值。符合《监狱法》规定的以罪犯改造为目的的良性狱政信息，可以利用它促使罪犯积极健康向上，加速改造的进程，顺利地完成对罪犯刑罚执行的任务。背离法律和罪犯最终的改造目标的恶性信息，可以让狱政管理部门及时调整应对方案，阻止罪犯情绪恶化乃至违法犯罪。

在实际管教工作中，打击少数的罪犯在狱内违法犯罪（恶性信息）是狱政管理工作的重点，也是狱政信息的关键所在。以下几种恶性信息必须引起高度重视：①敌视中国共产党的领导和社会主义制度，对党和人民政府进行攻击、造谣和诽谤的；②重大危害国家安全的罪犯与境外机构、组织、个人和其他犯罪分子有可疑联系的；③有预谋、闹监、骚乱等重大破坏活动的；④有组织逃跑、纵火、凶杀、投毒等重大刑事犯罪危险的，以及在生产中屡次出事故，有破坏嫌疑的；⑤聚众闹事、打架斗殴等破坏监管秩序的团伙活动，以及组织集体抗议、绝食怠工、向监狱和监狱警察发难的反改造行为；⑥通过各种非法途径和社会上贪污、盗窃、流氓团伙等不法分子进行勾结的。只有把这些动态的恶性信息及时的获取到，才能组织力量去打击狱内的再犯罪活动，确保监管秩序、社会公共安全、国家财产、人民生命的安全，为构建和谐社会做出应有的贡献。

四、监狱信息化建设的要求

2007 年 5 月，在全国监狱信息化建设工作会议上，司法部副部长陈训秋在讲话时强调，各级司法行政机关要坚持以科学发展观为指导，充分认识、大力推进信息化是覆盖我国现代化建设全局的战略举措，也是监狱工作改革发展的战略举措，自觉地从战略和全局的高度，加快推进监狱信息化建设，有效提高监狱履行刑罚执行职责的能力，更好地为构建社会主义和谐社会服务。可见，国家对监狱信息化建设是高度重视的。现阶段，我国监狱为了加强狱政信息管理工作，力争做到及时、准确、有效地使用狱政信息，各地基层监狱运用各种设备、技术、手段和方法来获取、处理、加工信息。由于各地的经济差异，所采用的手段不尽相同。

按照司法部有关监狱信息化建设的总体部署和要求，加快新时期监狱信息化工作的建设步伐，不断完善监狱信息化建设的基础工作，进一步发挥系统功能的应用效果，实现信息化建设的可持续发展。

按照"三个代表"重要思想和科学发展观的要求，积极贯彻落实司法部关于监狱信息化建设的总体部署和要求。坚持"总体规划、分步实施、重点突破、整体推进"的信息化建设的指导思想，以需求为导向，以应用促发展。

加强领导，统一组织；围绕中心，突出重点；建管并举，重在管理。坚持"统一领导、统一规划、统一标准、统一建设、统一管理"五个建设原则，确保安全、全面、协调、可持续的实施监狱信息化建设。

努力实现"信息采集数字化、信息传输网络化、信息管理智能化、信息分析集约化、信息培训经常化"，使监狱信息化建设整体水平与新时期监狱工作发展新要求相适应。

当今社会的发展、科技的进步及一些自然科学和社会科学的新成果，特别是信息技术的突飞猛进，都为监狱工作提供了广阔的发展空间。监狱作为国家的刑罚执行机关，担负着维护社会安宁和稳定，预防和减少犯罪的重要职能，更需要积极借鉴、吸收这些人类文明的科技成果，运用现代科技手段来保证职能的履行。监狱同时又是社会的窗口，反映了一个国家文明进步的程度，监狱事业作为我国现代化建设事业不可分割的组成部分，必须与整个国家的现代化建设同步、与社会文明同步。

因此，以计算机技术和网络技术为核心的信息技术在监狱领域的广泛应用，把监狱各项纷繁复杂的管理工作与当代高科技紧密结合，促进监狱事业的不断发展，是历史和社会发展的必然，也必将从传统意义上的监狱进入全新的信息化时代。

【工作要点】

一、狱政信息的收集

狱政信息收集，就是对罪犯原始信息的获取。在狱政管理活动中，必须有足够的信息，因此，收集信息是信息管理的首要任务。按照"监管改造信息管理系统"的数据采集标准，及时采集和更新各类狱政管理信息数据。狱政信息的收集，在实际的管教工作中要综合运用观察法、调查法、汇报法、问卷法、心理测试法等方法收集罪犯的信息，做好第一手资料的获取。

监狱应从狱政管理工作的实际出发，运用现代的科学理论，借助科学原理、方法、技术、手段等获取信息。在狱政工作中收集信息常用的方法主要有：

1. 观察法。这是狱政管理部门和监狱警察经常用的最直接、最有效的方法。它包括监狱警察通过深入罪犯劳动、学习、生活"三大现场"，直接观察罪犯在服刑改造中的服刑态度、言行表现、及时了解他们的思想情况，和使用现代化监控设施对三大现场中的主要部位犯情动态进行有效监视、监听，也包括狱政管理部门经常到狱政设备配置的现场进行直接查看，以便及时发现其中的问题，消除安全隐患。

2. 调查法。是狱政管理部门利用各种会议的机会，与参会人员和有关方面的个人进行座谈交流，收集对狱政管理工作的各种意见、反应和要求等。例如罪犯的小组评议会；监狱、监区、分监区的犯情分析会；罪犯家属与社会团体出席的帮教会等。

3. 汇报法。是监狱警察在坚持直接管理的前提下广泛地、经常地听取各类罪犯的思想汇报，从而掌握罪犯的思想动态的一种方法。例如与罪犯谈话、"耳目"反映信息等。

4. 问卷法。是监狱管理部门根据罪犯在服刑期间所关心的一系列问题设计问卷对罪犯进行心理调查的一种方法。其内容包括罪犯对监狱管理机关及其各项监管改造制度的看法；对监狱警察执法情况的反应；对奖励、减刑情况的评价；对自己罪行和量刑的认识以及对教育改造、劳动生产、生活情况的评价等。

二、狱政信息的加工

信息加工包括信息的形式变换和信息的内容处理。信息的形式变换是指在信息传输过程中，通过变换载体，使信息准确地传输给接收者。在狱政管理工作中，由于信息来源复杂，不可能被决策者直接利用，这就要对收集到的各种信息进行加工处理。监狱要将收集到大量的信息资料按照一定统计工作、调查研究的目的要求，进行科学的分类处理，得出反映狱政管理工作、研究工作需要的综合数据，归纳出狱政信息的特征，总结出相关规律，为监狱工作服务，为社会服务。

对狱政信息的加工，要辨别真伪，去伪存真，去粗取精。在大量的原始信息中去提炼有效信息，对信息进行"扬弃"，加工之后才能使杂乱无章的信息成为系统、有序、可利用的管理信息，在此基础上编制成正式资料提供给管理者使用，从而进一步传递。

随着罪犯的犯罪类型多样化，他们的情况也千差万别，思想变化难于臆测。这就给信息工作增加了难度，同样，也给长期在一线工作的监狱警察增加了难度。这要求他们在狱政工作中用心去观察，总结其中的规律吸取失败的教训，在加工处理狱政信息中获得新的更有价值的信息，从而提高信息的加工能力和狱政管理能力，实现科学管理、高效管理。

三、狱政信息的输入

信息输入是信息在时间和空间上的转移，因为信息只有及时、准确地送到需要者的手中才能发挥作用。狱政信息也是这样的，如果没有狱政信息的输入，不可能收集到所需的狱政信息，同样没有狱政信息的输出，将无法开展正常的工作。信息的输入，是指在狱政管理系统，由信源向信宿传输信息，并因此发生双方相互进行信息交流和交换的过程。从信息传递的角度看，狱政管理功能的实现，必须有足够量的信息输入。对罪犯的信息收集掌握之后，要对信息的真实性进行核对。核对完后，要做好罪犯信息数据的录入。按照监狱的数据库的要求格式，建立监狱自身数据完善、信息全面详实的数据库，为以后的工作提供方便。

由于很多罪犯的信息是动态的，监狱必须在一定时间内做好信息的核对、更新等工作，保证信息的真实有效。

四、狱政信息的储存

信息送到使用者手中，有的暂时不用，有的并非使用完后就再无用途了，有的还需留做事后的参考和保留，这就需要信息储存保管。通过信息的储存可以从中揭示出规律性的东西，也可以重复使用。狱政信息也是这样的，经过加工处理把有用的信息建立信息档案库。将信息储存起来，这样日积月累可以从中找出规律，便于指导以后的工作。信息储存的基本方式有两种：①纸质储存；②电子储存。

五、信息的输出

信息的输出，特指狱政管理部门将加工处理好的适用的狱政信息按照一定的要求，通过一定的方式，提供给狱政管理系统各管理基层监狱警察和其他单位查询使用的过程，它是狱政管理的最终目标。

狱政信息的查询，一般分为本单位人员的查询和外单位的查询。查询人要填写《狱政信息数据查询登记表》，外单位人员查询必须持有单位公函、介绍信和工作证，经狱政管理科领导审批，报分管狱政管理工作的监狱领导审批后才可予以查询。从某种意义上讲，信息查询的次数和利用率的情况，也反映出监狱警察的素质和罪犯的改造质量。

狱政信息的输出，应遵循上述的信息输出的一般要求。既可以用人工输出信息，即通过手写或打印的报告、图表、文件记录将狱政信息输送出去；也可以采用计算机系统，通过字图显示器和自动打印将狱政信息输出。

六、信息的反馈

信息的反馈，是指狱政管理部门把输出狱政信息与作用对象比较的结果再输送回来，作为新的狱政信息重新进行加工处理，然后再输出，使狱政管理部门对狱政信息的处理形成一个循环往复的过程。

信息反馈，是控制的基础，也是科学管理的基础。从司法实践看，组织实施狱政管理的最基本职能是决策与计划、组织与领导以及监督与控制。狱政管理部门通过对监狱内部和外部各种狱政信息的收集和处理，进行决策，提出狱政管理活动的目标和计划，并据此组织实施，进行领导。在实施和领导的过程中，不可避免地要遇到各方面的影响和干扰，又会有新的狱政信息产生。根据这些新的信息进行监督管理，检查狱政管理活动的实际与计划目标是否有差异、差异的程度以及产生差异的原因，把检查结果的狱政信息反馈给原输入狱政管理部门，或履行狱政管理职责的监狱警察，各级管理层及管理者就根据反馈的狱政信息采取有效措施及时修正，使整个狱政管理系统得以按计划目标正常运行。

整个狱政管理的过程就是狱政信息从输入到输出，经过反馈和修正，再一次重新输入的过程。从这个意义上说，信息的输出乃至信息的反馈，均属于信息输入的大范畴，只是其对象的不同或是方向的回转罢了。也就是说，在狱政管理系统中，任何一种狱政信息的传递均由信息输入开始并以信息再次输入而告终。为了确保每一种信息得以从信源输入到信宿，狱政管理部门必须注意掌握信源是否真实，信道是否畅通，以及信宿是否具备接受信息能力等。在这个过程的每个阶段，都离不开狱政信息的处理和反馈。因此，在狱政管理中必须把追踪检查、监督和反馈摆在重要地位，严格规定监督反馈制度，定期对各种数据、狱政信息作深入地分析，通过多种渠道，建立快速而灵敏的信息反馈系统。

狱政信息是监狱信息系统中最重要的组成部分，也是监狱信息系统的主体。狱政信息主要围绕狱政管理工作，其内容主要包括狱政信息管理系统；刑罚执行管理系统；罪犯教育改造管理系统；罪犯心理矫治管理系统；罪犯改造考核管理系统；罪犯生活卫生管理系统；罪犯劳动管理系统；罪犯的一卡通管理系统；等等。可见，这些都是围绕狱政信息系统展开的，狱政信息系统有很大的作用与功能，必须学会它的基本的使用程序方法，如信息收集、数据录入、信息校对、信息查询、数据统计、系统维护、软件开发等。监狱应按要求做好系统的密码、数据编码的安装、管理、升级、更新，确保监管改造信息系统正常运行。同时，监狱应组织专业人才加强对监狱信息软件的开发，提高监狱信息的科技化水平。

【注意事项】

狱政信息的管理使用，要注意以下问题：

一、搜集信息要及时

及时就是信息管理系统要灵敏、迅速地发现和提供狱政管理活动所需要的信息。这里包括两个方面：一方面，要及时地发现和收集信息。狱政信息纷繁复杂，瞬息万变，有些信息稍纵即逝，无法追忆。因此，狱政管理部门和监狱警察必须最迅速、最敏捷地反映出工作中信息进程和动态，并适时地记录下已发生的情况和问题。另一方面要及时传递信息。信息只有传输到需要者手中才能发挥作用，并且具有强烈的时效性。因此，要以最迅速、最有效的手段将有用信息提供给监狱管理部门，使其成为决策、指挥和控制的依据。

二、信息内容要准确

信息不仅要求及时，而且必须准确。只有准确的信息，才能使决策者做出正确的判断。失真以至错误的信息，不但不能对管理工作起到指导作用，相反还会导致管理工作的失误。为保证信息准确，就要求原始信息可靠，只有可靠的原始信息才能加工出准确的信息。

三、信息要完整

狱政信息除了及时、准确外，还必须完整。完整必须做到时间、空间和内容上的完整。时间上的完整是指对信息资料的收集要全面系统，既有历史统计资料，也有现在资料，同时要考虑到将来发展趋势。空间上的完整是指对狱政管理所涉及的地区、部门、单位、个人等在空间上不同的有关信息。

内容上的完整是指与狱政管理有关的各类信息，例如政治、经济、科技、文化、法律、社会、自然、宗教信仰等方面的信息，以及监狱内部各部门、各层次等方面的信息都应系统、全面、持续地收集。如果不完整就会给狱政信息捕捉带来很大困难，造成经济损失，监狱安全就失去了保障。

 【范例分析29】

[范例] 1993 年冬，罪犯减刑裁定大会在某监狱召开。减刑裁定结果宣布完毕后，罪犯赵某因自己不符合减刑条件被法院撤销减刑意见而无法获得减刑，心情非常不满，并把这种不满情绪发泄在监狱警察身上。在余后服刑的日子里，赵某时常在其他"狱友"面前流露其对现状的不满，并产生了脱逃的念头。但觉得自己一个人力量太小，成功可能性不大，需要一个人来帮助自己脱逃。

之后，赵某与另一名罪犯彭某（因多次殴打他犯被行政处分，无法得到行政奖励从而获得减刑，对自己的改造前途彻底丧失了信心）进入了赵犯的视野，二人一拍即合。自 1993 年 12 月至 1994 年 2 月，赵、彭两犯多次在中队统计室商量如何脱逃。经过多次密谋，他们制订了脱逃计划：即利用傍晚警察交接班之机，混出车间，翻越工厂小围墙逃离监管区后，就立即朝附近的山上跑，在山上躲几天后向市区逃窜。

由于两犯对附近的地形、路线不熟，迟迟不敢轻举妄动。在这举止为难的时刻，彭某想到了拉一个熟悉路线的本地籍罪犯一起"走"的办法。通过两犯的多次"排查筛选"，最终找到了一个比较合适人选，那就是罪犯胡某。

1994 年 2 月 23 日早晨，赵、彭二犯把事先准备的无任何标记的西装、皮鞋穿上，外面再套上囚服，和往常一样，随分队出工了。

17 时 30 分，中队罪犯正在吃晚饭。赵、彭两犯与往常一样，脱离了犯群聚在车间仓库吃晚饭，两人边吃饭边商量如何行动。18 时 30 分，赵、彭两犯乘警察换班之机，以帮忙抬东西为由把胡某从劳动岗位中叫了出来。然后以买东西来庆祝彭某的生日为借口，骗过了看守车间门口的罪犯。三犯一起逃离车间劳动现场，窜到工厂东面小围墙（该围墙仅 2.5 米高、无武警看押、无任何警戒报警装置）并爬出小围墙。逃出监管区后，三犯越过公路，向公路对面疯狂逃窜。在一座小山上躲藏了两天之后，由胡某带路，三犯一起向北逃窜。

1996 年 7 月，赵某因在北京实施抢劫被北京市公安机关抓获，后被判刑。

1997年11月，彭某也因在北京持枪抢劫被北京市公安机关抓获，后被押回监狱进行审理，经广东省韶关市中级人民法院一审判决、广东省高级人民法院裁定核准执行死刑。

罪犯胡某逃回家乡后，于2003年11月向警方投案自首。

[分析] 通过罪犯交代的情况和监狱的事后总结，罪犯之所以能够成功从监狱脱逃，主要是监狱在管理方面存在以下几个方面的问题：

1. 没有充分重视狱情的调研工作。狱情是指影响监狱安全的种种相关因素。从一定意义上说，狱情是一个监狱的晴雨表，把握了狱情就等于抓住了监管安全的"牛鼻子"。狱情包括监狱的工作情况、环境信息、罪犯的思想活动和行为表现、警察的思想活动和行为表现。一个好的监狱管理者，必须是一个好的狱情防控专家。要成为一个好的狱情防控专家，关键就在善于及时发现、搜集狱情和判断下一个可能出现的危机，防止"涟漪效应"，应尽最大可能查堵漏洞，绝不重蹈覆辙。要加强对罪犯的日常排查工作。对罪犯的排查工作是有效处置和化解异常狱情和监管安全隐患的最有效方法。通过掌握的狱情信息，结合罪犯及其他因素的实际情况进行分析、对比、判断及推理和筛选，排查出有异常思想行为的罪犯，采取有针对性的预防措施，及时将问题或隐患、危险予以消除、解决，从而达到确保监狱安全和稳定的目的。

2. 忽视对罪犯的摸底排查和狱情调研分析工作。不重视对重点罪犯的摸底排查和狱情调研分析是该案件发生的直接原因。个别监狱警察犯情意识、敌情意识、防范意识异常淡薄，不主动去搜集犯情、敌情，从而也掌握不了罪犯的情况，也无法有针对性地进行安全防范。赵犯在1993年冬被法院撤销监狱的提请减刑意见后，一直存在不满情绪，本来就是监狱排查、监控的重点对象；彭犯多次严重违反监规纪律受到监狱的行政处分，反改造意识强烈，也是监狱重点排查、监控的对象。但是，中队一直未对对他们进行摸底排查和调研分析，反而继续让存在危险的赵、彭两犯担任事务犯，最终导致罪犯利用岗位便利成功实施脱逃。

3. 要做好重点罪犯的监控管理工作。对排查出的重点管理的罪犯，要严格落实对重点罪犯管理的各项监督控制制度。对重点罪犯的管理要到位，尤其是对顽、危分子的摸排和包夹监控等配套措施要及时跟进、掌控，消除罪犯可能存在自由活动的时间和空间；要定期向监狱领导班子通报"重点罪犯"的改造表现情况和思想动向；明确"重点罪犯"管理责任人，严格实行"分层管理、双人负责"的管理制度；在"重点罪犯"管理过程中遇到相关问题，及时地向上级部门请示和汇报。加强对重点罪犯的教育转化，攻坚克难，提高罪犯教育转化率。

【情境训练 29】

[**案例**] 罪犯刘某，男，是正在某省监狱服刑的一名罪犯，2005 年因盗窃罪被判刑入狱，今年初其父病故，8 月其妻又喝农药自杀身亡，家中只剩下 70 多岁的老母亲和两个年幼的孩子。面对家庭的突然变故，刘某对服刑改造失去了信心并产生了轻生的念头。得知这一情况后，监狱领导立即指示：监区警察要及时对其进行思想教育，稳定其情绪，要派出工作组，到罪犯家中进行救助和帮教。

假如你是刘犯的管教警察，你将如何对刘犯和其家属实施救助和帮教呢？

1. 吴爱英："在全国监狱信息化建设工作会议上的讲话"，载《江苏警视》2007 年第 6 期。

2. 张晓茹、李阅历、郭彦红、肖珂："监狱信息化集成系统的设计与实现"，载《河北农业大学学报》2008 年第 5 期。

学习情境 14.2　罪犯档案管理

知识储备

一、罪犯档案的概念

罪犯档案，是指监狱按照一定程序和方法收集、整理、保管的有关对罪犯执行刑罚的法定文件和罪犯在服刑改造期间形成的具有存查价值的材料所组成的系统材料。罪犯的档案管理是狱政管理的又一个主要方面。它是依法执行对罪犯实施刑罚的主要依据。罪犯的档案可分两类，即正档和副档。

正档包括对罪犯执行刑罚的法定文件，如人民检察院的起诉书副本、人民法院的判决书、执行通知书、结案登记表、罪犯身份卡，以及罪犯服刑期间形成的入监登记表、罪犯评审鉴定表、奖惩审批表、人民法院的加减刑判决书或裁定书、假释裁定书、监外执行审批表、出监鉴定表、释放证明书等。

副档包括对罪犯执行刑罚的法定文件的原件或复印件、奖惩考核材料、年终鉴定以及不归入正卷的经过查实的材料和正在承办过程中的有关材料。

二、罪犯卡片概念

罪犯的卡片，是代替表册的一种简便易查的罪犯简明个案材料。它既是罪犯档案的一个组成部分，又是监狱警察迅速查找档案，统计各种数据和对罪犯进行管理教育得心应手的工具。从狱政信息管理的角度看，罪犯的档案和卡片总称为罪犯的档卡，它是存储狱政信息的一种重要形式。

三、罪犯卡片的种类及内容

（一）档案索引和刑期卡片

内容包括罪犯姓名、别名、曾用名、性别、出生年月日、籍贯、家庭住址、民族、文化程度、捕前职业、案由、主要罪行、原判机关、送押单位、刑期起止日期、刑种、刑期变动情况、服刑改造期间执行单位的变动情况、改造主要表现、加减刑及其他奖惩情况、档案编号等。

（二）累犯卡片

内容包括罪犯基本情况、历次犯罪案由、原判机关、原判刑期、服刑改造场所的变动、服刑改造表现、危险程度、包夹措施等。

（三）技术罪犯卡片

主要指获得国家考核颁发的中级职称以上的罪犯，其主要内容包括他们的姓名、性别、出生年月日、文化程度、学历、专业特长、捕前职业、历任职务及批准单位、有何著作或发明创造等。

（四）卡片类型

为了方便管理，节约成本，每个罪犯的卡片需有两种：①电子卡片；②纸质卡片。

四、罪犯卡片的管理

（一）罪犯卡片的制作

具体方法：①罪犯卡片的规格尺寸、式样，由各省、自治区、直辖区监狱管理局统一设计或印刷；②打印罪犯纸质卡片一份，留在监狱档案室，将电子卡片报送省、自治区、直辖市监狱管理局狱政处档案室备案；③档案室统一打印罪犯纸质卡片，下发监区、分监区，便于工作。

（二）罪犯卡片的填写

具体方法：①卡片格式应由各省、自治区、直辖市监狱管理局统一规定；②用电脑填写、打印，内容简单扼要，项目齐全，主要有罪犯姓名、别名、曾用名、性别、出生年月日、籍贯、家庭住址、民族、文化程度、捕前职业、案由、主要罪行、原判机关、刑期起止日期、刑种、刑期变动情况、档案编号等；③附有罪犯的一张免冠照片。

（三）罪犯卡片的编排

具体方法：①一般按照罪犯姓氏的汉语拼音顺序排列（为了方便管理要与档案的管理排列顺序相同）先排姓、后排名；②填写的卡片编号与档案号相同。

（四）罪犯卡片的增减

罪犯卡片的变动是经常的，具体情况有：①因刑满释放、假释、法院裁定提前释放、监外执行、脱逃2个月未捕回、死亡、加减刑等情况变动时，要及时更改罪犯卡片的有关内容，并按月向省、自治区、直辖市监狱管理局报告情况；②本省、自治区、直辖市内调动罪犯，调出单位除在档案索引和刑期卡片上注明调入单位和调出日期外，还应在10日内报监狱管理局，接收单位要及时填写一份档案索引和刑期卡片存入档案室；③省、自治区、直辖市之间调动罪犯，除办理上述手续外，接收单位还应在10日内填写档案索引和刑期卡片一式二份，一份留作自用，一份报送本省、自治区、直辖市监狱管理局备案。

（五）罪犯卡片的核对

具体做法：①档案管理部门除经常核对外，还应每月与基层监区、分监区进行分项核对；②每月底列出当月后的第四个月内刑满释放罪犯名单，提供给主管领导、出监队和有关的监区和分监区；③对罪犯有变动的个人信息及时变更。

（六）罪犯卡片的存放

具体做法：①对罪犯的纸质卡片要分类管理，按类放在卡片箱、卡片柜内；②对罪犯的电子卡片，要使用微机管理将卡片资料输入微机库，这样方便保存、查找、检索。

【工作要点】

一、罪犯档案的收集

罪犯档案的收集是罪犯档案管理工作的首要环节。罪犯入狱后，进入刑罚执行阶段成为罪犯，监狱的狱政部门要立即建立罪犯的个人档案，把执行刑罚的相关法定文件，如人民检察院的起诉书副本、人民法院的判决书、执行通知书、结案登记表等收集归档；将收监时所形成的有关文书，如罪犯入监登记表、罪犯健康检查表、罪犯指纹捺印表等收集归档；将罪犯在服刑改造中形成的有存查价值的材料，如加减刑判决书或裁定书，罪犯历年的考核材料，罪犯历年的奖惩材料，罪犯历年的改造总结、思想汇报、班级小组评议材料，罪犯的坦白检举材料，罪犯严重违纪、抗改立卷材料，耳目、情报员专档，顽危犯、重点犯的包夹、控制、教育、转化专档，离监探亲材料，"法轮功"材料，其他个人书面材料收集归档。在收集资料的过程中，要检查各类文件的记载与实际情况是否相符合、是否完备，尤其是对正在惩罚改造过程中形成的一系列材料，要反复核查，防止失真。

二、罪犯档案的整理

整理就是按照一定的原则和要求，采取比较科学的方法，对档案材料进行分门别类的处理。将所有材料分别存入正档和副档，具体的做法是：

（1）将卷内材料按照一定的顺序排列，通常是将具有法律效力的材料排列在前，将罪犯在服刑改造期间形成的材料排列在后。

（2）统一编排页码，编码一律用阿拉伯数字，并要求书写工整。

（3）制作档案材料目录。

（4）制作档案材料要按照标准在档案材料的左侧用"三孔一线"的方法装订，并要求美观、牢固。

三、罪犯档案的鉴定

鉴定是指对整理好的材料进行审查与鉴别。根据1994年司法部、国家档案局《关于罪犯、劳教人员档案管理暂行规定》与2000年国家档案局发布，中华人民共和国行业标准DA/T－2000《归档文件整理规则》的规定，监狱的档案管理部门应由办公室、狱政科、档案管理人员组成鉴定小组，定期对保管期限已满的档案进行鉴定。具体做法：

（1）对已过保存时效、已失去保存价值的材料予以剔除，其中主要是罪犯在服刑改造期间形成的材料。

（2）对需要销毁的档案应将其中的判决书、出监鉴定表、释放证明书存根和罪犯卡片留下，并按年立卷永久保存。

（3）其余材料逐卷登记造册，经领导书面审批后，在符合保密的条件下，由2人监销，并报上级主管部门档案部门备案。

（4）履行严格的审批程序，慎重进行。

四、罪犯档案的保管

罪犯的档案必须由专人妥善保管。具体做法：

（1）按照姓氏笔画排列法、姓氏汉语拼音排列法、所在单位排列法、收监时间排列法等方法把罪犯个人档案排列在档案柜中。

（2）制作罪犯档案索引卡片。

（3）做好防火、防蛀、防潮、防尘等项工作，保证罪犯档案的安全。

根据相关的规定，被判处死刑缓期二年执行、无期徒刑、15年以上有期徒刑的罪犯的档案，要永久保存；其他罪犯的档案，要长期保存，期限在15年以上。

五、罪犯档案的统计、检索

罪犯各种材料所反映的情况，只有经过具体的数据汇总与综合，才能向相关部门提供直观、准确和快速的服务。具体做法：

（1）统计掌握在押犯的数量和增减情况。

（2）准确掌握、检索在押犯的实际情况，如犯罪类型、刑期、性别、年龄等情况。

（3）及时准确的填写有关罪犯的统计报表，并根据需要制作相关的统计图。

六、罪犯的档案的利用

罪犯档案管理工作的根本目的，就是提供档案内容为惩罚改造工作服务。具体做法：

（1）根据实际需要及时提供有关罪犯的有关档案。

（2）指导监狱警察有效地利用档案。

（3）具体解答监狱警察查阅档案中的有关问题。

（4）为社会其他行业服务，打击罪犯减少犯罪。

【注意事项】

一、要注意正确归类罪犯档案的内容

正档一般由监狱的狱政管理部门的档案室保存，副档在罪犯服刑期间由罪犯所在监区或分监区保存。罪犯释放或死亡后，其档案应及时整理、正副卷合并，并于次年第二季度前交监狱狱政管理部门的档案室保存。

（一）正档

罪犯的正档应包括人民检察院的起诉书副本、原判人民法院的判决书（1~2份）、对罪犯刑罚执行通知书、结案登记表、指纹捺印表、罪犯入监登记表、健康检查表、加减刑及立功受奖材料。

罪犯正档应由狱政机构专人管理登记，统一保管；借阅罪犯档案，需经主管狱政工作的负责人批准之后，进行登记后方可借阅，定期归还，不准有勾画、更改、短缺、丢失现象。

（二）副档

罪犯在改造期间形成的材料组成罪犯的副档。副档应有如下材料：原判决书复印件；每月评比的材料；受奖惩时整理上报的原件；年终鉴定总结；历年的改造总结、思想汇报班级小组评议材料；罪犯的坦白检举材料；罪犯严重违纪、抗改立卷材料；耳目、情报员专档；顽危犯、重点犯的包夹、控制、教育、转化专档；离监探亲材料；"法轮功"材料；其他个人书面材料等。所有入档的材料都应由分监区长及指导员签署意见和签名才有效。

二、要注意罪犯档案的保管期限

根据相关规定，被判处死刑缓期二年执行、无期徒刑、15 年以上有期徒刑的罪犯，要永久保存；其他罪犯的档案，要长期保存，期限在 15 年以上。

三、要做好罪犯档案的保密和处理

针对当前罪犯年龄较轻，其中也会出现有用之才的趋势，为了避免产生不利于罪犯改造和不利于罪犯刑满后就业的副作用，必须对罪犯的档案采取保密制度。

不论正档或副档（包括罪犯登记卡），罪犯刑满释放或死亡，其罪犯材料一律不准外传，不准外借，某种特殊需要必须借用时，须经省监狱管理局批准。

罪犯释放、死亡的正副档案统一归档（需分别袋订），分别逐年造册，按年装入档案箱库，以便查找。监区、分监区不再留存已释放、死亡、逃跑罪犯的副档及相片。

监狱若撤销，在押罪犯的档、相、卡随罪犯移交给接收罪犯的监狱，对释放，死亡、在逃罪犯的档、相、卡统一登册，分类记载，上交给省监狱管理局。

【范例分析30】

［范例］罪犯谢某，于 2001 年 6 月 19 日晚 9 时 20 分许，在某监狱外役劳务点越狱脱逃。由于出逃方向不明，追捕前两天没有收获。随后，监狱警察仔细查阅该犯的档案，发现该犯于 1994～1997 年在四川南充当武警。在对该犯监舍的罪犯摸底排查，经谈话得知罪犯谢某曾说过当武警时与宁夏固原县的马某是好朋友，二人同时入伍，同时退伍。从线索中推测该犯出逃之后很可能去宁夏找战友马某，随后，监狱安排 5 名警察去宁夏追逃。1 个月之后，通过马某的配合，罪犯谢某在去找战友马某的路上（宁夏海原县）被监

狱警察抓获。

[分析] 本案中，监狱通过查阅罪犯的档案了解到谢某的经历，又通过细心的调查，了解到谢某的战友马某这一有价值的线索。根据这一线索，监狱警察主动追击，最后在马某的配合下抓到罪犯。可见，罪犯的档案是罪犯信息的一个重要组成部分，通过对档案的查阅提供了追逃的信息，合理地处理信息、利用信息，巧妙地将罪犯抓获，档案起的作用是不容忽视的。

 【情境训练30】

组织学生到实习监狱，以"四知道"为主要提问内容，向罪犯进行一次面对面的调查，并做好调查记录。然后查阅该犯的副档，核对罪犯提供的情况是否属实。研究罪犯隐瞒的那些情况，组织学生谈调研体会。

 拓展阅读

鲍学秀："浅谈罪犯档案的管理"，载《黑龙江档案》2007 年第 2 期。

学习单元7 处遇事务管理

学习目标

● 通过本单元学习，能够：

1. 掌握罪犯分级处遇的内容和管理。
2. 掌握罪犯生活管理的主要内容。
3. 熟悉罪犯卫生管理的要求。
4. 掌握罪犯会见管理的内容和要求。
5. 掌握罪犯通讯管理的内容和要求。
6. 了解罪犯邮汇管理的要求。

【学习情境 15】 分级处遇

知识储备

一、分级处遇的概念

分级处遇，是指监狱在法律允许的范围内，根据一定的标准，将罪犯划分为不同的级别，并分别施以不同处置和待遇的管理方式及管理制度。

在监狱实施较多的"三等五级"，就是监狱结合罪犯的刑种、刑期、已服刑的时间、犯罪性质、认罪态度、改造表现等，依据一定的条件和标准，对罪犯实行三级五等管理。即一级严管、二级严管、普管、二级宽管和一级宽管。

二、分级处遇的依据

分级处遇的法律依据是《监狱法》第 39 条第 2 款的规定："监狱根据罪犯的犯罪类型、刑罚种类、刑期、改造表现等情况，对罪犯实行分别关押，采取不同方式管理。"这里所指的不同方式，是包括分级处遇在内的各种管理

方式。分级处遇是分类管理的核心问题，把分级处遇解决好了，罪犯的分类管理也能做得更好。

我国监狱始终坚持着对罪犯区别对待的管理政策。根据罪犯的各种实际情况，采取有针对性的管理措施，是区别对待这一国家刑事政策的基本要求。区别对待的政策体现在狱政管理的各个方面，当然也包括罪犯的待遇问题的处置。分级处遇体现的正是区别对待政策的具体实施。

三、分级处遇的实践过程

我国监狱从 20 世纪 90 年代开始，按司法部监狱管理局对包括分级处遇在内的"分押分管分教"的整体部署，在借鉴外国监狱累进处遇制的基础上，结合我国监狱的实际情况，进行分级处遇的探索和实践，积累了比较丰富的经验。虽然各个监狱的具体做法和标准存在着一些不同，但基本的思路和基本方法大体相似。经过十几年的实践，其更趋规范化。

分级处遇，是我国监狱推行的一种新型的管理制度。其基本的内容是在法律允许的范围内，根据罪犯入监服刑的时间、犯罪性质、恶习程度和罪犯的改造表现等标准，将罪犯划分为不同的级别，并分别施以从宽、普通和从严待遇。

分级处遇，其内容涉及罪犯的待遇问题，又是我国现阶段推行的"分押分管分教"的组成部分，更是监狱对罪犯的重要引导和激励手段。分级处遇的实施，使监狱在行政奖惩和刑事奖惩之外，又多了一种激励手段。在监狱的激励体系中，分级处遇有其独特的运行机制。它是以实惠激励和荣誉激励相结合，同时又具有及时性和显见性的特点，可以极大地调动罪犯积极服刑改造的内驱力。

四、分级处遇的特点

（一）可调控性

在基本待遇和受限待遇之间，实际上存在一个可以调控的空间，在这个空间内，每一个罪犯可以得到不同的待遇，称之为可控待遇。分级处遇，便是将这个空间利用起来，将罪犯实际得到的待遇，进行调控。将罪犯的可控待遇与入监服刑的时间、服刑改造表现直接挂钩。在这个范围内，入监服刑的时间越长，服刑改造表现越好，实际待遇就越高。这样，分级处遇就成为了罪犯待遇的一种调控手段。

罪犯待遇问题，实质上是对罪犯权益的处置问题。监狱既要保证法律规定的刑罚必须对罪犯实行剥夺的那部分，能够得到准确无误的剥夺；又要保证法律规定罪犯应当拥有的权益，得到充分地保障。而在必须剥夺和必须保障的权益之间，存在着一个可以调控的空间。分级处遇便是将这一部分权益

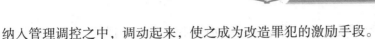

纳入管理调控之中，调动起来，使之成为改造罪犯的激励手段。

分级处遇的既体现出可调控性，也体现出动态性。分级处遇依据罪犯的服刑改造表现，实施动态调控。分级处遇的另一个标准是罪犯的改造表现。罪犯改造表现的好坏，直接决定着其在狱内的各种待遇。分级处遇具有待遇升降级的机制。表现好的时候，可以提升待遇标准；表现差的时候，则要降低待遇标准。在实际利益的引导下，罪犯一般可以做出正确的行为选择。

（二）阶段性

分级处遇的实施，将罪犯的刑期分为若干阶段，每个阶段罪犯的待遇不同，逐步提高，逐步接近普通社会的自由程度。当然要取得较高的处遇级别，还取决罪犯较好的服刑改造表现，这就产生了对罪犯行为的引导作用。一方面，罪犯要争取较高的待遇，必须在日常考核中取得较好的成绩，必须遵守行为规范和监规纪律，必须在生活、学习和劳动等方面有良好的行为记录；另一方面，分级处遇在培养罪犯的社会适应能力方面也起到了很好的引导作用。

分级处遇的实施，使罪犯的服刑过程成为逐步接近社会生活的过程，在待遇的动态调控中，培养罪犯对社会生活的适应能力。监狱是一个对罪犯实施监禁的场所，罪犯的狱内生活与社会生活之间，存在着相对大的差距，这就给罪犯回归社会带来适应困难。如何消除这一困难，成为监狱管理所必须关注的问题。分级处遇的第一个标准，就是罪犯的入监服刑时间。将罪犯的服刑的过程分为几个不同的阶段，从入监到释放的整个服刑过程，逐步降低监管力度，逐步改善罪犯的狱内各种待遇。罪犯的服刑过程，就成了逐步接近社会生活的过程，培养了罪犯出狱后的社会适应能力。同时，在等级划分标准制定时，要考虑到覆盖面和适应性，要有利于大多数罪犯在服刑后期有进入宽管级的可能。因此，从一定意义上说，分级处遇也是罪犯再社会化的有效手段。

五、罪犯分级处遇的分级标准

对罪犯的等级划分，是分级处遇的重要内容，在此基础上，才能对不同的罪犯实行不同的处遇管理。主要依据罪犯的改造表现、已服刑期的时间和计分考核结果，综合考虑原判刑期、刑种、犯罪性质和主观恶习程度，将罪犯划分为一级严管（红色）、二级严管（橙红色）、普管（黄色）、二级宽管（果绿色）、一级宽管（草绿色）。不同等级的罪犯用不同颜色的胸卡加以区别。

监狱依据以下标准每半年（或一年）对罪犯进行一次综合评定，确定或变更其管理等级。特殊情况可随时调整。

（一）一级宽管

认罪服法，积极改造，服刑期间一贯表现好，执行原判有期徒刑（含原判无期徒刑、死刑缓期二年执行减为有期徒刑的罪犯，刑期从减为有期徒刑之日起计算，下同）3/5 以上，年考核在 50 分以上，无扣有效分现象。

（二）二级宽管

认罪服法，积极改造，服刑期间一贯表现好，执行原判有期徒刑 1/2 以上，年考核在 40 分以上，无扣有效分现象。

（三）普管

认罪服法，接受改造，入监满 6 个月以上，执行原判有期徒刑 1/5 以上，年考核在 30 分以上。

（四）二级严管

入监不满 6 个月的，执行原判有期徒刑不足 1/5 和被判处无期徒刑、死刑缓期二年执行的罪犯。

（五）一级严管

入监不满 6 个月的累犯、邪教类、涉黑、涉毒罪犯、危害国家安全的罪犯；其他刑事犯入监不满 3 个月的；服刑期间受到刑事处罚未满 6 个月的罪犯；违犯监规纪律、抗拒改造、屡教不改的罪犯；年关押禁闭 2 次以上的罪犯。

罪犯受到警告、记过、禁闭处分的应及时降至下一级；受到两次以上禁闭或加刑处罚的一律降至一级严管。

确定或变更罪犯的管理等级，采取由罪犯对照条件自报级别，罪犯小组评议，监区（或分监区）警察审议，狱政部门审核，监狱考核领导小组审批的程序进行。经审批后予以公布。

六、罪犯分级处遇的具体内容

监狱对不同处遇等级的罪犯给予相应的处遇，其具体内容为如下：

（一）一级宽管级罪犯的处遇

（1）每月可会见亲属、监护人 3 次，每次时间不超过 1 小时。

（2）每月可与亲属、监护人通话 3 次；共餐 2 次；团聚 1 次，每次不超过 24 小时。

（3）监狱可根据情况每年批准其离监探亲一次 3～7 天。

（二）二级宽管级罪犯的处遇

（1）每月可会见亲属、监护人 2 次，每次时间不超过 1 小时。

（2）每月可与亲属、监护人通话 2 次；共餐 1 次；每 2 个月团聚 1 次，每次不超过 24 小时。

（3）监狱可根据情况每 2 年批准其离监探亲一次 3～7 天。

（三）普管级罪犯的处遇

（1）每月可会见亲属、监护人1次，每次时间不超过1小时。

（2）每月可与亲属、监护人通话1次；共餐1次。

（四）二级严管级罪犯的处遇

（1）每月可会见直系亲属、监护人1次，每次时间不超过1小时。

（2）特殊情况经批准可与直系亲属、监护人通话1次。

（3）不得从事监外劳动、零星劳动和加夜班劳动。

（4）不得担任事务犯。

（五）一级严管级罪犯的处遇

（1）除被禁闭和隔离审查的每月可会见直系亲属、监护人1次，每次时间不超过30分钟。

（2）不得从事监外劳动、零星劳动和加夜班劳动。

（3）不得担任事务犯。

（4）法律政策给予的权利从严掌握，严格管理。

对不同等级管理的罪犯，监狱在活动范围、共餐、特优会见、减刑假释和社会帮教等方面给予不同的待遇。分级处遇是分类管理的核心问题。

罪犯等级升降的评定每半年一次（有的监狱为一年一次），由监区（或分监区）提出，监狱相关职能部门审批。等级升降原则上实行渐进（退）制，每次只能升（降）一等，特殊情况经审批可越级升降。

实行分级处遇必须同时实行升降级制度，即动态管理。就狱政管理环境的自身而言，总是处于不断地运动变化之中，环境的变化对罪犯也有着一定的影响；从罪犯个体心理方面看，动态管理符合他们心理变化的客观规律，通过处遇升降机制，能够激发罪犯的内在潜能，促进罪犯自我管理的实现；同时，分级处遇的动态管理也是对罪犯考核与奖惩的具体内容之一，有升有降才能体现出赏罚分明的原则。因此，分级处遇作为狱政管理的方法和内容之一，是以动态管理的形式表现出来的。

【工作要点】

入监服刑的罪犯，刑期满6个月后，监狱结合罪犯的刑种、刑期、已服刑的时间、犯罪性质、认罪态度、改造表现等，依据一定的条件和标准，对罪犯实行分级处遇管理。

一、罪犯定级

目前我国监狱现行的分级处遇等级，一般为三等四级、三等五级或三等六

级。在监狱的实践工作中，应用比较多的是"三等五级"这种分级处遇方式。

（一）审批

由分管狱政管理工作的监狱领导、狱政管理科领导负责审批工作。

（1）在10个工作日内完成监区上报《罪犯定级审批表》、《罪犯分管等级审批表》和《罪犯动态处遇审批表》的审核（批）。

（2）罪犯有下列情形之一的，由狱政管理科审核后，报分管狱政管理工作的监狱领导审批：①晋升宽管级的；②严管级升级的；③宽管级降级的；④降为严管级的。

（3）罪犯有下列情形之一的，由狱政管理科审批：①严管级晋升普管级的；②普管级降严管级的；③获得行政奖励而变动当月处遇的。

（4）《罪犯定级审批表》、《罪犯分管等级审批表》交监区存入罪犯副档，《罪犯动态处遇审批表》分别交监区和狱政管理科备案。

（二）等级变动的登记

对变更处遇等级的罪犯，由狱政管理科信息管理员负责等级变动的登记工作，并要求在2个工作日内将定级或升降级的审批结果录入监管改造信息系统。等级变更后要及时通知罪犯所在监区和罪犯本人。

（三）复议答复

对罪犯提出处遇等级异议的复议，由监狱狱政管理部门领导负责复议答复工作。经调查后，狱政管理部门应在10个工作日内做出答复，并将复议结果通知罪犯本人。

二、罪犯分级处遇的管理

罪犯分级处遇的管理工作，一般由业务科室领导、分管狱政或教育工作的监区领导具体负责。管理内容主要包括以下方面：

（一）严管级罪犯处遇

严管级罪犯在服刑期间，应执行以下处遇：

（1）不予提请减刑、假释。

（2）严管期间不计入首次减刑的起始时间或两次减刑的间隔时间。

（3）停止会见、通信、购物，特殊情况需要会见、通信、购物的，必须报狱政管理科审核、分管狱政管理工作的监狱领导审批。

（4）集训队关押，实行强化管理、强化教育、强化训练，严格限制活动范围。

（二）普管级罪犯处遇

普管级罪犯在服刑期间，应执行以下处遇：

（1）优于严管级呈报减刑、假释。

（2）可以按规定办理特许离监探亲。

（3）可以按规定选用为专项工种罪犯。

（4）每月准许隔离会见2次，每次不超过30分钟；但受到表扬、记功（3个月），改造积极分子（6个月），立功、重大立功（9个月）奖励的，可在获取奖励期限内每月安排宽管会见2次，受到扣分或行政处罚的则取消。

（5）上月无扣分并获得嘉奖以上奖励的，当月的节假日可与直系亲属、监护人拨打1次亲情电话（当月被扣分或受行政处罚的除外）。

（三）宽管级罪犯处遇

宽管级罪犯在服刑期间，应执行以下处遇：

（1）优于其他级别的罪犯提请减刑、假释。

（2）符合规定条件的，可以离监探亲或参加集体外出参观活动。

（3）优先选用为专项工种罪犯。

（4）当月无扣分或受行政处罚的可与亲属宽管会见3次、拨打亲情电话1次。

（5）通信次数不限。

【注意事项】

一、分级处遇的实施要合法

分级处遇必须在所有罪犯都享有的基本待遇基础之上，在法律允许的范围内进行。分级处遇不能侵犯罪犯的合法权益，不能将罪犯的基本待遇作为分级处遇的内容；也不能在法律授权的范围之外，随意提升罪犯的待遇标准或降低罪犯的待遇标准。实行从严管理时，不能忘了犯人的"人"字；实行从宽管理时，不要忘了囚犯的"囚"字。

二、对罪犯的级别划分要做到科学合理

在不同的级别之间要拉开档次，并找准关键的刺激点。级别的数量适宜，各等级的条件明确。等级的设置要从各地实际出发，充分考虑到监狱的主客观情况，如监管设施、警察执法能力和水平等。既要有利于监管安全，又要有利于罪犯的改造。在实践工作中，应注意不要片面强调分级处遇结果的刺激作用，要重视和突出分级管理过程的改造功能与激励功能，避免强化罪犯的功利思想和投机心理。在实现以改造人为宗旨和提高罪犯改造质量的目标过程中，尽可能减少人为的障碍和因素。

三、认真做好对罪犯的考核和评定工作

罪犯在监狱内服刑期间的待遇涉及罪犯切身利益，是罪犯最为关心的问题之一。要制定具体可行的考核标准和考核制度，并且要实施合法、规范的评定工作。要严格按照罪犯的考核要求对罪犯进行考核，并严格进行奖惩，把考核和罪犯处遇紧密结合起来，调动罪犯的改造积极性。

四、分级处遇要体现公平、公正

公平、公正体现着罪犯利益分配的合理化要求，直接关系到全体罪犯自我改造的积极性。公平、公正地实施罪犯的分级处遇，也是给予每个罪犯发展自己的均等机会。只有分级处遇公平、公正，才能调动罪犯的改造积极性，才能保障监狱的安全。

五、分级处遇的实施要有效，及时兑现处遇

在分级处遇的实践管理工作中，应注重具体性、可操作性和关联性建设，并积极筹划、稳步推行，在确保监管秩序安全稳定的基础上，使分级处遇工作朝着制度设计的价值目标稳步推进。对调整确定后不同处遇级别的罪犯，要及时兑现其相应的具体处遇内容，才能体现出分级处遇的作用和效果，其引导和激励功能才能得到充分地发挥。

 【范例分析31】

[案例]（参照北京监狱管理局资料）

处遇级别	计分比例	减刑幅度	教育	采买	亲情电话	团聚	同居
一级宽管	前20%计5分 20%~45%计4分	改积,1年 嘉奖,9个月 表扬,6个月	不少于200课时/年	食品240元/月，其他不限	4次/月	1次/月	计分排名前60%,1次/月
二级宽管	45%~80%计3分 80%以下计2分 无1分档次			食品200元/月，其他不限		计分排名前50%,1次/月	计分排名前30%,1次/月
普管	前15%计5分 15%~35%计4分 35%~65%计3分 65%~85%计2分 85%以下计1分	改积,11个月 嘉奖,8个月 表扬,5个月	不少于300课时/年	食品160元/月，其他不限	3次/月	计分排名前30%,1次/月	计分排名前15%,1次/月
二级严管	前10%计5分 10%~25%计4分 25%~55%计3分	改积,10个月 嘉奖,7个月 表扬,4个月	不少于400课时/年	食品120元/月，其他不限	2次/月	计分排名前10%,1次/月	无
一级严管	55%~80%计2分 80%以下计1分			40元/月,仅限生活用品	无	无	

[分析] 从上述表中可以看出，罪犯的待遇体现在两个方面：基本处遇和级别处遇。基本处遇，就是所有罪犯都应当享有的待遇；级别处遇，体现在以下几个方面：警戒程度方面、减刑幅度方面、会见通信方面、生活待遇方面、监外活动的内容方面等。

目前，分级处遇的内容涉及罪犯同居、团聚、采买、教育、计分、亲情电话、评奖比例、减刑幅度等方方面面。在范围幅度上，从日常生活、家庭情感到行政、刑事奖励；在需求层次上，从短期好处到长远利益，都形成了相对科学合理的梯次结构。

在分级处遇的过程中，对级别的差异要注意以下三个方面：①处遇差要有依据，即不得违反国家法律和上级规定，不能法外处遇，这是原则性问题。在监狱权限范围之内的，监狱也应制定规范，明确标准，统一执行，不能因片面追求分级管理的效果，而出现执法随意和执法不公问题。②处遇差要适度，处遇差别太小无作用，处遇差别太大有失公正，只有差别幅度适度，才能将潜在的吸引力变成努力的动力，从而推动竞争，达到最佳效果。③处遇差别要建立在规范养成这个共同的基础之上，作为罪犯，行为规范是最低标准，分级管理是在规范养成做到、做好基础上的分级和处遇，这是分级管理的前提和保障。

但实际工作中，也有部分罪犯反映级别之间感觉不到什么明显的好处和差别，与期望值差别较大，总是希望要求得到更好的待遇和更大的差别，以至于因此滋生出不满情绪和消极心理。这说明人的欲望是无止境的，分级处遇差别再大，对于罪犯的欲望和需求，也是固定的、相对的、有限的，以静止去适合运动，以相对去满足绝对，以有限去满足无限，是永远无法实现的。罪犯将分级管理与处遇实惠划等号，感受不到分级晋级过程所具有的教育、激励作用，这是分级管理存在的问题。因此，实践中必须将分级处遇和分类教育紧密结合起来，最大限度地发挥分类管理的改造功能。

 【情境训练31】

[案例] 2008年12月，某监狱身为犯人组长的罪犯舒某与刚入监的罪犯唐某闲谈中称自己有关系，能帮助其多减一点刑，但要花点钱，意欲骗取钱财。12月25日，唐某的母亲来监狱探视时，唐某告诉母亲有个朋友可以帮助其多减刑，但需要花些钱。其母将信将疑，在唐某的再三恳求下，双方商定，由唐某母亲将钱打入舒某母亲的邮政储蓄存折上。次日，唐某的母亲即按照约定往舒某指定的账户上存入了人民币1000元。此后，罪犯舒某多次利用私

藏手机与唐某母亲电话或短信联系寄物汇款等事宜，诈骗对方钱财。2009 年
1 月 6 日，应舒某的要求，唐某的母亲又给舒某指定的人寄了两条价值 800 余
元的香烟。2009 年春节前，舒某又对唐某称，要过节了，要走关系，要活动，
还需要 10 000 元钱，于是爱子心切的唐母又往舒某指定的账户上存入了
10 000 元人民币。至此，舒某以帮助唐某减刑为由，三次共骗取王某的钱物共
计人民币 11 800 余元。后被人举报，舒某被抓获。舒某对犯罪事实供认不讳，
被人民法院以诈骗罪被判处有期徒刑 1 年，并处罚金人民币 2000 元，合并原
判刑罚，决定执行有期徒刑 4 年 6 个月，并处罚金人民币 2000 元。

如果由你来划分舒某的管理级别，你觉得舒某应划入哪一级别进行管理？

拓展阅读

1. 阎循店："监狱新体制下罪犯分类管理机制构想"，载《中国司法》
2007 年第 11 期。

2. 梁平："浅谈分级处遇的激励功能"，载《政法论丛》1997 年第 2 期。

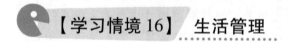

【学习情境 16】 生活管理

学习情境 16.1　饮食管理

知识储备

一、饮食管理概述

饮食管理是指监狱对罪犯饮食的计划、供给、调剂、保管等方面的管理
活动。"民以食为天"，饮食是人类赖以生存的最基本保障之一，所以饮食管
理是生活管理的中心环节。《监狱法》第 50 条规定："罪犯的生活标准按实物
量计算，由国家规定。"

目前，世界各国监狱一般选用货币标准、实物量标准、热量标准和营养标
准。从世界各国的监狱情况来看，罪犯生活标准的计算方法大致有四种：①货
币量标准，规定罪犯每周或者每月的生活费数额；②热量标准，规定罪犯每周

或者每天所消耗的食物的热量，以此作为供应罪犯膳食标准；③营养含量标准，即规定罪犯每天应摄入的各种营养含量的具体标准；④实物量标准。

饮食标准是国家对罪犯饮食供给的质与量指标。饮食标准的确定，通常受国家政治、经济等因素的影响。同时，也受地区物价差距和市场物价波动的影响。因此，我国监狱采用实物量标准。实物量是指满足罪犯基本生活所需主食、副食及被服等生活必需品的实际数量。

这一具体量化标准参考联合国《囚犯待遇最低限度标准规则》的规定，要能够满足罪犯维持生命健康和体力的基本需要，又要考虑到与社会普通公民的平均生活水平相适应，还要考虑到市场物价以及罪犯劳动工种、时间、劳动强度的差异等因素。为了保证罪犯生活实物量标准按时、足额到位，维护罪犯的合法利益，提高监管改造的质量和社会效益，各省监狱管理局一般根据国家粮油购销政策和市场情况具体确定。

要保障罪犯身体健康，饮食管理关系着罪犯体质和监内秩序，是体现人道主义的重要内容。在饮食管理中，尽可能做到开源节流。在饮食管理各环节树立全方位勤俭节约思想。监狱要统筹计划，精打细算，做好开源节流工作，提高罪犯饮食供应的自给能力。对农业点的监狱，应积极创造条件，大力开展自种、自养、自加工。

饮食管理是依法对罪犯的饮食及食堂等方面进行的管理活动，是监狱执法工作的重要内容，是搞好罪犯教育和劳动生产的前提和基础。对罪犯饮食等方面的生活保障，应当积极贯彻人道主义精神，这是确保人体健康所必需的物质保证。

在监狱的狱政管理工作中，饮食管理是琐碎繁杂的一项工作。饮食管理工作，要实行科学文明管理，厉行节约，反对浪费，并要保证资金专款专用，不得克扣、不得挪用和不得侵占。稳定良好的饮食管理，对监狱秩序的稳定、监狱生产的发展及罪犯的改造，都有着极其重要的作用。

二、罪犯食堂管理制度

（一）罪犯伙房事务长（员）责任制

事务长（员）必须由监狱人民警察担任，负责直接管理罪犯食堂各项具体工作的组织指挥，核算罪犯食堂账目，负责罪犯食堂物资的采购，并要严把质量、数量、价格关；要确保罪犯吃够定量、吃熟、吃热、吃得卫生；负责对炊事人员的管理教育和考评；负责对罪犯食堂物资设备、器具的保管、确保安全；同时要监督罪犯食堂卫生，定期制定、变更食谱，定期组织召开伙食管理委员会会议，研究改善伙食，按月公布伙食账目。

（二）罪犯伙食管理委员会制度

"伙委会"是罪犯伙食的自我管理组织，是在监狱人民警察领导下，组织适当数量的罪犯代表参加，对罪犯食堂、伙食实施监督和自我管理的形式。一般设主任、副主任各 1 名，委员若干人。主任由监狱生活卫生科科长或者监区主管后勤的监区长担任，副主任由事务长（员）担任，委员会由罪犯代表担任。其主要职责是收集、反映罪犯对罪犯食堂、伙食的建议和意见；定期召集"伙委会"会议，通报相关物品的物价水平、账目情况等重要事项；研究改善伙食的具体方案；按月公布伙食账目，按日或星期公布食谱；监督罪犯食堂管理的日常工作。

（三）罪犯食堂物资的保管制度

监狱要建立罪犯食堂的物资保管出入明细账。要注重防潮、防霉、防污染、防鼠害。粮、油、副食、燃料等物资应分类存放，领料手续要求规范，领发双方严格登记签字。保管员应定期对库房物资盘点。伙房还应建立健全环境卫生责任制，食品卫生责任制、炊事员责任等。

三、罪犯食堂食品卫生管理

罪犯食堂必须严格执行《食品卫生法》的规定，要制定《罪犯食堂卫生制度》。同时还要做到以下几个方面：

（1）对腐烂、变质的食品原料，采购员不买，保管员不收，炊事员不加工、不配售。

（2）在原料的存放和加工过程中，要做到生熟分开、荤素分开、食品与药物分开、食品与杂物分开，防止食品之间和食品与其他物品之间的相互污染。

（3）在清洗过程中要做到无毒无害、无虫无草、无泥沙、无杂物。

（4）防腐防霉防变质、防蝇防鼠防蟑螂、防食物中毒、防恶意投毒。

（5）禁止食用死因不明或病死、毒死的动物；禁止食用名称及性能不明的植物及菌类；禁止食用含有致病寄生虫、微生物含量超标的食品；禁止食用因容器及包装材料不洁而发生二次污染的食品。

四、对罪犯炊事人员的管理

要加强对炊事人员教育，确保炊事人员思想稳定、积极改造、责任心强、语言文明、礼貌待人、善听意见、改进工作。配菜分饭时要公平、一视同仁。对炊事人员的个人卫生要严格要求，工作时间一律着囚服，戴工作帽、口罩，要勤理发、勤洗澡、勤换洗衣服、勤洗手剪指甲。炊事人员应积极钻研，不断提高烹饪技术，要教育炊事人员保持伙房清洁卫生，做到排污管理通畅，伙房内无蝇、无鼠、无蟑螂、无灰尘、无蛛网。务使墙壁、地面、灶台光洁，饮具、食具及食品加工机械要在使用前后清洗、消毒。

五、饮食管理的重要性

（一）饮食管理是监狱执法活动之一

罪犯的饮食供应是罪犯服刑期间日常生活的主要内容之一，是一项严肃的执法活动，必须依据《监狱法》第50条进行。对罪犯的饮食管理，不仅仅是简单的后勤供应和服务工作，而是监狱执法工作中的基础部分。

（二）饮食供应是罪犯最基本的狱内生存条件

食物是维持人生命的基本要素，人要生存，没有食物不行。罪犯处在与社会隔离的状态之下，他们的食物需要主要由监狱方面来解决，由监狱为罪犯提供饮食，饮食供应是罪犯在狱内服刑期间的基本生存条件。

（三）搞好饮食供应，是罪犯安心服刑的有力保障

罪犯投入监狱内服刑后，需求的层次发生了重大变化，他们更多地关心日常的生活需要，其中饮食是他们最为关心的问题之一。所以监狱要在法定的前提下，依照罪犯的具体情况，搞好罪犯的饮食供应。这样有利于稳定罪犯的服刑情绪，从而安心地积极地度过刑期。

（四）搞好饮食供应，能起到促进罪犯改造的感化作用

良好的饮食管理，能够保障罪犯的基本生活水平和健康，体现着国家法律和刑罚执行机关对罪犯的人道主义精神。运用得当，可以稳定罪犯的改造情绪，充分发挥促进罪犯改造的感化作用，调动罪犯的改造积极性。

【工作要点】

一、落实罪犯法定饮食标准

根据我国经济发展水平和罪犯的实际生活需要，财政部、司法部于1995年7月5日印发《在押罪犯伙食实物量标准》，具体明确了罪犯伙食供给的一般标准。各省、自治区、直辖市司法行政机关和财政部门根据当地物价指数计算出罪犯生活所需费用并列入财政预算。

在押罪犯伙食实物量标准

品种	月标准（公斤）
粮食	17 ~ 25
蔬菜	15 ~ 25
食油	0.5 ~ 1
肉食	1.5 ~ 2.5
蛋、鱼、豆制品	1 ~ 2

其中，调味品要适量，燃料、炊事用具及杂支运输费根据实际需要，具体确定。

二、调剂改善罪犯伙食

监狱应在罪犯定量标准范围内，根据季节及劳动强度，实行科学配餐、应时调整，保证罪犯吃饱、吃热、吃熟、吃得卫生，并获得足够的热量和营养。尽力调剂和改善罪犯的伙食，做好一日三餐。要注意食品的加工工艺，在加工烹调时讲究方法，尽量减少营养素的损失。主、副食品在数量、质地、色泽、味道、形状上的合理搭配。逢年过节要精心准备节日餐。还要根据季节的不同，调整饮食。

三、罪犯食堂管理

罪犯食堂管理是罪犯生活卫生的重要环节，它包括罪犯食堂设施、人员、制度和卫生等方面的工作。

（一）搞好罪犯食堂设施管理

一般而言，罪犯食堂的设置应以监狱为单位，罪犯食堂要分别设立主食灶、副食灶、少数民族灶、病号灶、保健灶。要配置必要的食品加工机械、炊具、餐具和其他设施，并加强采购、使用、保养、维修等管理，保证其正常使用，安全运转。严禁安置不符合安全标准的锅炉、燃气燃油设备。对罪犯食堂的刀（工）具要加强管理，应固定专人负责，严格领用手续，用后上锁保管，禁止转借，谨防遗失。公布伙食账、食谱等。

（二）建立罪犯食堂管理制度

要搞好罪犯食堂管理，还要从制度方面来进行约束和强化管理。监狱要根据实际情况，分别制定罪犯伙房事务长（员）责任制、罪犯伙食管理委员会制度和罪犯食堂物资的保管制度。严格管理，严格要求。对违反和不落实制度导致发生问题和事故的，要根据相关规定进行惩罚。

（三）监狱人民警察直接管理

罪犯食堂管理应落实监狱人民警察直接管理原则，选定专职监狱人民警察具体负责。每个罪犯食堂应选专职警察管理，500人以上的罪犯伙房，要选配3~5名警察。

（四）炊事人员管理

对监狱罪犯食堂炊事人员管理，应制定《炊事人员个人卫生制度》。罪犯食堂的炊事员可以从罪犯中选用，但选用时要严格把关。从改造表现好、身体健康、有一定的烹饪技术的罪犯中选任，并根据需要一定比例配足。对炊事人员要定期进行身体检查，做到持证（健康证）上岗，传染病和其他不宜做炊事工作的疾病，要及时调离岗位，进行治疗并调换工种。要严禁带病上灶，并要制定相关的《刀具管理制度》及《饮食机械管理制度》。

（五）罪犯食堂食品卫生管理

罪犯食堂必须严格执行《食品卫生法》的规定，并要制定相应的《罪犯食堂卫生制度》，确保罪犯食品的卫生安全安全。要通过正规途径、选择符合卫生标准的食品供应点购买相关食品。禁止无关人员进入，经常开展卫生清洁，确保食品卫生安全，防止污染。

四、搞好罪犯饮用水的供应

水是生命之源，成人体内含水量约占体重的 65%，以维持身体的正常新陈代谢。因此，监狱应在食堂、监舍和劳动现场提供足够的开水供罪犯饮用，严防罪犯喝生冷脏水。开水必须保证干净、卫生，符合国家规定的城乡饮用水卫生标准。基本卫生要求是：水中不能含有致病生物，各种化学物质的含量不能对人体有害。注意改善和保护好水源，保持水质。对污染的水源要进行治理并达标。另外，监狱应为高温酷暑中劳动的罪犯提供防暑解渴饮料，如盐汽水、盐茶水、绿豆汤等。

【注意事项】

在饮食管理上，应注意以下几个方面：

（1）要照顾少数民族罪犯的特殊生活习惯。《监狱法》第 52 条规定："对少数民族罪犯的特殊生活习惯，应当予以照顾。"在具有特殊饮食习惯的少数民族罪犯集中的监狱，要设置单独的民族食堂。少数民族罪犯少的监狱，也应开设专灶，将原料、辅料、饮食用具等物品同汉族罪犯严格分开，指派本民族罪犯负责烹饪。

（2）对患有严重疾病或住院治疗的罪犯，饮食标准应高于一般罪犯。

（3）未成年犯由于正处于生长发育时期，所以饮食标准应适当高于成年犯，以保证未成年犯身体发育所需的足够的食物营养。

（4）对女犯在饮食标准上也应适当给予的照顾。

（5）对外籍犯，根据国际惯例和人道主义精神，饮食标准应高于一般罪犯，并应照顾其特殊生活习惯，设立专灶。

（6）禁闭期间的罪犯由于他们不参加劳动，体力消耗不大，所以饮食标准应低于一般劳动罪犯。

（7）对从事农业劳动的罪犯，饮食供应标准要有农忙和农闲之分；对从事矿山、井下、高温、有毒、危险作业等复杂条件劳动的罪犯，饮食标准可适当提高，并要严格按照国家有关规定保证保健食品的供应，不得降低或克扣。

【范例分析32】

[范例] 2009年8月12日中午12点35分开始，某监狱有3名罪犯午饭后出现恶心、呕吐、腹痛等症状，随后不久，陆续又有多名罪犯出现类似症状。1小时后，发病罪犯达到49人，并出现四肢麻木、胃烧灼感、心慌和背痛等症状，个别的罪犯还伴有头晕、胸闷、出冷汗和畏寒等神经系统症状。经监狱医院及时检查治疗，罪犯症状得到缓解，到18点，没有发现新病例，绝大部分罪犯中毒症状逐渐消除且返回监区。

发病罪犯出现症状后，被及时送到监狱医院急诊治疗。诊断过程中初步判定发现病症可能与午餐食用未熟透的豆角有关。监狱医院医生当即向监狱领导汇报，监狱领导接到报告后，立即赶到医院现场，指挥救治，并通知中午食用豆角的所有监区，密切注意罪犯群体的动态，并将情况向省厅、局报告。

监狱针对此事件，立即采取以下措施：立即向上级领导汇报；加强监狱值班警力，密切注意犯群动态，对身体不适者马上送诊，全力稳定罪犯情绪；组织医院全体医务人员参加抢救治疗工作；对发病罪犯中症状较重的病患，留院观察；派医生到各监区进行调查，观察病情，严防中毒症状加重；对发病监区、医院进行消毒；对事物、呕吐物采样送检；对中毒罪犯进行跟踪治疗，至2009年8月13日中午所有罪犯中毒症状消除；针对有害、有毒及不卫生等现象和问题，对罪犯食堂进行检查、清理和整顿工作。

[分析] 在人员高度密集、医疗水平相对不够完备的监狱里，做好饮食管理工作至关重要。一旦发生群体性食物中毒事件，一定要及时、果断地采取妥善措施，有效地进行应对。尽力救治患者，降低损失。同时要建立、健全生活管理方面相关的应急预警机制。中毒事件发生后，监狱迅速查清并追究了有关责任人，对有关责任单位进行了教育整顿，加强了监狱罪犯食堂的管理工作。为防止类似事件的再次发生，监狱对罪犯食堂重点加强以下两个个方面的管理：一方面要严把食品采购关，另一方面要严把食品加工关。

【情境训练32】

"每逢佳节倍思亲"，分别设计"中秋节"和"春节"节日餐。（要注意主、副食品在数量、质地、色泽、味道、形状上的合理搭配。还要根据季节的不同，调整饮食。）

拓展阅读

白云青："对罪犯生活卫生工作法制化建设的思考"，载《山西财经大学学报》（高等教育版）2007 年第 1 期。

学习情境 16.2　被服管理

知识储备

被服管理是指监狱对罪犯囚服、被褥等用品实行计划、供应、保管、维修和更换等方面的管理活动。这项工作的好坏直接影响着罪犯的身体健康和生活待遇。《监狱法》第 51 条规定："罪犯的被服由监狱统一配发。"

一、被服供应原则

被服管理和发放的指导思想是：严格执法、现代文明、尊重人格、便于识别、适应气候、整齐划一、兼顾劳作、注意节俭。

二、兼顾劳作、注意节俭原则

入监后所需要的囚服、被褥、鞋、帽、工作服、劳保用品等，由监狱机关统一配发。编制年度计划和财政预算，由国家拨款，统一组织生产、制作和供应。禁止在囚服上写或印刷带歧视性、侮辱性的字样或标志。囚服的左胸前印制小型符号或标牌。罪犯家属送来的衬衣、鞋袜、被褥等经检查允许留用的，应加识别标志。

罪犯生产劳动所需工作服、防雨、防暑用品等，按同类国有企业同工种的标准发给，经费列入生产成本。要与囚服严格区别，禁止以工作服代替囚服，或以囚服代替工作服。

不同区域（寒区、温区、热区）环境的不同，被服标准亦不同。新入监的罪犯，可按入监季节随到随发。详细登记和填写《罪犯被服使用卡》，并由罪犯本人签名捺印。因抢险、救灾或不可抗御的原因，造成被服损失、损坏的，监狱应酌情补发。

三、建立健全被服管理制度

（1）使用制度。罪犯领取囚服后，应按规定在囚服里面填写所在监区（或分监区）和罪犯姓名。

（2）修补保管制度。监狱或监区应组织罪犯成立被服修补组，对在使用期限内破损，又不能以特殊情况提前换发的被服要及时进行拆洗修补。

（3）收旧换新制度。监区或分监区对于按使用年限应收回的旧品，不准撕拆、调换或留做它用。

（4）被服财物管理制度。监狱应对被服经费的划拨、实物的领取、发放和保管都要逐项建立账目，并制定统一的报表、凭证和卡片。

【工作要点】

一、落实罪犯被服供应标准

罪犯被服应依照《罪犯被服供应标准》及参照其他有关规定统一发放。按财政部、司法部于 1995 年 7 月 5 日印发的下列标准配发：

在押罪犯被服实物量标准

类　　别	标　　准
单衣、单裤、单鞋、内衣、内裤	第一年 2 件,以后每年 1 件
棉衣、绒裤、棉鞋、棉帽	2 ~ 4 年 1 件(双)
棉被、棉褥、蚊帐、枕头	4 ~ 6 年 1 床(个)
被罩、褥单、枕巾、草席	1 ~ 3 年 1 床(条)
罩衣、袜子	每年 1 套(双)

洗涮、卫生等日常用品根据需要（包括公用部分）。（注：上述被服实物量标准不包括工作服等劳动保护品。）

二、被服发放与回收

（一）被服发放

要严格依照规定及时给罪犯发放被服。罪犯的被服每年统一发放两次，发放时要执行国家统一制定的不同区域（寒区、温区、热区）环境的不同被服标准，新入监的罪犯依季节随到随发。

（二）被服回收

罪犯刑满释放时，所发被服原则上予以收回，少数确有困难的，经监狱批准，可以不收回被褥，没有便服可供更换的，可以补发便服一套。

【注意事项】

罪犯的被服管理，应注意以下问题：

（1）罪犯入监后，一律按规定着装，并按照司法部的要求，做到服刑人员被服在款式、规格、颜色、标志、胸牌方面的统一。

（2）罪犯的囚服只允许自己使用，不准转让、赠送、故意毁损、玷污、变更大小或式样。

（3）罪犯自己所带内衣、内裤、鞋袜、被褥、蚊帐等生活用品经检查后可以使用，但要服从监狱统一规范要求。

 【范例分析33】

[范例] 罪犯张某，女，22岁，入监以前系某文艺演出单位文艺工作者。因故意伤害罪被人民法院判处有期徒刑8年。入监以后，张犯对所发的囚服很不满，觉得不合身，不能充分展示其的美貌身材。于是，张犯多次利用在狱内服装生产车间劳动的机会，把发放的囚服做了更改，以便更适合自己的身材，展示自己曲线美。后被监狱警察发现，对其进行了严厉的批评。

[分析] 张犯爱美无可厚非，但随便更改囚服大小，是违反监狱被服管理规定的。根据罪犯被服管理制度的规定，罪犯不得随意更改囚服大小或式样。所以，罪犯张某的行为是违反囚服管理规定的，要受到相应的处罚。

 【情境训练33】

不同的色彩，对人的心理是有一定影响的。请根据罪犯的性别、年龄特点，为罪犯设计不同季节（或不同功能）囚服的颜色与款式。

司法部《关于加强犯人生活保障工作的紧急通知》（司发通［1994］53号）。

学习情境 16.3　作息管理

知识储备

作息管理是根据罪犯体能消耗与恢复平衡的生活规律，在一天内对罪犯的起居、劳动、学习、文体活动时间做出科学安排，并监督实施的管理活动。

一、罪犯劳动时间的管理

《监狱法》第71条第1款规定："监狱对罪犯的劳动时间，参照国家有关劳动工时的规定执行，在季节性生产等特殊情况下，可以调整劳动时间。"

需要加班时，应提前拟定加班计划，经监狱狱政、劳动管理部门审核，报监狱长批准，方可实施。延长劳动时间的长短，支付一定数量的加班费，节假日安排罪犯劳动，支付高于平常加班的加班费。罪犯平均每周劳动时间一般不超过44小时。

二、罪犯休息时间的管理

《监狱法》第71条第2款规定："罪犯有在法定节日和休息日休息的权利。"监狱要保证参加劳动的罪犯每周至少休息1天。平均每周劳动时间不超过44小时。罪犯每天要有1~2小时的文体活动时间，其余时间可组织集体活动，开展丰富的监区文化生活。

监区文化生活是指监狱为促进罪犯改造、丰富罪犯的精神生活而积极开展的管理活动，这里面既含有符合当代社会价值的精神环境，又有适合罪犯改造的氛围。从广义角度看，监区文化生活包括十分广泛的内容，诸如行刑法律制度、纪律规章、正规的"三课教育"、罪犯处遇、卫生管理、环境美化、文体活动等。从狭义的角度看，监区文化生活侧重指监狱对开展各种健康的文化娱乐活动所进行的组织、指挥、控制、监督等活动。

监狱应秉承"艺术矫治人、文化熏陶人、环境改造人"的理念，立足于罪犯的精神文化需求，开展监区文化建设，提高监区文化品位，激发罪犯改造热情，形成健康向上的监区文化氛围。

三、对罪犯要加强作息时间的统一管理

对罪犯作息时间的统一管理，有利于培养罪犯良好的行为模式和生活习惯。统一合理地安排和规定罪犯作息时间，既有利于罪犯的身心健康，也能体现行刑的人道主义。

很多罪犯服刑前，在社会上沾染了不少恶习，这些恶习，会时常在罪犯生活的各方面表现出来，往往在监狱的环境中会产生交叉感染的可能。因此，对这些不良的生活习惯及行为模式要及时进行约束和矫正。通过对罪犯生活实施严格的军事化管理，强化养成，有助于培养罪犯良好的行为模式和生活习惯。对罪犯的改造工作，也能得以顺利实施。

实行严格的生活管理，将罪犯置于监狱的严密监视和控制之下，预防和减少不服警察管理、抗拒改造、打架斗殴、聚众闹事、越狱脱逃等一系列破坏正常的监管秩序的事件发生，保证监狱工作的顺利进行，才能真正维护正常的监管秩序。

【工作要点】

一、合理安排罪犯的作息时间

（一）合理分配作息时间

罪犯每天的劳动时间一般为 8 小时，学习文化、技术的时间一般为 2 小时，睡眠时间保证 8 小时。其余时间可安排文体娱乐或集体学习等活动。未成年罪犯的每天劳动时间为 4 小时，学习不少于 4 小时，睡眠不少于 9 小时。

（二）严格控制加班加点劳动

监狱一般不安排加班加点劳动，如遇有特别需要加班加点的情况，要报监狱领导批准，但要严格控制。经批准可以加班加点的，也要保证罪犯充足的睡眠时间。完成生产劳动任务后，要适时安排罪犯补休。

（三）必要时可以适当调整作息时间

罪犯每周劳动时间一般不超过 44 小时。监狱要保证罪犯法定节假日休息的权利，不得随意侵占、剥夺其法定节假日的休息时间。监狱可根据生产需要调整劳动时间和作息时间。

二、加强作息的统一管理

制定适合本单位具体情况的作息时间表，规定罪犯每日起床、早操、洗漱、整理内务、就餐、学习、劳动、文娱和就寝等的具体时间和要求。作息严格按照《监狱服刑人员行为规范》的行为要求进行。

【注意事项】

在下列几种特殊情况下监狱可以适当调整罪犯的作息时间：

（1）发生自然灾害、事故或者其他原因，威胁生命健康和财产安全，需要紧急处理的。

（2）生产设备、公共施发生故障，影响生产或公共利益，必须及时抢修的。

（3）农忙季节需要抢收抢种的。

【范例分析34】

[范例]　为了更好地进行罪犯作息时间的管理，丰富罪犯的精神生活，某监狱采取了以下三个方面的措施：①建立了礼堂、图书阅览室、电视室、娱乐活动室、播音室、报刊专栏等。为罪犯学习科学文化技术提供良好的环境，也为参加高等自学考试的罪犯创造良好的学习环境。②设计制作主题鲜明的雕塑，设置集体运动场地，添置各种文体娱乐器材，制定相应管理制度，并组织罪犯进行体育锻炼，定期开展队列、球类、田径等体育比赛。③发动罪犯自己动手在监舍墙壁的适当位置悬挂、绘制、张贴格调高雅、气韵清新并富于启发性、鼓励性的图片、标语、格言警句等作品。

[分析]　充分合理地利用罪犯文体活动时间，突出监区文化的导向作用，更能激发罪犯的改造内驱力，并通过各种活动丰富罪犯业余时间的精神生活，排遣罪犯空虚、苦闷、无聊等不良情绪，调节缓减心理压力，使罪犯身心得到有益的放松，提高生活质量，增强适应能力；可以吸引罪犯注意力，防止罪犯放任自流、无所事事、惹是生非；减少违反监规纪律、违法犯罪现象的发生；可以使罪犯在融洽、宽松的气氛中汲取科学文化知识，增长才干、锻炼身体、增强体质、陶冶情操、树立集体观念、培养罪犯崇高的情趣爱好、激发罪犯对美好生活的憧憬、向往。

【情境训练34】

为充分利用罪犯的业余时间，请制订开展罪犯文化生活的活动计划。要求：①从读书、看报、唱歌、下棋、观看电影录像、练字作画、出版报，文艺演出、演讲比赛、诗歌比赛、书面及手工艺品展等方面准备；②对少数民族罪犯要适当组织开展一些具有民族特色的文体娱乐活动。

拓展阅读

联合国《囚犯待遇最低限度标准规则》第一部分"一般适用的规则"。

学习情境 16.4　财物管理

知识储备

一、罪犯财物管理的内容

财物管理是监狱对罪犯私人物品、现金、日用品供应的管理活动。罪犯在服刑期间，可以按规定保存、使用一定的私人财物。监狱应对罪犯入监时所带、亲属会见时所送及邮寄来的物品检查登记。

二、罪犯零用钱管理

罪犯的零用钱及亲属会见时送的现金及汇款，存入罪犯个人消费卡中，在狱内超市消费使用；罪犯有正当理由需支付存账的现金时，应经监区（分监区）主管警察批准。目前很多监狱，对罪犯零用钱的花销，有一定的限制，根据罪犯的处遇分级的等级，规定其每月可花销零用钱的数目。

三、供应站或狱内超市的管理

罪犯日常用品供应站或狱内超市销售的物品应价格合理、质量合格，要严格杜绝出售质次价高的物品。从组织机构的设置、人员配备到物品的采购、出售、保管、使用等方面着手，建立健全规章制度，保障正常供应。人员配备上必须坚持监狱人民警察直接管理原则，但严禁现金的交易形式。可以设置罪犯购物超市，微机管理，刷卡交易。

【工作要点】

一、罪犯私人物品的管理

（一）物品登记

监区（分监区）应对每个罪犯建立一份《罪犯财物登记表》，罪犯的贵重物品、有价证券、存折、汇款，由监狱有关职能部门统一建账管理。每次登记后，应由罪犯当场核实签字。

（二）个人保管

对可交由罪犯个人使用的日用品、学习用品、换洗衣物、被褥等，由罪犯个人保管。

（三）统一存放

监区（分监区）应设立罪犯储藏室，统一存放不宜罪犯个人保管的物品。储藏室每周开放一次，其钥匙应由警察掌管。

（四）区别处理

监狱对罪犯个人的贵重物品和非生活必需品，应尽量动员罪犯寄回家或通知其家属领回。否则，监狱应结合实际情况，本着便于管理的原则，由监狱的狱政科或监区、分监区指定监狱人民警察专人管理。管理人员必须按物品的名称、牌号、规格、数量、特征等逐件登记造册，并开列三联单，由狱政部门、监区（或分监区）、罪犯本人各持一份。

对罪犯私藏的现金、有价证券、违禁品以及无法证明来源的其他财物，应予以没收，并做好登记。没收的现金、物品一律交财物、狱政管理部门处理。

二、罪犯零用钱的管理

罪犯零用钱是监狱发给罪犯购买生活必需品的费用以及发给女犯的卫生费。一般按每月 10～20 元发放。零用钱不以现金的方式支付，应记入罪犯现金账（或存入罪犯卡内）。罪犯有正当用途时，经监狱人民警察批准，可以正当合理地支出使用。目前国内大部分监狱可以设计狱内消费卡，在监狱内超市消费。

三、罪犯的现金管理

罪犯一律禁止私自保存和使用现金。罪犯本人的大数额现金，由罪犯所在分监区代为存入银行，存折由分监区指定专人负责保管。对罪犯的小额现金，一般由监区或分监区指定专人保管，存入罪犯卡中或记入罪犯个人现金账里。

四、罪犯日常用品的供应

监狱应设置罪犯日常生活用品供应站，有条件的可在监狱内设立超市。供应站或超市是服务性机构，不是经营性部门。供应站销售的物品应有利于监管、保障罪犯的身体健康。

【注意事项】

罪犯财物管理要注意以下问题：

（1）罪犯物品要妥善保管，不得损坏、丢失、更换、转借和挪用；如有损失，应予赔偿。

（2）罪犯有正当用途时，准予领取；罪犯释放、假释或保外就医时，应予以发还；罪犯调动时，由调入、调出单位统一办理财物移交手续。

（3）脱逃罪犯的财物，由监狱保管，被捕回后，仍属罪犯本人所有。

（4）死亡罪犯的遗物，应交家属领回。逾期 1 年仍不来领取或无法投寄的，列出清单，经监狱主管领导批准，上缴国库。亲属在港、澳、台地区和外籍罪犯死亡时，逾期2年仍不来领取或无法投寄的，列出清单，经省监狱管理局狱政处批准上缴国库。

（5）罪犯的私人现金，除本人外，任何人不得侵吞、借用、挪用，监狱应切实保障罪犯的合法财产不受侵犯。

 【范例分析35】

[范例] 某监狱二监区罪犯每人每月都能从警官手里收到一张小纸条。纸条长10厘米，宽1.5厘米，标注账号、姓名、金额等内容。这是监区警察特意制作的账户条，是保护罪犯个人隐私的一项新举措，也是对罪犯财物管理的一项规范化管理措施。此举受到了监区罪犯的欢迎。

[分析] 实施划卡消费后，监区每月都在公示栏即时张贴罪犯账户信息，方便大家核对。但有些罪犯利用公示信息谈贫论富，进行攀比消费，同时也有罪犯因家庭特殊情况不愿别人知道自己账户情况。针对这些问题，监区警察做出了调整，主管警官把账户信息打印在单个的小纸条上，亲自发到个人手里。这虽然增加了警官的工作量，但保护了罪犯的个人隐私。

 【情境训练35】

[案例1] 目前我国的监狱中，都设有购物超市。其目的是为了加强监管改造场所的规范化建设，方便罪犯生活，稳定狱内秩序，确保监管安全，规范罪犯日常生活用品的供应渠道；同时，也是为了最大限度地发挥罪犯经费的使用效益，切实保障罪犯的合法权益。罪犯在狱内超市购物，一律实行"一卡通"，保证罪犯人手一卡。消费卡由监狱统一购买并发到罪犯手中，罪犯刑满释放时收回；如有遗失或损坏，由罪犯赔偿。罪犯通过接见和邮寄等渠道得到的零用钱一概存入本人的消费卡，凭卡购物。杜绝使用现金和各类狱币，取消罪犯小账。超市采取开架自选的销货方式。商品明码标价，便于罪犯选购；但对不利于罪犯改造的商品不能上架。超市内的商品一般仅限于生活日用品的范畴。因此，有人提出不应限制罪犯的消费水平。

从监狱警察管理罪犯的角度，谈谈你的看法。

[案例2] 某监狱为加强罪犯使用电子产品的管理，对罪犯现已使用的电子产品进行清理、检测和甄别，严禁罪犯使用MP3、MP4或有录音、录像、

通话功能的电子产品，对核准由罪犯在监内使用的电子产品重新进行登记；允许罪犯保留使用文化技术类碟片和磁带，对非文化技术类的碟片等，由监区登记后统一集中保管。

从罪犯管理角度，谈谈你对该监狱对罪犯所使用电子产品的管理方式的看法。

【学习情境 17】 卫生管理

知识储备

一、卫生管理的概念

卫生管理是监狱对狱内生产区、生活区的环境卫生、监舍卫生和罪犯个人卫生和相关工作的管理活动。通过搞好卫生管理，可以预防狱内滋生病菌，保障服刑人员的身体健康，稳定罪犯改造情绪，养成良好卫生习惯，创造文明、整洁、健康、良好的改造环境氛围。

二、监舍的概念

广义的监舍就是狱内供罪犯居住、睡眠、学习、娱乐、洗理、物品保管的活动的房舍。狭义的监舍仅指狱内供罪犯居住、睡眠的宿舍。这里讲的是广义的监舍，即罪犯集体生活的主要场所，也是卫生管理的重要场所，而不仅仅指罪犯居住睡眠的宿舍。

三、医疗管理的含义

医疗管理是指监狱机关为罪犯提供必要的医疗条件，保证罪犯身体健康的专门工作。这项工作是社会主义人道主义的具体体现，是防治疾病，保证罪犯身体健康、教育感化的有效手段，也是保障罪犯基本权利的必然要求。

四、"伪病"的含义

伪病又称"诈病"，俗称"装病"。是指罪犯以抗拒改造或逃避刑罚执行为目的，或者为了改善饮食质量，谎称有病或伪装病态，企图蒙骗监狱人民警察的行为。罪犯伪病的形式大体有两大类：一类是无病装有病；另一类是小病装大病。罪犯伪病是一种故意抗拒改造行为，监狱应进行严厉的打击。

【工作要点】

一、卫生管理

（一）环境卫生管理

监狱环境卫生管理范围包括：生产、生活区的场、院、道路、照明灯饰、线路布置；洗漱室（盥洗室）、卫生间、澡堂等卫生设施；供水、排污系统；垃圾场、坑、箱、车；户外的衣物晾晒场地；户外文体场地以及户外环境卫生区的绿化、美化等场地。

环境卫生管理的基本要求与做法：

（1）监内的生产、生活区的场、院、道路要平整，路面要全面硬化，地面无积水、无杂草；灯饰布局合理齐备，各种线路安装规范，既考虑到美观大方，也做到方便安全。

（2）洗漱室（盥洗室）、卫生间等卫生设施完善，与伙房、水源保持一定距离。有条件的监狱要使用水冲马桶，条件不允许的监狱每日必须清扫冲洗厕所，定期消毒，灭蚊灭蝇，灭蛆蛹。

（3）对监内澡堂、洗漱设施，使用后要及时打扫，清理垃圾。澡堂要专人负责安全管理和卫生清扫；对洗碗洗菜设施，用后应及时扫除残渣剩饭，清洁油渍、污迹。

（4）生活用水必须符合饮用水标准。供水管道无滴漏，对水塔、水池要安排专人（警察）负责，要定期清洗，除去泥沙，水垢及杂物，并消毒处理杀灭病菌。排污道要畅通，无堵塞现象，特别是从监内直接排出监外的污水管道一定要定期检查，防止安全事故的发生。

（5）狱内设置果皮箱、垃圾箱要美观、庄重、大方，摆放在合理的位置，要及时清理，保持清洁。环境卫生区责任划分到监（管）区，指定专门的警察负责，在环境卫生区的醒目位置设立内容文明、积极、健康、向上的标志牌，牌上的名言警句要起到赏心悦目、催人奋进的效果。

（6）户外衣物晾晒需在指定的地点，不得随意悬挂。晾晒点应设于阳光充足的地方，但不允许在监内任意牵线或搭架晾晒衣服，影响生活和监管安全。

（7）户外文体活动设施应定期涂刷油漆，防止锈蚀，要经常擦洗，保持干净。

（8）监区院内，监舍周围，要规划合理，外墙涂料、瓷砖颜色搭配要协调统一；生产区、生活区空隙地带，应合理规划，栽花种草，绿化环境。绿化活动要注意：①利用空闲地不占用集体活动场地；②监狱围墙内侧5米范围不种植；③绿化植物不选用高大的灌木、乔木类，应多选用草本或常绿低矮灌木；④力争绿化面积达到30％以上，实现绿化与美化结合。

为确保监狱环境卫生不断优化，监狱应组织罪犯开展以除虫灭害为主要内容的爱国卫生运动，根据当地季节变化特点和虫害、鼠害、病菌发生发展规律，组织罪犯开展灭鼠、灭蝇、灭蚊、灭臭虫、灭白蚁、灭蟑螂等除害活动。对易滋生害虫的地方要进行消毒，防止害虫传播疾病或引发疾病的流行。要教育罪犯养成遵守环境卫生公德的习惯，培养环保意识。同时，抓好日常卫生工作，制定细密的环境卫生制度，使各环境卫生区域的卫生标准具体而明确，继而分片包干，专人负责，不留死角，并加强常规监督检查，确保落实。

（二）监舍卫生管理

监舍卫生管理范围主要涉及狱内的罪犯宿舍、沐浴室、理发室、盥洗室、储藏室、更衣室、阅览室、图书室、谈话室、活动室等。监舍卫生管理主要要求与做法是：

1. 监舍及其配套设施应符合监管改造罪犯的需要，符合《监狱法》第53条规定的坚固、通风、透光、清洁、保暖，罪犯的居住面积不少于每人3平方米。符合国家规定的卫生、防火、防震标准。

2. 监狱要健全监舍卫生管理制度、落实卫生责任制，由监狱警察对罪犯的卫生实施考核。并把日常卫生作为对罪犯考核奖惩的一部分。

3. 分监区警察负责监舍内务管理。监舍内物品排放，实行全监（所）统一，监舍卫生要求清洁美观，物品摆放要求整齐有序、规范划一，清洁美观即指监舍的门窗、墙壁、地板以及室内配套设施完好无损；室内无臭虫、无跳蚤、无苍蝇、无异味；室内设施和物品保持整洁；淋浴室及其设施应随时清洁和消毒杀菌；物品保管室要定期检查，及时清除垃圾和废弃物；理发室用品、器具、设施应及时消毒，特别是理发的刀具，使用时应逐人消毒。对患有传染性疾病的罪犯，应有专用器具。应定期对室内及被褥等物品进行消毒处理。

4. 物品摆放整齐有序，规范划一。监舍内床、桌、椅、架、盆、碗、杯、卧具等物品要尽可能在样式、大小、色泽上保持一致，且定点限量摆放整齐；要做到蚊帐牵挂形状相同，被子叠放方正并置放于床铺的同一位置，床单平整无褶皱，枕头高度一致，床下的物品位置一致，洗漱用的杯子、牙具、毛巾也整齐排列。总之，物品摆放要做到"八无"、"六线"。"八无"即无灰尘、无蝇虫、无蛛网、无纸屑、无痰迹、无异味、无剩饭、无杂物；"六线"

即被子、鞋子、椅子、床头卡、洗漱用具、其他用具摆放成线。这也是实现"准军事化"管理的基本要求，从罪犯生活的一点一滴抓起，从而改变他们的懒散性格，让罪犯在监舍内养花种草，来磨练其性格、锻炼其情操，实现在改造过程中环境育人的"正迁移"作用。

5. 教育罪犯自觉爱护公物、遵守卫生纪律。要他们爱护监内的公共设施和一草一木，损坏要照价赔偿，要养成良好的公共卫生习惯、不乱丢垃圾、烟头；不随地吐痰、便溺；不乱泼洒脏水；对个人被服等物品要经常洗、晒。认真履行卫生责任制，搞好监舍卫生。要敢于同不文明、不卫生的行为作斗争，自觉维护监舍环境卫生，确保监舍整洁、舒适、美观、和谐。

（三）个人卫生管理

个人卫生管理的目的是矫正罪犯恶习，培养良好的个人卫生习惯。监狱要矫正罪犯以前的恶习，教育罪犯搞好个人卫生，注意培养罪犯日常卫生习惯，让他们做到：①按时起床、就寝；②早晚刷牙、洗脸、睡前洗脚、勤剪指甲、不随地吐痰、便溺；③衣服被褥勤洗、勤换、勤晒，保持衣着、床铺整洁；④不乱扔脏物、废物、果皮、纸屑，不践踏、毁坏花草树木；⑤定期洗澡、理发，男犯一律理光头或半寸短发，女犯一律留齐耳短发，不准烫发、染指甲、抹口红、戴首饰；⑥吸烟要定时、定点、定量管理，提倡自觉戒烟，公共场所严禁吸烟；⑦饭前便后要洗手，不喝生、冷、脏水，不食不洁食物和过期食品，不暴饮暴食，保持饮食器具的卫生，养成良好的饮食习惯；⑧不准歧视、虐待少数民族（外籍）的罪犯，对他们特殊的生活习惯，按照有关政策规定办理。

（四）洗澡、理发的管理

对洗澡、理发的管理，要求做到：①监（所）要设立罪犯浴室和更衣室，配备洗浴更衣设施。浴室采用淋浴方式，要定期消毒，搞好卫生清洁工作。②浴室的服务犯必须经过体检取得健康合格证。患有性病、皮肤病及其他传染性疾病的罪犯不得进入公共浴池洗澡。③洗澡时，由监区或分监区警察带领，检查、登记后方可进入浴室，洗浴完毕后集体带回；对从事煤炭、水泥、冶铁、采石等特殊工种每天需要洗澡的可特殊处理。④在监区或分监区设立理发室，为罪犯提供理发。理发的工具由生活科统一提供，并实行单元式集中管理，刮脸刀片不得混用，不得借用，防止交叉感染。合理安排理发时间，每月不得少于两次。

（五）物品库房、储藏室的管理

对物品库房、储藏室的管理，要求做到：①分监区设立罪犯的物品库房和储藏室。物品库房存放劳保用品、换季的囚服、服刑期间禁止使用的个人用品以及监狱统一配发的床上用品等。储藏室存放罪犯的个人日常生活用品。②物品库房、储藏室的具体位置及柜、架式样由监狱统一规定。③物品库房、储藏室内摆放的物品要做到合理摆放、整齐有序；存储物品时，要听从指挥，服从管理，不准代取代存他人物品。④物品库房、储藏室由警察直接管理，本着方便罪犯日常生活的原则，由分监区根据实际确定开放的时间。⑤物品库房、储藏室要设立账簿，存储物品须由罪犯本人签字；物品库房、储藏室要定期清点，做到账目清楚，账物相符。⑥物品库房、储藏室要设施齐全完备，经常保持空气流通，卫生清洁，防火、防盗、防潮、防水。

（六）茶炉房、洗漱间（盥洗室）、卫生间的管理

对茶炉房、洗漱间（盥洗室）、卫生间的管理，要求做到：①监（所）要设立茶炉房保证罪犯的开水供给，饮用水必须符合国家的卫生标准。②茶炉房要布局合理，便于管理，方便供水，符合监管安全的要求；操作压力锅炉的司炉人员要持上岗证，坚守岗位，保证开水正常供应。③分监区设立的洗漱间（盥洗室）、卫生间，要指定专人管理，保证窗明几净，无异味、卫生清洁。④要搞好能源节约，杜绝长流水、长明灯等现象。

监狱应加强罪犯个人卫生日常检查评比，把个人卫生检查纳入到考核中，对不符合卫生要求的行为及时纠正，对屡教不改的按规定扣分，对卫生搞得好的及时给予鼓励和表扬并按规定加分，同时教育他们处理好个人卫生和公共卫生的关系，既要搞好个人卫生，又要维护公共场所的环境卫生，积极同一切破坏公共环境卫生的行为作斗争。

二、医疗管理

（一）医院、卫生所管理

监狱应设立医院，医院的规模根据实际需要确定。医疗技术人员的配备和医疗器械设备，可根据卫生部对相应规模医院的规定，充实配齐。设立卫生所的监区，可以设置若干病床，要配有专职医务管理人员。各省、自治区、直辖市的监狱管理局应根据实际情况建立中心医院及卫生防疫中心，或在监狱管理局中心医院内设立卫生防疫站。

（1）监狱医院和卫生所是指直接为罪犯提供医疗服务的医疗部门，应严格执行监狱法和医疗卫生法法律和法规，要不断提高执法意识和服务水平。

（2）各省、自治区、直辖市监狱管理局设立卫生管理机构，在当地卫生行政部门的指导下，负责管理监狱的医疗卫生工作。各省（区、市）监狱管理局的卫生管理机构应按照当地卫生行政部门的要求，对监狱的医疗卫生工

作进行指导、检查、督促，并根据监狱改造罪犯的特殊要求，制定相应的监狱卫生工作管理规定。

（3）医疗卫生部门应制定与监管要求配套的医疗卫生制度，罪犯的医疗保健应列入监狱所在地区的卫生防疫计划。

（4）监狱医疗机构的设置、人员配备比例、任务功能都要与罪犯的人数相适应。各地卫生行政部门按《医疗机构管理条例》的规定，对监狱医疗机构进行登记、审评、校验等监督管理时，要结合监狱实际情况，考虑监狱工作的特殊性。

（5）监狱医院和卫生所主要任务是直接为罪犯提供一级预防，开展初级卫生保健，对常见病、多发病、一般外伤的诊断治疗；对传染病、慢性病的防治；健康指导，组织健康检查。对疑难重症患者要及时转送监狱中心医院，对需要保外就医、伤残鉴定者提供真实、客观、可靠的医学依据。

（6）监狱医院和卫生所要不断完善医疗设施和人员配置，使之符合各省、自治区、直辖市监狱管理局标准化监狱医院和卫生所建设的要求。医疗部门的工作人员必须由获得执业资格的警察医务人员担任。医务技术人员不足时，可以用有一定学历和临床经验的罪犯从事护理工作，但应经过必要的技术训练。

（7）监狱医院和卫生所要严格执行各项卫生医疗制度和各项技术操作规程，落实岗位责任制，预防医疗事故和医疗纠纷的发生。同时应制定发展规划，重视职工的继续教育，不断引进新技术、新设备，以适应监管形势发展的要求。

（8）罪犯的医疗费用按国家规定的标准执行，任何单位和个人不得以任何理由挪用、挤占。生产事故的医疗费用由生产单位负担，自伤自残、殴打他人受伤的除外。

（9）监狱医院和卫生所要严格执行国家医疗文书管理有关规定，认真书写病历，客观准确反应病犯的病情变化、治疗情况。不得编造病历，杜绝开具虚假医疗诊断证明。

（二）卫生防疫管理

监狱卫生防疫工作本着"有病早治、无病早防；预防为主，防治结合"的原则，认真落实《传染病防治法》、《公共卫生突发事件处理条例》，采用各种有效措施，降低发病率，提高罪犯的身体素质与健康水平。需要做到：

（1）监狱医院和卫生所需要建立卫生防疫部门，接受当地卫生防疫部门的业务指导，建立、完善监狱三级卫生、疾病预防网络体系［三级即省（自治区、直辖市）监狱管理局为一级网络、各监狱的医院、卫生所为二级网络、各监狱的监区（分监区）为三级网络]，制定卫生防疫工作计划。一般情况下监狱卫生防疫部门会由生活科组织实施。

（2）建立健全并严格执行卫生管理、防疫制度，做好新入监罪犯体检和年度健康检查，及时发现传染源，阻断传播途径，有效预防传染病在监内蔓延流行。

（3）开展卫生宣传教育工作，采取多种形式在罪犯中普及卫生防疫知识，养成良好的卫生习惯，不断提高罪犯的防病意识。不断改善罪犯的劳动条件，开展预防接种和预防服药工作，提高罪犯群体免疫能力。

（4）定期组织开展爱国卫生运动，做好"三管两灭"工作，消除鼠害、病媒昆虫、人畜共患传染病动物以及其他传播传染病病源。根据季节和疫情情况，组织定期、不定期的消毒工作。监舍、餐厅、教室、垃圾点、卫生间等重点部位，每月消毒不少于两次。

（5）要加强污水、垃圾和粪便的无害化处理。采取防暑降温措施，预防中暑事件的发生，做好食品检疫工作，杜绝发生食物中毒。

（6）建立和完善罪犯疾病预防控制体系和应急预案。监狱发生公共卫生事件时，应立即启动《公共卫生突发事件应急预案》。

（三）传染病管理

传染病是指国家法定的甲类、乙类和丙类传染性疾病。根据传染病的危害程度和应采取的监督、监测、管理措施，参照国际上统一分类标准，结合我国的实际情况，将发病率较高、流行面较大、危害严重的38种急性和慢性传染病列为法定管理的传染病，并根据其传播方式、速度及其对人类危害程度的不同，分为甲、乙、丙三类，实行分类管理。在管理与预防中，要坚持"预防为主、防治结合"的方针，群防群治，分类管理。医疗部门制定职业暴露应急预案，落实化验室工作人员和医务人员防护措施，确保职业安全。要做到：

（1）医疗部门应设置独立的传染病区。规范对艾滋病等严重传染病犯的管理，关押HIV抗体阳性罪犯的监狱应设置特别管理病区。

（2）发现甲、乙类传染病犯立即隔离治疗，同时对密切接触者进行医学观察。

（3）被传染病病原体污染的水、污物、粪便，必须按照卫生防疫部门提出的有关卫生要求进行消杀处理。

（4）传染病病犯、病原携带或疑似传染病犯，在治愈或者排除传染病嫌疑前，不得从事易使该传染病扩散的工种。

（5）加强对传染病犯相关疾病知识的宣传，稳定罪犯思想情绪，教育和鼓励病犯增强抗病信心，自觉服从管理，积极配合治疗，防止交叉感染。

（6）要建立健全传染病犯登记、统计、报告制度，发现确诊或疑似传染病犯必须在法定的时限内（甲类要在 12 小时内，乙类要在 24 小时内）报告当地卫生防疫部门和省监狱管理局。

（四）罪犯体检管理

对罪犯体检管理，应按以下要求组织实施：

（1）罪犯体检由医疗部门负责实施。分为新入监体检和健康普查。新入监体检在入监时完成；健康普查每年一次，在春季进行。对从事生活卫生服务的罪犯每半年进行一次健康检查。

（2）体检项目包括一般物理检查、X 线检查、血常规、血型和肝功能检查。监狱配合当地疾病控制中心对新入监罪犯百分之百地进行 HIV 抗体筛查。

（3）监狱医院警察对罪犯进行体检，并对体检结果签字、负责。对新入监罪犯体检结果不符合收押条件的，应暂不收监。

（4）罪犯体检后，立即造册、登记，客观、准确填写体检表并存入健康档案。建立健全罪犯健康档案管理制度，健康档案应设专柜保存，由专门警察直接管理。罪犯刑满释放后，健康档案归入罪犯档案统一保管。

（5）体检结果作为罪犯健康状况、工种调换、伤残鉴定等的依据。体检中发现的传染病犯应立即隔离治疗，防止传染病蔓延和扩散。

（五）罪犯就医管理

罪犯享有合法的健康权，监区或分监区警察应经常注意观察罪犯的健康状况，确保罪犯有病能够得到及时诊治。对罪犯就医，监狱应按以下要求进行管理：

（1）罪犯就医，由监区或分监区警察带领，确保就诊秩序。病犯要听从监狱医生指导，服从管理，不得无理取闹、指名要药、索要病假条和病号饭条；要遵从医嘱，配合治疗。

（2）病犯在住院期间，分监区警察要从生活和精神上给以关怀，促使病犯早日康复。

（3）病犯因病情需要手术、输血等有风险诊疗时，应视病情由本人或所在监区主要领导签字同意。因病情需要罪犯家属签字的，应通知其家属签字。

（4）对重病犯应及时下达病重通知书。有生命危险时，立即下达病危通知书，病危通知书一式四份，医疗部门、分监区、狱政科、罪犯亲属各保存

一份，由狱政科通知罪犯亲属。

（六）药品管理

监狱医院和卫生所要严格执行国家有关剧毒、麻醉及精神类药品的管理规定，根据实际情况制定和落实药品计划、审批、采购、保管、发放、盘点、交接、核对和检查等制度。严格按照规定实行药品招标采购，把好质量关、数量关、价格关和卫生关，不准采购假冒伪劣药品。同时要做到：

（1）药房保持室内通风、干燥，有防水、防火、防盗、防蛀、防鼠等设施和措施。

（2）药品按剂型、用途，分类定位存放；每月清查、盘点一次。对失效药品按有关规定及时处理。剧毒、麻醉及一类精神类的特管药品要设置专柜，由医务警察建立专簿登记，专人负责保管。

（3）处方必须由具有处方权的警察医生开具，毒、麻及精神类特管药品须由院（所）负责人签字。

（4）严格执行抗菌药物使用指导原则，实行抗生素分级管理，减少药品浪费和耐药性的产生。

（5）门诊药品处方量，一般疾病不超3日量，慢性病不超7日量。特管药品（毒、麻、限剂药）使用专用处方，仅限一次量，在医务警察直接管理下使用。

（6）监区或分监区应配备专用药箱，建立药品服药登记本，警察直接管理。门诊药品由监区或分监区警察依据处方在药房领取口服药品及外用药品，并依据处方要求按时按量发放、登记，监督病犯服药入口。不得让罪犯私藏、私用药品，预防事故发生。

三、劳动保护

监狱应认真贯彻落实《劳动法》为参加生产劳动的罪犯提供劳动保护。根据不同行业制定本监狱罪犯劳动保护管理办法。

劳动保护包括劳保设施、劳保用品和生活补贴。劳保设施由监狱（所）根据生产现场环境统一设置，劳保用品和生活补贴按照工种需要，依据有关规定直接发放给罪犯。保证生产劳动时穿着符合监管、生产安全要求的防护用品，严禁囚服代替工作服。同时还要做到：

（1）劳保用品由监狱发放到监区或分监区，监区或分监区再发放给罪犯。要指定警察专人管理，建立健全账目，规范管理，不得克扣、挤占、挪用。

（2）严禁罪犯从事有害身体健康的劳动，确保劳动场所符合国家和行业规定的健康标准。加强对相关职业病防治知识的宣传教育，提高罪犯的自我防护意识，特别是抓好岗前培训。

（3）禁止安排有职业禁忌的罪犯从事所禁忌的劳动。

（4）合理安排罪犯作息时间，严禁罪犯超时、超体力劳动，保证罪犯有充足的休息。

（5）发现患有职业病的罪犯，要及时采取措施，适时调换工种，并按国家有关规定给予相应处遇。

（6）根据国家有关规定，在矿山、冶炼、化工等单位应配备专业人员负责工业卫生，在监狱医院内设置防治职业病的科（室）。

（7）严禁组织罪犯到不具备安全生产条件和不能保证监管安全的场所从事外役劳动和输出劳务。严禁罪犯从事易燃、易爆、有毒、有害危险品的生产、加工。

（8）根据不同季节和行业，落实防暑降温、防寒保暖和职业病的防护措施。

罪犯的医疗保健是他们在处遇管理中的一个重要内容，也是生命权和健康权在服刑中的基本体现。监狱要通过防治疾病、劳动保护开展正常的生产劳动，在劳动中，他们的劳动保护与社会企业的职工劳动保护的内容是一致的。对从事生产的罪犯，要依照国家的有关规定做好劳动保健用品、食品的管理与发放。对患有职业病及因工致伤的罪犯，监狱要组织生产、医院、质检等部门进行检查，做出鉴定书，根据国家的有关规定给予相应的处理。

现阶段，我国医疗保险改革的今天，监狱的主管部门应该考虑罪犯在服刑期间的医疗保险，使这个"特殊的人群"也纳入社会的大家庭之中。即把罪犯参与、享受"以城乡流动的农民工为重点积极做好基本的医疗保险关系转移接续"的社会医疗保险改革，在罪犯的实际服刑地方进行异地就医结算服务。具体操作是罪犯继续享受在入监以前的医疗保险，监狱只负担劳保医疗这部分，对家庭经济确实困难的在入监前没有入医疗保险的罪犯给予适当补助。这样既可以把监狱从繁重的意外事故、经济赔偿的纠纷中解脱出来，也可以减轻监狱的经济负担，同时，也是罪犯人权的体现。

【注意事项】
在罪犯医疗管理，尤其要特别注意的是对伪病的鉴别与处理。
一、伪病的目的
罪犯实施伪病的目的，主要就是为了逃避劳动生产、陷害其他罪犯、陷害监狱警察、骗取保外就医、甚至实施脱逃行为等。实践中，可以将伪病的种类归纳为以下几类：

1. 暂短性伪病和长期性伪病。暂短性伪病如罪犯为了逃避劳动装头痛、胃痛等病状，长期性伪病如装间歇性癫痫病和肢体瘫痪等。

2. 精神病类伪病和生理病类伪病。精神病类伪病如装疯卖傻、神志不清等症状，生理病类伪病如装头痛、腿痛、半身不遂、全身瘫痪等。

二、对伪病的鉴别

在实际工作中，危害最大的是伪装"精神病"、"肢体瘫痪"。因为装这种病的罪犯大都具有长期的抗改造和逃避刑罚惩罚的目的和心理准备，是监狱警察工作的重点。这需要监狱警察多与医疗部门的人员交流、沟通探讨找出病因。伪病的表现复杂多样，但是通过医疗和监狱管理部门密切配合，是可以鉴别出来的。通常的鉴别方法有：①观察法。通过对伪病罪犯的行动、表情、言行进行观察，发现破绽。②对比法。通过对伪病罪犯的"症状"观察之后，与医疗人员联系，对比医学理论、实际病例发现与之相悖的特征。③监视法。利用同监舍的罪犯监视或者在安装有特殊监控的病房进行监视，利用录像发现破绽。

三、对伪病的处理

由于伪病的形式多样，所以对各种伪病处理的方法不同，可以区别以下几种情况处理：

（1）对于短期想逃避劳动的进行批评教育，扣其考核分，取消本年度的评优资格。

（2）对"精神病"和"肢体瘫痪"的伪病罪犯，一经科学认定，应给予严肃处理，决不姑息迁就，对于伪病情节严重、手段恶劣的，依法给予警告、记过、禁闭，构成犯罪的要依法追究其刑事责任。

（3）对于长期伪病的罪犯，由于其身体和心理都有一定的病态，"志残"和"身残"是交错的，这在工作中是最难处理的，需要进行耐心细致的教育疏导，进行心理矫治等一系列工作，并给予积极的医疗治理。

总之，对伪病的处理，既要听取医疗部门的意见，又要符合监狱安全的需要。在深挖其伪病原因的基础上，对症下药，科学医治，使他们早日身心健康，接受改造。

【范例分析 36】

[范例] 2001 年 7 月上旬的一天,在某监狱四监区服刑改造(该监区近两年的任务主要是建筑新监舍)的罪犯袁某突然左腿红肿、腿痛不能出工,经监狱医院诊断是被蚊子咬了后用手抓挠感染所致,治疗 7 天后已经痊愈,医生建议再休息 3 天后出工。可是,到了第三天,袁某的右腿也同样出现了和左腿一样的情况,经过十多天治疗后右腿也痊愈。可是没几天,该犯左腿又在不同的部位出现同样的情况。分监区警察认为此事很蹊跷,在治疗的同时也在观察袁某,发现该犯在监狱医院病情恢复得很快,出院之后回监舍感染的程度加大。分监区决定让同宿舍的罪犯许某,在伺候袁某时一定要仔细观察、监视。结果时间不长,许某发现袁某偷偷用床下藏的水泥(硅酸盐)涂擦患处。经警察调查发现罪犯袁某,是因为天热不愿意参加劳动,就用大头针扎破腿部将水泥涂到患部导致的腿部红肿,这样"诈病"的原因和结果不得而知。

[分析] 在本案中可以看出,罪犯袁某的"诈病"是由于惧怕天热,不愿意参加劳动所造成的。罪犯将施工用的水泥偷偷带回监舍,这证明在出、收工时警察的检查不细,没有问清水泥的用途。在近一个月的卫生检查与安全检查中没有发现任何破绽,而在袁某的病情多次反复发作时才引起警察注意,在工作中存在着被动地去解决问题的态度。

 【情境训练 36】

[案例] 在某监狱服刑的罪犯孙某在入监 3 年之后,由于卫生习惯不好身上感染了疥疮,时间不长同监舍的两名罪犯也发现了有疥疮。作为监区的管教警察,在积极配合医生治疗的同时你认为还应该怎样做?

 拓展阅读

1. 司法部、卫生部《关于做好监狱卫生工作有关问题的通知》(司发通[1995] 71 号)。

2. 国务院《突发公共卫生事件应急条例》(2003 年 5 月 9 日实施)。

【学习情境18】 会见管理

学习情境18.1 普通会见管理

知识储备

一、罪犯会见的意义

《监狱法》第48条规定："罪犯在服刑期间，按照规定，可以会见亲属、监护人。"罪犯的会见，是指依照法律规定，监狱安排服刑罪犯与亲属、监护人及律师的会面的管理制度。

罪犯在服刑期间与亲属、监护人和律师的会见，是罪犯享有的合法权利之一，是监狱保障罪犯合法权益的主要内容，也是保障罪犯亲属、监护人权益的体现；会见制度的实施，维系着监狱、在押罪犯和罪犯亲属与监护人三方的积极共建关系，对促进罪犯的安心改造、亲情感化和针对性的矫正教育措施的实施，具有重要意义。

（一）有利于罪犯安心改造

罪犯虽然被限制了自由，但依然会有社会化的需求和社会归属的愿望。在罪犯的社会关系中，亲属与罪犯虽隔着围墙，却隔不断彼此的相互依赖和需要。通过会见，罪犯与亲属能在一个相对私密的空间里共同反思犯罪的诱因和危害，通过亲情的纽带传递善恶理念，表达亲属对罪犯改造的支持和悔过自新的期盼，从而促使罪犯端正服刑态度，安心改造；通过会见，缓解了罪犯监狱生活的紧张感，平复内心的渴望和焦灼，激发生活的信心和勇气，促使罪犯改过自新。

（二）有利于发挥亲情帮教的作用

罪犯的身份和其所处的环境使其内心深处更加需要亲情的关爱。受到刑罚的恐惧心理、对陌生环境的不适应、与其他罪犯缺乏交流、与管理者之间的对立、排斥等因素加剧了其对家中亲人的渴望，迫切期望来自亲情的关心和抚慰。在服刑过程中，遇到不顺心、不如意时，改造出现波折时或是改造取得成绩时，最想有亲人与其分担或分享，通过与亲人倾诉、摆谈，家人的帮助和鼓励使其心理压力得到释缓、继续努力改造信心得到坚定。

（三）掌握更多的直接性信息，采取针对性矫正措施

监狱可以利用会见的机会，与罪犯家庭建立必要的联系，互通信息，了解罪犯在社会上的社会关系、生活和工作状况，性格及为人处世的情况，建立起以教育改造好犯人为主要目的的教育联盟，对于罪犯在监狱发生的问题能及时排查信息，找到对应的方法和策略，建立和谐的教育改造氛围。

二、会见的形式

会见由于区分的标准不一样，其分类也各异。常见分类有以下几种

（1）按照会见对象划分，可分为亲属、监护人会见和律师会见。

（2）按照会见的地点划分，可分为狱内会见和狱外会见。狱内会见根据罪犯的处遇级别，分为从优、普通和从严会见。其中，普通会见室指会见室会见；从优会见又有亲情共餐、与配偶团聚等特别形式。狱外会见主要是指特许离监。

（3）按照会见与处遇级别对应的原则，可分为从优会见、普通会见和从严会见。

本教材采用的第二种分类方式，列举了目前在监狱会见存在的四种形式。

三、律师会见的管理

（一）律师会见的事由

有下列情形时，律师可以会见在押罪犯：①在刑事诉讼程序中，接受在押罪犯委托或者人民法院的指定，提供法律咨询，担任辩护人或者代理人的；②在民事、行政诉讼程序中，接受在押罪犯委托，担任代理人的；③接受在押罪犯委托，代理调解、仲裁的；④其他需要会见在押罪犯的情形。

（二）律师会见的申请

律师需要会见在押罪犯，可以传真、邮寄或者直接提交的方式，向罪犯所在监狱提交下列材料的复印件：①授权委托书（不需要授权委托的，提供相关证明）；②律师执业证；③律师事务所出具的律师会见在押罪犯的信函。

对有律师辅助人员或者翻译人员参加会见的，律师应当向监狱提交其工作证件或者身份证件的复印件。

（三）会见资格的审查

监狱收到律师提交的申请后，根据法定的会见事由，应当在48小时内安排会见。

对于涉及国家秘密或者重大、复杂案件的在押罪犯，由监狱作出批准会见或者不批准会见的决定。

监狱应当在作出批准决定后48小时内安排会见。

（四）会见的流程

1. 审验证件。律师会见在押罪犯时，应当向监狱出示授权委托书（不需要授权委托的，提供相关证明）、律师执业证、律师事务所出具的律师会见在押罪犯的信函的原件。监狱在验明复印件、原件相符后，应当按照规定安排会见，并告知会见管理的有关规定。

2. 会见场所，人数的规定。律师会见在押罪犯，一律在监狱内的会见场所进行。监狱应当为律师会见在押罪犯提供方便。律师会见在押罪犯，一般应由 2 名律师参加，也可以由 1 名律师带 1 名律师辅助人员参加。

3. 会见现场的监管。监狱安排律师会见在押罪犯，可以根据案件情况和工作需要决定是否派员在场。

监狱人民警察发现律师在会见在押罪犯过程中，有违反会见规定的，应当向其提出警告；警告无效的，应当中止会见。

监狱可以向律师所在律师事务所的主管司法行政机关或者律师协会反映其违规表现。

四、外籍罪犯会见的管理

外国籍罪犯经批准可以与所属国驻华使、领馆外交、领事官员，亲属或者监护人会见、通讯。

（一）会见的申请

首次会见时，不同的会见人，有不同的申请程序。

（1）外交、领事官员要求会见正在服刑的本国公民，应当向省、自治区、直辖市监狱管理局提出书面申请。申请应当说明：驻华使、领馆名称，参与会见的人数、姓名及职务，会见人的证件名称、证件号码，被会见人的姓名、罪名、刑期、服刑地点，申请会见的日期，会见所用语言。

（2）外国籍罪犯的非中国籍亲属或者监护人首次要求会见的，应当通过驻华使、领馆向省、自治区、直辖市监狱管理局提出书面申请。申请应当说明：亲属或者监护人的姓名和身份证件名称、证件号码，与被会见人的关系，被会见人的姓名、罪名、刑期、服刑地点，申请会见的日期，会见所用语言，并应同时提交与被会见人关系的证明材料。

（3）外国籍罪犯的中国籍亲属或者监护人首次要求会见的，应当向省、自治区、直辖市监狱管理局提出书面申请，同时提交本人身份和与被会见人关系的证明材料。

外国籍罪犯的亲属或者监护人再次要求会见的，可以直接向监狱提出申请。

（二）会见的答复

对不同的申请会见人，答复有所不同。

（1）省、自治区、直辖市监狱管理局收到外交、领事官员要求会见的书面申请后，应当在5个工作日内作出准予或者不准予会见的决定，并书面答复。准予会见的，应当在答复中确认：收到申请的时间，被会见人的姓名、服刑地点，会见人的人数及其姓名，会见的时间、地点安排，并告知应当携带的证件。

外国籍罪犯拒绝与外交、领事官员会见的，应当由本人写出书面声明，由省、自治区、直辖市监狱管理局通知驻华使、领馆，并附书面声明复印件。通知及附件同时抄送地方外事办公室备案。

（2）省、自治区、直辖市监狱管理局收到外国籍罪犯的亲属或者监护人首次要求会见的书面申请后，应当在5个工作日内作出准予或者不准予会见的决定，并书面答复。准予会见的，应当在答复中确认：会见人和被会见人的姓名，会见的时间、地点安排，并告知应当携带的证件。

外国籍罪犯的亲属或者监护人再次要求会见，直接向监狱提出申请的，监狱应当在2个工作日内予以答复。

（三）会见的安排

1. 会见的人数。外交、领事官员会见正在服刑的本国公民，一般每月可以安排1~2次，每次前来会见的人员一般不超过3人。要求增加会见次数或者人数的，应当提出书面申请，省、自治区、直辖市监狱管理局可以酌情安排。

2. 会见的次数。亲属或者监护人会见外国籍罪犯，一般每月可以安排1~2次，每次前来会见的人员一般不超过3人。要求增加会见次数或者人数的，监狱可以酌情安排。

3. 会见的时间。每次会见的时间不超过1小时。要求延时的，经监狱批准，可以适当延长。

4. 会见的地点。会见人应当按照省、自治区、直辖市监狱管理局或者监狱的安排到监狱会见。会见一般安排在监狱会见室。

（四）会见的监控

会见开始前，监狱警察应当向会见人通报被会见人近期的服刑情况和健康状况，告知会见有关事项。

会见时应当遵守中国籍罪犯会见的有关规定。会见可以使用本国语言，也可以使用中国语言。监狱应当安排监狱警察陪同会见。

会见人和被会见人需要相互转交信件、物品，应当提前向监狱申明，并按规定将信件、物品提交检查，经批准后方可交会见人或者被会见人。

会见人向被会见人提供药品，应当同时提供中文或者英文药品使用说明，经审查后，由监狱转交被会见人。

会见人或者被会见人违反会见规定，经警告无效的，监狱可以中止会见。

【工作要点】

罪犯的普通会见管理，是指监狱安排符合会见要求的会见人与罪犯在监狱的会见室进行会见，并对会见过程进行监督和物品检查的一系列管理活动。监狱警察对申请会见的，应按以下要求办理：

一、审核会见人身份

罪犯会见的对象包括罪犯的亲属或者监护人。亲属包括配偶、直系血亲、三代以内的旁系血亲和姻亲，具体是指配偶、子女、孙子女、父母、岳父母、祖父母、外祖父母、伯父母、姨父母、自己的兄弟姐妹及其配偶。其他亲属或他人，监狱认为对罪犯改造有帮助的，经监狱主管领导批准，也可会见。

会见登记处警察在接待罪犯会见时首先要审核会见人员的身份、证件，确认会见人员有无会见资格，会见人员提供的信息是否真实可靠。申请会见的人应提供以下身份证明：

（1）会见人是罪犯入监登记时填写的亲属或监护人。

（2）监管改造信息系统无记录但会见人持有与罪犯亲属关系的有效证明。

（3）会见人的身份证件有效，人、证相符。

二、审核会见次数和人数

罪犯会见亲属一般规定每月 1 次，每次会见的亲属不超过 3 人，每次会见不超过 1 小时。另外，监狱在执行会见时，也可以根据罪犯的处遇级别的不同，在会见次数上采用区别对待的方式。

在进行审核时，会见登记处的警察根据罪犯的处遇级别审验罪犯的会见次数：宽管级罪犯当月会见不能超过 3 次；普管级罪犯当月会见不能超过 2 次；考察级罪犯当月会见不能超过 1 次。

三、告知会见人会见要求，进行安全检查

对探视罪犯的人员，要告知其必须履行的义务。采用口头和书面的形式，告知会见的流程、规则、要求和注意事项。

会见前，要对会见人进行安全检查，严禁携带武器弹药、易燃易爆物、刀具刃具、摄录器材等违禁品、违禁品进入会见室。携带的手机等违禁品，

应存入个人物品存放柜或暂交会见室工作人员保管。安全检查合格后，可以到会见室候见。

四、接收物品

会见现场执勤警察根据会见管理规定的范围，对亲属交送的物品严格进行检查、清点，同意接收的在《罪犯亲属会见顾送物品登记表》上进行登记并予以接收，不同意接收的一律退回罪犯家属。

五、带入罪犯

在亲属或监护人取得会见资格后，会见室立即通知罪犯所在监区，带罪犯进行会见。罪犯所在监区的干警在接到会见通知后，应尽快将罪犯带至会见室。会见时，罪犯一律着囚服。为了安全，可执行"一带一"的责任制度。

六、监督管理会见现场

罪犯会见时，在会见现场要有会见室1名警察、监区1名直管警察共同管理。会见时会见双方不能使用隐语、外国语交谈。少数民族罪犯可以使用本民族语言。

会见时，要做好监听工作，监听以人工监听方式为主，有条件的单位可辅之以数码录音监听等方式，采用数码录音监听的应当在当日内对监听内容进行处理。监听是为了掌握会见的谈话内容，及时捕捉可能影响罪犯改造的不良信息及罪犯的思想动态。监听中发现使用暗语、隐语，泄露监狱秘密以及妨碍罪犯改造内容的，应予中止会见，并可视情节在1～3月内暂停会见。制止无效的，应终止会见。

七、处置结束事宜

会见室执勤警察将亲属顾送的物品移交给罪犯所在监区；监区直管警察应及时将罪犯带回监区，并要做好会见监听记录，填写《值班日志》。

【注意事项】

一、认真做好普通会见的审批工作

对符合规定的会见人员，在首次会见时，要持有村委会、居委会或派出所对其亲属关系的有效证明以及身份证或户口簿，由监狱警察审核，核对会见人的身份及其与罪犯之间的关系，核实其会见身份和资格后，办理会见人的会见证（卡），会见人持证卡进入会见室会见。

会见人再次会见罪犯时，会见室只需要检查会见证（卡）、身份证，核对会见人的合法会见身份后，即可办理会见手续。

二、注意把握会见人数、时间、次数和地点的规定

罪犯会见亲属每月 1 次，每次会见时间不超过 1 小时（特殊情况经监狱领导批准，可以适当延长），每次会见的亲属不超过 3 人，罪犯的普通会见必须在会见室进行。

另外，监狱在执行会见时，也可以根据罪犯的处遇级别的不同，采用区别对待的方式。

三、认真做好会见物品的检查工作

罪犯亲属会见时，可以带少量的日常生活、学习用品和现金给罪犯，会见室警察应对所送物品严格检查。日常生活、学习用品经检查后交给罪犯本人；带给罪犯的现金，由会见室登记，存入罪犯个人账户，并开具三联单（一联交罪犯亲属，一联交罪犯，一联存查）。

罪犯亲属因罪犯治病需要，也可以携带适量药品。药品经会见室登记和监狱医务人员查验后，转交监区或分监区警察代为保管，供罪犯专用。

四、预先做好罪犯会见前的沟通工作

为了保证会见安全，在会见前，监狱警察应通过沟通的方式，与罪犯的会见人交流，了解更多的信息。特别要关注那些情绪波动较大的罪犯、新收犯、受奖惩的罪犯、家庭变故的罪犯、以往通讯会见中出现问题的罪犯，提前预防可能会发生的变故或意外，采取主动的防御手段，防患于未然；或者了解罪犯家中的良性信息和情况，引导罪犯亲属配合监狱做好帮教工作。

五、加强对会见现场违纪行为的监督管理

罪犯会见时，有下列情形之一的，中止会见，并可以视情节在 1 至 3 个月内暂停会见：

（1）使用隐语、暗语或外语（外国籍罪犯除外）交谈的。

（2）谈论有碍监管安全或罪犯改造内容的。

（3）擅自将通讯工具带入会见场所的。

（4）有照相、录像、录音行为的。

（5）私自传递手机、毒品、现金、信件等违禁物品的。

（6）有其他违反会见管理规定情形的。

 【范例分析 37】

[范例] 范某，由于在行窃中被发现，与人扭打，导致伤害他人身体致残，被判处有期徒刑 12 年，近日被收监，关押在入监教育监区。其家中有一

年迈养父，养父是在他5岁时将他从孤儿院收养，养父一生未婚。范某的妻子经营一间杂店维生，女儿已经就读小学三年级。

范某性格软弱、胆小怕事，入狱后表现消极，多次在其他服刑人员面前表现出轻生的心态。在范某与其家属的通信中，管教警察发现范某与养父的关系深厚，其在给养父的信里多次表示，未能在身前尽孝，是一大罪孽。从养父回信中，管教警察得知范某养父将在近日来监狱会见罪犯，并在信中询问范某可否知道如何办理会见手续，好提前做好准备。

管教警察获知这个情况之后，及时和范某谈话，告诉他，给养父及时回信，交代好养父要携带如下证件：派出所出具的亲属关系证明、户口本或身份证。同时，不要带奢侈品，简单的生活必需品，可以携带，如果路途远，也可以在监狱的超市购买。范某按照管教警察的交代给养父回了信，心中对能见到养父很是期待。

在一个会见日，接到会见室的通知，叫迅速带范某会见其养父。管教警察在路上帮助范某整理整齐囚服，嘱托范某要表现好一些，要让老人放心。

在会见室等待区，管教简单和会见室的警察交代了下，自己先找到范某的养父，询问了家中的情形，当得知老人此行来还有一个问题要告知范某，那就是，范某的老婆已经在几日前携女儿离开了自己的家，并有离开范某之意。管教警察听到这个情况后，和老人进行了一次沟通，告知老人范某的情绪尚未稳定，如若知道这项变故，会有潜在的危险，给安抚工作带来困难，请求老人配合监狱隐瞒这个事实，多安慰其情绪，鼓励其尽早适应改造生活。待范某安心改造后，由管教警察委婉地转告他。老人也担心儿子出现意外，遂一口答应。

在会见中，管教警察一直在罪犯身后密切关注着他们的一举一动，会见室的监听人员也做好认真的监听和记录。会见中老人和范某的情绪都很激动，老人在失控的情形下，流露出想告诉罪犯家中变故的苗头，在管教警察的示意下，很快转移了话题，1个小时的会见，顺利过去。

临行时，老人将一包裹交给管教警察。管教警察对其中的物品进行了详细的检查，将收音机要老人带回，将内衣、方便面留下，交给罪犯带回监舍。

管教警察将范某的这次会见详细地做了记录，并交代其他警察，在对待范某的语言和行为上多留心和关注，帮助其顺利度过适应监狱生活的最初时期。

[分析] 这个案例反映了监狱里最常见的会见的全过程的管理内容，从办理会见手续、会见前的沟通环节、会见现场的监督、给罪犯携带物品的检查、

记录等环节上，都体现了会见制度的要求。正是由于各个环节操作的规范性和合理性，才使该会见过程不但能圆满完成，而且还发挥了会见的能动性，帮助罪犯顺利地克服了入监初期不适应的情况。所以，一次成功的会见，能稳定罪犯情绪，帮助罪犯树立改造信心。

【情境训练37】

[案例1] 李某已入监3个月，前两天收到妻子的来信，说过两天带着他的父母和孩子到监狱来看他，并问他需要带什么东西。会见当天，李某妻子一行4人来到监狱的会见室办理会见手续。李某妻子在办理好登记手续后，进入候见室候见。一会儿李某带到，会见室值班警察通知李某妻子进入会见室。李某妻子将一袋子物品交给值班警察，要求其转交给李某。

如果你是会见登记处的警察，你如何处置会见人数超员的情况？如果你是会见现场的值班警察，你如何处置李某妻子转交的袋子中的物品？

[案例2] 王某入监狱后一直情绪不稳，多次流露出自杀念头，监狱对其实行一级严管。王某母亲是本地一小学的教师，她给监狱写了一封信，期望自己能会见王某，她要劝说儿子放弃自杀念头，安抚儿子情绪，嘱咐他安心改造。

如果你是王某的主管警察，如何处置王某母亲的请求？

学习情境18.2　特别会见管理

知识储备

一、级别处遇下罪犯会见的实现方式

实行罪犯处遇级别下的会见管理方式，是激励罪犯教育改造的一种手段和方法。将会见的内容融于罪犯处遇管理中，有利于营造罪犯改造的良好氛围，促进和谐。与级别处遇相关系的罪犯会见方式是亲情共餐、特优会见和特许离监。

二、关于罪犯特优会见、亲情共餐的有关规定

1. 某省在监狱罪犯特优会见管理中，将分级处遇、行政考核结果与罪犯特优会见挂钩，选定特优会见罪犯。凡符合下列条件之一的，可批准与配偶或直系亲属特优会见：①被评为改造积极分子，且分级处遇在一级宽管的；②进入二级宽管半年以上，计分考核连续3个月未被扣改造分的；③在改造或生产中有悔改或立功表现且进入普管级1年以上的；④因改造需要经监狱批准的。

符合特优会见条件，经罪犯及其亲属申请，每月可安排1次，会见时间可延长至24小时。

罪犯与配偶一方患有传染性疾病的，或《结婚证》等证明材料不全，或有其他不能特优会见的情形，监狱应拒绝安排特优会见。

2. 凡符合下列条件之一的罪犯，可批准与亲属共餐：①符合特优会见条件的；②被评为改造积极分子、监狱表扬，或受到立功奖励的；③进入一级宽管或进入二级宽管3个月以上的；④在改造或生产中表现突出的普管级罪犯，计分考核连续3个月未被扣改造分的。

3. 会见费用收取。监狱安排罪犯与配偶同居、与亲属共餐，可适当收取费用，但要低于社会同等条件的收费标准，并要经当地物价部门核准，不得以盈利为目的。收取的费用，单独建账，主要用于改善罪犯学习、生活等条件。

三、高科技手段在会见中的运用

近年来，为了方便罪犯亲属的会见，很多监狱安装了罪犯会见刷卡系统，改变了过去由监狱警察审查接见人资格的做法，由计算机对服刑人员亲属接见资格进行识别和审查。同时，亲属所持有的会见卡还与狱内公开查询机配套使用，使亲属在候见时，可以随时查询和了解罪犯的情况。另外，该系统还与监狱罪犯管教系统联网，罪犯亲属接见款可在监狱候见室同步办理，计算机打印出收据，钱款立刻进入罪犯个人账户，减轻了罪犯亲属的负担。这套会见——狱务——管理一卡通的系统给罪犯及其亲属带来了切实的利益和方便，最大限度地防止由于人为审查不严、徇私舞弊等因素造成管理上的漏洞，对进一步规范罪犯亲属接见起到积极的作用。实行刷卡系统是监狱在狱政管理上的一项新举措，使狱政管理手段更加科学化、现代化。

【工作要点】

根据分押分管的要求，我国在罪犯的会见管理中引入了很多值得推广的策略和办法。其中，把罪犯会见与分级管理结合起来，会见成为罪犯级别处遇的一项基本内容，这更好地体现了区别对待政策，由此而形成了以分级处遇为基础的特别会见的方式。

一、亲情共餐管理

根据罪犯的处遇级别，安排普管级以上的罪犯（涉黑、毒，团伙犯罪的首要分子不准共餐）与亲属共同进餐的会见方式，就是亲情共餐。

（一）确认狱内亲情共餐罪犯的资格

罪犯服刑期间凡处遇级别进入普管级以上的，可允许其与亲属共餐（涉黑、毒，团伙犯罪的首要分子不准共餐）。每月共餐人数不得超过可共餐人数的20%，具体共餐对象可由监区组织罪犯民主推荐。共餐应当由罪犯提出申请，监区或分监区填写《罪犯亲情共餐审批表》，经监区审核并报监狱狱政管理部门审批后，由会见室安排共餐。

二级严管罪犯在服刑期间表现突出或因改造需要，经监狱主管领导批准可奖励其与亲属共餐。

（二）审核会见人身份

同意亲情共餐后，要组织办理会见手续，程序与一般会见相同。会见登记处警察在接待罪犯会见时首先要审核会见人员的身份、证件，确认会见人员有无会见资格，会见人员提供的信息是否真实可靠。

（三）告知会见人会见要求，进行安全检查

采用口头和书面的形式，告知会见的流程、规则、要求和注意事项。会见前，要对会见人进行安全检查；安全检查合格后，可以带到共餐餐厅。

（四）接收物品

会见现场执勤警察根据会见管理规定的范围，对亲属交送的物品严格进行检查、清点，同意接收的在《罪犯亲属会见顾送物品登记表》上进行登记并予以接收，不同意接收的一律退回罪犯家属，违禁品予以没收。

（五）带入罪犯

在亲属或监护人取得共餐资格后，会见室立即通知罪犯所在监区，带罪犯到餐厅共餐。

（六）管理共餐现场

共餐的全部过程必须有警察现场监督。在共餐地点，会见双方应严格遵守共餐规定，确保安全共餐。共餐现场不得饮酒；严禁录音、录像和拍照。管理警察应严格监督共餐双方的言行，要求亲属在共餐时不得向罪犯传递不良信息或不利于罪犯改造的言论，严禁向罪犯传递现金等违禁物品等，一经发现，要立即停止共餐。如若在共餐过程中发现情绪反常或有危及安全行为的，应立即采取措施，妥善处理。可视情节在1～6个月内不予安排共餐。

（七）处置结束事宜

共餐结束后，对罪犯进行身体检查，带回监狱；转交物品和做好记录。

二、管理特优会见

特优会见是指监狱给符合特优会见条件的罪犯，提供相对封闭的会见场所，与配偶和监护人团聚同居的一种会见方式。特优会见的对象为罪犯配偶和未成年犯的监护人。

（一）确认特优会见罪犯的资格和会见信息

宽管级别以上的罪犯，每季度可团聚1次，时间一般不超过24小时，特殊情况经监狱主要领导批准后可延长至48小时。有特优会见要求的罪犯本人或罪犯亲属，向监狱提出特优会见的书面申请，经监狱狱政管理部门审查后，报监狱分管领导批准。

（二）审核特优会见亲属的资格

罪犯配偶来监特优会见，应当持以下证明：结婚证（或当地民政部门出具的婚姻证明）、身份证、绝（节）育证明和近期健康检查证。履行会见手续方可会见。

罪犯的监护人特优会见，持以下证明：本人与罪犯监护关系形成的法定证明、身份证、健康检查证，履行会见手续后会见。

（三）安全检查

对将带入的罪犯亲属进行安全检查（女性亲属由女警察负责检查），然后由监狱人民警察亲自送罪犯亲属进入特优会见室。

（四）带入罪犯

会见时，要求罪犯统一换穿专用囚服，进行搜身检查带入特有会见室。

（五）监督管理特优会见室

会见时，双方不得在监内擅自活动；进出会见室时均要进行安全检查；不得串换房间，大声喧哗，保持卫生。

监狱警察对同居室实行24小时值班制度，发现罪犯及其会见人情绪反常或其他可能危及安全的情况，要立即将双方分离，妥善处理。

（六）处置特优会见的其他事宜

特优会见收费标准应当实行成本价，并经当地物价部门核准，财务单独建账，不得挪作他用。罪犯家庭经济确有困难的，特优会见时可以酌情减免费用。

三、特许离监管理

特许离监，是指监狱对于符合一定条件的罪犯，在罪犯的家中发生急难之事、确需本人回去处理时，特许暂时离开监狱回家看望或处理的人道主义措施。从会见的角度看，这种会见是在监狱外进行的。

（一）审核申请

狱政管理部门对罪犯的直系亲属、原户籍所在地政府部门提交的离监申请报告、证明等资料进行审核。对资料齐全的，交罪犯所在监区办理。

（二）审批

监区对上报的《罪犯特许离监探亲审批表》（一式三份）和罪犯副档进行严格复核后，报分管狱政管理工作监狱领导审核、监狱长批准。对列为重点管理罪犯的特许离监，须报省、自治区、直辖市监狱管理局批准。

（三）通知家属，签订担保

经审批同意的，狱政部门分管警察要及时通知罪犯直系亲属（担保人）携带有效身份证明在指定日期来监办理特许离监手续。办理时，首先查验担保人的身份证明，确保担保人符合担保条件，并制作《罪犯离监探亲担保书》，由担保人在"担保人"一栏签名、按指模（右手食指）；由罪犯在《罪犯离监探亲担保书》"被担保人"一栏签名、按指模（右手食指）。

（四）做好登记，办理离监证明

将罪犯特许离监情况记录下来，并打印《罪犯特许离监探亲证明书》。

（五）个别教育

对特许离监的罪犯进行守法和探亲纪律教育，要求罪犯遵守纪律。同时，发放《罪犯特许离监探亲证明书》。

（六）押解

对特许离监的罪犯，监狱应派人押解到目的地。押解应遵循以下要求：

（1）由2名以上警察负责押解，罪犯全程加戴戒具。

（2）到达罪犯特许离监探亲目的地后或有必要时，及时用电话向狱政管理科领导报告押解情况。

（3）罪犯特许离监探亲的时间为1天，如当天不能返回监狱，晚上必须将罪犯羁押在当地监狱或看守所。

（七）回监报告

根据监门和监区的报告，立即将特许离监探亲罪犯返回监狱的情况向监狱领导报告，并做好返监登记。

【注意事项】

一、要把握好处遇级别下狱内共餐次数和共餐时间的规定

依据罪犯处遇级别，决定共餐的时间和次数是目前处遇管理的重要内容。监狱在批准共餐次数和时间上要严格把握，不得随意批准超出次数和时间。根据规定，涉黑、毒，团伙犯罪的首要分子不准与亲属共餐。

二、要准确把握好不得特优会见的情形

根据规定，对出现以下情形的，监狱不予批准罪犯特优会见：

（1）罪犯配偶或未成年犯的监护人不愿意特优会见的。

（2）罪犯配偶正提出离婚或与罪犯关系紧张的。

（3）罪犯或其配偶患有性病或有其他传染性疾病不宜特优会见的。

（4）有其他不宜特优会见情形的。

三、严格把握申请特许离监的条件

（1）原判有期徒刑或者已经减为有期徒刑的罪犯。

（2）罪犯家庭确有危难情况，确需本人回家探望或处理。在罪犯服刑期间，罪犯的家庭确实发生配偶、直系亲属或监护人病危、死亡或者发生重大变故，确需罪犯本人回去处理。

（3）县级以上医院出具的病危或死亡证明，及当地村民（居民）委员会和公安派出所签署的意见。

（4）特许离监的去处在监狱所在的省、自治区、直辖市行政区域范围内。

四、正确认识特别会见与普通会见的关系

特别会见情形是相对于普通会见而言的，在执行过程中由于要素实现的程度不一致，而导致它们不同于罪犯普通会见这种方式。

（一）普通会见与亲情共餐的区别

亲情共餐与普通会见都是狱内实现的会见，它们在时间上的安排是一致的，但是它们在会见地点和交流方式上有所不同。

（1）会见的地点不同。普通会见地点是监狱的会见室，亲情共餐是在亲情会见餐厅。

（2）交流的方式不同。普通会见通过语言交流实现会见双方的沟通，亲情共餐是通过聚餐的方式实现探视。

（二）普通会见与特优会见的区别

特优会见与普通会见都是在狱内完成的会见，但是它们存在着以下几点操作的差别。

（1）会见地点不同。普通会见地点是监狱的会见室，特优会见是在监狱

安排的会见专用房间。

（2）会见的时间不同。普通会见一般是 1 个小时，而特优会见为 24 小时，必要时可由监狱主管领导批准，延长为 48 小时。

（3）会见所表达的根本性质有所区别。普通会见是通过语言交流的方式进行，语言是罪犯与家人、社会沟通的主要手段；特优会见更长的会见时间和相对宽松的会见环境，对罪犯的辅助帮教、体现人道主义的管教理念，有着重大宣传意义。

（三）普通会见与特许离监的区别

特许离监和普通会见，虽然都是实现罪犯与家人、社会沟通的一种方式，但是它们之间的区别却很大。

（1）会见地点的不同。普通会见是在监狱内部，而特许离监是在监狱外面。

（2）会见的要求和条件不同。普通会见，在监狱里只要是处遇级别在二级监管以上的，就可以实现会见，而特许离监要经过申请、审批等程序。

（3）会见的监控不同。普通会见在会见时，有值班警察负责现场监督和监听，而特许离监却要随罪犯的活动空间，而跟去跟回。

 【范例分析 38】

［范例］2009 年 6 月 12 日上午，77 岁的蔡老汉只身一人来到省某监狱探望其在十三监区服刑改造的儿子蔡某。当会见室工作人员为其办好了接见手续后，他突然感到头晕、胸闷、脸色蜡黄、大汗淋漓，他急忙给远在农村收麦的小儿子打电话，然后就趴在了候见室内的椅子上，老汉的衣服早已被汗水浸湿。

这一幕恰巧被接待处当值的警察看到，他关切地上前询问，并急忙与监狱医院联系。医生携带着心电图机、血压表和听诊器火速赶到候见室进行救治，确诊蔡老汉系心脏病发作，帮助其服上药物，将其送到监狱职工医院做进一步抢救治疗。

监狱会见室出现的这幕感人的抢救场面，深深感动着在场的众多罪犯家属。监狱警察的爱心行动受到了罪犯家属的交口称赞，他们都说，有这样好的监狱警察来管理教育自己的亲人，他们百分之百地放心。

蔡老汉由于救助及时，从死亡线上被抢救回来。为此，他给救治自己的警官和监狱献上了锦旗和感谢信。

在监狱服刑的蔡某得知这一情况后，当即向监狱领导写信，表示要积极改造、重新做人，要用汗水洗刷灵魂的污垢，用真心改过换来明天的美满幸福，用实际行动报答监狱警察的爱心。

蔡某在狱内，由于牵挂父亲的病情，又由于此次会见没有实现，内心很是焦虑。此时，监狱领导特别考察了蔡某的服刑情况，确认符合特别会见的情形，监狱为他们父子安排了一次在狱中零距离的会见。会见后，负责监督的干警这样记录：蔡某多次向其父保证，自己一定悔过自新，才对得起关心过自己父亲的干警。

[分析] 罪犯的亲情会见，是与罪犯的分级处遇联系起来的，处遇最终表现为奖惩的内容，监狱期望能以奖惩的方式激励罪犯主动积极地接受教育改造。所以，亲情会见的本质还是为了教育罪犯服务的。从它的适用对象的认定、审批程序的规定以及现场管理的内容上，都体现了更好地教育罪犯的原则。

在本案例中，首先揭示了监狱对会见双方文明化的管理方式，在会见资格的审验和候见时提供的服务上，都体现了监狱会见管理的人文化特点。伴随着紧急情况的发生，进一步反映出监狱良好的应急机制。所有这些规范化的管理，使进一步的会见，充满了积极向上和和谐的氛围。

所以，监狱抓住这次契机，通过审核，批准了罪犯与亲属的零距离亲情会见方式，让我们看到了会见现场的感人一幕。罪犯再三向其父和管教干警保证，一定要认真悔罪，积极改造，学会感恩亲情，学会感恩社会，学会回报恩情。因此，亲情会见的方式与普通会见成为会见管理的两大主流方式，配合使用，效果出色。

 【情境训练38】

[案例1] 某天，袁某的妻子一大早就来到了监狱会见登记处，要求和正在该监狱服刑的袁某共餐。如果你是监狱警察，问：

（1）你认为袁某具备什么条件才可以与妻子共餐？

（2）袁某的妻子要具备什么条件才可以与袁某共餐？

（3）如何管理共餐现场？

[案例2] 罪犯张某，因抢劫罪被判有期徒刑6年，在服刑期间，张某认罪服法，表现积极。张某一直有个心愿，他两年前入狱时，正值新婚3个月。自己入狱后，新婚妻子对自己依然不离不弃，鼓励自己积极改造，希望能早

日出狱。张某内心对妻子心怀歉疚和感激，在和管教干警谈心过程中，说出了自己想和妻子团聚一次的想法。管教干警趁机鼓励他积极表现，争取进步，早日进入二级宽管的处遇级别，在此处遇级别的罪犯符合条件时，可以申请特优会见，能和妻子相聚 1 日。现在，经过他的努力，终于可以进入二级宽管处遇级别了，他刚接到通知，就迫不及待地给妻子写了一封信，告知妻子要准备好相关证件，以备可以会见，自己也在等待期间积极做好准备。问：

（1）张某什么时候可以申请特优会见，审批程序是什么？

（2）张某妻子，需要带什么证件，办理会见手续？

（3）进入会见区时，如何进行检查和监控？

【学习情境 19】 通讯管理

学习情境 19.1 通信管理

知识储备

一、罪犯通信管理的意义

通信，是罪犯与外界联系的主要途径，依法与他人通信是罪犯的一项权利。通信的规定，对于保障罪犯合法权益，维护监管秩序，促进罪犯改造有重要意义。

（一）罪犯通信是尊重罪犯人权，保证罪犯合法权益的体现

《监狱法》不但规定了罪犯的通信权，而且对通信次数和内容不加限制，体现了罪犯在服刑期间的通信自由。同时，对来往信件的检查和限制的规定中，又保障了罪犯控告、检举、申诉、合理化建议信件的通信自由，维护了罪犯自身的利益。使罪犯在通信中拥有了足够的权利和尊重。

（二）罪犯通信可以稳定罪犯情绪，维护正常的监管秩序

罪犯的通信，将罪犯被孤立在社会之外的挫折感减弱，缓解在监狱内的情感欠缺、情绪失常和周期性抑郁等情绪，对增进感情、沟通信息、维护正常的人际关系，都会有所促进。

（三）罪犯通信可以促进社会和谐共建，有利于提高矫治成效

通过罪犯的来往信件，将罪犯的心路历程置于监狱、家庭和社会的大背景下，通过信件获得的信息，监狱依靠监管的手段、家庭的帮教和社会的力量，共同对罪犯进行矫治，其成效会事半功倍。

二、外籍罪犯的通信

根据司法部《外国籍罪犯会见通讯规定》的内容，外籍罪犯的通信管理有如下规定：

（一）通信主体

外国籍罪犯，是指经我国人民法院依法判处刑罚，在我国监狱内服刑的外国公民。在监狱内服刑的无国籍罪犯，比照外国籍罪犯执行。

（二）通信范围

外国籍罪犯经批准可以与亲属、监护人或本国驻华使馆、领事馆外交官员通信。与之外的其他人来往的信件，一律不得转递。

（三）通信管理

（1）监狱对外国籍罪犯与所属国驻华使、领馆外交、领事官员的往来信件，应当按照《维也纳领事关系公约》以及我国缔结的双边领事条约的规定，及时转交。

（2）罪犯可以使用本国文字通信。

（3）监狱对外国籍罪犯与亲属或者监护人的往来信件要进行检查。对正常的往来信件，应当及时邮寄转交；对有违反监狱管理规定内容的信件，可以将其退回，同时应当书面或者口头说明理由，并记录备案。

（4）外国籍罪犯的申诉、控告、检举信以及写给监狱的上级机关和司法机关的信件，不受监狱检查。监狱应当及时转交。

（5）外籍罪犯一般每月可以向外发信1～2次。发往境外的信件，必须由监狱人民警察填写《外籍服刑人员通信审批表》，连同所发信件经监狱狱政管理科检查审核后，报监狱管理局狱政管理处审阅批准。

【工作要点】

现代监狱制度中的通讯，是近现代国家狱制改良的产物。行刑社会化的发展趋势下，对服刑人员采取开放式的处遇，允许服刑人员通过通信等方式保持与建立良好的社会关系的做法，已经得到了国际社会普遍的认可。我国的监狱始终遵循人道主义的行刑政策，在几十年的监狱实践中，不断完善通讯制度，《监狱法》的颁布和实施，使罪犯的通讯制度走向了法制化、规范化

的发展轨道。

一、发信的流程

（一）确认准予通信的对象

罪犯在服刑期间可以与他人通信。罪犯在服刑期间不仅可以与亲属、监护人通信，还可以与其他人通信。但是有下列情形之一的，不予发信或扣留：①在服刑期间重新犯罪或发现隐瞒余罪正在审查期间的；②严重违反监规纪律正在禁闭或集训的；③信件夹带违禁物品的；④有关机关依法通知不准通信的；⑤泄漏监狱机关工作秘密或有碍罪犯改造内容的；⑥外国籍罪犯与非直系亲属、非监护人、非本国驻华使领馆人员通信的；⑦其他不利于安全稳定情形、经监狱分管领导批准不予通信的。

被扣留的信件，由审批领导签署扣留意见，并及时向相关部门报告，扣留信件归档备查。

（二）检查信件内容

监区狱政干事对一般信件进行检查，发现以下信件要上交到对应的分管部门进行检查。

（1）罪犯寄给境外亲属的信件，交由分管狱政管理工作的监区领导审批。

（2）港澳台地区的罪犯寄出的信件，交由分管狱政管理工作的监区领导审批。

（3）外国籍罪犯寄出的信件，交由分管狱政管理工作的监区领导审查，狱政管理科审批。

（4）重要罪犯、专案犯等寄出的信件，按专管方案审批。

另外，罪犯写给监狱上级机关和司法机关的信件不受检查、不得扣留。

（三）登记

对准予寄出的信件，狱政管理科、狱内侦查科负责警察在 2 个工作日内将信件主要内容登记、录入《罪犯来往信件登记表》或监管改造信息系统中。

（四）归档

狱政管理科、狱内侦查科负责警察将《罪犯通信审批表》交监区存入罪犯副档。

（五）寄发信件

监区狱政干事，狱政管理科、狱内侦查科的负责警察在登记信件主要内容后，在 1 个工作日内交到邮政部门转递。

二、收信的流程

（1）监狱按国家的邮政规定，领取罪犯信件。

（2）对领取的罪犯信件，监狱要检查信件内容，并根据信件内容分别作出处理。

（3）对于领取回的信件检查完毕后，专职管理警察要建立台账，登记归档并妥善保管。

（4）由监区责任警察签字后领回，及时发放，不得积压。正在接受禁闭、集训、隔离审查的罪犯要等禁闭、集训、隔离审查结束后才能将信件转给罪犯。

【注意事项】

一、罪犯信件的书写和投递要符合规定

关于信件的书写规则，要告知罪犯。罪犯书写信件，一般应该使用汉字，不得使用隐语。少数民族可以使用本民族的文字与亲属、监护人通信，但来往的信件需经翻译人员的检查后准予寄出或转递。

罪犯在写好的信件上，按照邮递要求写清地址，通信地址可以使用信箱代号。在信封上贴足邮票后，根据"信件有限密封权"的规定，对于必须接受检查的信件，不得密封，交由监狱人民警察检查后密封，统一寄出；而对于写给监狱上级机关和司法机关的信件，由于不受检查，可直接密封，交由监狱人民警察寄出。

二、罪犯每月发信次数的要符合一般规定

《监狱法》规定，罪犯在服刑期间可以与他人通信，对通信的次数也没有明确硬性规定，因此，在罪犯与外界的通信管理中，一般不做通信次数的限制。只是为了不影响罪犯的改造，给罪犯心中造成压力或不良影响，有些监狱可以简单规定一个月通信1～2次；对宽管级、老残废犯人和未成年犯可放宽，不做次数的规定；严管的罪犯，扰乱监规纪律的，接受审查或禁闭的罪犯，其通信要上报给狱政管理科。

三、认真执行各种内容信件的处置方式的规定

《监狱法》第47规定："罪犯在服刑期间可以与他人通信，但是来往信件应当经过监狱检查。监狱发现有碍罪犯改造内容的信件，可以扣留。罪犯写给监狱的上级机关和司法机关的信件，不受检查。"

在罪犯的来往信件中，要严格把关，在检查中要特别关注有无如下内容：有强烈的政治倾向，反动言论，攻击党和政府的文字；通过隐语或直接的方式串供，或有其他犯罪预谋的文字；泄露监狱工作机密的；妨碍服刑人员改造的；通过不合法的渠道私自传递的信件；又犯罪或发现余罪正在审查期间

的罪犯不得通信；严管级处遇或严重违反监规纪律正在禁闭的罪犯不得通信；其他原因不准通信的情形。

对罪犯要求邮寄的信件必须做好检查登记，信件的收发情况，不予邮寄或转达的信件登记，异常内容要在登记中注明。发现有与社会违法分子联系的或内容可疑的信件，交由狱侦科处理。特别应该关注信件中有无与国外敌特机关勾结的可疑信件，一经发现不但要及时扣留，还应及时转交给有关部门处理。

四、罪犯信件的有限密封权

根据《监狱法》规定，服刑人员写给监狱上级机关和司法机关的信件，不受检查，可以密封，将罪犯的这个权利成为罪犯通信的有限密封权。

罪犯写给监狱上级机关和司法机关的信件，有些是控告、申诉、检举、建议及反映其他情况的，为了保护罪犯的合法权利，为了监狱上级机关确切了解监狱情况，《监狱法》对监狱信件检查权作出了以上的限制性规定。

不受检查的信件是罪犯写给省、直辖市、直辖市司法厅、监狱管理局，司法部和司法部监狱管理局的信件；写给公安机关、人民检察院和人民法院的信件，当罪犯的邮寄地址为以上部门时，其信件不受检查，可以由罪犯自行密封。

五、罪犯通信管理的纪律要求

罪犯来往的信件的收发工作由检查专人负责管理，按国家邮政管理规定办理领取手续。对于领取回的信件应由专职管理警察建立台账并妥善保管，由监区责任警察签字后领回，及时发放，不得积压。

罪犯来往信件必须经责任警察检查、登记和外发，不准其他人员为罪犯传递信件，严禁罪犯私发信件，不准使用罪犯收发、检查信件。

 【范例分析 39】

[范例]　罪犯王某，因犯盗窃罪被判有期徒刑 5 年，现在押河南某监狱的入监教育监区服刑。该犯对初入监的生活未能很快适应，表现出极度失落和自暴自弃的情绪。管教警察多次和他交流，鼓励他接受入监的现实，安心改造。但仍然未能解决其根本问题。

在一次会见中，管教警察发现其母亲对王某的说教很有效，但由于王某的母亲已迁移外地，路途遥远，和管教警察说明不能多次来探望。于是管教警察叮嘱其母要多与王某通过信件交流，多多劝慰，安抚王某情绪，鼓励王某配合改造。

另外，监狱警察也常和王某谈心，告诉他可以记日记、写信，在信里和母亲多说说知心话，放松心情。在第一次王某写给母亲的信件中，管教警察发现，王某多次使用到家乡方言，意思的表达管教警察不甚理解，所以警察扣留了信件。再次谈话时，警察婉转地和他说起监狱来往信件的要求和管理内容，王某听得很仔细。再次邮寄给母亲的信件中，警察发现没再出现相关问题，于是及时邮寄了该信件。

看到王某收到母亲来信的开心样子，警察也很是欣慰。很快，王某从入监教育监区分到执行监区，开始了稳定的改造生活。

[分析] 罪犯的通信对做好罪犯的改造工作意义重大，监狱警察要充分利用好通信对改造罪犯的特殊作用，做好宣传工作，严把对象审核关，严守信件内容关，严格工作纪律关，充分利用罪犯通信的作用，促进罪犯改造积极性的提高。

 【情境训练39】

[案例1] 关某犯故意伤害罪，被判入狱5年。其犯罪起因缘于妻子在工作中遇到上司骚扰，关某愤怒中找到妻子上司的家中，与其产生厮打，导致对方受伤。其入狱后，情绪不稳定，易怒。入狱一个月的时间，他的妻子并未在他的期待中前来探望他。某日，干警收到邮寄给关某的信件，按照检查的规定，打开后，见是关某妻子的来信，便格外关注。关某妻子的信中说：关某的性格暴躁，随着年龄的增长却未有丝毫缓解。这种不成熟的心态很难处理好事情，就像这次将受害人变成了犯罪人的身份，和关某的性格有很大关系。鉴于两个人的性格如此不合，关某妻子提出离婚。如果你是管理关某的警察，在了解到信件的内容后，你如何进行处置呢？

[案例2] 一名服刑人员写信向家里要"糖"，但他不会写"糖"字，写成了"糠"字。家里人收到信后感到奇怪，但还是寄来一包糠。请你谈一谈对这件事感想。

学习情境19.2　通电话管理

知识储备

一、罪犯通讯方式的运用

（一）通电话的出现和普及

以往的监管规章规定，原则上不允许在押罪犯与外接通电话。近年来，由于电话通信在我国城乡已经相当普及，许多监狱进行了新尝试，允许一定处遇级别的罪犯和亲属、监护人通电话。这一做法实行以来，收到了较好的效果。首先，与罪犯的亲属来监狱探视相比，电话联系方便快捷，花费较少；其次，监狱在罪犯通话中易于进行监督，如有违规内容可以马上终止谈话；最后，目前大部分单位是将允许通电话作为分级处遇的一项内容，适用于改造表现好的罪犯。

（二）其他通讯方式的尝试

近年来，随着电讯技术的迅速发展，社会生活中信息传递的方式不断增多。在监狱为了解决罪犯和亲属、监护人的会见，加强罪犯与亲属、监护人的联系，有些监狱也尝试利用更加方便快捷的录像技术、计算机网络通信技术展开会见、通讯活动，比如网络视频的方式。经过试点，取得了较好的效果。但是这些通讯手段，也只能在极其特殊的情况下，经过监狱领导批准，在有效的监控技术保障下，慎重使用。

二、外籍罪犯的通电话的规定

根据《外国籍罪犯会见通讯规定》第 25 条规定，经过监狱批准，外籍罪犯可以与所属国驻华使、领馆外交、领事官员或者亲属、监护人打电话。通话时应遵守中国籍罪犯通话的有关规定，通话费用由本人承担。

【工作要点】

亲情电话是我国监狱设置的供服刑人员使用的专用通讯工具，它从 20 世纪 90 年代初出现于我国监狱内，已经从封闭走向开放，形成了一条科学文明改造罪犯的新路子。对罪犯通电话的管理，应遵循为罪犯改造服务的原则，按照罪犯分级处遇和监狱人民警察直接管理的要求进行。

一、申请

罪犯通电话，由本人向监区或分监区提出申请。

二、审批

分监区汇报给监区，监区根据服刑人员申请，填写《罪犯通话审批表》。如若是每周星期天和元旦、清明、五一、中秋、国庆、春节等节假日期间，监区即可允许罪犯给直系亲属、监护人、所属国驻华使领馆官员拨打亲情电话。如若是其他时间需要拨打亲情电话时，要由监区领导审核同意，由狱政管理科审批后方能执行。

三、批复

若审核同意，则开具亲情电话通知单，告知罪犯所在监区；接到通知单后，监狱人民警察带领罪犯到电话室。

四、管理现场

监区警察、业务科室主管警察对罪犯打亲情电话的现场进行直接管理，核实身份、控制通话时间、全程监听，及时处置突发事件等。

五、登记

负责警察及时在《罪犯通话登记表》和监管改造信息系统上做好通话内容的记录。

【注意事项】

一、审批的具体要求

经监区审批同意，罪犯可在每周星期天和元旦、清明、五一、中秋、国庆、春节等节假日期间给直系亲属、监护人、所属国驻华使领馆官员拨打亲情电话；①宽管级罪犯当月无扣分或受行政处罚的，次月可拨打 1 次亲情电话；②普管级罪犯当月无扣分并获得嘉奖以上奖励的，次月可拨打 1 次亲情电话；③考察级罪犯当月无扣分并获得表扬以上奖励的，次月可拨打 1 次亲情电话。

有下列情形之一的，由罪犯本人提出申请，经专管警察和分管狱政管理工作的监区领导审核同意后，由狱政管理科审批后可在工作日内给直系亲属、监护人、所属国驻华使领馆官员拨打亲情电话：①在改造中取得进步需向家人汇报的；②思想发生变化需要亲人帮教和情感沟通的；③家庭发生重大变故的；④家乡受重大自然灾害影响的；⑤其他需要拨打亲情电话情形的。

二、现场管理的要求

（一）专人管理

监狱应当设立专门的亲情电话室，指定专人负责管理亲情电话。罪犯拨打亲情电话由监区负责监管，有特殊监管需要的，由狱政管理科或狱内侦查科和监区共同监管。负责的警察要亲自登记、亲自拨号、亲自监听。条件好的，电话室的每一部电话都要安装监听设备。

（二）核实身份

罪犯通电话前，应由监狱人民警查明对方通话身份，核实无误后，方可允许通电话，发现其与登记身份不符的，应当拒绝通话。

（三）电话控制

罪犯拨打亲情电话每次限于与 1 名受话人通话，通话时间一般限于 5 分钟以内，特殊情况可以延长 5 分钟。

（四）电话监听

通话时由警察先拨通指定的号码，核实受话人身份后才准予罪犯通话；通话实行全程监听，并对通话内容进行摘要记录。有下列情形之一的，立即中止罪犯通话：①不服从警察管理、不在指定区域通话或喧哗吵闹的；②使用或交换其他罪犯电话卡的；③使用隐语、暗语和不文明语言的；④通话期间情绪变化较大或通话内容不利于监管改造工作的；⑤其他应当停止通话情形的。

三、通电话的其他管理

（1）监狱狱政管理部门应当定期通过网上查询或到电信部门打印话单等形式，对亲情电话的使用情况进行检查和督查，并做好核对记录。

（2）罪犯在服刑期间，不准拥有和使用手机等通话装置。监狱工作人员不得私自将电话、手机提供给罪犯使用。

【范例分析40】

[范例]　亲情可视电话是在监狱设立亲情可视电话工作站，让罪犯与亲属、社会利用现代化的通讯工具进行交流。在监狱的可视电话工作站，设有专设器材配有电脑微机、打字机、电视机、传真机、空调器及可视电话配套设备。

对被批准通电话的，值班警察对要求通话的具体人和事一一进行详细登记。在预约登记表中，注明登记时间、主通话人姓名、身份证号码、通话理由、通话人姓名、监（所）队、与通话人关系、通话次序、传真号码、明传日期、通话时间及经办人、联系人姓名等。对已预约登记而无故终止通话者，取消其亲属通话资格，并及时了解实情，查明原因，区别情况做好梳理疏导工作。

镜头一　谢某，判处死缓，在某省二监服刑。服刑期间，自暴自弃，自以为人生到了终点，曾托父母为他寻找坟山，准备后事。去年冬天又闻家中出了诸多琐事，更叫他思绪万千，焦忧不安，恨不得见到亲人，问个究竟，看个端详，可是都没有这个机会和条件。

监狱开通可视电话后，他积极向分监区提出申请。在得到批复后，他的父母、兄弟、侄儿、姐姐和姐夫终于在可视电话的另一边出现了，这是个相对凝视的感人镜头。谢某亲属在视频里诉说一番情由后，再三叮嘱他要好好改造，争取减刑，振作精神，重新做人。在亲人多次教诲下，谢某表示要狠下决心，刻苦改造，脱胎换骨，决不辜负政府和亲人的期望。

在亲情感召下，谢某终于立功赎罪，被减刑1年零8个月。

镜头二　省女监罪犯郑某，因故意杀人被判处死缓后，情绪一直低落，自暴自弃，破罐子破摔，长期不服管教，甚至动手殴打监区警察，造成不良影响。女监领导曾要求我们共同做好该犯的思想工作，让其安心改造。可视电话开通后，我们特意联系她非常敬佩的叔叔同她结对帮教。她叔叔有一定的政治觉悟和文化素养，每次通话总是苦口婆心，循循善诱，动之以情，晓之以理，终于使这名从不低头的顽固女犯哽咽难言，流下了后悔的泪水……

据女监反映，该犯自通了可视电话后，心理开始矫正，情绪稳定了，思想进步了，劳动也积极了，开始服从干警管教，改变了过去恶习，进步很快。亲人面对面帮教的实际效果，使干警们感慨万千。

[分析]　亲情可视电话的运作形成了一套科学、完整的工作体系。在具体操作过程中逐步完善了工作流程：申请——审批、双向审查——预约登记——确定时间——通知到位——现场监督——建档造册。实践证明，亲情帮教可视电话在罪犯改造工作中取得了不可估量的实际效果。

 【情境训练40】

[案例]　李某的妻子由于工作原因，调到外地工作，他们的女儿也转到妻子的工作地上小学。妻子在最后一次会见时将情况告诉李某后，叮嘱李某在自己不能来会见时，要经常通电话，发短信，告知一下自己的改造情况。于是，李某会隔三差五的上交一份《罪犯通话审批表》，申请与妻子女儿通话。

如果你是管教警察，对李某的通话申请如何处置？如何让李某和妻子女儿通电话？

 **拓展学习与训练**

[范例]　某监狱开通了"亲情通"短信互动平台，帮助罪犯及其家属发送亲情短信。短信互动对象为普管级以上罪犯及符合会见范围的罪犯亲属。

请结合监狱实际制定"亲情通"短信互动平台的审批制度和日常管理制度。

【学习情境20】　邮汇管理

学习情境20.1　邮包的管理

知识储备

《监狱法》第49条规定："罪犯收受物品和钱款，应当经监狱批准、检查。"

罪犯在服刑期间，他们的衣、食、住、行均由国家负担，监狱还发给罪犯零花钱，根据劳动情况还发给技术津贴和奖金，可以在狱内超市购买相应的生活必需品。因此，罪犯无需再接受亲属或监护人的物品。但从加强罪犯与家庭的正常联系，增进罪犯对家庭的责任感，有利于罪犯服刑改造的角度出发，法律和法规允许罪犯收受亲属邮寄的一定数量的物品。

【工作要点】

一、罪犯寄出邮包的处理

罪犯寄出邮包，一般是罪犯将监狱代其保管的非生活必需品寄往家中。罪犯要求寄邮包的，由监狱有关部门进行检查，并代其办理邮寄手续。

二、外界寄给罪犯邮包的处理

对于国内外寄给罪犯的邮包，监狱应按以下规定办理：

（1）由监狱依照国家的邮政法规的规定，统一办理领取手续。属于国外寄来的包裹，应由收件人在收执上签名盖章，但不得加盖监狱的公章。

（2）监狱应指定专门的人民警察对包裹进行认真检查和详细登记。

（3）包裹单收到后，如果罪犯已经调出，应立即转递罪犯所在监狱。已经逃跑的，包裹暂由监狱保存。已经释放或已经死亡的，包裹一律退回寄件人。

【注意事项】

对罪犯的邮包管理，应注意以下问题：

（1）罪犯服刑期间的来往邮包，由监区警察严格检查、登记。非本监区警察，任何人不得为罪犯投寄邮包，接收汇款。

（2）罪犯在被禁闭、严管、隔离审查期间，一律不准收发邮包。特殊情况须经监狱主管领导批准。

（3）对于包裹中的日常生活、学习用品，交由罪犯本人签字领取使用。

（4）不得寄食品，药品要经过严格检查。

（5）包裹中的非生活必需品由监狱代为保管或通知罪犯家属领回。监狱代为保管的，罪犯有正常用途时可以领取，保管的物品在罪犯出监时全部发还本人。

（6）如果包裹中有违禁物品特别是政治性非法出版物、淫秽物品，一律没收，并报告上级主管机关或进行追查。

 【范例分析41】

［范例］某未成年犯管教所，对罪犯家长寄来的书籍进行了常规、细致的检查，发现在书页中夹带5张面值100元的人民币。

［分析］罪犯或者其家属，常常会利用一些机会，违反有关监狱监管工作的规定。因此，监狱人民警察就要随时提高警惕，细心认真做好各方面的检查工作，尽可能减少、排除和杜绝监管工作可能出现的隐患，确保监管安全工作的实施。

 【情境训练41】

［案例］目前，在我国监狱中，为了保障罪犯的合法权益，规范罪犯的日常消费行为，确保监管安全，都普遍设有狱内超市。超市供应商品品种齐全、质量合格、价格合理。因此，许多监狱已禁止罪犯家属通过邮寄的方式，为罪犯提供生活用品和学习用品。

请你从狱政管理角度谈谈这种管理方式是否合理？为什么？

📃拓展阅读

1. 阅读联合国《囚犯待遇最低限度标准规则》。

2. 搜集资料，比较中外监狱邮汇制度的异同。

学习情境 20.2　汇款的管理

汇款，包括罪犯寄往监狱外的汇款和监狱外的人员寄给罪犯的汇款。从汇款的渠道看，包括通过邮局的汇款和通过各个银行的汇款。

罪犯在监狱内服刑期间，根据规定参加监狱分配的劳动，监狱对于参加劳动的罪犯，要根据《监狱法》的规定支付劳动报酬，罪犯对于获得的劳动报酬有支配权，罪犯可以将自己的劳动收入寄给家中或赠与他人。罪犯在监狱内改造表现好的，可以获得物质奖励，其中包含一定数额的奖金，罪犯对于自己的奖金也有支配权。罪犯向监狱外的汇款，主要来源于罪犯在监狱内参加劳动的报酬、罪犯获得的物质奖励和罪犯在监狱内存款。罪犯入监时可能拥有由看守所转来的钱款或亲属寄来的钱款，罪犯对于这些钱款也有支配权。

罪犯向监狱外的汇款，主要是寄往家中，有时则是邮购物品或者赠与他人等。罪犯将自己的钱款寄往家中，数额虽然不会太大，但可以补贴家用，维系亲情，体现罪犯对家庭的责任感；罪犯通过汇款，可以邮购有正常用途的物品，如学习用品；罪犯也可以通过汇款，将自己的钱款赠与他人。

罪犯服刑期间的来往汇款，由监区警察严格登记。非本监区警察，任何人不得为罪犯邮寄、接收汇款。罪犯在被禁闭、严管、隔离审查期间，一律不准收发汇款。特殊情况须经监狱主管领导批准。罪犯的邮汇是涉及国内外邮政、银行等部门的问题，情况比较复杂，在管理时，应细心、慎重并要充分考虑影响。

【工作要点】

一、罪犯向监狱外的汇款的处理

罪犯向监狱外汇款，由罪犯提出要求，罪犯所在监区的工作人员代为办理汇款手续。

二、监狱外的人员向罪犯汇款的处理

对于国内寄给罪犯的汇款，由监狱依照国家邮政法规的规定，代罪犯办理领取手续，领取后由监狱进行现金保管，并发给服刑人员保管收据。同时，监狱要将汇款情况及时告知罪犯，使罪犯明了汇款人、汇款的数目。如果汇款单上有简短留言，监狱经检查后也要如实告知罪犯。

【注意事项】

对于国外寄给罪犯的汇款，监狱应按以下规定办理：

（1）监狱不得在外汇单据和侨汇收款单上加盖监狱的公章。如果银行为了明确责任及日后备查，要求监狱在单据和回执的副条上加盖公章的，可以加盖。

（2）外汇、侨汇可按罪犯的意见直接通知其家属领取，由监狱通知银行办理。如罪犯不愿意由家属领取，或国内无直系亲属的，其汇款由银行交罪犯所在监狱通知本人，并由监狱代办领取手续。罪犯应在收款回执上签名。

（3）如果汇款附有书信，银行应一并转交监狱，监狱按照规定检查后，视具体情况交给罪犯或予以扣留。

（4）监狱在遇到收款的罪犯调动时，应及时通知银行转汇。

（5）对于邪教组织、恐怖组织等寄给罪犯的钱款，可以参照有关规定，予以没收，并报告上级机关。

 【范例分析 42】

[范例] 某监狱"爱生"忏悔基金会给少女阿君寄去了 2000 元人民币，这是罪犯们为了忏悔自己昔日的罪行，自发设立了"爱生"忏悔基金。罪犯自愿从自己的劳动奖金和津贴费用中省出钱来，少则每月 1 元，最高每月 10 元，以基金会的名义捐给刑事案件的受害人或其家属。迄今全监狱有 2383 名服刑人员参加了捐款，其中包括 30 多名外籍罪犯，捐款总额达 7.38 万元。

[分析] "爱生"忏悔基金会是由监狱在押罪犯自愿成立的非盈利性组织，主要用于资助因监狱罪犯犯罪而受到伤害的被害人。其中包括：生活极度困难的被害人或其家属；身有残疾的被害人或其家属；因经济困难面临辍学的被害人子女等。以此强化罪犯的"在刑意识"，表达忏悔之情，激发向善之心。（忏悔基金会的活动，能使罪犯深刻地意识到犯罪造成的损害，是任何金钱都难以弥补的。捐款，不仅是一种表达他们弃恶从善诚意的形式，也是他们表达被社会挽救的感激；同时也是在请求善良人们宽恕罪犯既往的罪恶，给予罪犯走向新生的机会。）

【情境训练 42】

[案例] 某监狱管理局曾允许服刑人员在监狱内超市使用银行借记卡，但经过一段实践工作过程后，该监狱管理局又作出了新的规定，颁布了《进一步规范罪犯亲属汇款管理》文件："①取消罪犯银行借记卡；②监狱对汇款实行统一保管，罪犯不得持有现金；③汇款数额每次控制在 1000 元以内，罪犯钱款账户中亲属汇款总额控制在 3000 元以内；④罪犯集体账户利息一律用于补贴罪犯生活，监狱对利息支出情况定期公示；⑤遇到罪犯有交纳罚金等特殊需要，以及出售房屋所得款等特殊情况，或动员罪犯让亲属保管，或凭罪犯身份证以个人名义存入银行。"

请对该监狱管理局在此项实践工作中的变革，做出你的评价。

1. 阅读联合国《囚犯待遇最低限度标准规则》。
2. 搜集资料，比较中外监狱邮汇制度的异同。

学习单元8 现场管理

学习目标

● 通过本单元学习，能够：
1. 掌握生活现场管理的操作要求和注意事项。
2. 掌握劳动现场管理的操作要求和注意事项。
3. 掌握学习现场管理的操作要求和注意事项。
4. 掌握应急处置的策略、方法和注意事项。

【学习情境21】 生活现场管理

学习情境21.1　起居现场管理

知识储备

一、生活现场及管理目的

生活现场是罪犯日常生活的场所，是罪犯监狱服刑最主要的活动场所。生活现场主要包括罪犯起居现场、就餐现场、文体活动现场等。监狱对生活现场管理的目的是为了培养罪犯正确的生活意识，良好的生活行为习惯和基本的生活能力。

加强对生活现场罪犯行为管理，规范约束罪犯行为，有利于矫正罪犯不良的生活行为习惯。加强对生活现场环境管理，有利于形成良好的生活环境氛围，促使罪犯自我生活、健康生活改造目标的实现。

二、起居现场的范围

起居现场具体包括寝室、洗漱室、厕所、储藏室、医务室、图书阅览室、教育娱乐室、晾晒场等场所。

三、违禁品的范围

违禁物品主要指违反监管法规和监规纪律私自带入监内的和不利于罪犯改造的物品。包括易燃、易爆、剧毒物品、麻醉药品、毒品、武器、弹药、各种刀具、器械、棍棒、绳索、劳动工具以及足可以作为行凶、逃跑和进行其他犯罪活动的物品。此外，还包括通讯工具、便衣、手表、各种证件、有价票证、反动淫秽书刊等。

四、清点制度

是监狱警察在现场管理过程中定时或随机查点罪犯人数的监管制度。操作中有明点和暗点两种方式，通常白天 1 小时清点 1 次，夜间半小时清点 1 次。

【工作要点】

一、起床（早晨、中午）管理

（1）响铃。值班警察根据罪犯作息时间，准时响起床铃。

（2）开门。1 名值班警察管理监舍大门，其他值班警察从上向下、从内向外逐层打开楼层门，清点小组人数后方可开启监室门。

（3）组织罪犯整理内务。值班警察组织、督促罪犯迅速起床并按规定标准整理好个人内务，分批轮流洗漱、如厕，安排打扫公共卫生。

（4）集合。值班警察按时响集合铃，组织监区全体罪犯按楼层（由高至低）依次到监区指定位置集合。

（5）点名。罪犯队列集合完毕后，值班警察按《监区罪犯点名册》逐个点名。

（6）讲评。值班警察点名后，视情况可组织罪犯背诵《监狱服刑人员行为规范》、唱歌和讲评，其他值班警察分别在罪犯队列前后进行监管。

二、就寝（中午、晚上）管理

（1）响铃。值班警察根据罪犯作息时间，提前 15 分钟响就寝铃，组织罪犯休息。

（2）点名。罪犯就寝前，值班警察按《监区罪犯点名册》逐层逐室点名。

（3）锁门。值班警察点名后，按从低到高、从外到内锁上楼层门和监室门。

三、留监罪犯管理

（1）留监审批。值班警察将需要留监罪犯的名单报值班监区领导审批。

（2）掌握留监罪犯情况。值班警察根据交接班情况，掌握罪犯留监的原因、人数及分布等情况。

（3）编排互监组。值班警察清点留监罪犯人数，按互监组管理制度对留监的罪犯编排临时互监组。

（4）集中管理。值班警察根据互监组编排情况实行集中和直接管理（人少时集中在便于管理的同一楼层相邻的监舍内，人多时集中在便于管理的相邻楼层监舍内），并按规定锁上楼层门和监舍大门，禁止将罪犯分散在监舍楼道、文化室、监区场院等处活动。

（5）现场监管。值班警察每小时巡查留监罪犯的休息、活动情况 1 次，检查罪犯互监组制度落实情况以及警械设施和重点部位情况。

【注意事项】

（1）监狱应严格落实双人值班制度和交接班制度，现场的值班警察数不得低于罪犯数的 3%。

（2）值班警察要坚守岗位，尽职尽责，并认真做好执勤记录。禁止聊天、看电视等无关行为。

（3）值班警察的执勤岗位一般设在监舍门口，天气特殊时可在警察值班室。执勤部位应当安装触发式报警装置。

（4）值班警察要加强监门管理，对进出罪犯进行搜身检查和物品检查。

（5）值班警察应加强起居现场罪犯行为的规范化管理，禁止蒙头、调换床位、交谈等与就寝无关的其他活动，培养良好的生活习惯。

（6）值班警察应加强起居现场罪犯日常生活用品的管理，杜绝非生活必需品和违禁品。

（7）值班警察应加强起居现场的环境管理，保持清洁卫生。

（8）值班警察应认真落实巡查制度，组织好留监罪犯的学习和活动。

（9）值班警察应认真落实监管制度，注意搜集异常犯情，及时处理违纪行为，遇到紧急殊情况，应采取果断措施，迅速报告值班领导，确保起居现场的秩序与安全。

 【范例分析43】

[范例] 罪犯高某，私自经罪犯生产调度员同意，调了班次，由白班换成晚班。当晚点名时有罪犯向值班警察报告，高某不在监舍，去向不明。值班

警察认定高某已经脱逃，立即报告指挥部，指挥部迅速组织堵截和查找。一小时后，查明了情况。结合该案例，分析对罪犯的管理存在什么问题？

[分析] 该案例中说明，对罪犯的管理存在问题如下：

(1) 不应用罪犯承担监狱警察职责（调度）。

(2) 交接班制度混乱，交接班时出工罪犯名单不清。

(3) 值班警察在没有认真清点查找的情况下，就认定高某已经脱逃，说明在执行清点等监管制度时不够严格。

【情境训练 43】

[案例 1] 警察程某从警官学院毕业后分配到未成年犯管教所工作。一天罪犯常某将尿撒到同组罪犯小组长的杯子中，程某闻讯前来处理。

"常某，你怎么在监舍里撒尿？"程某指着放在墙根的杯子问道。

"没有，这是我刚才倒的开水。"常某回答。

"这是开水？你敢喝吗？"程某追问。

"你不相信是开水，我喝给你看。"常某竟当众人的面将杯子的尿喝下肚。事后，常某写了控告信，控告程某对他进行人身迫害，强迫他当众喝尿。检察院为此立案调查。结合该事例，谈程某的处置有无不当之处？你遇到这种情况如何处理？

[案例 2] 某日深夜，罪犯王某以报告紧急情况为由靠近值班警察，声称衣服内绑有炸弹，而后突然拉住值班警察的手加以挟持。如果你是值班警察，你认为此事件应如何处置？

学习情境 21.2　就餐现场管理

知识储备

饮食与健康。饮食是维持人体生命和健康的必需保障，但是饮食不当则又会成为疾病发生的重要原因，所以俗语说："病从口入"，饮食不当会招致疾病。饮食过饱过饥或不定时，容易得胃病。大量吃油腻食物，容易患胆囊炎、胆石症、胰腺炎、动脉硬化和冠心病。长期大量饮酒，易患肝硬化、可导致胎心畸形或痴呆的低能儿。如果酒中甲醇含量过高，还会产生视力模糊，甚至失明症。经常食盐过量，会出现高血压；经常食盐不足，会出现低血压和无力症、肾病。长期偏食会缺乏某种营养素，导致营养不良水肿、肝硬化、缺铁性贫血、坏血病、脚气病、夜盲症等。常吃霉变食物或黄麹霉毒素污染的粮食，易患肝癌。饮食关系到人体的健康和疾病的防治，因此日常饮食必须特别注意。

【工作要点】

（1）分配饭菜。值班警察组织罪犯清洁分发餐具，监狱（监区）伙房送来饭菜后，组织罪犯按小组人数分配饭菜。

（2）餐前清点人数。值班警察将罪犯全部集中在指定区域，以小组为单位列队清点人数。

（3）就餐管理。值班警察组织小组的值日罪犯领取预先分配的饭菜，并组织其余罪犯在指定位置等候就餐。集中配餐的，待罪犯领取饭菜后，下达就餐指令后组织罪犯就餐。罪犯就餐期间，值班警察在现场进行巡查和管理，维护就餐的秩序。

（4）组织罪犯清洁个人餐具。罪犯就餐后，值班警察组织罪犯到指定地点有序清洗个人餐具，并放回指定位置；集中就餐的按要求摆放。

（5）餐后清点人数。罪犯就餐后，值班警察按小组清点人数后，统一带离就餐现场。

（6）组织罪犯饮水。值班警察以小组为单位组织罪犯在指定时段有序取水。

（7）组织罪犯清洁就餐场地。值班警察就餐后，组织罪犯清洗公用餐具、清洁就餐场地和监舍公共场所卫生。

【注意事项】

监狱在罪犯就餐行为方面，可根据现场分餐或集中配送等具体情况制定罪犯就餐的具体规范，纠正罪犯不良就餐行为习惯，逐渐培养文明就餐行为。

（1）值班警察要监督罪犯公平分发饭菜。

（2）餐具及领取、分发饭菜的用具应存放在固定的专用餐柜，并定期消毒。

（3）罪犯应按规定时间、地点、方法有秩序地领取饭菜和就坐，不准插队、捎带。

（4）就餐时，不准敲击餐具、嬉闹；不准踩在座位或坐在餐桌上；不准浪费粮食和乱倒残汤剩饭；尊重炊事人员劳动，有意见和建议应通过正当方式向有关方面提出，严禁谩骂打斗；不准利用吃喝讲哥们义气，拉帮结伙，拨弄是非；不准多占集体食物；不得饮酒。

（5）就餐应注意饮食卫生，不暴饮暴食，不吃腐败变质食物，不喝生冷脏水。就餐完毕，应自己清洗餐具，按要求离开就餐现场。

（6）严格执行警察值班制度，现场的值班警察数不得低于罪犯数的3%，执勤部位应当安装触发式报警装置。

 【范例分析44】

［范例］ 某监狱节日期间改善伙食，每名罪犯一碗红烧猪肉，李某说自己是回民，不能吃猪肉。值班警察却说："吃，这就叫改造。"你认为，作为值班警察应如何尊重少数民族罪犯的饮食习惯？

［分析］ 值班警察强迫回民罪犯吃猪肉是错误的。《监管改造环境规范》规定，伙房应设立民族灶，并须按周公布食谱。《监狱法》规定，对少数民族罪犯的特殊民族习惯，应当予以照顾。监狱人民警察首先应树立法制观念和人权观念。真正把犯人当人看待，坚持依法、科学、文明管理，必须切实地保障罪犯在改造期间的正常生活需要，包括饮食习惯在内的民族生活习惯。

 【情境训练44】

［案例1］ 监狱警察食堂购进一批牛肉，由于数量多加之保管不当，部分牛肉已开始变质，为了避免浪费，食堂管理员与罪犯生活管理部门协商，将这批牛肉调往罪犯食堂，经加工后，由罪犯食用。你认为这种作法是否妥当？为什么？

［案例2］ 罪犯张某在狱内经常打架，多次受到罪犯小组长刘某的批评，张某对此怀恨在心，纠集一伙罪犯准备在就餐时对刘某进行报复。事发之前，已有耳目向监区警察报告，监区领导决定对张某等罪犯不予惊动，安排监区警察在饭堂周围进行守候，只要罪犯一动手，就立即出动，把参与报复打人的罪犯一并抓获。没想到开饭时，张某等人趁监区警察轮换就餐之机就动起手来，等监区警察赶到，刘某已被打成重伤倒在地上。请结合本事例，分析一下该监区在处置方面存在什么问题？

学习情境21.3　文体活动现场管理

知识储备

一、罪犯文体活动场所的范围

罪犯文体活动场所包括礼堂、排练场所、运动场馆、图书阅览室、电视室、文化娱乐室、监舍、宣传栏目等。监狱应建立必要的文体活动场所，配备必要的文体活动器材、道具，制定相应管理制度，指定专人管理，创造和改善文体活动环境和条件。

二、罪犯文体活动的基本途径

文体活动是监狱调节和丰富罪犯精神生活、陶冶性情、锻炼意志、增强体质、培养良好品质的重要途径。监狱可在罪犯学习、劳动之余、休息日、重大节日或纪念日，有计划、有目的地组织罪犯开展文体活动。监狱可以根据实际情况组织罪犯开展读书看报、收听广播、收看电视、练习书画、制作工艺品、板报宣传，举行球类、棋类、拔河比赛等文体活动。文体活动内容要根据改造需要和罪犯身心特点以及节日主题确定，保证活动内容格调高雅，健康向上，催人奋进。

三、监狱可以组建罪犯文艺队

罪犯文艺队要单独编队，参加文艺队的罪犯要具有一定的文艺特长，且认罪服法、改造表现好，入监时间短和有危险的罪犯不得参加文艺队。文艺队罪犯不准放弃劳动改造和教育改造。罪犯文艺队不准从事以盈利为目的的商业性演出，若需到社会上演出，要报省级监狱管理局批准。演出的罪犯不准着军警服装、扮演领导人或英雄人物以及演出不健康、不文明的节目。对到社会上演出的罪犯要严格按规定押解、监控、管理，不准在无监管条件的场所居住。罪犯演出节目制成的音像制品要严格管理，未经批准不得向监狱系统外传播和销售。

四、监狱文化

监狱文化是主流文化与监狱亚文化的集合体。主流文化是特定历史时期统治阶级的思想文化，是特定历史时期占统治地位的道德伦理、社会规范、审美情趣和宗教信仰的总和。我国是一个社会主义国家，社会主义和共产主义的信仰、理想、道德、行为规范和精神风貌就是我国监狱的主流文化。监狱亚文化是监狱罪犯特有的，与主流文化相对立的价值标准、行为方式及其现象的综合体，表现为反社会意识、罪犯亚群体，罪犯精神活动产品、监禁反应、监狱人格等方面。因此监狱里的罪犯是生活在双重文化背景之下的。从文化的角度来理解，监狱实际上是一个主流文化与监狱亚文化剧烈交锋的场所，只有主流文化战胜了监狱亚文化，监狱对罪犯的改造目标才能够顺利实现。

【工作要点】

（1）组织活动。值班警察在节假日或工余时间，根据监狱、监区的要求，合理安排文体活动时间、地点，活动内容、形式，参加人员数量。

（2）划定范围。值班警察组织罪犯文体娱乐活动时，必须事先划定场地，并设置警戒标志。

（3）强调纪律。值班警察在文娱活动开始前，必须组织罪犯列队点名或清点人数，强调有关纪律和活动要求，并按照制定好的活动方案进行。

（4）重点部位管理。集体文娱活动期间，值班警察锁好医务室、活动室、图书室、谈话室、储物室以及监舍大门、仓门、楼层门、阳台门。

（5）现场管理。值班警察要全程监控活动情况，防止违纪违法行为发生。对因身体等条件限制不能参加集体娱乐活动的罪犯，编排互监组进行集中管理。文娱活动期间罪犯需上厕所的，按互监组管理规定进行。

（6）活动记录。值班警察将参加人数、活动开展情况、罪犯反映、异常情况等登记在《值班日志》中。

【注意事项】

（1）节假日或工（课）余及其他休息时间，罪犯在允许范围内可以参加健康有益的文体活动。

（2）罪犯不准制作、阅读、传抄、复制、传播非法读物、图片以及搞封建迷信、庸俗乏味、低级下流活动，不准文身、赌博。不听、不唱、不编不健康歌曲。不准打架斗殴、聚众滋事、练拳习武、制造凶器，不准拉帮结派、传授犯罪伎俩。

（3）罪犯要按规定时间听广播、看电视。收听、收看新闻及规定的教育节目时，不准从事其他活动，不准闲谈走动，不准擅自开闭、选台；在收听、收看其他节目时，应经警察同意后，可以选台，可以从事其他有益活动。借阅图书时，要服从管理人员管理，办理借阅手续。

（4）罪犯在进行文体活动时，要遵守活动规则，尊重工作人员，讲究文明礼貌。要爱护文体活动器材设施，不准私自拆散、拼装，损坏要赔偿。要注意维护文体活动场所的环境卫生。进行文体活动不得影响监狱正常活动，不得影响其他罪犯的学习、休息。

（5）值班警察要注意防止在文体活动中因碰撞、摩擦、违规裁判等现象引起的吵嘴打架、起哄闹事等行为的发生，防止罪犯借机进行违法犯罪活动。

（6）值班警察要注意通过这些活动，展示罪犯个人才能，调适罪犯心理状况，获取罪犯个人信息。

（7）值班警察要充分利用文体活动，宣传党的方针政策、国家法律法规，弘扬监狱主流文化，鞭策消极抗改行为，培养罪犯健康向上的集体意识和团结协作精神，锤炼罪犯良好意志品格。

（8）严格执行警察值班制度，现场的值班警察数不得低于罪犯数的3%，执勤部位应当安装触发式报警装置。

 【范例分析45】

［范例］某监狱"监区文化"建设开展得有声有色、丰富多彩。如每月组织罪犯学唱一首有健康意义的新歌；每季度组织一场主题歌会，如"春之花"、"夏之风"、"秋之果"、"冬之韵"主题歌会；还举办罪犯自编、自演的"在笑声中思索"的相声小品晚会；举办"让亲人们放心"大型主题晚会；利用节假日组织大型亲情帮教活动。该监狱"监区文化"建设产生了较好的社会效益。你认为搞好监区文化建设对深化教育改造工作有什么积极的作用？

［分析］监区文化建设是社会主义精神文明建设的重要组成部分，是实现把犯了罪的人改造成为遵纪守法的公民和对社会主义建设的有用之才，提高整个中华民族的思想道德素质和科学文化水平的一项重要措施。加强监区文化建设，就是要多形式、多角度、多层次地用社会主义思想占领监区这块阵地。清除封建主义、资本主义腐朽文化的影响。净化改造环境，陶冶罪犯思想道德情操，促进犯人认罪服法，矫正恶习，重新做人。这是适应罪犯结构，维护改造场所安全，稳定改造秩序，促进罪犯改造的需要。而且更有利于监规纪律的贯彻执行和监区的稳定。

 【情境训练45】

［案例］某监狱个别罪犯习练"法轮功"，监狱警察发现后出面制止，虽

经反复教育，但仍有几名罪犯态度顽固，屡教不改。一次在受到监狱警察的严厉批评后，有 3 名罪犯开始绝食。监狱出于人道主义考虑，为这 3 名罪犯准备了营养餐。这件事被张犯看在眼里，于是也开始在监室里打坐，口中念念有词，实际上同组的罪犯都知道张犯装神弄鬼是因为嘴巴馋。

如果你是值班警察，你将如何处理张犯的行为呢？

拓展阅读

1. 孙平：《文化监狱构建》，中国政法大学出版社 2007 年版。
2. 课外观看法国电影《放牛班的春天》。

【学习情境 22】 劳动现场管理

学习情境 22.1　监内劳动现场管理

知识储备

一、监狱组织罪犯劳动的依据

根据《监狱法》第 69 条规定："有劳动能力的罪犯，必须参加劳动。"但已丧失劳动能力的罪犯，不参加劳动；身体有病的罪犯，经医生诊断认为需要休息和治疗，并经主管人员批准的罪犯，在患病期间不参加劳动；有其他特殊情况经批准的罪犯，可以暂不参加劳动。

二、值班警察在使用罪犯从事服务性、事务性工作时的注意事项

（1）不准使用罪犯带领罪犯出工、收工、点名。

（2）严禁使用罪犯进行采购物资、联系生产业务、洽谈生意、签订合同及其他经营活动。

（3）不准使用罪犯驾驶汽车、摩托车和拖拉机等机动车辆。确因生产需要，可使用罪犯驾驶电瓶车、叉车、挖土机等，但必须挑选表现好的、经监狱领导批准后，才能让罪犯从事驾驶，驾驶行车范围仅限于狱内。

（4）不准使用罪犯看管仓库、变电室、广播室、水源。

（5）不准使用罪犯看管禁闭室。

（6）不准使用罪犯办理案件。

（7）不准使用罪犯检查其他罪犯的信件、物品，以及来监探视的罪犯亲属携带的物品。

（8）不准使用罪犯整理、抄写、保管有关管教工作方面的材料和其他机密材料。

（9）不准擅自带重刑罪犯到狱外劳动。

（10）不准使用罪犯为值班警察个人提供劳务。不准使用罪犯充当值班警察办公室的勤杂工、监狱职工食堂的炊事员、职工理发室人员、职工浴室工作人员等。

三、"6S" 管理

由日本企业的"5S"管理扩展而来，我国20世纪80年代推行TQC就包括了"5S"管理的相关内容，是现代企业管理行之有效的现场管理理念和方法。其作用是提高效率，保证质量，使工作环境整洁有序，预防为主，保证安全。"6S"的实质是一种强调执行力和纪律性的企业文化，是实现现场精细化管理的基础和管理平台。

（一）整理（SEIRI）

将工作场所的任何物品区分为有必要和没有必要的，除了有必要的留下来，其他的都消除掉。目的：腾出空间，空间活用，防止误用，塑造清爽的工作场所。有必要和没有必要物品的判断基准，要依据企业的实际情况（工艺定额、工时定额、储备定额等）确定物品判断基准。

（二）整顿（SEITON）

把留下来的必要的物品依规定位置摆放，并放置整齐加以标示。目的：工作场所一目了然，消除寻找物品的时间，整整齐齐的工作环境，消除过多的积压物品。整顿的实施应具备相应的管理流程，履行没有必要物品整顿的处理的相关手续，做好记录并备案。

（三）清扫（SEISO）

将工作场所内看得见与看不见的地方清扫干净，保持工作场所干净、亮丽的环境。目的：稳定品质，减少工业伤害。是改善环境的重要行动和措施，是消除生产现场跑冒滴漏的群众性基础管理工作。

（四）清洁（SEIKETSU）

维持上面3S成果。保持良好的优雅的生产工作环境，环境影响心情、环境影响精神、环境影响工作，塑造企业形象的内涵。

（五）素养（SHITSUKE）

每位成员养成良好的习惯，并遵守规则做事，培养积极主动的精神（自主性、习惯性）。目的：培养有好习惯，遵守规则的员工，营造团结精神。是企业文化的组成部分，是企业形象重要体现。

（六）安全（SECURITY）

重视全员安全教育，每时每刻都有安全第一观念，防患于未然。目的：建立起安全生产的环境，所有的工作应建立在安全的前提下。

因其前五个词组日文的罗马拼写和第六个词组英文的字母以"S"开头，因此简称为"6S"。

【工作要点】

一、出工

（1）集合罪犯。值班警察按规定时间，在指定区域集合队伍清点罪犯人数。

（2）搜身检查。值班警察对罪犯进行安检门检查或搜身检查，搜身检查的重点是罪犯的口袋、衣领、鞋子、袜子等部位，确保罪犯不私带物品和按要求着装、佩戴分级卡等。

（3）出工报告。值班警察向值班领导报告罪犯出工情况，听到领导出工指令后，组织罪犯按顺序报数出监舍区大门，并与监舍值班警察交接罪犯人数。

（4）队列指挥。一名值班警察在队伍左前方带领罪犯列队前往生产区，行进过程中下达队列行进口号或组织唱歌；另一名值班警察在队伍右后侧监管。途中队列如有停止，值班警察位置不变。

（5）强调劳动纪律。值班警察将队列带到生产区整理队列后布置劳动任务，强调劳动纪律以及有关注意事项。

（6）进入车间。一名值班警察开启车间大门先行进入车间监管，其他值班警察组织罪犯进入车间。罪犯进入车间后，关上车间门，并及时清点人数。

（7）填写台账。值班警察填写《清点人数登记表》等台账。

二、组织罪犯劳动

（1）分配劳动任务。罪犯到达劳动岗位后，值班警察根据罪犯劳动能力和劳动情况及时分配劳动任务，发放劳动工具，落实"6S"管理。

（2）巡查劳动现场。罪犯劳动期间，值班警察按规定巡查劳动现场，对照劳动工位每小时清点1次罪犯人数。罪犯劳动期间原则上集中、统一安排上厕所，特殊情况经批准后进行。

（3）管理外协人员。外协人员进入罪犯劳动现场时，实行定置管理，确需离开定置岗位进入罪犯劳动区域时，必须有警察陪同，外协人员不得单独与罪犯接触。

（4）生产区进出管理。值班警察及时登记罪犯进出情况，对中途进出的罪犯应搜身检查；没有警察带领，罪犯不得出入。

三、收工

（1）响铃。值班警察根据劳动时间响收工铃，组织罪犯有序整理劳动工具和物品。

（2）收回劳动工具。值班警察对照《劳动工具领取登记本》，逐件清点、核对，由罪犯和警察分别签名确认。

（3）集队。值班警察组织罪犯，以互监组为单位依次通过车间门，并在指定区域集合。集合罪犯时，一名值班警察预先到达集合区域，组织罪犯集队，其余值班警察负责车间清场、关闭电源、锁门等工作。

（4）清点人数。值班警察在指定区域整理罪犯队列，清点人数，搜身检查。

（5）收工讲评。值班警察对罪犯完成劳动任务、安全生产、守纪表现等情况进行讲评，讲评地点可在生产区或监舍区。

（6）收工报告。值班警察向值班领导报告罪犯收工情况，听到领导收工指令后，将罪犯带回监舍区。

（7）组织罪犯回监舍。值班警察组织罪犯有序报数进入监舍门，并与监舍值班警察进行交接罪犯人数。

【注意事项】

（1）值班警察应保证生产区内的全封闭管理。各车间内要划定警戒线，设置警戒标志，安装报警装置，设置监督岗。值班警察办公室要安装防护设施、通讯工具和报警装置。

（2）搞好劳动保护。要有防暑降温、防寒取暖设备。注意环境保护，防止粉尘、有毒物质、废渣垃圾和噪音污染。

（3）罪犯出入劳动现场，必须由值班警察亲自带领。未经允许，外来人员、车辆不得入内。

（4）要严格限定罪犯活动区域，固定劳动岗位，严格控制流动罪犯，实行定岗定位定活动区域的管理制度。

（5）要严格对现场生产劳动工具的管理，做到集中统一保管，统一发放，统一回收，严禁罪犯私藏劳动工具或将劳动工具擅自带入监舍。

（6）劳动所需的易燃、易爆和剧毒物品要设专门库房由专人保管，分类存放，加封加锁，严格出入库手续，做好安全防范，防止失盗、失火。

（7）收工时要进行细致的人身搜查，严防各类生产事故和安全事故发生。

（8）工业单位车间设更衣室、工具箱或保管室。所存工具、衣物要摆放整齐，定位管理，不得妨碍安全管理。要设污物箱、垃圾箱及保洁工具，随时清理工业垃圾和各种杂物。车间各种原材料、半成品及成品实行分类编号摆放，做到数目清楚，整齐划一，秩序井然。农业单位的库房、场院要保持整洁，储藏物要摆放整齐，有完好的防火、防雨、防潮、防鼠和通风设备。剧毒物品仓库必须严密、坚固并指定警察或工人专人管理。

（9）因工作业务需要必须进入劳动现场的外来人员，要按规定办理手续，并由值班警察带进带出。外来人员不得随意接触罪犯，不得为罪犯捎带任何物品。运送货物的外来机动车辆，经批准后方可进入车间或仓库。进入现场后，车头必须朝里，驾驶员离开车辆时，必须拔出点火钥匙，摇上玻璃，锁好车门。驶出现场时，必须接受严格检查。其他任何车辆（含非机动车辆），未经监狱领导批准并经门卫严格检查，不得进入劳动现场。

（10）值班警察要亲自整队、清点人数，检查罪犯着装及随身携带物品。出工前应根据劳动项目、地点，仔细排定出工罪犯人数及名单，并填写出工单。出工时，应向罪犯讲明劳动项目、地点，强调罪犯劳动纪律、安全事项和其他应注意的问题，并同时密切观察罪犯的言行举止、表情神态、列队位置及入列时间等。发现有异常表现的罪犯应迅速查明原因，及时处理，必要时可禁止某些罪犯出工。收工时，督促罪犯迅速清理劳动现场，擦拭并收回劳动工具，保养机器设备，关闭门窗、电源，打扫现场卫生，快速列队集合。警察要进行简短的队前讲评，观察罪犯的表现，然后带回监舍，安排罪犯下一活动内容及要求，并及时回办公室填写值班日志，如实记录各种情况，及时处理劳动中发生的问题。值班警察在带领罪犯出工、收工经过监狱设在生产区门口的固定看守岗位时，应当登记。

（11）罪犯出工、收工时的行为管理。罪犯听到出工、收工号令，要着装整齐，按规定的时间，编排的位置，到指定的地点列队，听候点名。报数时要全神贯注，声音清晰洪亮，准确无误。无论出工收工，罪犯列队位置都应当固定，如有罪犯缺员未到，后边罪犯不得擅自替补。队伍行进过程中，要步调一致，统一行动，不得掉队。罪犯出入监狱大门时，应先在警戒线处停下，按照带队警察的指挥，逐一按序报数通过。待所有人员通过后，再一起列队向前行进。

（12）罪犯劳动过程行为管理。在劳动过程中，要坚守劳动岗位，遵守劳动纪律，不准大声喧哗、谈笑打闹和睡觉，不准做私活，不准擅自离岗、串岗、换岗。罪犯必须亲自完成劳动任务，不准让他人代替，不准欺压其他罪犯。不准破坏生产、消极怠工、偷窃、毁坏公私物品。不准私造刀具，不准私藏违禁品，不准赌博、饮酒，不准搞违法犯罪活动。

（13）罪犯要努力学习生产技术，严格遵守工艺操作规程，不违章作业，注意安全生产，保证产品质量。要注意修旧利废，增产节约，降低成本，杜绝损失和浪费。要积极开展技术革新，努力提高劳动生产率，保质保量完成生产定额和作业计划。废、次品不得超过规定指标。要坚持文明生产。罪犯要按规定穿用操作服、佩带标记和穿戴绝缘服装、鞋靴、手套。必须遵守车间、仓库定置管理规定，做到各类原料、成品半成品、工具摆放整齐。要爱护设备、工具，注意维修保养，消除事故隐患，不发生人身、设备事故。

（14）劳动结束后，要交还劳动工具、关闭电源、熄灭灯火、打扫卫生，按规定要求交接班。严禁将各种工具、违禁品带入监舍。

【范例分析46】

［范例］2008年3月12日，本是白班的谢某以有两个活儿没做好为由与狱友换班。当晚22时许，谢某在监区车间干活，见没有人注意自己，假借上厕所之机准备逃跑。他从门缝取得钥匙后打开工艺室的门，然后从工艺室窗户跳出，逃至另一监区存放吊车的车库。他先撬下了车库窗户上的玻璃，跳进车库，经过检测认为吊车可以使用。于是他跳出车库，用事先自制的撬锁工具撬开车库门锁。将吊车倒出车库后，谢犯遂驾驶徐州QY12型吊车（起重12吨，自重16吨），加速冲向监狱南门，在连续冲破防暴门、A、B门三道大门及铁艺围墙后，驾车逃离监狱。6天后被公安机关抓获。

［分析］1. 警察思想麻痹，疏于防范。夜间组织罪犯生产劳动，当班警察对罪犯劳动现场的大门疏于管理，致使罪犯伺机溜出了厂区大门，竟无人察觉。

2. 监管制度落实不到位。监狱车辆管理松懈，对基建施工用的8吨吊车的危险性认识不足，而且车库的门锁能轻易砸开，车辆与车钥匙没有分开存放管理，最终成为了罪犯脱逃的工具。警察直接管理落实不到位，罪犯溜出厂区大门值班警察竟然没发现。罪犯互监组制度未发挥作用，罪犯离开劳动岗位无人监管，无人报告。罪犯点名制度不落实，罪犯随意走动，活动自由度大，管理失控。同时，监管设施不牢，三道铁门也没能挡住车辆，并且车辆在撞破铁门后还可以继续行走，使罪犯暴力冲监脱逃得以成功。

3. 监狱未充分重视狱情调研工作，狱情排查不到位。罪犯实施这么大手段的脱逃行为，应该是经过详细考虑和规划的。而监狱竟长时间未掌握此犯的异常情况，并未采取有针对性、有效的预防控制措施。对狱情排查不深，耳目不灵，导致了该案的发生。

【情境训练46】

[**案例**]　某罪犯向值班警察反映，罪犯张某最近经常偷偷摸摸地在车上加工零件。对此，监区非常重视，秘密搜查了张某的工具箱，发现工具箱里放着加工好的套筒、摇把、转盘等，但又分析不出是干什么用的。你认为下一步监区警察应采取什么措施？

拓展阅读

黄绍华、孙平主编：《监狱现场管理实训教程》，中国政法大学出版社2006年版。

学习情境22.2　监外劳动现场管理

知识储备

一、狱外劳动现场及其特点

狱外劳动现场主要是指在狱外从事农、林、牧、矿业生产的劳动场所，也包括一些从事狱外建筑、挖沟、修路、输出劳务的劳动场所及其状况。狱外劳动现场在监狱围墙之外，现场地域范围较广，罪犯活动场地较大，警戒设施不完备，容易发生罪犯脱逃行为，所以，原则上不许组织罪犯从事狱外劳动。确实需要的，监狱必须认真实地考察，精心规划设计，对劳动项目、罪犯名单、警力部署等都要经监狱领导集体研究决定，经省级监狱管理局领导批准，以确保监管安全。

二、互监组

互监组是监狱适应监管工作的实际需要，对每个小组的罪犯，按改造表现得好、中、差分类搭配，建立的3~4人互监、互帮、互学的改造组织。互监组成员之间执行严格的"五同"制度，即同在一起学习，相互帮助，共同提高；同在一起劳动，相互监督，开展竞赛；同在一起生活，相互照顾，协助解决困难；同在一起活动，相互制约，防止单独行动。实践表明，互监组可以有效控制罪犯脱管失控，预防和减少监管事故发生。

【工作要点】

一、设置警戒设施

狱外劳动现场设置必要的监管警戒设施，配备通讯、交通工具和警戒具、武器，以及必要的劳动保护设施。

二、划定警戒范围

狱外劳动现场要划定警戒范围，树立明显的警戒标志，选择有利地形部署外围警戒力量。

三、全程武装警戒

驻监武警部队应派出适量武警战士，全副武装随行押解和警戒。要特别注意出工、收工途中的押解警戒。

四、谨慎选择外役犯

狱外劳动应选择改造表现好、余刑不长的罪犯参加，死缓犯、无期徒刑犯、重刑犯、危险犯以及思想不稳定、家庭有变故的罪犯和累犯不得参加。

五、落实监管制度

值班警察要根据生产劳动需要将罪犯编为若干互监组，同组罪犯实行同学习、同劳动、同休息、同生活、同行动。

六、加强现场管理

警察要始终在生产现场直接管理，认真巡查现场，清点罪犯人数。

七、严格出入管理

参加劳动的罪犯要由值班警察亲自带进带出，经过生产区大门时，要经过大门值班警察的检查和登记。

【注意事项】

（1）罪犯在劳动现场时，要听从警察指挥，在警察的指挥下进行生产、休息等活动，不准擅自脱离规定的劳动区域。

（2）在劳动过程中不得私自与外界人员接触，索取、交换钱物，不准私自购买物品。罪犯从事农业生产劳动时，不要损坏庄稼、花草、果木及其他农作物和经济作物，爱护农机具、农田水利设施及其他田间设施。

（3）罪犯未经许可，不准进入值班警察办公室、办公区、生活区及其他单位人员工作区、生活区。

（4）罪犯在野外劳动现场有事必须找值勤人员时，应在5米以外止步报告。

（5）罪犯每天劳动时间为8小时。在季节性生产等特殊情况下，可适当延长劳动时间。在法定节日、休息日一般不安排劳动，特殊情况下安排劳动要组织补休。

（6）狱外劳动现场不得设在市区内。不准罪犯与社会人员混杂劳动。

（7）临时狱外劳动现场的警戒标志，可以用白灰线、铁刺网、旗子、绳子、栅栏等代替，或者用专用的印有明显文字和标记的隔离带围起来。当日不能返回监狱的要有居住和生活的基本条件。长期狱外劳动现场应当建有围墙，设立固定的警戒标志，既要防止罪犯跨越，也要防止外人进入。

（8）现场要有足够的管教、看守警力，严禁警官单独执行带队任务。

（9）对濒临公路、铁路、河流和重点村庄、企业的，要加强警戒力量，防止罪犯脱逃、破坏或被劫夺。

（10）值班警察和武警部队应密切配合，加强联络，明确职责，及时处置突发事件。

【范例分析47】

［范例］罪犯丁某，因故意伤害罪被判处有期徒刑3年，1995年6月入监服刑。丁某入监后曾在同犯面前散布自己吃了"风头官司"，扬言要报复办案人员。1996年春节期间，丁某听说5月份监区将去市区参加路桥改造建设工程。因此春节一过，丁某就以身体虚弱为名，坚持文体活动时间锻炼长跑。服刑态度也有较大转变，劳动表现比较突出，因此逐渐取得了监狱警察的信任，被委任为罪犯监督员。5月初丁某终于如愿以偿，被选为外役犯。来到市区工地的第一天，丁某就利用罪犯监督员的便利，乘武警战士不备，从劳动现场快速跑进附近的居民区。在监狱警察和武警战士的奋力追赶下，丁某体力不支被抓获，监狱警察从丁某腰间查获自制刀具一把。

[分析] 1. 监区警察的思想麻痹，头脑不够清醒。由于罪犯的思想改造具有复杂性和隐蔽性的特点，实践中一些监狱警察习惯于从罪犯的日常行为，尤其是从生产劳动情况来判断罪犯的改造表现。因此如果缺乏长期细致的观察和思考，就容易被罪犯的虚假改造行为所蒙骗。丁某的行为就是典型的"要想跑，改造好"的实例。

2. 监区警察落实制度不严不细，为丁某的脱逃创造了机遇。丁某入监时间不到一年，就从一名危险分子变成了一名事务犯，并被选为外役犯，足见监区警察落实事务犯制度和外役犯制度不严不细，在部分警察心里还存在着对轻刑犯和事务犯轻信和依靠的心理，而这恰恰为丁某这样的狡猾罪犯创造了可乘之机。

【情境训练47】

[案例1] 某监区15名罪犯在监外稻田里收割水稻时，罪犯葛某以有事报告为由，靠近值班警察，用镰刀挟持值班警察欲图脱逃，另有2名罪犯用镰刀威胁武警战士以及其他罪犯。如果你是这名值班警察，请问你将如何处置？

[案例2] 罪犯安某，在监外劳动现场被高空坠物砸中头部，造成颅脑重度损伤，生命垂危。如果你是现场值班警察，你将如何处置？

情境22.3 零星分散劳动现场管理

知识储备

零星分散劳动，是基于监狱有些劳动项目只需要少量人员，甚至一个人就可以完成的劳动任务，如饲养、管护、维修、服务等连续性工种而安排的。这些工种主要是围绕为罪犯生活服务而进行的，往往要全天候服务，不能与大多数罪犯的生活、劳动同步，因此具有分散性、个体性、流动性、多样性特点。零星分散劳动的罪犯活动范围较大，行动较为自由，监管这些罪犯有一定困难，需特别注意加强现场管理。所以，监狱零星分散劳动的项目、岗位，要尽可能由工人或聘用的其他人员担任，只有在特殊情况下，再考虑由罪犯去充任。

【工作要点】

一、严格控制比例

严格控制零散劳动的罪犯人数。正常情况下应控制在押犯总数的 5% 以内，特殊情况下，如农忙季节不得超过 10%。

二、严格筛选罪犯

严格选用短刑犯或余刑较短的、改造表现一贯较好、有相关知识、技能的、无违法犯罪可能的罪犯。对累犯、流窜犯、犯罪团伙首犯、主犯、有脱逃史的罪犯、有报复、行凶、破坏迹象的罪犯，家庭有重大变故或无家可归的罪犯，均不得选用从事零星分散劳动。

三、落实监管制度

对零星分散劳动罪犯有 2 人或 2 人以上，从事相同、相近工种，在相同、相近地点劳动的罪犯，值班警察应尽可能将其编为同一互监小组，指定 1 名罪犯为罪犯小组长，进行协调有关事务。

四、加强现场管理

值班警察应向罪犯讲明所从事劳动岗位职责要求、内容要求、行为要求及环境规范要求，指定专门警察采用公开和秘密相结合的方法进行经常性的监督、检查和考核。

五、实行定期轮换

对零星分散劳动的罪犯可实行定期轮换，对检查中发现有违规违纪行为的，应及时予以批评教育或及时撤换。

【注意事项】

（1）零星分散劳动的罪犯不准脱离规定的劳动区域。在劳动过程中，零星分散劳动的罪犯要坚守劳动岗位，不能擅自离岗，不准睡觉，不准搞违法犯罪活动。

（2）零星分散劳动现场的罪犯要严格遵守劳动纪律，服从管理，定期定时向管理人员报告自己的劳动、生活情况。

（3）零星分散劳动的罪犯不准私自会见亲属，不准留宿他人，不准与无关人员接触，不准藏匿或私分集体财产，不准为他人私发信件、采购物品或传递保管财物。严禁零星分散劳动的罪犯外宿居住。

【范例分析48】

[范例] 罪犯高某，41 岁，曾因盗窃罪被判有期徒刑 10 年。刑满释放后，于 1981 年又因走私罪被判有期徒刑 7 年。该犯投入改造后，因表现"积极"，又懂点测绘技术，被调到基建大队搞测绘和设计。这期间该犯以生产需要等借口，经常超越警戒线。时间一长，哨兵对此也习以为常。1982 年 8 月 15 日下午 4 时许，该犯以量石方为由骗过哨兵脱逃。

[分析] 高某系"二进官"罪犯，在二次服刑期间，表面伪装积极，暗地里却扬言逃跑，并说自己已提前做好了逃跑的准备。对此，监狱警察虽有所耳闻，但并未引起足够的重视。只是急于生产所需，为了利用高某的一技之长，把入监不到一年的高某指派为生产统计员和测绘员，为高某的逃跑创造了有利条件。可见该监区警察的警惕性和犯情意识薄弱，监管制度落实得不到位。

【情境训练48】

[案例1] 某监区承担着汽车修理任务，由于技术过硬，价格公道，常有社会上的车辆来狱内维修。时间一长，就发生了社会上的司机为罪犯夹带烟酒等非生活必需品的现象。如果你是该监区监区长，你将如何处置？

[案例2] 某监狱罪犯伙房，最近经常发生肉、蛋等副食品被偷的情况。如果你是值班警察，你将如何处置？

【学习情境23】　学习现场管理

学习情境 23.1　课堂学习现场管理

知识储备

一、学习现场的范围

学习现场是监狱对罪犯实施思想、文化、技术教育的场所以及用于罪犯学习的其他场所。包括教室、图书阅览室、实验实习场所、电教中心、听报告、看电影的露天场所或礼堂、罪犯自学的场所、进行个别教育的场所等。

二、监狱要有计划地组织罪犯进行思想教育、文化教育和技术教育

要联系实际，结合形势对罪犯进行以法制、道德、政策、前途为内容的思想教育。要根据罪犯文化水平情况和监狱生产需要进行以扫盲、小学、初中为主的文化教育和职业技术教育。要开展形式多样、生动有效的教育活动，积极开展社会帮教、辅助教育和个别教育，鼓励罪犯自我学习。要建立教育教学机构，配备专职人员，制定教学计划和教学管理的各项规章制度，组织好日常教学活动，搞好教辅工作。要购置必要的教学设施设备，购买图书报刊资料。对各个学习场所应根据其用途精心设计、布局，营造积极健康、和谐统一的学习环境氛围。

三、合理组织与安排学习

要认真搞好罪犯学习组织工作，合理安排学习时间，保证罪犯接受教育教学时数，避免与其他活动发生冲突。要做好教学场所、教学设施、设备和有关物品的日常维修、保管工作，做好防火工作。

四、统一规划学习场所

要根据押犯规模和安全需要统一规划学习场所，既要有专门进行课堂教育的教学楼，也要有进行集体教育的礼堂、报告厅，还应有分散在各个监区、分监区的文化活动室、谈话室、图书阅览室等场所，满足罪犯学习需要。社会帮教应选择具有典型意义的人物和事迹，要有明确的目的和鲜明的主题，强调活动纪律，避免发生不良行为。露天场所进行的或大规模罪犯参加的集体学习应注意做好安全控制。

五、完善学习现场

课堂学习现场就是指专门进行课堂教学的场所，即教室。教室一般都设在专门的教学区内。教学区内除设有教室外，一般还设有教研室、教师备课室、图书室、阅览室、实验室、电教室、演播室、展览室等教学工作场所以及相关的教学设施、设备。

【工作要点】

（1）报告。罪犯须到狱内其他监区或教学楼学习、帮教、接受辅助教育时，监区值班警察应向监区值班领导报告外出学习人数、学习地点等。

（2）点名、搜身。监区值班警察集合外出学习的罪犯，并点名、搜身检查。

（3）编排互监组。监区值班警察对参加学习的罪犯，编排临时互监组。

（4）填写台账。监区值班警察及时将外出学习罪犯人数、时间、地点、事由等情况填写在《值班日志》上。

（5）押解。外出学习的罪犯由监区值班警察负责押解；监狱分散关押点的罪犯须到狱部学习的，按押解要求配备警察。

（6）移交。监区值班警察将罪犯带到学习地点后，及时将罪犯移交给现场警察监管。

（7）组织入场就坐。值班警察以临时编排的互监组为单位组织罪犯入场就坐。

（8）现场管理。罪犯学习时由监区值班警察和现场警察负责全程监管。

（9）带回。学习结束后，监区值班警察就地集合罪犯清点人数，并办理离场登记；罪犯带回监区后，进行搜身检查，并将外出罪犯人数、时间、地点等记录在《值班日志》上。

【注意事项】

（1）罪犯上课前，应穿戴好衣帽，带上相关书籍和学习用具，迅速到指定地点集合，在值班警察的带领下，列队进入教室。进入教室后，要按顺序立即在指定的座位就坐，做好课前准备并保持安静。若与教师同时进入教室，要让教师先行。罪犯迟到，应先喊"报告"，经教师允许后方可进入教室。

（2）上、下课时，要喊"起立"，全体罪犯应迅速起立，立正站好，向教师行注目礼。教师回礼后，喊"坐下"，开始上课或下课。下课后，应让教师先走，罪犯随后依次走出教室，在指定地点列队报数，由值班警察带回到监舍。

（3）罪犯上课时，坐姿端正，不准脱鞋、跷腿，不准穿背心、短裤，不准赤膊光脚，不准穿拖鞋。冬天不准戴口罩。上课时要遵守课堂纪律，注意听讲，认真记录，有疑问时要举手示意，得到允许后再起立发问或说明。上课时不准看与课程无关的书刊、报纸，不准做作业，不准交头接耳、随意说笑，不准睡觉，不准抽烟，不准乱丢垃圾、随地吐痰，不准上厕所。不得传递物品，随意走动，不得喝水、吃食物或做其他妨碍课堂教学的动作。

（4）教师课堂提问时要起立，认真回答。回答完毕，经教师同意后，方可坐下。罪犯对教师工作有意见时，应在课后向教师本人或管理人员提出，不得顶撞、辱骂、殴打老师。课后，要认真复习，按时独立完成作业。

（5）罪犯要积极参加技术培训，学习科学知识，努力钻研生产技术，熟练地掌握本岗位生产技能，争当生产技术能手，争取掌握一技之长，为释放后就业创造条件。

（6）自习时，罪犯应认真学习，保持良好秩序，不得影响他人。值日时，应认真负责，搞好卫生清洁，按时擦黑板。进行实验时，要严格遵守操作规程，防止造成人身财产损害，不得偷窃实验器材和原料。考试时，要遵守考试纪律，如实做答，不得作弊。不得与监考工作人员争吵，对监考工作人员有意见，可通过正当途径向管理人员提出。

（7）罪犯要爱护教室的一切财产。不准乱刻乱画、涂污墙壁、桌面。不得擅自搬走室内设施设备。离开教室时，要关闭电源，关好门窗。

【范例分析 49】

[范例] 2009 年 6 月 18 日 17 时 10 分，某未成年犯管教所某监区 116 名罪犯上完课来到教学楼前的广场集合。值班警察清点人数时发现罪犯冼某不知去向便立即报告指挥中心。经搜索发现冼某站在教学楼五层天台上，神情呆滞，似有自杀倾向。闻讯赶来的警察爬上五楼，发现通往天台的天井已被压住，无法登上天台。后经厅局领导、专管警察、冼某亲友长达十个多小时的教育劝说，冼某最终放弃跳楼念头，于 6 月 19 日 3 时 44 分自行回到地面。

事后据冼某交代，6 月 18 日 14 时 35 分，二监区 116 名罪犯到教学楼上课。监区警察与教务处值班警察交接完后，教务处值班警察组织罪犯由教学楼东、西楼梯进入课室。冼某走到四楼警察执勤位置后停了下来，互监组罪犯以为冼某要找监区警察便没有理会。由于去上课的罪犯都是小跑进入课室，致使最后上四楼执勤的警察和走在最后的罪犯之间有一段距离，恰好造成冼某的脱管。冼某见没人注意他，就直接上了五楼连接小房（小房顶有天井直通天台）的楼梯。在第五个阶梯处坐下来后，用笔尖割脉自杀但没成功。没多久冼犯就睡着了，到了第二节下课约 16 时 5 分，冼某从五层楼梯横梁与防护网之间的缝隙（宽 18 厘米）穿过天井爬上了天台，并将天井盖盖好、压实。然后就一直在天台上呆着，准备自杀。

[分析] 1. 监管设施隐患排查不到位。教学大楼五楼通天台天井盖板没有安装锁具加固，教学楼东楼梯后窗防护网与横梁间距离足以通过一个人，这么明显的隐患均未排查出来，为冼某由五楼爬向天台提供了可乘之机。

2. 监区对重点罪犯的控制不到位。监区虽然已经排查出冼某的危险性，并把冼某列为 B 类重点管理罪犯，但夹控工作未得到落实，互监组制度流于形式，清点制度名存实亡，才造成了冼某较长时间脱管，最终导致事件的发生。

3. 对顽危犯转化不力。冼某性格内向、容易波动。入所以来总是想方设法逃避劳动改造。与家庭成员和互监组成员关系紧张，在心理上对为数不多的要好同犯李某产生过度的依赖。当李某外调后，使冼某倍感孤独无助，因此才产生了极端的想法。但监区只采取了一般性的心理干预措施。

 【情境训练49】

[案例1] 罪犯邢某，上文化课时在教室内大声说话，违反了课堂纪律，受到关押禁闭的行政处罚。邢某对此不服，提出复议申请。结合实际工作，谈谈罪犯邢某能否申请复议？为什么？

[案例2] 某日文化课期间，罪犯夏某向值班的谢警官报告，称罪犯郑某私藏劳动工具剪刀一把，谢警官说："郑某不是我专管的，我不方便处理。这件事你要向专管郑某的黄警官报告，由黄警官去处理"。请谈谈你对此事的看法。

学习情境23.2　狱外学习现场管理

知识储备

狱外学习现场是指监狱组织罪犯狱外参加专题教育、专门会议、听报告讲座、看文艺演出、看电影电视等活动的场所。

【工作要点】
一、呈报

经省监狱管理局批准同意，罪犯到狱外学习、帮教、接受辅助教育等的，分管狱政管理工作的监区领导填写《罪犯离开监管区审批表》，报狱政管理科审查、分管狱政管理工作的监狱领导审核、监狱长批准。

二、警力配备

根据狱政管理科制定的押解方案配备押解警力，按罪犯与警察1：3、2：4、3：6的比例配备押解警力；4至6名罪犯的，配备8名押解警力；7名以

上的，以 8 名警力为底线，按 20% 的比例配备押解警力。

三、搜身检查

根据外出学习罪犯名单，分管狱政管理工作的监区领导、押解警察集合、核对罪犯，并进行搜身检查。

四、押解、现场管理

分管狱政管理工作的监区领导、押解警察按狱政管理科制定的押解方案执行，确保安全。

五、押回监管区

返回监狱后直接将罪犯押解回监区，分管狱政管理工作的监区领导、押解警察对携带物品进行严格检查和认真搜身，即时逐级报告，并将外出罪犯人数、时间、地点等记录在《值班日志》上。

【注意事项】

（1）罪犯参加狱外学习时，要服从管理，听从指挥，不得说话、起哄，不得吵嘴打架，不得丢弃垃圾，不得随意走动。

（2）在狱外学习过程中，罪犯要衣冠整齐，坐姿端正，认真听讲、观看，做好笔记。学习结束后，要积极参加学习讨论，写出总结，努力提高思想认识。

 【范例分析50】

[范例] 2009 年 7 月 11 日一大早，河南周口监狱 10 名罪犯坐上了大巴，外出参观漯河市临颍县南街村和周口市的吉鸿昌纪念馆。在吉鸿昌烈士纪念园，他们缅怀了吉鸿昌烈士的爱国主义事迹，向吉鸿昌烈士敬献了花篮，并在烈士铜像前宣誓：诚信改造，做守法公民。当然，也有人对此提出质疑：这些失去自由的罪犯突然身处自由环境，会不会趁机脱逃，危害社会？

[分析] 周口监狱组织 10 名罪犯外出参观学习是一种教育改造的创新模式。让服刑罪犯适当走出监狱，感受社会的巨大变迁，有利于罪犯再社会化，有利于刑释后重新回归社会。当然，外出参观学习的效果要依靠狱政管理部门的配合与保障。首先，本次外出的 10 名罪犯经过严格挑选，他们均属宽管级别，都曾连续两年被评为监狱改造先进个人。其次，监狱为每名外出的罪犯安排一名警察押解。而且罪犯到参观地前按照规定要戴手铐，即使参观时罪犯也不会脱离警察视线。这种"一对一"的看守保证了学习活动的安全。

【情境训练50】

[**案例**] 某年12月，省展览馆隆重举行"纪念改革开放30年成果展"。你监区将有20名女犯去参观学习。作为带队警察，请你制订本次参观学习的实施方案。

拓展学习与训练

试工试读是我国改造未成年犯的一种管理制度。其基本内容是未成年犯管教所在社会的配合下，将符合条件的未成年犯放到社会上的学校、企业中去跟班学习、跟班劳动，在此过程中实现改造目标，检验改造成果。

1. 你对试工试读制度如何评价？
2. 请说明你的态度和建议。

学习情境23.3　自学现场管理

知识储备

自学现场是罪犯自学的场所。图书阅览室，是罪犯自学的主要场所。监舍、教室等其他场所，经值班警察同意，也可以作为罪犯自学场所。

【**工作要点**】
一、设置图书阅览室

图书阅览室，一般以监区、分监区为单位建立，有条件的监狱也可建立图书馆和电子阅览系统，配备打印、复印设备。

二、鼓励罪犯自学

监狱可为参加自学考试的罪犯提供时间、地点、书籍资料、代为办理相关报名手续、提供参加考试的便利条件。

三、落实管理制度

要妥善保管资料，订立借阅登记制度，按规定开放，并负责对罪犯监控。必要时，也可以安排罪犯协助进行管理。图书阅览室要订购书刊资料，分类

立架存放。要张贴、悬挂格言、警句和英雄模范人物肖像。

四、值班警察直接管理

图书阅览室要由分管此项工作的值班警察直接管理，监舍、教室等其他场所，由相关部位的值班警察按规定负责管理。

【注意事项】

（1）罪犯自学时，要注意学习卫生。不躺在床上看书，不边走边看，不在暗弱和强光下看书写字，不得翻看阅读非法书刊。

（2）罪犯要遵守作息时间的统一规定，熄灯后不准点灯、看书、写字，不得影响他人休息。

（3）罪犯在借阅书籍报刊等资料时，要按规定办理借阅手续，爱护书刊资料，不准折页、裁剪、圈点、涂写、勾画，阅读完毕后应放回原处或及时归还，离开时放好桌椅。罪犯不得书写与所学内容无关的东西，不得利用监狱给予的自学便利条件从事违法犯罪活动，不得以自学为借口抵制监狱正常的管理、教育活动和生产劳动。

 【范例分析51】

[范例] 某监区几名少数民族罪犯经常在自由活动时间阅读宗教书籍，并且经常向周围的罪犯介绍书籍的内容。某日，这几名少数民族罪犯在监区图书室举行宗教仪式，引来其他罪犯围观，值班警察出面制止，这几名少数民族罪犯说值班警察侵犯了他们的宗教自由。后经值班警察的政策、法律教育，这几名少数民族罪犯终止了自己的行为。

[分析] 根据《监狱法》第7条的规定，罪犯在服刑期间，未被依法剥夺和限制的权利不受侵犯。因此罪犯在服刑期间享有宗教信仰的自由，但是宗教自由和宗教活动是两回事。根据司法部的相关规定，监狱场所内不得举行宗教活动，不得在监狱内设经堂、挂佛像，进行传教和宣传宗教教义的活动。值班警察的处置是正确的。

 【情境训练51】

[案例] 有些罪犯喜欢制作自己的"剪贴本"，因此图书阅览室的书籍常常被"开天窗"，甚至偷走。如果你是值班警察，你会用什么方法解决这类

问题?

拓展学习与训练

　　监狱要举办一次罪犯"求知图新"读书节系列活动，请你制作一份实施方案。

【学习情境24】　应急处置

学习情境24.1　自然灾害事故处置

知识储备

一、监狱自然灾害事件的概念

　　所谓自然灾害，泛指在一定时空范围内，是由于自然现象的异常变化作用于人类社会，从而造成人员伤亡、财产损失、社会秩序混乱，引起对社会生产生活的破坏、影响和阻碍社会经济发展的事件。主要包括暴雨、洪水、台风、冰雹、风雪、地震、水灾、火灾、山体滑坡、泥石流等。监狱自然灾害事件是指因自然规律作用侵害监狱监管安全的各种突发性事件。对监狱自然灾害事件的处置，一般应以抢险救灾，确保监管场所人员生命安全和财产安全，最大限度地减少灾害损失为主。以自然灾害发生的主导因素（地理属性）为依据，可把自然灾害分为四大类：气象气候灾害、地质地貌灾害、水文海洋灾害、生物灾害。此外，宇宙空间和太阳系的一些天体的特殊运动现象也会对地球和人类社会构成不同程度危害，这就是天文灾害（星灾）。不同类型的自然灾害其形成原因和特点又各不相同，给人们造成的影响和危害在范围、程度上也不相同，应当采取适当的措施加以应对。自然灾害的具有危害性、不确定性、并发性和区域性的特点，往往令人出乎意料，猝不及防，难以预测，增加了抵御难度。特别是人们如忽视了对灾害的预防，造成的损失尤其惨重。自然灾害给人类带来了各种难以想象的灾难性后果，从而酿成社会、经济和环境的重大损失，以致直接威胁到人类的发展和生存。自然灾害发生次数多，造成的损失大，危害的严重程度与灾害的频度、灾害的强度、

受灾地区的人口密度等因素密切相关，这是自然灾害的最主要特点。

二、突发自然灾害对监狱的危害

（一）对监狱物质财产的危害

大规模的突发性自然灾害破坏力大，往往会对监狱造成严重的生命财产损害：

1. 直接经济损失。直接经济损失主要是指自然灾害给监狱的人员和财产所带来的危害。监狱要保障对罪犯执行刑罚和改造罪犯的有效性，最基础的人和物不能缺少。一方面监狱需要一定的物质设施构成监狱作为基础；另一方面需要一定的人员构成来管理罪犯和监狱的运作。自然灾害给监狱带来的直接损失是有形的，能被人们直接所感知的，包括毁坏监狱围墙、监舍、生产厂房、监控报警设施、机器设备、直接造成的产品流失和破损，作物的减产、欠收、绝收等，以及造成监狱人员（包括警察、职工、家属和罪犯）的伤亡。

2. 间接经济损失。自然灾害导致监狱大面积的停电、停水、断粮，监狱的围墙、建筑的坍塌，各类警戒监控设施的失灵，监狱与社会的通信中断，监狱停工停产。监狱停工停产不但创造不出效益，反而会消耗原有的积累，还有为恢复生产而支付的费用，如修理或更新生产设备、厂房、监舍等以及由此而消耗的其他各类人力、财力、物力等。严重一点的甚至引发部分罪犯趁机脱逃、组织哄监闹狱等狱内案件或其他灾害事故的发生，带来一系列的问题。例如，自然灾害的发生还会间接的引起火灾、煤气泄漏和流行疾病的传播，监狱也要负担对这类事件的处置的费用。这些都给监狱带来了间接的、难以计算的经济损失。这就使监狱对罪犯改造的成果遭到了破坏，监狱对罪犯继续改造的费用就会增加。

（二）对监狱人员的危害

突发性自然灾害由于具有不确定性、突发性和并发性的特点，日常难以预测，会导致防范困难。除了会造成严重的物质损失以外，甚至还会造成惨重的人员伤亡。监狱是关押罪犯的场所，除了有罪犯外，还有承担改造罪犯的监狱警察和其家属，人口密度高，监区环境封闭，平时又缺少经常性的有针对的演练，应对自然灾害的能力较差。当灾害发生时，很容易造成监狱警察、其他工作人员和罪犯的伤亡。

（三）对监狱秩序的危害

突发性自然灾害的危害不仅表现在惨重的人员伤亡和物质损失方面，其造成的连带后果更为重要，其中以对监管秩序的危害最为突出。

1. 影响监狱的稳定。突发性自然灾害的发生会导致监狱的物质基础设施遭到不同程度的破坏，给监狱的改造工作带来极大的破坏性和风险性。为了保障监狱和罪犯的生命安全，监狱对罪犯的管理、教育、劳动只能暂时停滞，忙以抢险救灾，使监狱的运行失调，隐藏着影响监狱稳定的因素。所造成的结果总是直接表现为对监狱稳定和正常工作秩序的侵害，致使监狱内部管理受到影响，犯群思想波动，正常的工作秩序遭到破坏，影响到监狱的稳定运作。

2. 会引起罪犯的心理恐慌和行为失控。由于自然灾害具有突发性，在灾害发生之初，罪犯获取信息的渠道一般都不够通畅。如果监狱不能与罪犯进行有效的信息沟通，信息不透明或者公布迟缓，对发布的信息没有科学的解释，很可能会出现主流信息的缺失，导致罪犯不能及时了解事件详情，而采用非正常途径（如口耳相传、私下交流）传播，这样很容易使信息失真。一些罪犯甚至会散布谣言，扩大损失，甚至恶意中伤灾害处置中的某些失误，引起其他罪犯的负面情绪，严重时可能会出现谣言四起、人心惶恐的局面，从而导致部分罪犯行为的失控，出现逃跑、闹事、抢夺物资等行为。

3. 容易被别有用心的罪犯利用。监狱遇到自然灾害直接危害的主要对象就是监狱。总体来说，监狱整体形象包括有形的和无形的两个方面。监狱的整体形象是监狱保持国家刑罚执行机关严肃性，全面、准确贯彻执行法律的重要体现，监狱的整体形象也是我们国家政府的形象之一。而自然灾害发生的负面影响很容易被一些别有用心的罪犯利用，以此作为攻击与毁谤我国政府和监狱的工具。其目的是为了扩大灾害的负面影响，给监狱制造压力，煽动罪犯的不满情绪，引发监狱秩序的混乱。

【工作要点】

一、提前布置，超前预防

防止自然灾害事故，预防是前提。只有做好了防范，才能尽量消除由于自然灾害事故给监狱带来的危害和损失。随着科学技术的不断发展进步，人类对自然灾害的预测能力不断提高，灾情预报的准确性也越来越高。因此，监狱应当主动和有关自然灾害预测部门联系，利用科学的知识和先进的仪器，加强对各种自然灾害事件的险情、灾情的预测、监控和防范准备工作。监狱处置灾害事故的重点应放在灾害发生之前，即在及时、准确收集灾情预报的基础上，做好抢险救灾的应急工作，提前部署，提前防范，从人、时、物等方面做好充分准备，力争减少灾害事故造成的损失。

二、转移人员，保证安全

监狱在发生灾害事故危及罪犯生命安全时，往往会给罪犯造成慌乱，影响监狱秩序稳定。为稳定罪犯情绪，保障监狱秩序稳定和罪犯生命财产安全，监狱应立即采取积极有效的措施，组织罪犯向安全地带转移。在转移过程中要对罪犯宣布纪律，提出具体要求，安排好转移顺序，加强控制。监狱在开展救灾的同时，应组织罪犯自救互救，相互帮助，相互监督，以保证罪犯的生命安全。

三、加强警戒，维护秩序

自然灾害事故发生后，监狱应组织足够的警力实施警戒，必要时可划出临时警戒区域实施专门的、有针对性的警戒控制，防止罪犯因惊慌失措而破坏秩序，或者罪犯趁机闹事、脱逃和进行其他违法犯罪活动。同时，监狱要加强对重点、危险及抗拒改造罪犯的监督与控制，防止这些人带头借机闹事、脱逃或实施其他违法犯罪行为。

四、抢险救灾，减少损失

监狱发生自然灾害发生后，应根据灾情的程度，积极组织有关警力、财力和物力，带领罪犯抢险救灾。同时要迅速取得上级有关部门和相关单位的支持援助，搞好抢险救灾的组织工作，全力控制险情、灾情程度，尽力保护国家财产安全和罪犯的生命，维护正常的监管秩序，把灾害所造成的损失减少到最低限度。

五、清理现场，善后安置

自然灾害过后，监狱应立即组织人员清理现场，并根据灾害所造成的损害情况，着手善后安置工作，妥善处理伤亡人员，安抚罪犯和其家属的思想。对于在灾害时受到严重损失的罪犯，应给予必要的物质帮助；对于在抢险救灾中有突出表现或立功表现的罪犯，应按照规定给予奖励；对于借灾害之机实施犯罪行为的罪犯，应及时给予打击，以最快的速度恢复正常的改造、生活、生产秩序。同时总结抢险救灾经验，做好防患工作。

【注意事项】
一、要做好救灾抢险准备

为了防止自然灾害对监狱造成惨重损失，监狱应妥善处理易燃易爆物的管理和储存，使其远离人员密集的生活区；要经常检查和维修警戒设施设备，尤其在雨水集中季节做好围墙的检查；要在监区内保留抗险救灾、疏散人员所必需的救援空地和救护场地，并保持交通所需的通行道路的畅通。监狱中的监舍、教学楼、食堂、厂房等人员集聚密集的生活、生产建筑应当达到防洪、避雷、阻燃、抗震的要求。在监狱的抢险规划中，应当留有用于救灾抢险技能培训和学习的经费，用于购置灾害处置所需要的移动通讯指挥设备、器材、用具、装置等的费用，而且这些费用要在监狱用于突发性事件的处置经费中保持一定的比例，并且应随着监狱预算总额的增加而提高，以保证监狱抢险救灾的能力和抗击灾害威胁的能力，以保障监狱警察、其他工作人员及罪犯的人身安全。

二、准备必要的抢险救灾资源

做好抢险救灾工作，需要准备好相关的物质和资源，主要包括：

1. 资金。处置自然灾害的资金应当纳入灾害处置的规划中全盘考虑，灾害处置预算资金要有计划、有目的地用于处置此类灾害所需的移动通讯、指挥系统、广播设备、交通运输装备、抢险救灾所需的特殊器材，灾害处置人员自用的各项设备。除此之外，还要有监狱警察及罪犯接受抢险救灾及灾害处置的学习、培训。演习及掌握灾害处置所必需的常用技能的费用。

2. 物品。在自然灾害来临时，往往会造成水质的污染，粮食的匮乏，医药物资的短缺，防暑防寒物资的不足等，而这些物资的供应不足又会成为罪犯骚动、闹事、狱内案件发生的诱因。因此，监狱在灾害发生之前要提前做好物资的储备工作，包括水、粮、防寒防雨衣物、医用药品、车辆、船只、通讯工具等，防患于未然。

3. 人力资源。监狱应该针对自己所在地理环境常见多发的自然灾害的具体情况，定期邀请与灾害处置相关的专业技术人员开展知识讲座、示范、指导、培训，储备一批能够有效处置自然灾害的人力资源，这是提高监狱灾害处置素质和水平的一项重要措施。

三、要编制和演练处置自然灾害的应急预案

监狱应针对特定的自然灾害提前制定处置自然灾害的计划、措施、程序、方法和策略等，规定救灾抢险的主要任务、应急处置的原则及其要求、应急机构及其职责、灾害发生时的应急反应及注意事项等内容。预案的制定必须全面、系统、可行和有效，并随时进行调整、补充和修订。预案形成以后，监狱应进行多次演练，以便在出现自然灾害时可以迅速、有效地处置。

【范例分析52】

[案例] 2006 年 7 月 15 日 7 点多，某监狱接到了省监狱管理局十万火急

的抗洪电话通知，告知上游监狱已遭受特大洪水袭击，要求下游监狱立即做好防汛抗洪准备。接到通知后，监狱党委一刻也没敢耽搁，立即组织召开紧急会议，宣布启动"防汛应急预案"。在研究部署抗洪工作时，监狱党委做出了三条决策：①罪犯吃完中饭后，即开始向生产区3栋厂房转移；②由生卫装备科组织人员迅速抢购能保证3000人度过3天的矿泉水和干粮；③考虑到洪水到来后可能淹没监管区的配电站，临时购买3台发电机，确保生产厂房晚上不停电。

洪水来得比人们想象的要快、要猛。下午13时许，洪水漫过河堤，从监仓大门涌入监管区。至下年6时，监管区的洪水已浸到了人的膝盖。第二天，通宵没有合眼的监狱长在生产厂房临时指挥部召集现场值班监区领导开会，在警力安排、舒缓罪犯紧张情绪、落实监管安全措施、调动罪犯抗洪积极性和卫生防疫方面进行了针对性地布置。

16时30分，监管区的水位逼近4米，三层楼高的监舍几近没顶。随着"轰隆"的响声，南面围墙瞬间倒塌了百余米，溅起高高的水柱，相隔不到10分钟，北面围墙也倒塌了几米。围墙倒塌的情形让许多罪犯看到，他们担心厂房也可能跟围墙一样倒塌，明显出现恐慌情绪。包括一些警察，心里面也是七上八下的。情况越来越危急！一直密切关注监狱灾情变化的省司法厅领导要求监狱立即做好转移罪犯的准备，并马上上报转移方案。

下午17时，在临近的监狱会议室，省监狱管理局副局长，有关处室领导和在外围指挥的监狱领导正在紧张地分析研究转移罪犯方案的可行性。

17日，罪犯待在"孤岛"上已是第3天了，供水早在15日就断了，没有开水，方便面只能干啃，没有水冲凉，车间内弥漫着一股令人作呕的汗臭味。

罪犯的脾气明显暴躁起来，有的呆呆地望着窗外，显得忧心忡忡。

值勤警察不得不反复做罪犯的思想工作，要求他们忍受暂时的生活不便，与监狱同舟共济，共渡难关，战胜自然灾害。

从洪水开始消退那一刻起，监狱领导就开始考虑灾后2688名罪犯（包括2名应刑满释放人员）的安置问题。当时江岸监管区围墙已倒塌，电网毁坏，完全失去了监管功能；加上天灾后卫生防疫工作难度大，因此必须将罪犯向外转移。经认真研究，监狱向省监狱管理局建议，向另一关押点转移罪犯300名，正式调给其他监狱800名，其余的转移到临近监狱临时寄押。局领导表示要经过论证才能决定是否可行，直到17日晚上23时许，省局才同意了监狱灾后立即转移罪犯。监狱的主要领导马上召集有关人员连夜研究制订转移方案。当初步拟订出转移方案时，已是18日凌晨2时了。

[分析] 一场百年一遇的特大洪水将监狱关押点团团围困，监管区围墙被洪水冲垮，供水、供电、通讯中断，地势稍高的生产区3栋厂房首层最高水位一度达到3.17米，差1.5米淹上二楼，成了汹涌洪水包围的"孤岛"。而在这个"孤岛"上，临时转移安置了2690名罪犯。当时根本就找不到可以安全转移的船只，罪犯在厂房内等待洪水消退又担心楼房坍塌，处于进退两难的危险境地。这些罪犯被困在"孤岛"上3天3夜的65个小时，监狱最终把罪犯安全转移，未发生任何安全事故，其成功经验在于：监狱部署早，行动快，为抵御百年一遇的特大洪水灾害赢得了极为宝贵的时间；决策正确，处处提前谋划，牢牢把握了抗洪救灾工作的主动权；领导身先士卒，靠前指挥，为广大警察职工树立了榜样；因地制宜，采取有针对性的安全措施，确保监管安全。

 【情境训练52】

[案例] 2000年12月初，监狱监舍后面的山坡发生轻微山体滑坡，威胁着监舍的安全。为消除安全隐患，同年12月10日上午，该监狱某监区共4名警察奉命组织罪犯到该山坡上清理山体滑坡产生的淤泥。至当天11时10分左右，警察清点完人数，命令罪犯准备收工。罪犯停止劳动后，准备从山坡上下来集合收工，为了便于下午开工劳动，罪犯鲁某、陈某两人在山坡上商量下午如何清理一块有滑坡危险的土方，而罪犯向某、赵某两人则在该土方旁等待鲁、陈二犯一起收工；就在此时，罪犯向某突然感觉到头部被一块巴掌大的泥土击中，抬头往上一看，立即发现上方一块约三立方的泥土从上面约一米高的地方塌下来，要躲避已经来不及了。往下滑动的泥流将罪犯向某、赵某、鲁某、陈某4人从12米高的山坡上冲到山脚，事故的发生前后只有几秒钟。被冲下山坡后，罪犯向某、鲁某、陈某3人只受了轻微的皮外伤。而罪犯赵某由于滑下山坡时头朝下、脚朝上，身体受到猛烈撞击，当即昏迷不醒。问：

（1）如果你是现场执勤警察，你如何处置该事故？

（2）请你分析该山体滑坡事故的原因？

（3）假如你是该监狱的监狱长，你应制定什么整改措施？

拓展阅读

黄绍华、孙平主编：《监狱突发事件应急管理》，中国政法大学出版社2009年版。

情境 24.2 狱内突发事件处置

知识储备

一、狱内突发事件的概念

狱内突发事件,有人为主观因素造成的,也有客观因素如自然和社会造成的。由自然因素给监狱带来的突发事件的处置在前面的情境内容已介绍,所以,这里所指的狱内突发事件,就是专门指由人为导致在狱内突然发生的、后果严重的、影响和破坏正常监管秩序甚至危害公共安全并需要及时予以处置的事件。其表现形式主要有:脱逃、暴动、骚乱、行凶伤害、聚众斗殴、集体绝食、劫持人质、自杀及其他破坏活动。一般而言,在监狱各类突发事件中以人为因素导致的监狱突发事件为多,其外显性往往都比较突然,危害性都较为严重。所以,对狱内突发事件处置在监狱实践工作中越来越重要。

二、狱内突发事件对监狱的危害

(一) 对监管秩序的危害

监狱工作的特殊性,要求监狱必须保持监管安全稳定和正常的工作秩序,这是监管工作正常开展和准确有效地执行刑罚的基本要求。而人为的狱内突发事件一旦发生,则会扰破坏正常的监管秩序,所造成的结果总是直接表现为对监狱正常工作秩序的侵害,致使监狱内部管理受到影响,犯群思想波动,影响监管安全稳定,削弱刑罚执行的效果。特别是在一些严重突发事件面前,监狱行刑工作常常猝不及防,甚至防不胜防,危及整个监管工作,使监狱的刑罚执行、狱政管理、教育改造、生产劳动等各项工作难以正常实施,监狱惩罚改造罪犯失去必要基础,准确执行刑罚失去应有保障。

(二) 对监狱人民警察人身安全的危害

监狱人民警察肩负着惩罚改造罪犯、维护社会稳定的重要职责。在监狱行刑工作中,正义与邪恶的较量,改造与反改造的矛盾等风险压力,始终伴随监狱警察左右。狱内突发事件一旦发生,势必会对监狱警察造成一定的人身威胁和危害,特别是一些恶习深、胆大妄为、铤而走险的罪犯,为了逃避法律的制裁,往往采用一些性质恶劣、手段残忍的方式,直接或间接地侵害监狱警察的人身、生命及其他合法权益来达到其罪恶目的。由此造成的恶果往往会使一些监狱警察产生一定的心理压力,在日后的执法工作中常心有余悸，产生后顾之忧，不敢大胆管理、严格管教。

（三）对罪犯人身合法权益的危害

狱内突发事件的发生，不管是主观导致的，还是客观因素的引起的，因监狱特定的环境场所、特定的行动范围、特定的监管制度等制约，各种突发事件的发生，往往会直接或间接侵害罪犯的人身及生命安全，如罪犯之间的互相行凶斗殴、故意杀害、劫持人质、暴狱、越狱等，都会对罪犯人身和生命安全形成危害，并会使一些罪犯产生恐惧心理、仇视心理和不良仿效心理。从一定程度上讲，它既侵犯了罪犯的人身和生命安全，同时也损害了监狱的声誉，并给罪犯家属增加痛苦和压力。

（四）对社会和国家稳定大局的危害

监狱作为国家专政的机器，是维护社会和国家和谐稳定的重要工具。因此，作为社会的组成部分，狱内突发事件往往与社会有着千丝万缕的联系，监狱的安全稳定与社会的安宁、国家的稳定紧密相关的。狱内突发事件造成的不安宁、不稳定，就是社会的不安宁、国家的不稳定，也就是对社会安宁和国家稳定大局的破坏。监狱处置好狱内突发事件，也就保障了社会安全和国家的稳定。

三、狱内突发事件的处置原则

狱内突发事件是非常规性事件，对监狱安全有很大的危害性，要实现最大限度地避免突发事件带来的损失。监狱警察在执行处置狱内突发事件任务中，应掌握和坚持科学的处置原则。

（一）及时性原则

及时性原则是监狱积极应对狱内突发事件，预防和减少监狱突发事件给正常监管秩序和社会安定造成危害的最基本的原则。狱内突发事件来势猛，发展迅速，危害严重，任何迟滞拖延都可能造成事态的急性恶化。及时性原则要求在处置中要果断地采取行动，快速地控制现场，及时报告，力争第一时间发现问题，迅速报告上级有关部门，为领导决策服务，并采取积极行动。并迅速开放信息渠道，通报各个部门相互配合，妥善处理。

（二）灵活性原则

狱内突发性事件产生的原因复杂多样，在特殊情况下，常规的方法常常难以奏效，这就需要我们灵活应对，打破传统思维方式。有时为便于事态控制，在处置时可有所妥协、灵活；在执行上级命令、解决问题中，从实际情况出发，针对不同对象、不同情况采取不同的处置办法，以实现及时控制局面、解决问题、减轻危害、减少损失的目的。但灵活也要有度，不能违背法律和政策。

（三）依法处置原则

在狱内突发事件处置中，不管其涉及面多广，事态多危急，都应严格按照法律、法令及有关规定办事，这是监狱警察有效处置突发事件的前提。要针对狱内突发事件情况中的不同对象、不同性质的矛盾、问题出现的不同场合、可能发生的不同后果，慎重依法采取不同的处置方法，不轻易许诺，不草率行事。

（四）确保安全原则

保障安全是突发事件处置的重要原则，不论出现什么情况，首先要考虑的是紧急情况是否触及现场其他人员的安全，要采取一切必要的措施保护场所和人员安全。处置时也应最大限度地避免和减少因突发事件而造成的人员伤害、财产损失为先决条件。

（五）整体联动的原则

无论什么性质的应急处置，绝非个人行为和个人能力能够控制和解决的，必须是整体力量的结合，是整体联动产生的效果。这个整体，应包含着两个层面：①以监狱为单元，它包括监狱的所属职能部门和每一个警察、职工；②以国家机器为单元，它包括了武警、检察院，甚至当地党委、政府、政法委、公安局。只有整体联动，形成合力，才能把事态控制和处理在最小范围，损失控制在最低限度范围内。

（六）直接控制的原则

这是狱政管理的核心，在应急处置中更为重要。所谓直接，就是要身体力行，亲临事故现场。作为施控者，必须靠前指挥、掌握第一手资料，心中有数、果敢决策。重大决策，还要考虑合法性和程序合法的问题。作为受控者，必须坚守岗位，履行职责，随时注意事态的发展，拿出分析判断和处理意见，及时向上级报告。当好施控者的参谋。只有直接控制，才能灵活地处置变化的事态过程，有效地控制事态的发生与发展。

【工作要点】

一、罪犯违规违纪事件的处置

（一）反应迅速，控制现场

发现或接到罪犯争吵、打架、损坏公私财物等违纪行为报告时，监狱有关人员和部门应在第一时间赶赴现场进行事态处置，以控制事态恶性发展。对正在发生的违纪行为的，监狱警察要立即制止罪犯的违纪行为；对正在发生的危险性较大的违纪行为，就近组织其他罪犯协助将违纪罪犯隔开或制服；对情绪激动、顽固对抗等具有现实危险的罪犯，可以按规定条件使用手铐、脚镣等戒具进行控制，并要及时电话请示狱政管理科领导。此外，在事发24小时内，监狱要做好讯问、旁证笔录及补办使用警械具审批表等手续。

（二）查明情况，分别处理

罪犯的违纪行为制止后，要根据情况进行分别处理。属于一般性违纪行为，由现场警察先行处理，事后再向监区领导报告，同时把情况通报专管警察；属于严重违纪行为的，应立即逐级报告等待进一步处理。要了解掌握事情发生的原因、经过、结果；调查时，应有2名以上警察在场，且不能同时将当事双方罪犯带到现场。

对违纪罪犯应及时进行个别谈话教育；对一时无法转化的违纪罪犯，应及时交由监区领导处理；对仍存在现实危险的罪犯，应戴铐单独隔离，并按层级上报；记录谈话教育情况。

视罪犯违纪的情节轻重、责任大小，对照罪犯考核奖罚规定进行相应处罚；符合行政处罚条件的，制作违纪事实书面材料报监区处理，震慑教育那些无视监规纪律的反改造罪犯。

此外，为了化解矛盾冲突，对一同违纪的罪犯如确有需要调换床位的，应及时调换楼层床位；还要加强布置互监组、楼层值班员对违纪罪犯进行夹控，避免事后仍然有矛盾激化现象。

（三）分析原因，总结经验

监狱在对罪犯违规违纪事件的处置结束后，要深刻总结相关的经验教训。一方面要总结罪犯违规违纪事件发生的原因；另一方面也要总结监狱在处置过程中存在的问题和成功经验。积极开动脑筋，分析研究对策，发现问题，解决问题。通过原因分析和经验总结，吸取相关经验教训，对症下药，把握规律，做好防范，为保持监管改造秩序和今后处置类似事件打下坚实基础。

二、对暴狱、闹狱事件的处置

（一）迅速控制，及时报警

监狱警察要时刻提高警惕，仔细观察。对发现罪犯有暴狱、闹狱等企图时，现行值班警力能控制事态的，要及时采取果断措施，抓住战机，掌握主动，力争把事件消除在萌芽、初发状态。对于现行警力不能控制事态发展的，监狱应及时报警，立即向上级有关部门汇报，请求支援。并迅速调动表现好的罪犯协助维护秩序，尽力缓和现场气氛，控制局面，防止事态扩大。

（二）控制监区，武装震慑

监狱接到报警后，应联合武警部队立即启动实施防暴方案。根据现场情况制订方案，按照分工负责的要求，明确任务，迅速组织相关力量，对监区、监狱的大门和其他要害部位进行封闭控制，用武装形式严密警戒震慑暴狱、闹狱的罪犯。如有必要，可申请公安机关的警力进行协助增援。

（三）政策攻心，分化瓦解

对罪犯控制封锁后，监狱警察要立即展开政治攻势，对罪犯进行喊话，宣讲党的方针政策，发动心理攻势，瓦解闹事罪犯的反抗意志。并将起哄、闹事者隔离，申明违纪行为的利害关系，震慑罪犯群体，争取大多数罪犯的支持，分化、瓦解、孤立起哄闹事者。

（四）突入现场，平息事态

对政策攻心仍不能见效、执迷不悟、负隅顽抗的罪犯，经警告后仍不放弃抵抗的，可采取武力镇压平息事态，捕获暴狱、闹狱首犯，驱散其他参与罪犯。对暴狱、闹狱的首要分子控制后，要进一步调查取证，按规定进行处罚，对不服管教和有暴力危险倾向的及时加戴戒具，必要时实施单独关押。事件平息后，监狱一方面要立即对暴狱、闹狱现场进行勘查，查明引发起哄闹事的原因，检查有无潜在的诱发或重新激化矛盾的不稳定因素；另一方面要及时做好政策宣传和教育，稳定其他罪犯情绪，以防矛盾扩大。

事件处理完毕后，监区要认真填写《值班日志》和事故处理记录，并形成书面材料及时上报。

三、对罪犯凶杀事件的处置

（一）立即报警，控制现场

监狱一旦发生罪犯凶杀事件，值班警察应立即向当班领导、上级和有关部门报告，并迅速赶赴现场，控制事态。要立即摸清楚凶杀事件的基本情况，调集警力，进行防范布控。并要根据现场情况封锁相关要害部位，占据有利位置，把行凶罪犯置于武装包围之中，快速有效地控制凶杀事件现场。在控制现场的同时，要保护好现场，疏散周围的人员到指定地点。要迅速救治伤员，竭力保障被害人人身安全。

（二）严厉儆戒，迫其就范

在控制凶杀事件现场后，处置领导小组要迅速稳住犯罪分子，开展政策攻心，进行规劝对话，分化瓦解其反抗意志，促其缴械投降。根据案发情况的原因、参与者的人数、主犯与从犯、行凶手段、受害人情况等，研究方案，采取针对性的法律规劝，疏导攻心。如参与人数较多的，应先分化瓦解，控制主谋，必要时以严厉的武装震慑，迫其就范，以免危害扩散。

（三）相机制服，平息事态

在确保监管场所人员生命安全的同时，及时制服凶手，驱散围观者，防止事态恶化。如受害人已死亡，可采取强制手段立即制服行凶人员。若受害人的生命安全正遭威胁，则可先政策攻心，稳住行凶人员，避免激化矛盾。对执迷不悟、有过激行为、负隅顽抗者，应严厉警告，强行阻止。若仍不能阻止的，可采用非杀伤性武器，如催泪弹、麻醉弹等，先制服行凶人员，解救受害人，及时提取犯罪证据，依法处置犯罪分子。

（四）分析原因，排查隐患

罪犯凶杀事件处置平息后，监狱要组织有关部门和人员迅速查明事发原因，妥善处置事件中受伤、遇难人员，安抚其他罪犯的情绪，总结相关的经验教训，彻底排查有无潜在的诱发或重新激化矛盾的不稳定因素。监狱要认真落实各项规定和措施，采取必要防范措施，消除一切隐患，做好安全防范工作。

事故处理完毕后，监区和有关部门要认真填写《值班日志》和事故处理记录，并形成书面材料及时上报。

四、对劫持人质事件的处置

（一）迅速报警，封锁现场

劫持人质是罪犯为达到非法目的采取劫持监狱人民警察、罪犯及其他有关人员的恶性事件。劫持人质事件一旦发生，对其他人的生命安全和监管改造秩序都造成重大威胁。因此，值班警察在发现劫持人质事件后，应快速报警、出警，把人质人数、地点、方位等基本情况，及时向领导汇报，迅速启动应急处置机制。同时，立即集合其他罪犯，清点人数后有序地组织撤离现场。值班警察随后要根据现场情况，占据有利地形、包围事发场所，控制劫持人质的罪犯。在重点保护人质的安全条件下，封锁现场，将罪犯与人质置于严密的监控之下，同时疏散其他无关人员，以免造成新的危害。

（二）稳定罪犯情绪，攻心斗智

在全力确保人质安全前提下，在等待支援的同时，监狱人民警察应派劫持者比较信任的值班警察及时和罪犯进行谈判对话，对劫持者进行规劝教育和政策攻心，了解犯罪分子劫持人质的目的、使用手段、人质安危状况，采取政策攻心规劝和武力震慑相结合，使其产生心理压力。如罪犯有伤害人质的过激行为，应严厉警告，强行阻止，迫其保证安全归还人质。

（三）制订方案，伺机制服

值班警察向前来指挥救援的领导、警察提供罪犯挟持人质的目的、使用手段、人质安危状况等情况，由指挥小组开展对劫持者的攻心工作。对执迷不悟、负隅顽抗，甚至严重危及伤害人质人身安全的，监狱应急处置指挥小组应指挥武警和监狱人民警察千方百计寻找机会，分散劫持者的注意力，争取时间，稳住罪犯，制定周密方案，占据和利用有利位置，寻机射击，将其击伤或击毙，制服劫持者，救出人质。

（四）总结经验，排查隐患

监狱在处置完事件后，要迅速组织相关人员和部门查明事发原因，总结在防范该类事件发生和处置事件方面的经验教训。同时，为避免该类事件发生，监狱应要求所有监区彻底排查有无潜在的诱发或重新激化矛盾的不稳定因素，采取必要防范措施，严格落实各项规章制度，从源头上消除事件隐患。

此外，监区和有关部门还要认真填写《值班日志》和事故处理记录，并形成书面材料及时上报。

五、对越狱脱逃犯罪事件的处置

（一）紧急布防，控制事态

当发现罪犯脱逃时，值班警察应立即报警，并迅速查明脱逃罪犯的人数、姓名、具体时间、原因、方式、脱逃地点、社会关系、体貌特征和可能的去向。监控中心根据指令及时拉响警报并通传罪犯脱逃的信息，非事发监区听到警报后立即集合、清点、控制本监区罪犯。监狱人民警察接到报警后应迅速行动，除留有必要警力控制和稳定其余在押罪犯以防事态扩大或出现其他不测外，其余警力迅速采取及时有力措施进行紧急布防，并根据罪犯可能的去向进行搜捕。如快速占据监狱要害部位，同时快速在相关交通要道设卡拦截，在有关部位搜查，力争及时将脱逃罪犯控制在包围圈内。

（二）围追堵截，及时捕获

罪犯脱逃后，监狱立即向公安机关、武警部队及其他有关部门通报有关情况，调集优势兵力，联合作战进行围追堵截。要成立专门的指挥机构，认真分析罪犯脱逃事件的起因经过，制订详细、周密的追捕方案，进行蹲点设卡，跟踪追击，必要时可采取一些现代化的追捕、搜查措施，力争即时捕获。如不能即时捕获，则应将脱逃罪犯的姓名、罪名、籍贯、年龄、体貌特征，脱逃方式、时间、去向分析以及照片等通知公安机关，并密切协助驻地及有关公安机关做好追捕工作。

（三）区别情况，妥善处置

对脱逃被捕回后的罪犯，监狱应视其脱逃原因及其他违法犯罪情况及时给以必要处置。对脱逃未遂、既遂，脱逃手段是否恶劣、危害结果严重与否，脱逃时间长短，是否自动投案以及脱逃原因进行分析，区别情况，分别给以必要的行政和刑事制裁，儆戒他犯。对在追逃过程中积极检举、揭发、制止、抓捕逃犯有功人员给以表彰奖励，惩恶扬善，维护监管安全。

（四）追查根源，加强教育

事件发生后，监狱要查明罪犯逃跑的原因和监狱管理上的漏洞，及时制定有效措施，消除隐患，堵塞漏洞。同时对其他罪犯开展有针对性的反逃跑教育引导，帮助他们解决实际困难，从而消除罪犯脱逃的念头。此外，监狱还应加强警戒，及时落实各项制度和防逃措施，加强对在押罪犯的监管，维护狱内秩序，以防个别罪犯乘机闹事等次生事故出现。

认真填写《值班日志》和事故处理记录，并形成书面材料及时上报。

【注意事项】

一、要建立一个科学的应急处置机制

科学的应急处置机制是有效防范、处置监狱突发事件的基础，各级监狱管理部门一方面要充分重视监狱突发事件的防范处置工作，把监狱突发事件的预防处置作为重要任务来抓，而构建一个科学、长效的机制则是成功预防、处置监狱突发事件的有力保障。监狱系统从中央到地方、从本系统到相关业务部门都要建立完善的狱内突发事件整体防范领导组织机构网络。监狱各级均应设立专门的狱内突发事件处置指挥中心或指挥部，专人负责，专门管理，权责相结合，上下沟通，协调一致，有令则行，有禁则止，并做到网络优化、信息通畅、反应迅捷、战斗有力。积极做好平时及临战时的组织指挥工作，为狱内突发事件的信息搜集、计划决策、协调控制、监督指挥、方案实施等提供必要的组织保障。

二、要注重强化监狱人民警察的监管安全责任意识

监狱人民警察是我国人民警察序列的重要警种之一，是国家的刑罚执行者和监狱管理者，是罪犯服刑现场的直接管理者。监狱的性质要求监狱人民警察必须要有高度的责任心、警惕性，监狱警察责任心的强弱，直接影响到监狱的安全稳定。监狱要经常对监狱人民警察进行法律知识教育，安全防范规章制度教育，强化其思想意识和专业知识，以及对敌斗争的本领，时刻警钟长鸣。要通过各种方法和途径，使监狱人民警察充分认清狱内斗争的长期性、复杂性和尖锐性，杜绝麻痹松懈、敷衍塞责，调动其工作的积极性和主动性，爱岗敬业，忠于职守。只有监狱人民警察的监管安全责任心提高了，才能积极去执行落实制度，才能做到积极防范监狱突发事件，才能积极处置突发事件，把监狱突发事件所影响的后果降到最低。

三、要抓好落实定期联系制度，提高协同作战能力

监狱处置突发事件的最重要力量是承担看押和改造任务的监狱和武警部队。监狱和武警部队虽属于不同的部门领导，但他们的任务和宗旨都是一致的，都是为罪犯改造服务。只有两者紧密配合，密切协作，行动一致，协同作战，才能迅速及时地处置好监狱突发事件，减少突发事件给监狱带来的损失，保障监狱的安全稳定。因此，监狱和武警部队要认真落实"三共"制度，抓好彼此之间的定期联系制度，实行联系走访制度，邀请武警官兵担任监狱防暴队教员，对队员的战术实训进行指导；监狱、监区领导经常深入武警营区和执勤看押点，看望慰问武警官兵，帮助解决执勤和生活中存在的困难，密切"两警"关系，增强协作意识，提高并肩作战能力。

四、适时进行常规性的监狱防暴、平暴预案演习

俗话说：养兵千日，用兵一时。监狱各级领导和监狱人民警察要有清醒的忧患防范意识，要不断加强对监狱突发事件的处置演练，增强监狱人民警察对各种突发事件处置的应变能力和实战能力。定期组织防暴队等各职能小组成员进行应知应会、心理体能和器械操作的训练，规范实战动作，提高快速反应能力；通过定期和不定期的开展平暴、防暴预案演习，及时教育培养监狱人民警察的居安思危、警钟长鸣意识，提高临危不惧、处变不惊快速反应能力。每次演习完毕后要总结通报演习情况，将之纳入到绩效考核的目标体系，提高全体监狱警察对突发事件的敏感度和处置能力，完善应对各类突发事件的处置预案，确保监狱安全稳定。

【范例分析53】

[案例] 2004年2月13日，某监狱监区仓库。上午10时，罪犯陈某（抢劫罪，原判无期徒刑）以交报表和拿生产单、咨询生产质量为由去了隔壁的仓库，陈某发现仓库只有1名女师傅和2名男师傅在清理货物。于是陈某假装和师傅们说话，询问产品质量。看到3个工厂师傅均无防备，陈某突然冲到女师傅和某的面前，从腰际拿出一把用压棉梳磨制的单刃尖刀顶住其咽喉，大喊着："不要上来，上来我就弄死她！"随后，陈某把和某挟持至仓库的小

房内。

在仓库门口的当班警察石某见此情景，为了保护人质的安全，他不敢轻易采取行动，而是立即报告了监区长廖某。廖某与教导员邹某、副监区长袁某闻讯后马上赶到现场，同时向监狱领导及业务科室报告了情况。正在监区指导工作的副监狱长接到报告后，立即跑步来到事发地点，并及时向监狱长汇报现场情况。监狱长接到报告后立即发出指令：①立即启动监狱防暴应急预案，千方百计稳定罪犯的情绪，全力确保人质安全；②迅速向省监狱管理局报告；③向地方公安、武警部队求援。

指令发出不到5分钟，监狱领导、科室领导、防暴队火速赶到现场。指挥中心随即在现场成立，立即开展营救行动。指挥部同时向驻监武警大队、武警阳江市支队、阳江市公安局报告，请求支援，并同时向阳东县检察院通报了情况。

陈某挟持人质退到仓库的小房内后，关上铁闸门和玻璃门，拉上窗帘，隔着铁拉闸和玻璃门与监区长廖某对峙。陈某要求只允许廖某站在门外，不允许有其他人，也不允许窗外有人影晃动。然后向站在铁闸门前的监区长说："我只有两个要求，提供笔、信纸和手提电话给我，写完信、打几个电话后，就放掉女师傅，然后自杀；如果你们强行冲入，我就先杀掉人质再自杀。"

看来用硬攻的办法是不可行的。为了稳定该犯情绪，根据现场的情况，避免激化矛盾，伤及人质，监狱领导指示廖某满足陈某的要求。同时，监狱为了为处置该事件赢得时间，监狱利用提供给陈某的电话与其通话，不断地进行政策前途教育，尽量拖延时间，稳定罪犯情绪。

中午12时许，省厅、局和省武警总队的领导带领有关人员先后赶到现场，并立即组成现场指挥部。根据现场和罪犯的情况，指挥部进一步明确策略，迅速作出决定：在确保人质人身安全的前提下，按照两个方案进行：①通过政策攻心，说服教育，瓦解罪犯抵抗心理，平息事件；②强行突破，解救人质。根据方案，指挥部立即对现场警力进行了分配，各司其职，各就各位。

根据指挥部的指示，情报组对陈某的衣物箱进行了搜查，询问了专管警察和罪犯互监组成员，从中了解情况，分析陈某近期的思想动态。经过分析，决定重点采取说服教育的方式来解决这起劫持人质事件。

时间在"滴答滴答"一分一秒过去，随着谈话教育的不断深入，陈某的心理在发生微妙的变化，心理防线一点一点地松懈下来。经过与陈某的谈话后，陈某的情绪稳定了些，把刀从和某的脖子上放下来，但人质还在陈某的控制之下。监狱长和监区长抓住这陈某心理防线松懈下来的有利时机，用严肃认真的语气劝告陈某："现在你还没有造成恶果，你把人质放出来，我们会从宽处理，你还年青，希望你作明智的选择，不要做糊涂事。"并进行了动之以情，晓之以理的政策、法律、前途教育。

14 时 30 分，陈某在僵持了四个多小时后，终于把和某从小仓库放了出来。

[分析] 罪犯能够顺利走出车间到仓库去劫持人质，说明监狱对罪犯的危险性认识不够，犯情掌握不透，管理不到位。在突发事故的预防方面做得不够完善，存在问题还比较多。但监狱在事故发生后的成功处置经验又是值得我们学习总结的，该事件的平息留给我们以下启示：①快速反应、及时报告是成功处置的基础。突发事件发生后，监狱警察要抓住时机，要迅速向上级有关部门报告，为领导决策、采取积极行动服务。②指挥靠前和决策准确是成功处置的根本。处置突发事件是一项系统性工作，需要多方力量协作配合。靠前指挥，能全面掌握事态发展状况，准确把握罪犯的心理和情绪，最大限度地赢取罪犯的信任。做到统筹全局，有针对性地及时调整处置措施，控制事态的蔓延和恶化。③重视情报的获取与分析是成功处置的关键。要成功预防和处置突发事件，情报工作非常重要。④耐心细致的说服教育是成功处置的关键手段。监狱要高度重视说服教育等软性手段在处置突发事件中的作用，要抓住罪犯的矛盾心、消除罪犯的对抗心、深入罪犯的封闭心、激发罪犯的上进心。使罪犯听了监狱警察的"说理"之后，能引起思想上的强烈共鸣，接受真理，提高觉悟，心悦诚服，从而主动放弃实施危险性行为。⑤统一指挥和通力协作是成功处置的机制保障。集中、统一、高效的领导指挥系统是有效防范、处置突发事件的保障，实施自上而下的统一指挥，减少中间环节，提高指挥效能。

【情境训练 53】

[案例] 1994 年 2 月 14 日大年初五，某监狱罪犯仍沉浸在春节的喜庆中。然而上午 9 时许，突然从十一监区传来了激烈的打斗声。原来十一监区罪犯谭某纠集了同监区一帮本省籍罪犯，把来十一监区喝茶的十监区外省籍罪犯梁某（谭某原在十监区服刑，因与梁某打架被调到十一监区，一直怀恨在心）打了一顿，致使梁某左眼肿胀，鼻子出血。梁某被打后跑回十监区，罪犯谭某等十余人追至十监区监舍，质问梁某服不服气，并扬言要把十监区的外省

籍罪犯踏平。后被十监区其他罪犯劝止，谭某等人才返回十一监区。

梁某被打的消息很快在十监区传开。十监区曾某、梁某、杨某等11名外省籍罪犯觉得很没面子，要为梁某打抱不平，便开始准备凶器。下午3时许，在三楼7号监舍聚集等待机会的11名外省籍罪犯发现十几名本省籍罪犯在二楼15号监舍吃饭，便携带了凶器冲到二楼15号监舍，毫无准备的十几名本省籍罪犯被打倒在地。就在这时，闻讯赶来的二十几名本省籍罪犯拿着凶器追赶上来。11名外省籍罪犯见势不妙，便跑回三楼7号监舍将房门锁上，二十多名本省籍罪犯冲到三楼7号监舍走廊，砸碎监舍窗户玻璃，双方相互对峙。

1. 假如你是值班警察，你将如何应对此次事件？

2. 假如你是该监狱的监狱长，你将如何组织处置该事件？对该事件有何教训总结？

《中华人民共和国突发事件应对法》。

参考书目

1. ［美］F. W. 泰勒：《科学管理原理》，韩放译，团结出版社 1999 年版。

2. ［美］丹尼尔·A. 雷恩：《管理思想的演变》，李柱流、赵睿、肖聿、戴旸等译，中国社会科学出版社 1997 年版。

3. ［法］亨利·法约尔：《工业管理与一般管理》，曹永先译，团结出版社 1999 年版。

4. 夏书章主编：《行政管理学》（第三版），中山大学出版社 2003 年版。

5. 王乐夫、陈瑞莲编著：《政府行政管理现代化研究》，红旗出版社 2001 年版。

6. 黄强、林国平等：《现代化进程中的行政管理》，福建人民出版社 2000 年版。

7. 蔡延澍：《狱政管理学》，社会科学文献出版社 1987 年版。

8. 金鉴主编：《监狱学总论》，法律出版社 1997 年版。

9. 王泰主编：《狱政管理学》，法律出版社 1999 年版。

10. 王晓思主编：《狱政管理学》，金城出版社 2003 年版。

11. 芮明杰主编：《管理学：现代的观点》，上海人民出版社 2005 年版。

12. 孙平主编：《狱政管理》，中国政法大学出版社 2005 年版。

13. 鲁加伦主编：《中国少数民族罪犯改造研究》，法律出版社 2001 年版。

14. 黑龙江省监狱管理局编：《监管改造工作规范手册》（内部资料），2005 年。

15. 黑龙江省监狱管理局编：《狱政管理工作文件汇编》（内部资料），1998 年。

16. 河南省监狱管理局编：《河南省监狱狱政管理教育改造刑罚执行制度汇编》（内部资料），2007 年。

图书在版编目（CIP）数据

狱政管理／万安中，李忠源主编．—北京：中国政法大学出版社，2010.8
（2025.7重印）
ISBN 978-7-5620-3720-0

Ⅰ.狱… Ⅱ.①万… ②李… Ⅲ.监狱—管理学　Ⅳ.D916.7

中国版本图书馆CIP数据核字(2010)第163249号

书　　名	狱政管理　YUZHENG GUANLI
出版发行	中国政法大学出版社
经　　销	全国各地新华书店
承　　印	保定市中画美凯印刷有限公司

720mm×960mm　　16开本　　21.5印张　　360千字
2011年2月第2版　　2025年7月第15次印刷
ISBN 978-7-5620-3720-0/D·3680
印　数：58 501-62 500　　定　价：32.00元

社　　址	北京市海淀区西土城路25号
电　　话	(010)58908435(编辑部)　58908325(发行部)　58908334(邮购部)
通信地址	北京100088信箱8034分箱　邮政编码 100088
电子信箱	fada.jc@sohu.com(编辑部)
网　　址	http://www.cuplpress.com　（网络实名：中国政法大学出版社）